20世纪最具影响力的
经济学家
凯恩斯
最经典作品全新译本

EMPLOYMENT
INTEREST
AND MONEY

约翰·凯恩斯
阿尔文·汉森 /著
宇 琦 /译

就业、利息和货币通论

阿尔文·汉森导读版

湖南文艺出版社
HUNAN LITERATURE AND ART PUBLISHING HOUSE
博集天卷
CS-BOOKY

原序
PREFACE

此书主要是为我同行经济学家写的，我希望别人也能看懂。此书的主旨是在讨论若干理论上的困难问题，至于怎样将此理论用于实际，尚在其次。因为如果正统经济学有错误的话，其错误不会在其上层建筑，而在其前提之不够明确，不够普遍——上层建筑在逻辑上总是极少可非议的。为了让经济学家以批判态度重新考虑其若干基本假定，我不得不用非常抽象的论据，不能不有许多争辩——我愿意后者可以少一些。但我认为：我不仅得说明自己的观点，还得指出我的观点在哪几方面和通行理论不符。我预测：那些与“经典学派理论”已结不解之缘者，要么认为我完全错误，要么认为我一无新见。谁是谁非，只能让别人来判断。下面争辩部分，目的就在于提供若干材料，让别人判断时有所依据。为使各说依然有别，我自己的争辩不可避免地会过于尖锐；假如有这种情形，我要请求读者的原谅。我现在所攻击的理论，我自己也深信了好些年，我想我不至于忽视其优点。

我们所争执的对象，其重要性可谓无以复加。不过，设我的解释是对的，则我一定要先说服我同行经济学家，然后再及群众。在论争之现阶段，我们只能欢迎群众旁听，听取参加论争之一造，把经济学家之间之意见分歧明白提出。这种意见分歧，使经济理论在目前差不多丧失了实际重要性；意见分歧一日不去，实际重要性便一日不能恢复。

此书与我五年前所出版的《货币论》有何联系，恐怕我自己比别人更明白。在我自己看来，本书只是历年思索之自然演化者，在读者看来，可能会觉得我在本书中观点改变，迷离无所适从。这种困难，并不因我改换名词而减轻。名词有必须改的地方，我将在下文中指出。这两本书之间的关系，可以简述如下：当我开始写《货币论》时，我还遵循着传统路线，把货币看做是供求通论以外的一种力量。当该书完成时，我已有许多进步，倾向于把货币理论推展为社会总产量论。不过当时先入之见已深，不易摆脱，所以对于产量改变所引起的后果并没有充分讨论。现在看来，这是该书理论部分（即第三、第四两编）的明显缺点。该书所谓"基本公式"，是在一定产量这个假定之下所得到的刹那图。在此假定之下，那些公式想指出："何以会有若干力量，造成利润失衡，使产量必须改变。至于动态的发展——以别于刹那图——反倒不完全，非常模糊。本书则是：着重在研究哪些决定力量使得总产量与总就业量改变；至于货币的技术细节，虽然货币在经济结构中占有重要而特殊的地位，本书却略而不论。货币经济的特征，是在此经济体系之中，人们对于未来看法的改变，不仅可以影响就业的方向，还可以改变就业的数量。当前经济行为，虽常受人们对于未来看法的影响，而且看法又常在改变，但我们分析当前经济的方法，仍不外乎供求的交互反应。如此一来，我们的分析法与价值论衔接起来了。于是我们达到了一个通论：我们所熟悉的经典学派理论，只是这个通论的一个特例而已。"

写这样一本书，作者一定要自辟途径。事属草创，为了使错误不至于太多，作者极端有赖于他人的批评与讨论。一个人如果单独构思太久，即非常可笑的事，也会暂时深信不疑。各种社会科学都是这样，经济学尤其如此，因为我们往往不能以一己思想，以逻辑的或实验的方法，作决定性的试验。本书得力于卡恩（R.F.Kahn）先生的建议与批评者，较之《货币论》或犹过之，书中有好多地方都是根据他的建议而改定的。又本书承罗宾逊（Joan Robinson）夫人、郝特雷（R.G.Hawtrey）先生及哈罗德（R.F.Harrod）先生校阅，得益很多。书末索引则为剑桥皇家学院的本•苏珊•布特（D.H.Bensusan-Butt）所编。

此书之作，对于作者是个长时期的挣扎，以求摆脱传统的想法与说法。假如作者努力不虚，则大部分读者读此书时，想必会有同感。书中所含思想，虽然表达方式非常复杂，实在是异常简单，应当人所共知。我们大多数人都是在旧说下熏陶出来的。旧说已深入人心。所以困难不在新说本身，而在摆脱旧说。

凯恩斯

1935 年 12 月 13 日

关于《凯恩斯学说指南》

PREFACE

本书主要是为主修经济学的大学生和一年级研究生而写的，为的是帮助和引导他们去读《通论》原著。目前的学生往往读了一大堆有关凯恩斯的文献，却很少阅读凯恩斯本人所著的《就业、利息和货币通论》(以下简称《通论》)。

就我的经验来说，很多学生认为《通论》是一本难读的书。本书的宗旨是试图作所谓向导似的指南。我奉劝学生在阅读本书的同时，一定要多阅读《通论》中有关的章节。

旨在为学生提供理解凯恩斯的“捷径”的书籍目前已有不少。本书却不属于这一类，它也不是凯恩斯的代替品。而那些捷径书多半不能帮助学生阅读《通论》的艰难部分。因为为了把凯恩斯的作品弄得通俗易懂，它们事实上多半会使学生误解凯恩斯所说的真意，当然这些书的作者并不是有意要使学生产生误解。

我在本书中试图加以阐释《通论》一书中的艰难部分。我尤其要正确地注解凯恩斯对于争论问题的说法。一旦弄清楚凯恩斯原来的说法，大部分(但不是全部)的争论随即就会消失。

当人们重读凯恩斯的著作时，任何人都会对下列事实产生深刻的印象，即他能惊人地预料到他会遭遇的批评。但他的说法并不都是对的，而这种地方正是我想要指出的。另一方面，我把原书中若干单独说来可能会引起误解的词句和全书的更大的背景一一做了对照。辩论家往往善于挑剔片面的论点，但学者的风度要求我们从全局着眼。

毫无疑问的是，老练的读者在本书中随处都会发现我所说的话是十分错误的。对于这样艰难的问题，要是自称可以下一最终论断，将是愚蠢不过的事，我对此并不抱幻想。但贯穿全卷，我经常引用原著章节，以便那些对于我在任何一点上的解释发生怀疑的读者，随时可以查阅凯恩斯的原文。

在此，除了要感谢哈佛大学公共行政研究院所提供的便利的研究条件之外，我还要感谢该校经济系的研究生和同事们所作的令人鼓舞的讨论。我要感谢理查德•歌德温博士的有益建议；感谢保尔•萨缪尔森教授和阿巴•勒纳教授对于利率学说一章的评论。可是他们谁也不应该为我所写的负责。我也要感谢伯温•佛拉格纳夫人和罗伯特•林德赛夫人在打印手稿以便付梓方面所作的帮助，还要感谢林德赛夫人为本书的索引所做的工作。

我还要感谢那些慷慨地允许我广为引证的作家和出版家，这些引证都在本书脚注中一一注出。由于书中大量引证《通论》原著，我要特别感谢凯恩斯遗产的保管人以及哈柯脱·勃莱斯出版公司。

阿尔文•汉森

1953年2月于马萨诸塞州剑桥

目录
CONTENTS

第五编　货币工资与物价

第六编　通论引起的几篇短论

第一编　引论

CHAPTER ONE

第一章　正名

本书命名为《就业、利息和货币通论》，着重在“通”字。命名的用意，在把我的想法和结论，与经典学派对于同类问题之想法与结论对照起来。无论在理论方面或政策方面，经典学派支配着统治阶级和学术界之经济思想，已有一百余年，我自己亦是在这种传统中熏陶出来的。在下文中，我将说明：经典学派之前提，只适用于一种特例，而不适用于一般的情形；经典学派所假定的情形，是种种可能的均衡位置之极限点，而且这种特例所含属性，恰不是实际经济社会所含有的。结果是理论与事实不符，应用起来十分糟糕。

第二章　经典学派之前提

大部分论价值与生产之作，主要是讨论两个问题：（1）如何把定量（Given volume）资源分配于各种用途；（2）设雇用人资源适为此量，则各资源的相对报酬以及产品的相对价值如何决定。[①]

可用（available）资源之数量，例如可就业人口的多少、天然财富（natural wealth）的丰瘠、资本设备的大小，一向只用叙述方法加以说明。

至于在此可用数量之中，实际就业者到底有多少，由哪些力量决定，则很少有详明理论。说对于这种理论全无探讨，当然是过分。因为讨论就业量的变动者非常多，而一讨论到就业变动，便不免牵涉到这种理论。我并不是说这个问题被人忽略了，我是说：关于这个问题的基本理论，一向被认为太简单、太容易，至多只要提一下就够了。[②]

---

①这是李嘉图留下的传统。李嘉图明白表示，他对于国民所得之数量——以别于国民所得之分配——问题，毫无兴趣。他这样做，实在颇有自知之明。其后起者不察，却用经典学派理论来讨论财富之本源问题。李嘉图于1820年10月9日致马尔萨斯信件中，有如下一段话："足下以为经济学是研究财富之性质与本源之学。鄙意以为：经济学只研究社会各阶级通力合作所产生的产物，依何种法则，分配于各阶级。关于数量，实在并无法则可言，但关于分配比例，倒可以找出一个相当正确的法则。我愈来愈觉得，追求前者是劳而无功的，后者才是经济科学之真正对象。"

②例如皮古教授在《福利经济学》中说（重点是我加的）："在整个讨论中，除非明白声明其不如此，我们将忽略下列事实：即有些资源愿意，但事实上并未就业。这并不影响论证之实质，而可简化其说法。"两相对照，李嘉图明白放弃任何企图，讨论整个国民所得之数量问题；而皮古教授在讨论国民所得之专著中，反以为不论有无不自愿失业之存在，同一理论都能适用。

I

经典学派的就业理论，表面上简单明白，实基于两大基本前提，而对于这两个前提本身，则差不多毫无讨论。该二前提为：

Ⅰ.工资等于劳力的边际产物。

换言之，一个就业人员的工资，乃等于因把就业人数减少一人所引起的价值的净损失。所谓净者，即将因产量减少而可避免的其他成本开支已经减除之谓也。设市场与竞争不完全，则工资不等于劳力的边际产物，但在此种情形之下，仍有原则可循。

Ⅱ.当就业量不变时，工资的效用适等于该就业量的边际负效用。

换言之，每一个就业人员的真实工资，在就业人员自身估计中，适足使该实际就业人数继续工作。恰如第一前提因竞争的不完全而产生例外，同样，设可就业人员组织起来，则第二等式亦未必适用于每一劳工。这里所谓的负效用，是指一切理由使个人或团体宁肯不工作，而不愿接受比某种最低效用更低的工资。

第二前提与所谓“摩擦的”失业并不冲突。因为把这个前提应用到实际生活上，总要顾虑到适应的未能尽臻完美，因之不能有连续的充分就业。例如：或由于估计错误，或由于需求的时断时续，以致各种专业化的资源的相对数量暂时失调；或由于若干变化的未曾逆睹，以至于产生时间间隔，或由于从一种行业改为另一种行业，中间须隔许多时日，故在非静态的社会中，总有一部分资源在改业过程中暂时无业；凡此种种都可引起失业。除“摩擦的”失业以外，还有“自愿的”失业，也与第二个前提不冲突。所谓“自愿的”失业，就是因立法、社会习俗、集体议价、适应迟缓、冥顽固执等种种关系，工人拒绝或不能接受相当于其边际生产力的产物价值为其工资，以导致产生失业。但“摩擦的”与“自愿的”二范畴，概括一切失业。在经典学派前提之下，不可能再有第三范畴——即我下文所谓“不自愿的”失业。

经典学派用这两个前提，来决定就业资源的数量，其例外与修正处正如上面所述。第一前提产生就业的需求表格，第二前提产生就业的供给表格；就业数量则决定于一点，在该点上，边际生产物的效用恰等于边际就业的负效用。

由此推论，则只有四种方法可以增加就业人数：

（1）改良机构，增加远见，以减少“摩擦的”失业。

（2）降低劳力的边际负效用，以减少“自愿的”失业，前者可以用增雇一人所需提供的真实工资表示。

（3）增加工资品（wage-goods）工业中劳力边际生产力（用实物计算）。工资品乃皮古教授所创名词，应用起来很方便；货币工资的效用，即视工资品的价格而定。

（4）使非工资品价格的上涨程度超过工资品价格的上涨程度；再加上使非工资劳动者的开支由工资品转移到非工资品。

据我了解，以上是皮古教授所著《失业论》一书的大旨——此书是经典学派就业理论的唯一现存的详细说明。[①]

II

经典学派的两种失业范畴，能够概括一切失业现象吗？事实上，总有一部分人愿意接受现行工资而工作，但无工可做。一般而论，只要有此需求，现行工资下的工作人数可以增大。经典学派认为这和他们的第二前提并不冲突。理由是：在现行货币工资之下，劳力的供给量固然可能大于劳力的需求量，然而这种情形的产生，就是因为劳工间有公开协定或默契，不愿接受较

---

①对于皮古教授之《失业论》，下文第十九章附录中，有较详细批评。

低工资而工作；只要劳工们肯把货币工资降低，就业量自会增大。因此这种失业，看起来好像是“不自愿的”，实际上并不如此，应当列入由于集体议价等原因所引起的“自愿”失业范畴中。

这引起我两点观察：第一点涉及劳工对真实工资与货币工资的实际态度问题，在理论上并不重要；第二点则非常重要。

让我们暂时假定：劳工确实不愿意接受较低货币工资而工作，现行货币工资降低时，确实会引起罢工等现象，使得一部分现在就业人员退出劳工市场。但是我们是否可以由此推论：说现行真实工资率，确实是劳力负效用的准确衡量呢？不一定。因为，降低现行货币工资，固然可以引起一部分劳工退出劳工市场；但假如由于工资品价格提高，以致现行货币工资所能购得的工资品较前减少时，却不一定产生同一现象。换句话说，也许在某种范围以内，劳工所要求的就是一个最低限度的货币工资，而不是一个最低限度的真实工资。经典学派一向暗中假定着，这点对于他们的理论没有多大关系。其实并不是这样。因为，如果劳力的供给函数并不以真实工资为其唯一自变数，则他们的论证完全崩溃，实际就业量将非常不确定。经典学派好像并没有感觉到：除非劳力的供给只是真实工资的函数，否则他们的劳力供给曲线将随每一次价格的变动而变动。因此他们的方法是和他们的特殊假定分不开，不能用来处理通常情况。

日常经验也确切地告诉我们：在某种限度以内，劳工所要求规定的，不是真实工资，而是货币工资——这种情形，远非仅是一种可能性，而是通则。工人虽然常常抵抗货币工资的降低，但并不是每次当工资品价格上涨时，他们就不肯工作。有人说，如果工人只抵抗货币工资的降低，而不抵抗真实工资的降低，实在是不合逻辑的。我们以后（本章第三节）将举出理由，说明这倒并不像骤看那样不合逻辑；而且也亏得是如此。不过不论是否合乎逻辑，经验指出，工人的实际行为确是如此。

而且，说不景气之下的失业现象，是因为工人不肯降低货币工资而引起的，也显然并不与事实相符。如果说美国1932年的失业原因，是因为劳工们坚持不让货币工资降低，或坚持要求一个超过经济机构生产能力所能负担的真实工资率，也很难让人置信。有时就业量变动特别大，而劳工的生产力或劳工的最低要求（以实物表示之）却无显著变动；工人在不景气时，也不比繁荣时更为顽强——远远不是这样；劳力的物质生产力，也并不在不景气时变小。这些经验中得来的事实已足构成初步理由，令人怀疑经典学派分析是否合适。

货币工资的改变与真实工资的改变，其间关系究竟怎样，对统计研究的结果想必饶有兴趣。如果变动只限于一种工业，则真实工资的改变大概与货币工资的改变同一方向。假如改变及于一般工资水准，则我们可能会发现，货币工资与真实工资的改变方向不仅不相同，而且常常相反：货币工资上涨时，真实工资下降；货币工资下降时，真实工资上涨。这是因为在短时期内，货币工资的下降与真实工资的上涨常与就业量的减少连在一起。两者各有其相连的理由：就业量下降时，工人比较愿意接受减薪；当产量减少而资本设备不变时，劳力的边际生产力增大，所以真实工资提高。

如果现行真实工资确实是一个最低限度，低于此时，愿意就业人数不管怎样不会大于现在实际就业人数，那么除了摩擦的失业以外，不会有不自愿的失业。不过说事实上一定如此，则亦不近情理。因为，即使工资品价格上涨，真实工资下降，但愿意接受现行货币工资而就业者，常常还比现在实际就业人数多。假如这是真的，那么现行货币工资能够购得的工资品不能准确衡量劳力的边际负效用，因此第二前提不能成立。

不过还有一个更基本的非难。经典学派的第二前提产生于下列观念：即真实工资乃定于劳资双方的工资议价。他们当然承认，实际所议的只是货币工资；他们也承认，劳方肯接受的真实工资率与当时货币工资之高下也有关系。不过他们认为，劳资者价决定货币工资，货币工资决定真实工资。因之他们认为，只要劳方肯让货币工资降低，真实工资也随之降低。说真实工资常与劳力的边际负效用趋于相等这句话时，当然明白假定着，劳工可以自己决定其认为可以接受而工作的真实工资率，虽然他们不能决定在此工资下的就业人数。总之，传统的看法认为，劳资双方的工资议价决定真实工资。因此像雇主间有自由竞争，劳工间无各种组合，设立种种限制，则只要劳工们肯这样做，他们总可以使真实工资率等于在此工资下雇主愿雇人数的边际负效用。如果不是这样，则真实工资与劳力的边际负效用并没有理由趋于相等。

我们要注意，经典学派的结论并不只适用于个人：如果一个人肯接受他同伴所不肯接受的工资削减，则此人可以获得就业机会；经典学派是要把他们的结论应用于全体劳工身上的。他们又认为他们的结论同样适用于闭关经济体系（closed system）或国际经济体系中的一员；而其所以适用于后者，也不是因为后者有若干特征，或因为当一国减少其货币工资时，将影响其对外贸易。这些当然不在本书讨论范围之内。他们结论的真实性，也并不基于当货币工资总支出（total wage bill）减少时，银行制度以及信用状况会起某种反应，因此产生许多间接影响。这些将于第十九章中详加讨论。他们的结论只是基于下列信念：在一闭关机构中，当货币工资的一般水准降低时，则至少在短时期内，一定会有若干（虽然不一定成同比例）真实工资的减少。这可能有例外，但例外并不重要。

说真实工资的一般水准定于劳资双方的货币工资议价——这种结论，并不一望即知其为真，历来却很少人设法证明或否定，实属令人诧异。这种假定，与经典学派的一般论调也格格不入。经典学派告诉我们：价格决定于边际直接成本（marginal prime cost），而边际直接成本又大部分决定于货币工资。则当货币工资减少时，我们想，经典学派会说：价格将几乎作同比例的改变，而使真实工资与就业水准大致不变；如果对于劳工有许多得失的话，那是因为边际成本中有许多因素并未变动，致使劳工蒙受损失或获得利益。经典学派之所以未曾循此思路追究下去，一部分是因为他们有根深蒂固的信念，认为劳工可以自己决定其真实工资率；一部分大概是因为他们有先入之见，认为物价定于货币数量。而且，劳工可以自己决定其真实工资率这一个命题一经成立，又和另一个真命题混在一起，以致真假难分，是非难辨。后一个命题是：劳工们总可以自己决定，他们愿意在何种真实工资率之下达到充分就业（full employment）。所谓充分就业者，即在一特定真实工资率之下所能有的最大就业量。

总结起来，对于经典学派第二前提，我们有两点非难：第一点是关于劳工的实际行为的。当物价上涨、货币工资不变以致真实工资下降时，一般说来，现行货币工资下的劳力供给量不会低于物价未涨前的实际就业量。说一定会低，无疑是说：在现行货币工资下愿意工作而实际并未就业的人们，只要生活费用稍微提高一些，即不再愿意工作。然而这种古怪假定，却好像贯彻于皮古教授《失业论》全书之中，而为全体正统学派所默认。

第二点更基本的非难，将于以后数章中再加发挥。这点非难，发生于我们不能同意经典学派的假定：工资议价决定真实工资的一般水准。经典学派作此假定，实犯重大错误。因为，劳工全体也许并没有方法可以使得货币工资的一般水准所能获取的工资品，与目前就业量的边际负效用相等。

劳工全体也许并没有途径，可以借工资者价时货币工资的修改，而使真实工资率降低至某特定水准。这是我们的论点。以下我们要指出，决定真实工资的一般水准者，主要是几种其他力量。把这个问题弄清楚，将为本书主题之一。我们将说明，我们对于自己生存其中的经济制度在这方面实际上是怎样运用的，一向误解甚深。

III

个人或团体间关于货币工资的争执，虽然常被认为是决定真实工资的一般水准的，其实争执对象全非如此。因为劳工的移动性不能完美，所以工资与从事各业的净益（net advantage）并不趋于绝对相等；故设个人或团体，让其货币工资比别人相对低，则其真实工资也相对低，这已构成充分理由，使他们抵抗前者。反之，当货币的购买力改变时，全体劳工都受影响，要对每一次由此引起的真实工资的降低都加抵抗，实属不大可能；事实上，除非由此引起的真实工资的降低达到了极端程度，普遍都不加抵抗。而且，劳工这种态度（即抵抗局部的，适用于一二工业的，货币工资的削减），对于增加总就业量所加的阻碍，其严重性远不如抵抗每次真实工资的降低那样厉害。

换句话说，关于货币工资的争执，主要是决定如何将真实工资总额分配于各劳工团体，而不是决定每一个就业人员的平均真实工资：后者乃决定于另一组力量，这以后我们就会知道。劳工组织的效果，只是保障其相对真实工资，至于真实工资的一般水准，则决定于经济机构中的其他力量。

货币工资的降低，往往不能普及于全体劳工，因之劳工们加以抵抗——虽然现行工资所能购得的实物还超过目前就业量的边际负效用；反之，真实工资降低，而相对货币工资不改变，可以使总就业量增加，因之不加抵抗——除非降低程度太大，使真实工资低于目前就业量的边际负效用。在这点上，劳工们自己的经济学，倒是在不知不觉之中，比经典学派经济学更为到家。亏得是如此。每个工会对货币工资的降低，不管降低程度怎样小，总要作若干抵抗。但是工会却并不想在每次生活费用稍为上涨时即行罢工，所以工会没有像经典学派指责的那样，阻挠总就业量的增加。

Ⅳ

我们现在必须对第三类失业，即严格意义的“不自愿”失业，下一定义。

经典学派是不承认有这类失业的可能性。

显然，我们所谓不自愿的失业，并不指有若干工作能力可用而并未利用。例如我们并不因为人可以每天工作十小时，而称八小时工作日为失业。如果有一群劳工，因为不肯接受低于某种限度的真实报酬而宁肯不工作，这个我们也并不作为不自愿失业。我们又为了方便起见，摩擦的失业也不列为不自愿失业。于是定义如下：如果当工资品的价格——相对于货币工资而言——上涨少许时，现行货币工资下的劳力总需求量与总供给量皆形增大，则称之为有不自愿失业的存在。下章将提出另一定义，不过两者实在是殊途同归（参阅下文第三章第一节末段）。

据此定义，则第二前提所称，真实工资等于就业的边际负效用——这一句话可以解释为：在实际生活中，没有不自愿失业的存在。此种情形，我们称为充分就业。摩擦的与自愿的失业，都与“充分”就业不同。这种解释颇和经典学派理论的其他特征相吻合。经典学派理论，最好将其看成是充分就业情形下的分配论。只要经典学派的两大前提能够成立，则此处所谓不自愿失业便无从发生。所有失业，不外乎下列原因之一：

（1）在改业过程中，暂时无工可做；

（2）专业化程度极深，因此需求时断时续；

（3）工会采取排外（closed shop）政策，不让工会以外的工人就业。

经典学派经济学家因为没有注意到其理论背后的特殊假定，必然会达到下列逻辑结论：一切失业，除了上述例外以外，追根究底，还是因为失业人员不肯接受一个与其边际生产力相应的工资率。当劳工们拒绝削减货币工资时，一个经典学派经济学家可以同情他们，他也会承认，为应付暂时局面，而削减工资，也许是不智之举，但他忠于学问，所以不能不说，失业的病根，还是因为工人不让（货币）工资降低。

很明显，如果经典学派理论只适用于充分就业情形，则以之应用于不自愿失业问题上，自然错误百出。但是，谁又能否认这个问题的存在呢？经典学派经济学家，正好像是欧氏几何学家，生活在非欧世界里。当他们发现，在日常经验中，两条看来是平行的直线会相交时，他们尽抱怨为什么直线不直走。在他们看来，直线直走就是避免两线不幸发生冲撞的唯一办法，然而，除了放弃平行公理，另行创造非欧几何外，实在别无补救办法。今日的经济学也需要如此改造一下。我们要推翻经典学派的第二前提，承认不自愿失业的可能存在，而另创一套经济体系的行为规则。

V

我们一方面强调异于经典学派之处，另一方面却切不可忽视一个重要共同点：我们还是接受他们的第一个前提，我们对此前提所加的修正，也就是经典学派所加的修正。请先停一会，研究这个前提的含义。

这个前提是说：如果组织、设备与技术不变，则在真实工资与产量之间（亦即真实工资与就业量之间）有一个唯一的关系存在，因此在通常情形之下，就业量增加时，真实工资率必减。这是经典学派认为不可或缺的重要事实，作者也表示同意。如果组织、设备与技术不变，则一单位劳力（a unit of labour）能够赚到的真实工资，必与就业量成唯一的、相反的关系，因此当就业量增加时，在短时期内，一单位劳力得到的报酬，以工资品计算，通常会降低，利润则增加。①其实这不过是众所周知的另一命题的反面：在短

①理由如下（以农业为例）：设就业量为n，第n个人之增产量为每日一斗。则每日工资之购买力亦为一斗。若第（n+1）人之增产量为每日九升，则除非谷价比工资相对提高，使得每日工资之购买力只合九升，否则就业量不能增至（n+1）人。工资总数以前为n斗，今则为3/10（n+1）斗。故当就业量增加一人时，一定使得前已就业人员之一部分所得移转于雇主。

时期内，因设备等可以假定不变，所以工业常受报酬递减律的支配，所以当就业量增加时，工资品工业之边际产物必减；但后者决定真实工资，所以真实工资降低。只要这个命题能够成立，则任何增加就业的办法都一定会同时使边际产物减少；如果以此产物衡量工资，则工资率也降低。

经典学派的第二前提一经推翻，则当就业量减少时，劳工固然一定可以得到一个较高的工资率（以工资品计算）；然而就业量的减少却不一定是因为劳工要求提高工资率（以工资品计算）而引起的。即使劳工们肯接受较低货币工资，也未必是失业对策，这里牵涉到工资与就业的关系，留待第十九章及其附录才能详加说明。

Ⅵ

从萨伊及李嘉图以来，经典学派都说：供给会自己创造自己的需求（supply creates its own demand）。他们用这句话，大概是说，全部生产成本，必然直接或间接用在购买该产物上。不过他们没有说清楚，这句话到底是什么意思。

约翰•斯图亚特•穆勒在《政治经济学原理》（以下简称《原理》）中，对这个学说讲得非常清楚：

“所用以购买商品者，只是商品。每个人所用以购买别人的产品者，只是他自己所有的产品。就字面讲，所有卖者必然是买者。因此当一个国家的生产力骤然增加一倍，则所有商品的供给量也增加一倍，但购买力也同时增加一倍。每个人的供给量与需求量都倍于往昔；每个人的购买量可以增加一倍，因为每个人所用以交换的东西，也增加了一倍。”[①]由此学说可以得到这样一个推论。如果有人可以消费而不消费，则这种行为，必然使——而且就是使——劳力与商品不再从事于供给消费，而从事于投资，生产资本品。

① 《政治经济学原理》第三编第十四章第二节。

下列引文，系从马歇尔著《国内价值纯理论》中选出，可以说明传统的看法：个人的全部所得，乃是用来购买劳役与商品的。我们经常听说，某人把他的所得用掉一部分，储蓄一部分；但在经济学上，大家公认：他所储蓄下来的一部分所得，也用于购买劳役与商品，和他花掉的一部分完全一样。当他购买劳役与商品，用之于获得现在享受，则我们称之为花费；当他购买劳役与商品，用之于生产财富，希望由此财富取得未来享受，则我们称之为储蓄。

从马歇尔后期著作[①]或从艾其伟斯或皮古教授著作中，很容易找出类似的内容。这种学说不再以这样简陋的形式在今日出现。不过它还是整个经典学派理论的骨干；没有它，整个经典学派理论就要崩溃。当代经济学家也许要踌躇一下，不能同意穆勒，但是以穆勒学说为前提的许多结论，他们却毫不犹豫地接受。以皮古教授为例。在他绝大部分著作中，皮古教授仍相信，除了引起若干摩擦阻力而外，有没有货币，没有多大差别；像穆勒一样，经济学可以根据实物交换情形，完成生产论与就业论，然后再敷衍塞责，引入货币——这就是经典学派传统的现代说法。当代经济思想还是摆脱不了一个牢不可破的观念，认为人总要花钱，只是花钱途径不同而已。战后经济学家很少能始终保持这个观点，一方面是受了相反思潮的影响，另一方面是因为经验和事实显与旧说不符。不过他们还不敢充分接受由此所产生的后果所以没有修改其基本学说。

在鲁宾逊•克鲁索（Robinson Crusoe）经济体系中，交易不存在，个人的所得全由生产活动而来。他所消费的或所保存的，真正是——而且只是——他自己生产的实物。经典学派不察，把从鲁宾逊•克鲁索经济体系中得来的结论，用错误类比法搬到现实经济体系中来应用。这是谬误引起的一种

①霍布森（J.A.Hobson）先生于所著《工业生理学》中，先引上述约翰•斯图亚特•穆勒语，然后指出，马歇尔于其《工业经济学》即已作下列按语："人虽然有购买能力，但不一定使用。"霍布森接着说："马歇尔没有了解此事之重要性。他似乎以为这种情形，只有在恐慌时期才会发生。"从马歇尔后期著作看来。这倒始终是一句公正评语。

可能解释。除此以外，产品的售价常足抵补其全部成本——这个命题之所以很容易令人置信，乃是因为另外还有一个外表类似而且毋庸置疑的命题，两者很难分辨；后者是：社会各分子在一种生产活动中所得到的所得，其总数正好等于该产物的值。

如果一个人可以使自己致富，而看来好像并没有损及他人，则也一定会使社会全体致富，这又是很自然的想法，经典学派（见上引马歇尔文句）却由此推得下列命题：个人的储蓄行为，必然引起平行的投资行为。不幸和上面一样，这个命题又和另一个貌似而又无可置疑的命题相混，后者是：个人财富的净增量之总和，正好等于社会财富总量的净增量。

然而作此想者，都是受了错视之骗，把两种根本不同的活动混为一谈。他们误认，在决定现在不消费与决定留备将来消费之间，有一种联系。其实决定后者的动机，与决定前者的动机，迥不相同。

相当于几何学的“平行公理”者，在经典学派经济理论中便是：总产量的需求价格正好等于其供给价格。承认这点，其他一套，例如节俭论（认节俭为美德，泽及社会）、利率论、失业论、货币数量说、国际贸易论（认为自由放任有利无弊）等便随之而来。这些我们以后都要提出疑问。

Ⅶ

在本章各节，我们陆续指出，经典学派理论依存于下列三个假定：

（1）真实工资等于现行就业量的边际负效用；

（2）严格意义的不自愿失业，并不存在：

（3）供给会自己创造自己的需求；意思是说，不论产量与就业量在何种水准，总需求价格等于总供给价格。以上三个假定，实在是一而三，三而一，三者共存亡，任何一个，在逻辑上必然蕴含其余两个。

第三章　有效需求原则

I

我们先要用几个名词，其精确定义则以后再下。如果技术、资源与成本三种情况不变，则当一雇主雇用某特定量劳工时，他一定会有两类支出：第一类是他付给生产元素（不包括其他雇主），以取得其当前（current）劳役者，可称之为该就业量的元素成本（factor cost）；第二类是他付给其他雇主，以购买其产品者，以及他因使用机器设备，不让其闲散，而蒙受的牺牲，可称之为该就业量的使用者成本（user cost）。由此所得产物的值，其超过元素成本与使用者成本部分，则为利润；利润即雇主的所得（income）。所谓元素成本，就是从雇主立场而言，当然，从元素看来，元素成本就是他们的所得。因此元素成本与雇主利润两者，就是因雇主雇用该量劳工而产生的总所得（total income）。雇主在决定应该雇用多少工人时，以达到最大利润为决策准绳。为方便起见，我们不妨采取雇主的观点，而称由某特定就业量所产生的总所得（即元素成本加利润），为该就业量的收益（proceeds）。在雇主心目中，每一就业量有一最低预期收益，若低于这个数，便不值得提供该就业量；此最低预期收益，可称为该就业量所产产物的总供给价格（aggregate supply price）。

由此，假设技术、资源以及元素成本三种情况都不变，则一厂、一业以及工业全体的就业量，就是决定于雇主们由该相应产量所能预期获得的收益。雇主们一定会设法使就业量达到一个水准；在该水准上，预期收益超过元素成本之数——利润，达到最大量。

令Z为雇用N人所产产品之总供给价格，Z与N之关系，可写成Z＝φ（N），称之为总供给函数（Aggregate Supply Function）。[①]同样，令D为雇主们预期由雇用N人所能获得的收益，D与N之关系可写成D＝f（N），称之为总需求函数（Aggregate Aupply Function）。

现在假设当N取某特定值时，预期收益大于总供给价格，即D大于Z，则雇主们见有利可图，一定会想要加雇人工；必要时不惜抬高价格，竞购生产元素；直至N之值使Z与D相等而后止。因此，就业量决定于总需求函数与总供给函数相交之点，盖在此点，雇主们的预期利润达到最大量。D在总需求函数与总供给函数相交点时的值，称为有效需求（effective demand）。这便是就业通论的要旨。以下各章，大部分在探讨何种因素决定这两个函数。

反之，经典学派所谓“供给会自己创造自己的需求”——这句笼统话，实是对此二函数间的关系作了一个特殊假定。因为，“供给会自己创造自己的需求”这句话，一定是说：不论N取何值，即不论产量与就业量在什么水准，f（N）与φ（N）常相等，因此当N增加，Z＝φ（N）增加时，D＝f（N）也一定与Z作同量增加。换句话说，经典学派假定着：总需求价格（或收益）常与总供给价格相适应，因此不论N取何值，收益D常与总供给价格Z相等。这就是说，所谓有效需求，不是只有一个唯一的均衡值，而是有无穷数值，每个值都同样可能；因此就业量变成不确定，只有劳力的边际负效用给予就业量一个最高限度。

假设这是对的，则雇主间的相互竞争，一定会使就业量扩张到一点，在该点时，总产量（output as a whole）的供给不再有弹性；即当有效需求的值再增加时，产量不再增加。显然，这就是充分就业。在上章中，我们从劳工的行为方面着想，给充分就业下了一个定义。我们现在达到了另外一个等值（equivalent）标准：所谓充分就业者，即当对劳力产物的有效需求增加时，总就业量不再增加。因此萨伊定律所谓：不论产量在什么水准，总产量

①在第二十章中，有一个与此关系非常密切的函数，我们将称之为就业函数。

的总需求价格恒等于其总供给价格，实际上等于说，社会上无阻挠充分就业的力量。不过，如果萨伊定律并不是关于总供需函数的真正定律，则经济学实在缺少了很重要的一章，一切关于总就业量的讨论，徒属词费。

II

在现阶段，把以后各章所要详细说明的就业理论先作一简略提要，也许有助于读者——虽然也许很难完全了解。所用名词，以后都要细加定义。在本提要中，我们假定货币工资率不变，每雇用一人的其他元素成本也不变。这些假定只是为行文方便而设，以后可以取消。本理论的重要特征，并不因货币工资率等等的是否可以改变，而受丝毫影响。

本理论可以简述如下：当就业量增加时，总真实所得也增加。但社会心理往往是这样：总真实所得增加时，总消费量也增加，但不如所得增加的大。因此当整个就业增量都用在满足消费需求的增加量上，则雇主们将蒙受损失。如果想要维持某特定就业量，则当前（current）的投资量必须足以吸收在该就业量之下、总产量超过社会消费量的部分。如果投资量小于此数，则雇主们的收入将不足以引诱彼等提供该就业量。由此，设社会的消费倾向（propensity to consume）不变，则就业量的均衡水准决定于当前投资量；所谓均衡水准者，即在该水准时，雇主们既不想扩张、也不想缩小其雇用人数。当前投资量则又决定于投资引诱（inducement to in vest），投资引诱则又决定于两组势力的相互关系，第一组为资本的边际效率表；第二组则为各种期限不同、风险不同的贷款利率。

因此，当消费倾向与新投资量不变，则只有一个就业水准，与均衡相符；在任何其他水准，总产量的总供给价格都与其总需求价格不相等。这个均衡水准不能大于充分就业，即真实工资不能小于劳力的边际负效用。但是一般说来，我们并没有理由可以期望这个均衡水准一定等于充分就业。与充分就业相吻合的有效需求实在只是一个特例，只有当在消费倾向与投资引诱之间有一特殊关系存在时，方能实现。经典学派假设此种特殊关系的存在。在某种意义上说，这种特殊关系就是最适度（optimum）关系，只有在下列情形下方能存在：即或由于偶然巧合，或由于有意设计，当前投资量正好等于在充分就业情形之下，总产量的总供给价格与社会消费量之差。

本理论可以归纳为下列几个命题：

（1）如果技术、资源与成本三种情况不变，则所得（货币所得与真实所得两者）定于就业量N。

（2）一个社会的所得与该社会的消费量（后者以D_1表示之）——这两者之间的关系，决定该社会的心理特征；这种关系，可称之为消费倾向。换名句话说，设消费倾向不变，则消费量定于总所得量，也就是定于总就业量N。

（3）雇主们决定雇用的劳工数N，乃定于两者之和（D），即可以预期社会的消费量D_1，以及可以预期社会的新投资量D_2。D即以上所称有效需求。

（4）因$D_1+D_2=D=\phi(N)$，其中ϕ代表总供给函数，又因从上（2），D_1为N之函数，可写成$\chi(N)$，χ定于消费倾向，所以有$\phi(N)-\chi(N)=D_2$。

（5）因此，均衡就业量乃定于：（i）总供给函数ϕ（ii）消费倾向χ，与（iii）投资量D_2。这便是就业通论的要点。

（6）工资品工业中劳力的边际生产力，随N的增加而递减，而前者又决定真实工资率，因此（5）受以下限制：当真实工资率降低至与劳力的边际负效用相等时，N即达到其最大值。因此并不是D可以取任何值，而货币工资都可以保持不变，因此想要知道就业理论的全貌，货币工资率不变这个假定，必须撤销。

(7)依照经典学派理论，则不论N取何值，D都等于ф(N)；因此只要N小于其最大值，就业量都在中立均衡状态(neutralequili—brium)。而雇主间的相互竞争一定能使N达到此最大值。在经典学派看来，只有这点才是稳定(stable)均衡点。

(8)就业量增加时，D_1增加，但增加不会超过D的增加：因为当我们所得增加时，消费量增加，但消费量的增加小于所得的增加。解决实际问题的线索就在这个心理法则上。由此法则，所以就业量越大，则Z相应产量的总供给价格(与D_1雇主们可以预期从消费者身上收回部分)的差别越大。设消费倾向不变，则除非D_2逐渐增加，以弥补Z与D_1间距离的逐渐扩大，否则就业量不能增加。因此，除非真像经典学派所假定的那样，当就业量增加时，总会有若干力量使D_2增加，足够弥补Z与D_1间距离的逐渐扩大，否则可能N还没有到充分就业水准，而经济体系已达到稳定均衡状态；N的实际水准则定于总需求函数与总供给函数相交之点。

因此劳力的边际负效用(以真实工资衡量)并不决定就业量；在某特定真实工资率之下所可能有的劳力供给量，只决定就业量的最高水准。消费倾向与新投资量两者才决定就业量，就业量又决定真实工资水准——并不是颠倒过来。假如消费倾向与新投资量所产生的有效需求不足，则实际就业量将小于现行真实工资率之下所可能有的劳力供给量，而均衡真实工资率，将大于均衡就业量的边际负效用。

这种分析，可以解释为什么会有可富而不富(poverty in the midst of plenty)这种矛盾现象。因为只要有效需求可以不足，则就业量就可以——而且常常——在没有达到充分就业水准以前，即行终止而不再增加。有效需求的不足，常常阻碍生产——虽然劳力的边际产物还大于就业量的边际负效用。

而且，社会越富，则其实际产量与可能产量的差别越大，经济制度的弱点也越容易暴露而令人愤慨。一个贫穷社会，往往以其产品的大部分用之于消费，故只要有小量投资，即可造成充分就业。反之，在一富裕社会中，假如想要让富人的储蓄倾向与穷人的就业机会不相冲突，则投资机会必须比贫穷社会增大许多。假如在一富裕潜性极大的社会中，投资引诱非常弱，则该社会的富裕潜性虽大，但有效需求原则必迫使其减少实际产量，直至该社会达到一种贫穷程度，使其实际产量超过消费量部分正好与其微弱的投资引诱相适应。

但事之不幸更有甚于此者。在一富裕社会中，不仅边际消费倾向较弱，而且因其资本积聚量已较大，因此除非利率可以迅速下降，否则继续投资的吸引性也较小。这里就牵涉到利息论，以及何以利率不能自动降到适宜水准。这些留待第四编讨论。

因此，消费倾向的分析、资本的边际效率之定义，以及利率论，乃是我们现有知识中的三大缺陷，必须弥补。这步做到以后，价格论的地位也确定了——价格论只是我们《通论》的附属品。我们将发现，在利率论中，货币占有重要位置；我们将设法弄清楚，货币之所以异于他物者，其特征何在。

III

总需求函数可置勿论——这是李嘉图经济学的基本观念。百余年以来，我们所领教的经济学都是以此观念为基础。李嘉图认为有效需求不会不足，马尔萨斯虽曾强烈反对，但是没有用，因为后者只能诉诸于日常观察中得来的事实，而不能清楚说明为何以及如何有效需求会不足或过余；他不能提出另外一个学说。李嘉图完全征服了英国，正如异教裁判所（Inpuisition）征服了西班牙。他的学说，不仅为金融界、政治家与学术界所接受，而且争辩从此终止；其他观点完全销声匿迹，不再有人讨论。马尔萨斯不能解决的有效需求这一个大疑难，从此不再在经济学文献中出现。在马歇尔、艾其伟斯以及皮古教授手中，经典学派理论已经登峰造极；然而在这三个人的著作中，对于有效需求，竟未提及只字。

有效需求这个概念，只能偷偷摸摸地生活在卡尔•马克思、西尔维•盖赛尔（Silvio Gesell）或道格拉斯（Douglas）少校这些不入流社会中。

凭什么李嘉图会得到这样的绝对胜利，始终有点神秘难解。大概一定是因为这个学说与社会环境很合适。这个学说所得结论，往往与常人所预期者很不相同，这（我想）倒反而增加了它的学术威望；这个学说付诸实施时，往往严酷，苦口难咽，这倒使人信为良药；以此学说为基础，可以建立起广大的、逻辑上无可非议的上层结构，这增加了它的美；这个学说可以把社会上很多不公道处与残酷处解释为进步过程中无可避免的意外事件，这使它受统治者欢迎；这个学说可以为资本家自由企业辩护，因此又得到统治者背后社会有力分子的垂青。

虽然一直到最近，正统经济学家还不怀疑这个学说，但用这个学说来作科学预测却异常失败。因之他们的声望逐渐受到影响。从马尔萨斯以来，职业经济学家虽然并不因理论与事实不符而有动于衷，但常人已觉察到这种不符情形，结果他们渐渐不愿意对经济学家像对其他科学家那样尊敬；因为后者的理论结果当应用于实际时常可以用观察证实，而经济学则不然。

传统的经济学说向以乐观著称，经济学家被人看做是甘迪德（Candide）一流人物：离开了现实世界，垦殖自己的小园地，然后告诉人们说：只要听其自然，则一切都在最好可能的世界中、向着最好的路上走。这种乐观态度的由来，我认为是因为他们忽视了一点：有效需求不足，可以妨碍经济繁荣。如果一个社会的运行的确像经典学派所设想的那样，则该社会资源的就业量，自有达到最适度水准的趋势。经典学派理论也许代表我们冀望于经济体系者，不过如果假定现实经济体系确属如此运行，那是根本把问题都假定掉了。

附：凯恩斯学说指南

古典经济学派的前提与有效需求原则

凯恩斯之前的异端者

我们可以很肯定地说，由任何一大群有资格的经济学家长期所接受的经济学说，永远不会丝毫没有价值。这些经济学说虽在后来被人摒弃，但在研究经济制度的运行方面，经常提供作为一种初始的近似值的有意义的见解。例如，久已失效的工资基金学说，以及扎伊尔定律就是如此。两者(在琐碎而且经常是无益的争论压力下)都产生了硬性而武断的公式——刻板的“定律”，企图把极复杂的现象压缩到一个硬模中去。但是如果这些学说握在富有机动性的人手里，如果是对脑筋灵活者来说，它们可以——而且往往是——具有启发性，并且很有用处。

普遍说来，扎伊尔定律是自由交换经济的写实。它既怀有这种思想，便启发了下列真理，即需求的主要来源是：从生产过程本身产生的生产要素收入的流转。迄今未曾使用的资源的雇用，通过增加收入和支出的循环流转，把收入源泉扩大了，扩大的数额(在均衡情况下)等于因销售它的产品而从收入源泉中取出的数额，因此收支可以抵偿。新的生产过程，凭借收入来支付给所雇用的生产要素，这就在增加供给的同时也产生了需求。

古典的扎伊尔定律坚持这样的命题，即自由价格制度有助于为日益增长的人口提供职位和增加资本。在一个扩张的社会中，新企业和新工人闯入生产过程，并不是通过排挤别人，而是通过在交换中提供他们自己的产品。市场并不被认为是固定的或是有限度的——不可能扩张的。市场的容量很大，尽可包容所有拿出来交换的产品。供给创造它自身的需求。从一般性的概括来看，这种说法大体上描绘了一幅经济交换的景象。

但经由思想史的见证，一个既伟大又有生气的原则，一旦在纷争的大海上动荡起来，就会失去它的活力，一旦作为分析的工具，它就经常被用来解决它并不能胜任的高度复杂的问题。不可避免地就会产生引入歧途的结论。扎伊尔定律也遭受了这样的遭遇。

那些阅读了有关“凯恩斯革命”的现代文献的初学者多半会有这样的印象，即直到1936年(《就业、利息和货币通论》出版的一年)，在所有经济学者(不论青年还是老年都是一样)面前，有一条坚强的正统古典学派阵线。再没有比这种看法更远离真相了。在第一次世界大战时期前后从事专业生活的一代经济学者，对于当时流行的经济分析情势很感不快。虽然当时流行的学说巧妙地合乎逻辑，但它们经常与现实不相符，因此许多经济学者转而从事叙述式和制度方面的研究。

人们对正统学说持不信任态度的状态，事实上并非上述时期所独有的现象。恰恰相反，自从李嘉图的时代以来，除了少有的间隙期而外，这种情况已成常例。米克在他所写的《李嘉图经济学在英国的衰落》一文，从“政治经济学俱乐部”议事录中，引证了“若干基本的李嘉图原则的急剧衰落”。从1823年到1833年到处可见对李嘉图的攻击。亨利•雪琪威克在他所著《政治经济学原理》(1883年出版)中，引用马尔萨斯在1827年(距离李嘉图的死不过四年)所说的话："政治经济学者之间意见的分歧，近已成为人们诉苦的常用主题。"

约翰•穆勒试图挽回这种情势，他所著的《原理》(1848年出版)一度广为人接受。詹姆士•史丹芬爵士在1861年报道："懂得这门科学的人们的结论已被接受，且已被以任何其他关于人类事务的理论所从未受到过的信任的态度付诸实施。"西季维克在评论穆勒的威风凛凛的权威时写道："从1860年开始研究政治经济学的一代人，大部分只是模糊地意识到最近从中出现问题的暴风雨般的争论的因素。"但穆勒早已在1869年就屈服于朗格和桑顿两人对工资基金论的攻击了；而在1871年，则有杰文斯对当时流行学说的彻底粉碎性的攻击。可是马歇尔又把奥地利派(和杰文斯)的研究与古典学派的体系综合在一起，重新建立了新正统学派(著有《政治经济学原理》，1890年出版)。

此外还有许多异端者。美国的制度学派——凡勃伦、康芒斯、米契尔和他们的追随者——很怀疑"纯理论"。许多事实积累起来——有社会学的、法律上的和统计上的——都似乎在表明正统学说的结论与实际世界不符。但不论怎样，这些对于正统原则的攻击，大部分都不能算是成功的。正如詹姆士•柯诺脱校长曾经恰当地说过的："要放弃旧的概念，必先建立新的概念方案。"人们拼命努力地"改变旧的观念来使它适应新的试验"单靠事实本身并不能摧毁一种学说。

扎伊尔定律作为对经济学说现状发生普遍不满的一部分，更是受到人们的严重怀疑。可是不论有多少次的尝试，还没有人能够建立强有力的理论根据来推翻下列基本前提，即价格制度会自动地产生充分就业。对于要向这个基本概念挑战的任何人，始终如一地建立了两道坚强的防线：(1)有弹性的利率将保证充分就业时储蓄与投资相等；(2)在富有弹性的工资和物价制度中，除了暂时性的干扰以外，足够的市场将得到保证。

人们可以从1900年到1936年的文献中看到无数次向流行的自动调节的正统学说挑战的努力(其中是有一些重要的，但多数本身就有着严重的缺陷)。两抵之下，这些企图未能予人以深刻的印象，所以在这里研讨这种文献并无好处。在绝大多数场合，批评家仅有软弱无力的理论甲胄。一位正统学派健将，凭借有力的逻辑，通常尽可指出他的错误。霍布森算是作了最勇敢的努力，可是他也失败了，失败的主要原因在于他的武器事实上不能够胜任这项工作。

法国的阿富太林在《一般剩余生产的实质》一文(1909年)中公开攻击扎伊尔定律。可是他的学说的这一部分，虽从现在看来他是对的，但在当时则被英美的评论家一笑置之。当时的注意力集中在他对波动本身学说的贡献，特别是他为商业循环数学模型开辟的道路方面。而阿富太林有关扎伊尔定律的说法，却被人误解或忽视。

在美国，克拉克对于经济正统论所作的批判最为深刻。他很怀疑经济制度有自动调节以保证充分就业的能力。他怀疑是否能够依靠物价、工资率或者利率的伸缩性来保证生产资源的充分利用。

与霍布森不同的是，克拉克对于扎伊尔定律以及支持它的理论工具并没有进行全面的攻击。由于他本人是一位第一流的新古典学派思想家，他对于流行的理论分析工具表示同情，而且经常加以利用，并对之作出一定的贡献。但他已经意识到这个学说的缺点，并且对于它的支持者在当前迫切的悬而不决的问题面前那种傲慢自满态度表示反对。他在他的《间接费用经济学》中深入细察到新的领域。

1934年，克拉克出版了他的著作——《商业循环中的战略因素》一书，同年又发表了他的《生产能力与有效需求》一文，作为《哥伦比亚大学经济建设调查委员会报告》的一个专章。这一章引起人们的特殊兴趣，因为它透露了一个很有才能的理论家的智力上的疑虑，可是他并没有教条似地固守着流行的正统主义不放。克拉克对于这些书卷中有关章节的简要考察，显示出他的思路的方向和性质。

克拉克在《生产能力与有效需求》一章中提出这样的问题，即是否存在着“由于有效需求的限制而引起的生产上的慢性限制”。对于这个问题，他作出了并不武断的和不确定的答案。他正确地承认，对于这个问题迄今还没有作出确切的分析。因此他建议试着“分析把潜在的生产能力变成现实的生产的机构的性质，这种现实的生产由于对其产品的相等的有效需要而得到了平衡和推动”。

克拉克根据下列假定开始他的分析，即“由于通常认为并称为有限的有效需求的那种条件，本身存在着大量未经利用的生产能力，这一点是早已确定不移的”。但事实上这个经济制度在过去150年中吸收了大量增加出来的生产能力。“这是一个基本事实，必须与下列命题放在一起，即这个制度消化它的生产能力的速度，不如生产能力增长的速度快。”他于是问道：这个制度为什么没有消化掉全部生产能力，它为什么只消化掉那么多？

克拉克提出依据两个假设来考虑问题：第一个假设与长期趋势有关系，而第二个假设则涉及繁荣与萧条的循环。

作为一个实际问题，克拉克首先要稳定循环。没有把工业波动处理好以前，“我们很难考验第一个假定的真实性”。第一个假定有关“长期趋势”并且假定“购买力的增加有若干限制”，或者说这个制度作出必要调节的速度有一定的限制，因此“这个速度要比我们的生产能力的增长速度来得低”。

调节作用(这是消化不断增长的生产财货的能力所必需的)失灵的根本原因是，“当我们的收入本身增大时，我们的收入中提做储蓄的比例有累进增加的趋势”。这一点(尤其在一本致力于解释凯恩斯的书中)显然值得我们的格外重视，而且值得引证克拉克用以表达今日所谓“消费函数”的不同公式。

特别要注意下列一段：“更进一步的事实是，当繁荣达于顶巅时，比平常收入更多的人们，也比平常储蓄更大比例的收入，而耗用于消费品的比例更小。这样一来，对于一般消费品需求的增加，就不如生产能力增长之速……”在他的《商业循环中的战略因素》一书中，他再一次断言：“有可能——且在道义上可以肯定地说——当国民收入在商业循环上升阶段增长时，消费者支出的增加速度要比国民收入增长的速度更慢些，而用于生产者财货的支出(或用于垫支以制造耐久消费品)的储蓄则增加得快些。”

克拉克说道，若是全部储蓄都“自动而立即用”于某种资本支出，那么“不论储蓄是多是少，对货物的总需求仍将不变”但是这并不“自动地发生”。因此，克拉克说，我们首先要设法稳定商业循环，然后才能够“面对更进一步的问题，即人们是否消费得太少，而储蓄得太多……收入分配的改变对改进平衡是否有帮助”。

可是克拉克没有等到作稳定试验就提出下列说法：“毋庸置疑，现存制度没有成功地完成这个调节任务；而对于下列一点也很难产生疑问，即单是消除繁荣与萧条，并不会对调节上遗留下来的一切问题，提供自动解决的办法。假若我们能够建立个人主义学说中所谓完全流动的、自由竞争的制度，问题就能获得解决了吗？”“对此问题，未能给以科学地证明的解答。”但他认为，“压倒一切的可能性”是，这样的制度还是有繁荣和萧条的，而“调节的过程，即使在最理想的自由竞争条件下，仍需时间，并且还会有变幻不定的情况、错误和损失”。自由竞争“意味着竞争会进行到无限制的极长时期”。在这个制度中，确实需要比目前已有的伸缩性更大的伸缩性，但若说是一定要“走完这个长时期,达到自由竞争的理想境界，那是难以想象的；尤其是当缺少比现在能得到的更确实的保证，即其净结果将使我们总的说来比现在富有些而不是穷困些”。

克拉克从这个制度诸多特有的过失中挑选出“收入的不适当集中，可能还有一个因此而造成的储蓄过度的趋势，虽说后一点还待更充分的调查研究”。如果能“主要靠减少储蓄量(这些储蓄业已过度膨胀,以至于很大一部分流于浪费)的办法而做到更平均的分配，那么这种改变会十分接近于确实无疑的收获”。

克拉克的活跃思想最能够说明凯恩斯之前的新古典正统学派的怀疑论。可是很少有人注意及此。当时所需要的就是，完备到足以代替正统派的自动调节学说的一本《通论》。凯恩斯在他的《通论》中努力地担任着这一真正艰巨的任务。

扎伊尔定律与商业循环

我们在上面已经指出，经济学家对于正统派学说的不满是由于正统学说的结论往往与现实世界不符这一存在的事实。因此，许多经济学家尽管不能驳倒正统派的逻辑，内心却不信服，而且故意把他们的注意力转向更具体的问题上来。在1900年到1936年期间，有一个领域越来越引人普遍研讨的是商业循环。但这里有必要注意下列事实，即在这个领域内从事工作的经济学家，既有正统学说自动调节教条的信奉者，也有它的怀疑者。常有人说，在上述时期内，商业循环问题是理论界最广泛的说法，这足以证明很少有(即使有的话)经济学家继续遵循扎伊尔定律的原则。但我并不认为把文献细细研究之后,人们还会支持这样的看法。

约翰•穆勒早已回答了下述问题，即扎伊尔定律与萧条的事实是否相符。他所著《原理》的第三篇第十四章，即致力于支持扎伊尔原则的诠释工作。但穆勒也认识到随商业危机而来的市场萧条状态。他说道，在这样的时候，“货币需求”是不足的，“……每个人都不愿意把现金脱手，而且有许多人不惜任何牺牲急于要把现金弄到手”。他说，萧条可以称之为“商品的充斥或货币的缺乏”。可是他认为，萧条的多少有些周期性的出现绝不是违反扎伊尔定律的。萧条只是“市场的暂时错乱”，它是“投机购买过度”

的结果。它的近因是“信用的收缩”，而挽救之道则在“恢复信心”。他相信，这样的毛病并不能证明这样的说法，即不存在能恢复充分就业均衡状态的有力的基本力量。

在穆勒看来，扎伊尔定律非常重要。他说：“论点是根本的；对此的不同意见，包含着对于政治经济学特别是它的实践方面的截然不同的观念。”穆勒认为，若是扎伊尔定律不被接受，那么政治经济学必将不仅涉及到生产定律与分配定律，而且还要考虑“怎样才能创造一个为生产(找销路)的市场”问题，换种说法，也就是足够的总需求问题。

马歇尔在他的著作《原理》(1890年出版)中，完全站在穆勒一边。他不但赞许地引用穆勒关于扎伊尔定律的说法，而且还加上与穆勒所提出的相同的对于商业萧条的分析。他认为萧条的主要原因是缺乏信心，而缺乏信心很大程度上是轻率的信用膨胀带来的后果。一旦信心动摇，“人们虽有购买力，也不愿意使用它”。

泰勒是20世纪20年代初期，美国正统派经济学最盛时期的一位具有代表性的有力的思想家，他在他的《原理》(1921年出版)中所阐释的扎伊尔定律及其对于商业萧条的关系，与穆勒和马歇尔所说的正好相似。他用整个一章坚决赞同扎伊尔定律，特别是商业萧条对于那个学说的关系方面。他认为，商业萧条并不能驳倒扎伊尔定律。泰勒把市场定律看做有效的长期原则，但是他说在短期内，产品的交换被割裂为两部分：产品先换成货币，然后货币再换成产品。正如马歇尔所说的，人们有购买力，但他们也许不使用它，这是因为暂时的动乱和失调摧毁了他们的信心。他并不认为这些暂时的毛病足以使自动趋向充分就业的根深蒂固的基本力量归于失效(扎伊尔定律旨在阐明这种基本力量)。

新古典学派中讨论商业循环的作者通常只关心经济波动。至于进一步的问题，即在这种波动下经济是否会自动走向充分就业，在通常情况下并不会被提出来，但在特殊情况下这种自动的趋向事实上当然是被作为假设提出来的。因而商业循环的理论家尽可毫无矛盾地信奉扎伊尔定律的基本原则。

绝大多数的经济学家都避免公开提扎伊尔定律。就像阿富太林的遭遇一样，那些敢于否定扎伊尔定律的作者，会遭到支持自动调节论点的有力的正统派逻辑的严厉回击。另有一些人(像罗宾逊，他在一定程度上是克拉克的英国副本)，虽对流行的正统学说并未作一般理论上的攻击，却保持怀疑和批评的态度。罗宾逊并没有装作知道所有的答案，却提出一些难堪而令人不安的问题。他远非自动调节教条的一位沾沾自喜的追随者，他对于现行失调的原因作了深刻的无情的细察，而且以顽强的心情坚持到底。在这里，特别要提醒读者的是，要注意罗宾逊关于贮钱概念以及他关于储蓄——投资问题的所做的具有重要意义的先驱性著作。

图干·巴拉诺夫斯基在他的著作《英国商业危机史的研究》(1901年出版)中提出了不同的观念，即根本失调发生的原因在于储蓄与投资之间的差异。这一点魏克赛尔曾在他的《货币演讲集》(1906年出版)中进一步加以阐述，并且和他早年关于自然率与货币率之间差异的公式表述的著作《利息与物价》(1898年出版)形成整套体系。从此以后，至少在欧洲大陆上，商业循环学说所关心的，要比单纯的信用与信心动乱更根本得多。从此以后，关于投资的动态作用、储蓄与投资的关系、技术革新过程、使用固定资本时必然有的时间间隔等的分析，以及引申需求(derired demand)原则(图干·巴拉诺夫斯基、魏克赛尔、斯毕脱荷夫、熊彼得、阿富太林等所主张)，不但深入到循环学说的特殊领域，而且深入到有关整个经济的基本运行的一般理论问题中。商业循环学说越深入到有关问题的研究中去，就越感到急需把货币与循环理论同价格制度的一般理论整合为一个体系。

皮古和自动调节学说

英国思潮中几乎没有受到欧洲大陆的投资分析的入侵。这对于皮古说来尤其如此，这一事实对于他的就业学说具有重大的影响。他的就业学说曾经是，而且现在还是凯恩斯思想的最重要的反对者。皮古在其所著的《工业波动》(1927年出版)中，始终怀疑自动投资的作用，也没有征象足迹证明欧洲大陆上对于投资需求的分析(魏克赛尔、图干·巴拉诺夫斯基、斯毕脱荷夫)曾经是他的整套思想的一部分。他不甚重视投资作为需求变动的主要决定者的自动作用，因而对于大陆上成为讨论中心的储蓄投资分析从不感兴趣。皮古是穆勒与马歇尔思想的追随者，他认为工业波动的产生主要是因为信用和信心的动乱；但是皮古的分析比他的先驱者更为严格，这尤其可以归因于他应用了引申需求原则。

因为皮古忽视了大陆学派有关储蓄与投资方面的基本著作，他才能把商业循环看做本来可以顺利运行并自动地趋向充分就业的制度中的一种暂时性的骚动。他承认，需求方面的确会复发短期波动。但他认为，只因工资弹性不足，因而这些需求的变动会引起就业的波动。工资越无弹性，就业越会波动。《工业波动》第一篇第十九章《论工资率刚性所起的作用》即旨在解释下面的观点：“工资率若是完全具有弹性，则从事工作的劳动量的变动将等于零。”

在《失业论》(1933年出版)中，皮古重申了这种论旨：“只要有完全的自由竞争……就会经常有一股将工资率与需求相连的强烈倾向，使每个人都能就业……其含义是，任何时候存在的这种失业全由下列事实造成，即需求状况的变化不断发生，而摩擦性的抵抗却阻止工资立刻获得相应的调整。”在他的《工业波动》第二篇第九章中，他进而无保留地提出这样的看法，即完全弹性的工资政策将全部“消除失业波动”。皮古就是这样坚决地支持这个制度会自动地走向充分就业的看法——唯有摩擦性的失调，才会使我们的生产能力得不到充分的利用。皮古毫不迟疑地采纳了新古典学派的均衡学说，并且认为新古典学派均衡学说的立论十分充足。

据我所知，皮古从来都没有特别提到扎伊尔定律。这并不是因为他对这一定律的根本适用性有任何怀疑，而据推想，毋宁是因为下面的事实，即这一定律的旧的表达方式(扎伊尔、大卫·李嘉图、詹姆士·穆勒、约翰·穆勒等人)，以大多业已过时的社会为对象——在这一社会中，绝大多数的生产者都是典型的自我雇用的个体所有主，不论其为农民或是工匠。他们或者出产农作物，或者“制造”产品，而以其产品的销售获得其收入。所谓“就业”，简单地说，也就是经营一农场或者开一工场，然后把他自己的产品出卖给市场。销售所得直接用于购买工具、农场和购置家屋，以及用于购买消费品。那时储蓄也就是投资，而不是一个不同的单独的过程。生产者出售他的产品，而不是出卖他的劳动。生产者人数越多，市场规模就越大。产品与产品相交换，供给创造它本身的需求。

时至今日，这种说法与现代经济已经不再相符。在现代经济中，储蓄和投资的职能迥异，就业要从劳动市场中找寻而不是靠“开一工场”。扎伊尔定律的旧公式似乎已经不适用于今天的社会。对于皮古来说，这个问题关联到对劳动的总需求。因此，扎伊尔定律的皮古表达方式，是说明在自由竞争之下，这个经济的趋向是在劳动市场中提供充分就业。皮古就用这些名词，在他的《工业波动》(1927)、《失业论》(1933)，刊载于《经济季刊》上的一些论文(1937年9月号，1943年12月)、《就业与均衡》(1941)，以及《充分就业的失误》(1945)这些作品中再三申述和重复这个原则。

皮古在《失业论》中提出了下面的看法——在自由竞争之下，工资率将与需求如此关联，人人都能就业。但人们必须集中注意两样事物：(1)对劳动的货币需求表以及(2)货币工资率。

皮古得出了这样的结论：“……对于劳动的需求状态来说，它和这种状态的变化不同，它与就业没有关联，因为工资率会按下列方式调整自身，即需求的各种不同状态一旦确立，就会与相类似的平均失业率结合。这意味着从长期看来，人们订立的实际工资率，不但不能独立于需求函数，而且是在很特别的方式上作为需求函数的函数……其含义是，任何时候存在的这种失业，都是由下面的事实造成，即需求状况不断发生变化，而摩擦性的抵抗却阻止工资立刻获得相应的调整。”

这是非常重要的一段话。它意味着，无论需求状态如何，通过工资调整，经常会有走向充分就业的趋势。因此，任何一个已知的需求状态一旦完全确立，就与其他任何状态一样，都是好的。“如果这一结论被广泛接受，那么，长期的政府政策(这些政策……使劳动的需求状态比没有这样施行时要永远好些或坏些)一旦付诸实施，都不是失业的原因或挽救对策。”

凯恩斯在《通论》里所攻击的正是当今正统学派尤其是皮古所主张的这种自动调节的学说。凯恩斯的第一篇“引论”致力于陈述和批判扎伊尔定律，特别是我在上面称之为扎伊尔定律的皮古表达方式。

凯恩斯小心地提到，他并不是要攻击新古典学说的分配论和价值论。他说，古典学说的这些部分系“精心建立，逻辑异常合理”。假定所使用的资源数量为已知，新古典学说能够解释产品在诸要素间怎样分配。而且，新古典学说对于可供利用的资源(人口、自然财富、资本财货存量)数量也作了广泛和有用的研究。凯恩斯认为，新古典学说所缺少的是有关决定可供利用资源的实际就业的诸要素的纯理论。

皮古在《就业论》中实际上已经对需求状态和需求的变化作了区别。如上所述，皮古认为以就业而论，怎样的需求状态都没有关系。但对于凯恩斯说来，却非如此。问题的焦点就在此。争论涉及扎伊尔定律皮古表达方式的前提，即所谓自动趋向充分就业理论中工资调整的作用问题。对此，凯恩斯说道：“争论的问题具有无以复加的重要性。”

我再重复一遍，击退对于流行的正统学说的进攻可以用两个有力的武器。它们是：(1)利率能用来调节投资与储蓄，以保证(暂时性的动乱除外)资源的充分利用；(2)不论需求状态如何，工资调整通常(暂时性的动乱除外)会保证充分就业。

针对这两大原则，凯恩斯在第二、第三两章开始了他的攻击——一种试探性的演习，然后在书中其余部分把新生却更庞大的队伍投入战斗。

《通论》第二章第一至五节致力于针对工资问题——需求调节论点，第六节则针对利率调节会自动地趋于解决储蓄投资问题这个原则。这两个论点都可看做扎伊尔定律的表达方式；而且和成立与否休戚相关。凯恩斯用消费函数代替扎伊尔定律，这一点在攻击工资需求分析时，以及古典派的储蓄投资理论时，都极为重要。

弹性工资与自动调节过程

我在上文已尽力回答学生们经常提出的问题：凯恩斯为什么要从有关工资的前提入手？答案是：在古典学派(或新古典学派)的分析中，工资率的调节是一个重要的机构，扎伊尔定律据说即赖以运行。《通论》出版一年后，皮古说道："直到最近，还没有经济学家怀疑过，货币工资率的全面削减有望增加就业量，而货币工资率的全面上升将减少就业量。"

因此，凯恩斯正是直接投入了关于工资率的古典学派前提的讨论中。他从两大工资前提开始讨论。第一种他承认它还可以适用的，是工资的边际生产力学说。"工资等于劳动力的边际产品"。若我们假设在短期内组织、设备与技术不变，则就业增加，边际产品随之下降。这是从边际生产力递减率推论得来的。因此，实际工资率与就业量之间存在着一种独特的关系：在均衡状态下，当就业量增加时，实际工资率必随之降低。

凯恩斯重点强调了这一点。他接受了边际生产力工资学说。若工业在报酬递减(边际成本递增)之下运行，则就业量增加时，短期内实际工资率必将下降。

从这些关系中似乎可以得出如下结论：即失业必定是因为工人拒绝"接

受一个与其边际生产力相应的报酬”。可是凯恩斯否认这点。代替这种说法，他认为失业是由于总需求的不足。假定就业水平不变，边际产品既实际工资的确会被很好地决定(假设组织、设备与技术状况不变)。因此凯恩斯的说法是：需求决定就业，就业决定边际产品(亦即实际工资)，而不是倒过来。

这把我们引向第二个古典学派前提。这个前提被下列事实搞得晦涩不明，即凯恩斯是用与工资效用(即实际工资)对照下的劳动的边际负效用的说法提出这个前提的，而工资效用又和一定的就业量相结合。凯恩斯所攻击的前提，事实上是包含着下列两个很明白而简单的命题的一束东西：(1)实际工资率若削减到现行的实际工资以下，工人将不肯接受提供的就业机会；(2)货币工资率的削减是削减实际工资率的有效手段。这两个命题可以包含在如下说法中，即现有的实际工资等于就业的边际负效用。凯恩斯不承认这个前提的有效性。

值得我们记住的重要一点是，凯恩斯相信(古典学派也是如此)实际工资与就业之间成反比例的这种唯一的关系。如果这是确实的，那么，除非失业者准备按目前的货币工资(即使这样也许就得削减实际工资率)接受工作岗位，按照他自己的政策路线去操纵需求是不会有效的。如果工业是在边际成本递增的条件下运行，同时如果工资劳动者坚持物价每一次上涨都要有相应的货币工资的增加，那么增加需求的唯一结果将是物价膨胀而不会增加就业。如果目前实际工资时效用恰好等于劳工的边际负效用，那么提高总需求不可能增加就业。因此，对凯恩斯学说说来，下面这一点是极为重要的：否认当消费者物价略有上涨时工人将不肯就业。在凯恩斯看来，现有的实际工资与劳动的边际负效用并不经常相等，因此劳工很可能准备根据目前的货币工资(即使这意味着较低的实际工资)接受增加的就业机会。

凯恩斯争辩说，工人们在一定限度内很乐意接受目前的货币工资率，若是按此工资率将能提供更多的就业机会，即使在边际成本递增的条件下，就业增加会引起物价一定程度的上涨，从而降低实际工资率。凯恩斯相信这是可以观察到的，并且是不可争辩的事实。他还认为，对工人说来，这也并非不合逻辑或不合理；但是他认为，工人总是不愿意接受货币工资率的削减。

凯恩斯认为，古典学派第二个前提中的另一要素(即工资劳动者接受货币工资的削减是削减实际工资率的有效手段)，是更为根本性的理论。而他否认这一命题的理由是：工资劳动者的货币收入主要控制了消费品的全部需求；因此，如果货币工资率(在劳动市场无情竞争的压力之下)全面下降，那么货物的货币需求函数(从而对劳动的需求函数)也将下落。

凯恩斯因此认为增加就业的有效方法并不是操纵工资率。操纵需求才是更为有效的政策。货币工资率稳定，就业能增加，其结果，实际工资率(在边际成本递增条件下)会降落到与增加的就业量相符的水平。因此就业并不是靠削减实际工资来增加的。倒是相反的情况——实际工资率的跌落是由于就业已经通过需求的增加而增加了。实际工资率并不决定于工资议价；货币工资才是通过合同而决定的。“劳工全体也许没有方法可以靠修改与企业家签订的货币工资合同而使实际工资降低至一定数字。”其他力量——那些决定总需求与就业的力量，决定了实际工资水平。古典经济学家已经正确地说明了那些力量，当出产量和就业量不变时，那些力量决定着产品诸要素之间的分配。我们先来看皮古的公式$N=qY/W$，其中N是就业量；q是国民收入中工资与薪水的百分数；Y是国民收入(在均衡状态时，等于对出产量的总需求)；W是货币工资率。凯恩斯关于这一部分分析(如果以之应用于皮古的公式)的要点是：若削减W，Y将或多或少地按比例下降，而N则很少受影响，除非q也发生变化(例如，由于货币工资的下降而发生以劳动代替其他要素的冲动)。

显然，凯恩斯没有得出确切的结论，他在后面的第十九章中又把这个复杂的问题全部重作估价。可是，第二章的分析指出了下列事实，即削减工资的影响主要是削减总需求，而就业量则在最好情况下比较不受影响。我们后面将会看到，这种说法需要详细推敲，并且需要附加一定的条件。

借助一张图表的说明也许可以澄清这种分析。图1-1中，N(亦即就业量)以横坐标表示；W(亦即货币工资率)以纵坐标表示。ΦL是对劳动的需求函数，ΦL这根曲线表示N对于W的函数关系。

当总需求Y上升或下降时，对劳动的货币需求函数ΦL显然随着也要上下移动。因此，若是削减W而引起Y按比例下降，则N保持不变。用图1-1的符号，工资从W_1减至W_2，将使ΦL相应从Y_1曲线降至Y_2。N则停留在N_α不动。但这假定W的变化引起Y按比例的变化，而q则不发生变化。至于不同情况之下，事实上究竟会发生什么样的变化，则是一个很复杂的问题，我们将在本书第十章中详加说明。

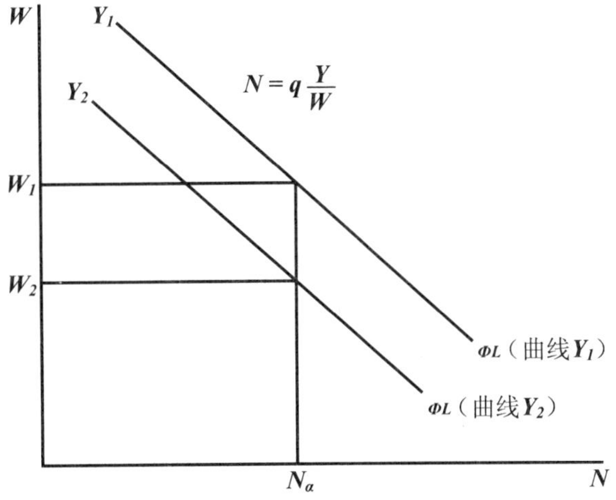

附图1-1　工资率与就业量

有效需求原则

《通论》第三章是凯恩斯这本划时代著作中极其重要的一个部分。这一章之所以具有特别重要意义，是因为这是在经历了多次失败以后，最终出现了对于扎伊尔定律更为深入人心的攻击。

但是，如果对于出产量的总需求背后的诸因素没有演化出新的看法的话，也不可能写出这一章。凯恩斯关于这个问题的新想法，是从魏克赛尔(1898)、图干·巴拉诺夫斯基(1901)和斯毕脱荷夫(1902)那里发展而来的。

对于总需求问题基本上有两种方法：MV法与I+C法，可以把它们之间的根本区别简单地概括如下：MV法把需求当做一个整体数量，而不是独立决定的组成部分之和。假设有一定量的货币需求MV，将要购买的物品的种类完全决定于不同货物的相对效用和相对价格。假使这一样东西不需要，那么会要另一样。在一个弹性的物价和工资制度之下，这个制度所能生产的一切货物都会自动地找到市场。值得注意的是，从保证足够的市场或资源的充分利用的观点看来，MV的大小并不是重要的；MV的大小只在作为物价水平以及货币工资率的决定因素时才是重要的。那些习惯从MV的角度来看待事物的人，很难想象关于总需求不足的任何问题。

I+C法强调下列事实，即使用大量固定资本的社会——现代社会资本存货约为年产额的三倍——运行的原则与直接使用劳工(虽有简单手工工具之助)以生产消费品的社会有着根本的不同。在资本主义社会中，需求针对两类迥异的产品：(1)消费品与(2)投资财货。决定对投资财货需求的因素，与决定对消费品需求的因素很不相同。对消费品的需求主要决定于消费者的购买力(亦即收入)：对投资财货的需求则决定于赢利可能性的预期，而这种需求可以很低，即使有富裕的资金来购买它们。另一方面，如果预期对于投资有利，即使目前缺乏资金，在一个有弹性的货币与信用制度的社会中，购买的手段可以很容易地筹集充用。魏克赛尔曾说过这样的话："货币的充足或短少，尤其是银行所持现金的数量，现在已沦为次要的问题了。"

为了进行收入分析，将总需求区分为投资支出和消费支出两部分，乃是一种思想上的革命。凯恩斯把魏克赛尔的投资需求分析融合到他自己的体系中去，不过凯恩斯也加上了一个重要的因素，那就是灵活偏好函数在决定利率中的作用。

然而，凯恩斯的消费函数才是他最著名的贡献。凯恩斯认为，消费者的心理倾向加上社会的(尤其是企业公司的)制度行为类型是这样的：(1)收入(只有在极低的水平上)中的某一部分被储蓄起来；(2)在实际收入的任何净增加中，若干增量也被储蓄起来。因此，社会的行为类型是这样的：即在社会愿意消费的数额以及社会所能生产的产量之间有一差距性的存在(当实际收入增加时，这一差距的绝对数随以扩大)。于是，假定消费对收入的函数关系不变，这个制度能为它的潜在生产量找到市场的程度决定于投资的数量，投资量则又取决于那些控制投资支出的特别因素。

这种分析是对扎伊尔定律的根本性攻击。诚然，阿富太林说过，消费(由于边际效用递减律之故)的绝对数的增加低于出产量的增加；而克拉克依据他对一般知识与观察作出的结论，曾对这种关系作了明白而清晰的表述。但他们两人都没有把他们的论点作出最终的断言。而凯恩斯能够给人以更深刻的印象的原因就在于他把这个新的分析工具——消费函数与其他相关函数结合起来，构成收入和就业的一般理论。

凯恩斯的分析使得扎伊尔定律的主要缺点暴露出来，也就是说扎伊尔定律混淆了下面两个命题：一个是无可置疑的命题，即一切生产要素所得的收入都来自产品的销售；另一是软弱无力的命题，即因此产品的全部成本必将为其售价所抵偿。第二个命题是从第一个命题错误地推论得来。现行收入确从现行售价得来。而人们之从事现行生产是由于预期售价足以抵偿全部成本(包括正常利润)，但售价决定于对消费品的需求加上对资本财货的需求。总需求I+C不必等于总供给价格(产品总成本)。理由是：(1)消费者需求主要确是现行收入的函数；但其增长并不如收入增长之速；(2)对投资财货的需求大多决定于与现行收入无关的因素(技术学的发展等等)。企业家多半根据现行需求来预测他们的销售量，因此他们会预期售价将与产品总成本相等。但由于存在着能自主地决定对投资财货的需求的外在因素，这种预期的结果有可能被证明是错误的。

增加了的资本存货与一个前进社会中增加了的需要之间的结合决定于两个条件：(1)技术的发展，这影响着生产要素的技术系数和每个工人的生产率；(2)劳动力的增长，假定消费函数不变，这决定对投资财货的需求，可能并不提供充分就业。

决定消费的因素和决定投资的因素并不交叉结合，保证足够的总需求，使售价必然等于不断增长的充分就业产量的总成本。

这里有关的图表是：(1)总供给价格与出产量的相关表(2)售价与出产量的相关表。前者可称之为总供给表，后者可称之为总需求表。这两个图表的相交点决定售价等于总成本时的特定出产量。但这个出产量并不一定是充分就业出产量。

总需求表上的每一点D(即总需求)包括两个组成部分：D_1代表对消费品的需求，D_2代表对投资财货的需求。对于D_1部分，我们在前面已经看到，凯恩斯提出这样的假定，即消费(以实物表示)是实际收入的函数。而由于实际收入(或出产量)在短期内(假定组织、设备和技术条件不变)随着就业量而变化，我们也可以说消费是就业的函数。凯恩斯这个把消费支出与就业量联系起来的函数(表或曲线)，称之为x(N)。现在要开始考虑总需求中的D_2部分。

把用来抵偿生产产品的成本(包括正常利润在内的一切要素的开支)所需要的售价与不同数量的劳动的就业相结合起来的表，凯恩斯称之为Z。附表1-1列出了不同数量的O(出产量)与N(就业量)相结合所得的Z的数值。Z表示雇用N个工人所生产的产量的总供给价格因此Z=ΦN。

附表1-1 总供给表

Z 以不变价值元计的出产量的总供给价格(单位10亿元)	O 出产量(基年：100)	N 雇用工人数(单位百万人)
300	100	60
270	90	54
240	80	50
200	67	40

我们已经知道，消费是实际收入或出产量O的函数，因而也是N的函数，就业量与一定的生产量相结合。因此，D_1=x(N)。为了要达到一定的产量O以及与之相结合的就业量N，必须有足够的总需求D(即D_1+D_2, 其中D_1代表消费，而D_2则代表投资支出)，使售价能抵偿产品成本。于是在O(与N)的每一水平上，D_1+D_2必须等于Z。因此，假定两个函数Z=Φ(N)和D_1=x(N)不变，则达到出产量O与就业量N所需的D_2的不同数量，是这张表上每一点上Z与D_1的差额。于是D_2 = Φ(N)-x(N)。因此，附图1-2中对每一水平出产量与就业量所需的投资数量D_2是Φ曲线与x曲线之间的差额。

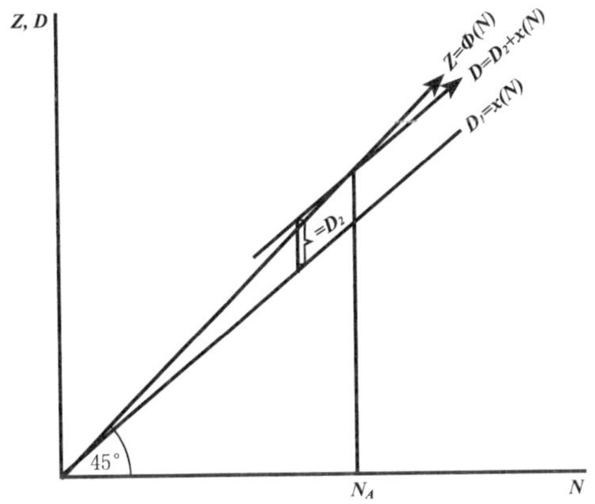

附图1-2 总需求与总供给。注：实现的就业(N_A)是由总需求函数D_2+x(N)与总供给函数Φ (N)的交点决定的。

这样，对每一个实现的出产量和就业量水平，$D_1+D_2=D=Z$。D_2大抵是外在因素(技术学与人口)的函数，而不是由O和N决定的；既然D_2并不是由N决定，那么D也不是由N来决定。除非$D=Z$，表上的有效点确实不会实现(亦即变成“可以观察到的”点)。假定$\phi(N)$与$x(N)$函数不变，我们就可以知道，要达到一定的出产量和就业量，D_2究竟需要多少。

在使$D=\phi(N)$时，凯恩斯弄错了。D上已经可以观察到的各点，与Z上已经可以观察到的各点，通常确实是相等的，但若将D说成是N的函数，那就是错误的。Z(不是D)是N的函数，亦即$Z=\phi(N)$；而D_1是N的函数，亦即$D_1=x(N)$。那么$D_2=\phi(N)-x(N)$。诚然，当$Z=\phi(N)$时，要使$D=\phi(N)$，无异就是说：总需求函数等于总供给函数，换言之，也就是扎伊尔定律。事实上，凯恩斯的论点与此恰好相反。他本意上想要说什么应该十分明显，虽然这一部分的表述确实紊乱。

因此，总需求函数其实应该写成下面的公式：$D=D_2+x(N)$。我们已经知道，D_2大都是由自主的因素所决定，虽然它一部分是N变化的函数。

人们并没有固有的理由可以相信，投资支出加上消费支出经常会与任何一定出产量的成本相等；也没有保证说，需求会与任何一定量的供给相等。作出这种结论的理由是，$x(N)$表与$\phi(N)$表之间的差距会自动地被必要的投资支出量所填补。最大限度可以维持的投资量取决于经济增长的规律，亦即在资本生产率不断增长与劳动力不断增加的前进社会中被技术学所决定的资本需要。对投资财货的需求D_2，基本上决定于技术学的变化和人口增加，而在短期内则为各色各样的预期所决定。这样决定的投资需求，不一定会填补$\phi(N)$与$x(N)$之间的差距。但是按照古典学说，“当就业增加时，总会有使D_2增加的若干力量，而D_2的增加足以填补Z与D_1之间逐渐扩大的差距”。

人们确实可以这样争辩，即经过一定时间，$x(N)$会移到某一水平，和在充分就业时$D_2+x(N)$将与Z相等。这种长期调整过程的研究还在幼稚阶段，迄今我们所知很少。我们知道长期调整一部分是出于有意的(旨在救治根深蒂固的失调现象的熟悉的社会改革)，而另一部分则是自动的。长期自动调整的历史研究决不能得出无争论余地的结论，因为这种调整经常与有意识的调整过程混在一起。在第二次世界大战前后，很明显，在一切先进的民主国家中所谓“福利国家”(有意识地与计虑周详地建立起来的)的成长，引起收入的再分配以提高消费函数x(N)。除了这一运动而外，是否也有一个自动的长期调整使D2+x(N)在充分就业时与Z相等，我们不能以这种或另一种方法确定此事。无论怎样，也许可以说，在长期调整领域内，可能在凯恩斯经济学与新古典学派经济学之间找到某种程度的妥协。凯恩斯所处理的是社会的行为类型（社会制度与心理规律)，这些在较短时期内亦即十年、二十年或三十年内相当稳定。他并没有说这些行为类型在一切时代都是固定不变的，特别没有说它们不能够有意识地加以改变。迄今为止，经济学家关于长期调整过程领域（包括有意识的和纯粹自动的两者)的探讨很少，这一领域值得我们作更多的研究。

因此问题的要旨如下：扎伊尔定律之所以失效，是因为以实物表示的消费，其绝对量的增长跟不上出产量或实际收入Y的增长(亦即边际消费倾向小于1)，而这个日益扩大的差距可能并未为投资所填补，因为投资支出量的大小取决于现行各种因素(技术学与人口增长)的力量。

消费函数的坡度(亦即边际消费倾向小于1的程度的大小)的确是推翻扎伊尔定律的必要柱石。但仅仅是消费函数坡度还不够。此外，还必须指出，没有理由假定这个价格制度的运行会使投资支出自动地填补消费量与出产量之间日益扩大的差距(以绝对数表示)。

关于这一点，必须强调下面一点，即凯恩斯并没有说过消费的增长按比例地小于出产量的增长。只要消费函数从起点出发(像附图1-3中曲线A那样从O开始)，凯恩斯的条件就会得到满足。函数若为直线，这意味着：在一切收入水平上，边际消费倾向等于平均消费倾向，但这根(曲)线位于45°（曲)线以下。

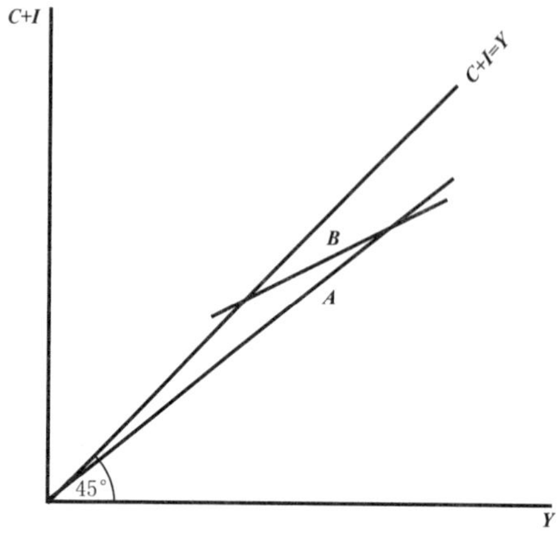

附图1-3 两个消费函数，A与B

但是凯恩斯认为(经验数据也倾向于证明他的看法)，该函数的坡度事实上比较平坦，像附图1-3中曲线B那样，至少在商业循环的较大幅度内是这样的。在此场合，边际消费倾向将与平均消费倾向发生差异。

在第三章中，我们将对“长久的”消费函数及其与“周期的”消费函数的关系有所论述。

第二编　定义与观念

CHAPTER TOW

第四章　单位之选择

I

在本章及以下三章中，我们想先理清若干疑难。但是这些疑难，对于我们现在要研究的问题并无特殊关系，所以这几章只能算是题外之文，暂时打断主要思路。我之所以提出这些疑难在此处进行讨论，是因为别人的处理方法，对于我要研究的问题并不适合。

在写本书时，有三点疑难最妨碍我工作的进行，在我没有设法解决以前，我总不能把我自己的意见很好地表达出来。这三点疑难是：

第一，怎样选择几个单位，在处理有关整个经济体系的许多问题时可以适用；

第二，怎样确定预期在经济分析中的地位；

第三，怎样规定所得的定义。

II

经济学家通常所用单位的不能令人满意，可以用（1）国民所得（National Dividend），（2）真实资本的数量（stock），以及（3）一般物价水准，这三个概念为例来说明：

（1）国民所得（National Dividend）。依照马歇尔及皮古教授所下的定义[1]就是衡量本期（current）产量或真实所得，而非衡量本期产量的价值或货币所得。[2]而且，国民所得是一个净概念，必须从本期产品中，减去本期开始时已有的资本设备在本期中所蒙受的耗损，两者之差才是国民所得，才是社会资源的净增量，可以用于消费，或留为资本。经济学家想从这个基础上，建立起一个量的科学。不过，假使这个定义以此为目的，则我们有一严重非难：即社会所产物品与劳役乃一不齐性的复杂体（non-nomogene-ouscomplex），除非在若干特例下，严格说来，是不能衡量的。特例之一，例如所有产品都以同一比例增加。

（2）假使因为要计算净产量。要想衡量资本设备的净增量，那么困难更大；因为我们必先找出一共同基础，然后才能比较新产资本项目，与本期内耗损掉的旧项目——这两者的数量。为计算净国民所得，皮古教授[3]减去“可以视为正常的折旧（obsolescence）等；至于什么是正常，则看这些耗损是否经常发生，使人至少可以约略——如果不能详细——预料得到”。但是因为皮古教授并没有以货币作计算单位，所减者也不是一笔钱，所以他实在假定着：物质虽然没有变，可是物质的量已变，换句话说，他还是暗中引进了价值改变（changes in value）这个观念。当生产技术改变，新的资本设备与旧的设备不相同时，皮古教授也想不出满意的办法[4]来比较新旧两种设备的价值。我相信皮古教授所追求的概念，在经济分析上是一个正当而合适的概念。但在没有采取一组满意的单位以前，要想对此概念下一精确的定义，实在不可能。要把一个真实产量（real output）与另一个真实产量相

---

①请读皮古《福利经济学》（Economics of Welfare）全书，尤其是第一编第三章。

②国民所得虽然应当包括一切真实所得，但为实际方便起见，只包括可以拿货币来购买的物品与劳役。

③《福利经济学》第一编第四章论“何谓维持资本完整”；以及他在《经济学杂志》（Economic Journal）1935年6月号一文中所加修正。

④参阅哈耶克（Hayek）教授之批评，载《经济》（Economica），1935年8月号。

比，然后再用新产的资本设备项目来抵消旧的、消耗了的项目，以计算净产量——这实在是个难题。而且这个难题实在可以说没有什么办法解决。

（3）众所周知，一般物价水准这一个概念含义空泛，而且亦无法使其精准，因此不适用于因果分析（causal analysis）——后者应当是精确的。

不过这些困难也不过只是理论上的难题而已！工商界在作业务决策时，从未计虑及之，而且与经济事态（economic events）的因果程序（causal sequence）也没有什么关系。概念虽不明确，经济事态的因果程序，却是明确的。由此我们可以断言，这些概念不仅不精确，而且不必需。显然，数量分析（quantitative analysis）不能用数量不明的概念。而且只要从事数量分析，我们就会明白，没有这些概念反而好些。

两堆在数量上无法比较的东西，固然不能用做数量分析的材料，但我们仍可作若干约略的、统计的比较。后者无需精确计算，只需大致不误；因此在某种限度以内，统计比较（statistical comparisons）倒是有意义的、健全的。净真实产量、一般物价水准等这些东西，最好放在历史的、统计的叙述里面，其目的在满足历史的、社会的好奇心。为此目的，则绝对精确既不普通，又不必需。但是因果分析则需要绝对精确——不论我们对于有关数量的实际值知道的是否完全准确。说今日的净产量大于十年或一年以前，但物价水准则较低，这句话与另一句话的性质类似：维多利亚女王以女王论，比伊丽莎白女王好；以女人论，则不见得比她快乐——这句话并不是没有意义，也不是没有兴趣，但不适于做数量分析的材料。假如我们想用如此空泛的、非量的（non-quantitative）概念来做数量分析的基础，则我们的精确性是假的。

III

我们要记得，在每一个特定场合，雇主需要决定以何种规模来运用某定量资本设备。当我们说，假使雇主预料需求将增大（即总需求函数提高），则总产量将增大，实际是说，厂商将在同量资本设备上，雇用较大量劳力。如果是一厂或一业而只生产一种商品，则所谓产量的增减有确切意义。但是，如果我们把各厂生产活动总加起来，则除非用特定资本设备上的就业量为标准，否则我们无从准确地说：到底产量是增是减。社会总产量以及一般物价水准这两个概念在这里用不着，因为我们不需要当前总产量的绝对衡量，以比较当前产量与不同资本设备不同就业量所能产的产量——两者的大小。如果为叙述方便，或为作约略比较起见，我们想用产量增减这种说法，则我们必须依赖下列假定：一特定资本设备上所用劳工人数，确为由此所产产量的良好指数；换句话说，我们假定两者同时增减，虽然两者间并没有一定比例。

所以在讨论就业理论时，我只想用两种数量，即币值量（quantities of money value）及就业量。前者是绝对齐性的（homogeneous），后者则可以变为齐性。因为，只要各种劳工以及助理员之间的相对报酬相当稳定，则为计算就业量起见，我们可以取一小时普通劳工的就业为单位，而一小时特种劳工的就业则依其所得报酬的大小加权。例如，设一小时特种劳工的报酬为一小时普通劳工之两倍，则一小时特种劳工即以二单位计。衡量就业量的单位，我们称之为劳力单位（labour unit）；一劳力单位所得的货币工资，称之为工资单位（wage unit）[①]。因此，当E为工资及薪金支出，W为工资单位，N为就业量，则E＝N•W。

各工人的特殊技能，以及对各种职业的适宜性，显然大不相同；但是这点事实，不足推翻我们的假定——即劳力供给是齐性的。因为，设工人所得报酬与其效率成比例，则因我们计算劳力供给时也依其报酬加权，因此这种

①如果 X 代表以货币计算的数量，则同一数量，若用工资单位表示，可以写做XW。

效率的差别已经计算在内。又设当产量增加时，一厂所增雇的人工因其对该厂业务渐渐不适宜，因此雇主付出一工资单位所得到的工作效率逐渐减退。假如有这种情况，则也不过是许多因素之一，使得某特定资本设备上所雇劳力逐渐增加时，该资本设备的（边际）产量逐渐递减而已。换句话说，我们把报酬相等、效率不等这一点劳力不齐性包括在资本设备里，看做是资本设备的性能。因此当产量增加时，我们不看做是劳力逐渐不适于利用一个齐性的资本设备，而看做是该资本设备逐渐不适于雇用劳力。由此，假如专业技工并无剩余，所以必须雇用较次劳工，致使产品的平均劳力成本提高——这种情形乃表示：当就业量增加时，该资本设备的报酬递减的速率，比有这类劳力剩余时更为加大。[①]由于各劳工的专业化程度非常大，所以各种劳力间毫无替代性，即使在此种极端情形下，也没有不便处，因为这不过表示，当专门适于使用某种资本设备的劳力都已用尽时，则该种设备上的产品供给弹性突降至零[②]。

---

①这是主要理由，何以当需求增加时，即使现用资本设备仍有搁置未用者，但产品的供给价格亦会增高。今设劳力之未就业者都集居一处，所有雇主皆有同等机会取给于此；又设一业所雇之劳工，其所得报酬至少有一部分并不严格依照他们在该业的效率，而只依照他们之工作时间（实际情形大都如此），则我们得一明例：当产量增加时，即使并无内部不经济（internal diseconomies ），但由于所雇劳工之效率逐渐减退，亦可使供给价格提高。

②我不知道通常所用供给曲线如何处理上述困难，因为用此曲线者，并不说明他们所用假定。大概他们假定：使用于一业之劳力，其所得报酬常严格依照他们在该业的效率。然而这与事实不符。我之所以把劳工效率的不同，看做是属于资本设备之性能者，其主要理由，也许就是因为当产量增加时，盈余亦增；但此盈余增加量，事实上大部分归诸设备所有主，并不归诸效率较高的工人；虽然后者也许也得些好处，例如不易被斥退、升级机会较早等。这就是说，效率不同的工人，做同一工作时，其所得工资，很少与其效率成比例。不过，如果效率较高的工人，的确得到较高工资，则我的办法已经把这件事实计算在内，因为在计算就业量时，每个劳工是依照他所得报酬而加权的。在我的假定之下，当我们讨论一业的供给曲线时，必有饶有兴趣的复杂情况发生，因为一业供给曲线的形状，须视别方面对此可用劳力的需求情况而定。忽视此等复杂情况，当然与事实不符。不过当我们讨论总就业量时，如果我们假定：相应于某特定量有效需求，只有一种分配办法，将该有效需求量分配于各业，则我们可以不必考虑这些复杂情况。这个假定也许不一定对：有效需求的分配法，也许须看有效需求所以改变的原因而定。例如，设同量有效需求之增加，一由于消费倾向的增大，另一由于投资引诱的加强，则两者所面临的总供给函数也许不相同。不过这些都是把我所提出的一般观念作详细分析时所发生的问题，此处不拟再加深究。

我认为，当我们讨论整个经济体系的行为时，如果我们只用两个单位，即货币与劳力，则我们可以免去很多不必要的麻烦。但在单独分析一厂或一业的产量时，则不妨采用特种单位，以衡量该厂或该业的产量与设备。至于总产量、资本总量以及一般物价水准等这些空泛概念，则留待作历史比较时再用；因为在某种（相当宽）限度以内，历史比较本来无需精确，只要大致不错就够了。

由此，我们以后将借现有资本设备上所加工时（hours of labour）（不管是用之于满足消费，或用之于生产新资本品）的多少，来衡量当前产量的变动；技工工时则依其所得报酬加权。我们无需把这个产量与由另外一组工人以及资本设备所产的另一个产量作量的比较。假如雇主们有一特定设备，则当总需求函数变动时，彼等将作何种反应，欲对此作预测，我们无需知道：由此所产产量、生活程度以及一般物价水准，与另一时或另一国的产量、生活程度以及一般物价水准作何比较。

Ⅳ

不论我们所讨论的是一厂、一业或整个经济体系，我们可以不问产量，只用总供给函数以及我们所选定的两个单位来表示供给状况以及供给弹性。例如一厂的总供给函数（一业或工业全体之总供给函数亦类此），可以写作：

$Z_r=\Phi r(N_r)$,

其中Z_r为预期收益（不包括使用者成本在内），预期此数足以引诱雇主雇用N_r人。设就业量与产量的关系为$O_r=\psi_r(N_r)$，即就业量为N_r时，产量为O_r，则即通常所谓供给曲线，其中$U_r(N_r)$乃代表就业量在N_r时，雇主预期中的使用者成本。因此设商品是齐性的（即当$O_r=\psi_r(N_r)$有具体意义时），则我们也可用通常方法估计$Z_r=\phi_r(N_r)$；但是这样的做法有一个好处：O_r

不能相加，因ΣO_r并非一数量，但许多N_r却可相加。而且，如果我们可以假定：在一特定环境中，一特定总就业量分配于各业的方法只有一个，即N_r为N的函数，则问题更可简单化。

第五章　预期与就业

I

一切生产的最后目的都是满足消费者。不过从生产者付出成本开销，一直到最后消费者购买此产品，其间要经过一段时间——往往是很长的一段时间。经过这一段时间以后，等到生产者已经可以供给消费者时，那时消费者所愿付的代价是什么，雇主（包括生产者与投资者二类）无从确知，只能尽其能力作若干预期而已。雇主不从事生产则已，假使要从事生产，而此生产又占据时间，则雇主除以这种预期为依据外，没有别的办法。

我们可以把业务决策（business decisions）所恃以为依据的预期分为两类。某部分人，某部分工厂专门作第一类预期；另一部分则专门作第两类。第一类是对于价格的预期，即制造者在开始一生产过程以生产某种产品时，预测待此产品制成时（finished），其售价是什么。从制造者的立场看来，一件产品可以使用或可以出售时，则该产品即已制成。第二类是关于未来报酬的预期，雇主在购买（或自己制造）制成品以增加其资本设备时作。前者可称为短期预期（short-term expectation），后者可称为长期预期（long-term expectation）。

因此在决定每日（daily）[①]产量时，每厂的行为决定于该厂的短期预期——预测在不同生产规模之下，产品的成本与售价将为若何。

---

①此处所谓一日，乃代表最短的期间；过此期间以后、则一厂对其以前所作关于劳工雇用量懂得决策，又可重行修改。换句话说，所谓一日，乃经济生活中时间的最小有效单位。

设该产品售于他人作增加资本设备之用，或售于居间商（diltributors），则此处所谓短期预期，大部分决定于他人的长期（或中期）预期。这种种预期，决定雇主提供的就业量。至于产销此产品的实得（actually realised）结果，则除非其能影响或修改以后的预期，否则与就业量无关。又当决定第二日的产量时，虽然当时的资本设备、半制品以及未完工原料等的存量乃根据先前所作预期而置备者，但先前的预期，也与第二日的就业量无关。由此，雇主在每次决策时固然必须参酌当时所有的设备与存货，但决策是依据当时对于未来成本与售价的预期而作成。

假如预期（不论是长期的或短期的）而有改变，则在常情下，此种改变对于就业量所生影响须经过相当时间才能完全发挥。故即使预期只改变一次，但预期改变后第一日的就业量与第二日不同，第二日与第三日不同等等。其理如下：

设短期预期趋于逆转，则此预期的改变，大概不至于太强烈或太急剧，以致雇主对已经开始的生产过程停止不再继续——虽然根据修正后的预期，这些生产过程是不应当开始的。设短期预期而趋于好转，则必须经过一准备时期，然后就业量始能达到一个水准，与此修正后的预期相符合。设长期预期而趋于逆转，则有些设备虽然不再重新购置，但在没有损坏以前，还须雇人在上工作。设长期预期而趋于好转，则开头时的就业量比之资本设备已经与新环境相适应后的就业量可能会较高。

设一种预期状态已继续很久，故此种预期对于就业的影响，已充分发挥（即在此预期状态下所应就业的人员都已就业，所不应就业的人员都已离业），则此种稳定的就业量可称之为与此预期状态相应的长期（long-period）就业水准。[①]由此，即使预期常在改变，以致实际就业量总没有时间达到与现行预期状态相应的长期就业水准，但每一个预期状态必有一个具

---

① 长期就业水准不一定是个常数，即长期状况不一定是静态的。例如：预期财富及人口的增加速度不变，亦是不变预期之一。预期不变的唯一条件是现有预期状态，在很早以前，即已先见及之。

体的长期就业水准与之相应。

今设预期改变一次，改变以后，不再有新的改变与之相扰相混，问：在此种情形下，怎样达到长期状态的过程？先设新的长期就业水准大于旧的。则一般说来，在开始时，只有进货（input）速率颇受影响，换句话说，受到影响的只是新生产过程上的初期工作；至于消费品产量以及在预期改变以前已经开始了的生产过程上的后期工作，大致与前相同。如果开始时有半制品存在，则以上结论也许须略事修改；不过开始时就业量的增加大致仍相当温和。日子一天天过去，就业量也渐渐增加。而且，我们很容易想象：在某阶段上，就业量可能超过新的长期就业水准。因为，在建立资本以符合新的预期状态——这段过程中，就业量与当前消费量都可超过长期状态达到以后的水准。因此预期的改变可使就业量逐渐上升，达到一个最高峰，然后下降到新的长期水准。即使新的长期水准与旧的相同，但设预期的改变，乃由于消费方向的改变致使若干现有生产过程及资本设备不合时宜，则类此情形也能发生。又设新的长期就业量小于旧的，则在过渡时期中就业量可以一度低于新的长期水准，因此预期的改变这件事实本身，在其发展过程中，即能产生一种循环形的波动。在拙著《货币论》中，当我论及由于情况改变，以致运用资本及流动资本有增减时，我所讨论的就是这种波动。达到一个新长期状态的转变过程，即使如上所述，并无阻扰，在细节上还可较为复杂。但实际事态则更为复杂，因为预期状态可以常常改变，一个旧的改变还没有充分展开其影响以前，一个新的改变早就又加上来了。因此在任何一特定时间，经济机构中有许多错综叠成的活动存在，都是以往各种预期状态的产物。

II

以上讨论的功用与目的何在，至此便见分晓。由上所述，可见任何时间的就业量，在某种意义上，不仅决定于现在的预期状态，还决定于过去某段时间以内的许多预期状态。虽然如此，过去预期的尚未充分展开其影响者，已定形（embodied）于今日的资本设备中；而雇主在作今日的决策时，必须参酌今日的资本设备；而且，过去的预期只有已定形于今日的资本设备中，始能影响今日的决策。所以说今日的就业量，就是参酌今日的资本设备，依据今日的预期而决定的——这句话还是对的。

当前，长期预期往往不能不明白提及，短期预期则常可略而不论。因为修改短期预期的过程在事实上往往是逐渐的、连续的，大部分是依据实得结果而作的，因此预期结果与实得结果的影响相互交错。产量与就业量固然决定于生产者的短期预期，而非决定于过去结果但最近过去的实得结果，往往有支配力量，可以决定这些短期预期。设每次在开始一生产过程时都要重新作短期预期，则未免很麻烦；而且也徒然浪费时间，因为大多数情况，从一天到另一天，并没有多大的改变。故除非生产者有具体理由，预料未来将有改变，否则，假如他们预期最近实得结果仍会继续，实在是很合理的。因之在事实上，以影响就业量一点而论，当前产量之预期售价，大致就是最近过去产量的实得售价。生产者常常根据实得结果——不常根据凭空臆测——而逐渐改变其预测。[①]虽然如此，我们不要忘了，设所产商品有持久性（durability），则生产者之短期预期乃根据投资者之当前长期预期；而

---

① 这里强调雇主在决定生产时所作预期，这一点，我想可以答复郝特雷氏的论点。他认为，在价格尚未降落或在预期与事实之不符尚未反映为实得损失（相对于预期而言）以前，就业量与进货量乃受存货增加之影响。盖若未售存货增加或订货单减少。这正表示，前期产量的售价数字已不能贸然应用于未来，故最多使进货量减少。

长期预期有一特性，即不能每隔很短期间，便根据实得结果而加校核，而且长期预期会骤然修改，这点我们到第十二章较详细讨论长期预期时，会再提到。故当前长期预期这一个因素我们不能略而不论，也不能用实得结果来代替。

第六章 所得、储蓄及投资之定义

I

所得在任何一段时期内，一个雇主以其制成品出售于消费者或其他雇主，由此所入贷款，以A表示之。他又从别的雇主手中购买若干制成品，此项开支以A1表示之。一期终了时，他有一资本设备，包括半制成品（或称运用资本）以及制成品的存货，其价值为G。

A＋G－A1中，有一部分并不是本期生产活动的结果，而是本期开始时雇主已有的资本设备。故为求得所谓本期所得，必须从A＋G－A1中减去上期移交下来的资本设备的价值。只要我们能够找出一个圆满方法来计算这个减数，则所得的定义问题即告解决。

有两个可能原则可以用来计算这个减数，每个都有若干意义；一个与生产有关，另一个与消费有关。今依次论之。

第一，在一期终了时，资本设备的实际价值G是两种相反势力的净结果：一方面，雇主或从其他雇主手中添购，或自己加工，以维持并改良其资本设备；另一方面，因为用之于生产产品，故此资本设备蒙受耗损或折旧。即使雇主不用之于生产，雇主还值得花一笔维持改良费，令此费用的最适度（optimum）数目为B′；支出这笔费用以后，资本设备在本期终了时的价值为G′。这就是说，设雇主不用之于生产A，则G′－B′是可能从上期保存下来的最大净值。这个最大可能净值，其超过G—A1部分，即：

（G′ —B′ ）—（G—A1）

这就是衡量因生产A所牺牲掉的价值，可称之为A的使用者成本（usercost）。使用者成本写做U[1]。雇主付给其他生产元素的费用，以交换其劳役者，称之为A的元素成本；元素成本从要素的立场看来，即为要素的所得。元素成本写做F·U与F之和，称之为产量A的直接成本（prime cost）。

现在我们可以对雇主的所得（income）[2]下定义了。雇主的所得，等于其本期所售产品的价值减去其直接成本。换个说法，雇主所得，即普通所谓毛利（gross protit）；毛利视生产规模而定，亦即雇主所设法使其成为最大量者。这个定义与常识相符。又因社会其他人员的所得，即为雇主的要素成本，故总所得为Σ（A—U）。

经此定义以后，所得是一个毫不含混的数量。而且，当雇主们决定雇用多少其他生产元素时，他们在预期之中设法使其成为最大量者，即此所得与要素成本之差，故所得在就业理论上，有因果重要性。

当然，G—A1有时可以超过G′ —B′ ，致使使用者成本为负数。例如：

（1）设我们所取时期，恰为如此：在此时期中，进货一直增加，但产品尚未达到制成及出售阶段；又如（2）工业的综合程度很高，各厂皆自制其大部分资本设备，而投资量又为正数；在以上两种情形之下，使用者成本皆可为负数。但是因为只有当雇主用自己劳工增加其资本设备时，使用者成本方能为负数，故在一分业社会中，资本设备的使用人与制造人往往不属一厂，……

① 在本章附录中，还有关于使用者成本的几点观察。

② 不是净所得；净所得另有定义，见下。

我们可以正常视使用者成本为正数。而且，我们难于想象，当A增加时，边际使用者成本可以不是正数。

此处不妨稍为提一下本章下面要讲的东西。以社会全体而论，一期的总消费（C）等于Σ（A－A_1），总投资（I）等于Σ（A_1－U）。而且，如果不计A_1（从其他雇主手中买来的东西），则U是雇主对自己资本设备的负投资，负U为投资。故设所有工业皆集中于一人之手，则A_1等于零，消费等于A，投资等于负U，亦即等于G－（G′－B′）。以上所以引入A_1，使情况稍为复杂者，其目的只在找出一个一般性的方法，在工业不集中于一人之手时，也可适用。

还有，所谓有效需求，只是雇主们从决定提供的当前就业量上，所可预期取得的总所得或收益——包括其他生产元素的所得（亦即雇主的元素成本）在内。总需求函数乃表示两者之间的关系：一方面是种种假想的就业量；另一方面是由此假想的就业量所产产品的预期收益。

有效需求是总需求函数上之一点，这一点之所以成为有效，因为假如就业量在该水准，则供给与需求两种情况恰使雇主的预期利润成为最大量。

有些经济学家忽略了使用者成本，或假设其为零，于是供给价格①即等于边际元素成本，因此得到边际收益（或所得）等于边际元素成本——这一类命题；我们这一组定义有一个好处：假如我们用他们的假定，则亦可得同类命题。①

---

① 如果忽视使用者成本的定义问题，则供给价格一词也定义不全。这些在本章附录中再要讨论。在本章附录中，我将说明：在讨论总供给价格时，有时固然可以使用者成本排斥于供给价格以外，但在讨论一厂产物（每单位）的供给价格时，是不行的。

（二）兹进而讨论以上提及的第二个原则。资本设备的价值，在期终与期始不同。这种价值改变，一部分是由于雇主为追求最大利润，而自愿决定者，这一部分在上面讨论过了。但另外有一部分却并不出于雇主自愿，而由于雇主所不能控制的理由，例如由于市场价值改变、折旧、时耗（wastage by the passage of time）、战事、地震等天灾人祸等各种原因，资本设备蒙受不自愿的增值或贬值。在此不自愿损失之中，有一部分固然不可避免，但倒并不是不可预料，例如时耗及正常折旧。后者正如皮古教授所说，“时常发生，使人至少可以约略——假如不能详细——预料得到”。此外，社会上还有他种损失，也经常发生，故一般亦被认为是“可保风险”（insurable risks）。这些预期损失的大小，当然必须看预期在什么时候形成而定。让我们暂时忽略这件事实，而称不自愿但非不可预料的资本设备的折旧——即预期折旧超过使用者成本部分——为补充成本（supplementary cost）写成V。我想用不着指出，此处补充成本的定义与马歇尔所下者不同；不过我们二人都想处理不在直接成本以内的那部分预期折旧，这一点基本观念是相似的。

在计算雇主的净所得及净利润时，通常须从其所得及毛利（定义见上）中减去一笔估计的补充成本。因为当雇主考虑可以用掉或储蓄多少时，他已经在心目中把补充成本从毛利中减去了。当他以生产者资格，决定要不要用此设备时，直接成本及毛利是重要的概念；但当他站在消费者立场上时，则补充成本在其心目中的地位正如直接成本。故设在规定总净所得的定义时，把补充成本与使用者成本同时减去，使总净所得等于Σ（A—U—V），则总净所得这个概念不仅与习俗用法最相符，而且与消费量的多寡有关系。

---

① 例如，设以总供给函数写做ZW＝Φ（N）。其中，W为工资单位，则因在总供给曲线的每一点上，边际产物之收益皆等于边际元素成本，故有△AW－Σ△UW=△ZW= △Φ(N)，Φ′（N）＝1。以上是假定元素成本与工资成本之间，有一不变比例，又假定每厂的总供给函数（厂数亦假定不变），不受其他工业所雇人数的影响，故上述公式中的各项适用于每一雇主，以之相加起来， 则适用于全体雇主。这就是说，设工资不变，其他元素成本又与总工资支出成常比，则总供给函数为一直线，其坡度即为货币工资。

设资本设备的价值，因有未曾逆料的市场变化，或有异乎寻常的折旧耗损，或有天灾人祸的破坏，以致蒙受损失，则这种价值改变既非自愿的，又未——一般说来——事前料及。这一项实际损失，我们称之为不虞之失（windfall loss），列入资本账，而不列入（净）所得账。净所得之所以有因果重要性，乃是因为V的大小，在决定当前消费量时，很有心理影响——净所得即通常所谓可用所得（avail-able incomc），乃普通人决定其当前消费之多寡时的准绳。当然，在决定消费多少时，净所得并不是唯一因素；资本账上有多少不虞之得或不虞之失也很有关系。不过补充成本与不虞之失，有一个差别：补充成本改变时，其影响消费正如毛利的改变因为与雇主的消费量有关，是当前产量的售价减去直接成本及补充成本之和——这一个差数；反之，不虞之得失虽然也影响雇主的消费决定，但程度不同，设不虞之失与补充成本的数量相同，则前者的影响小。

现在我们再回到补充成本与不虞之失的划分问题。换个说法，何种不可避免的损失应当记在所得账上；何种则应作为不虞之失记在资本账上。这个分界线，一部分只是惯例的（convention-al）或心理的，随通用的估计补充成本的标准而异。估计补充成本，并无一定原则可循，故其大小亦视所选会计方法而定。当资本设备刚生产出来时，其预期补充成本乃一具体价值量，但以后重行估计时，则该设备在剩余寿命中的补充成本可以因为预期状态已有改变，而与原估计者不同。根据原来预期，则有一串未来的U＋V，根据修正后的预期，则又有一串新的未来的U＋V，这二串之差，折成现价，即为资本不虞之得或失。在商业会计上有一个十分普遍采用的原则，且经英国内地税务机关赞同者，即在取得一资本设备时，便对该设备的补充成本与使用者成本之和定一数目，不管以后预期有无改变，皆维持此数于不变。设为如此，则任何一时期的补充成本，即为此数与实际使用者成本之差。这种方法有个好处，即在该设备整个寿命中，不虞之得或失为零。但在某种情形下，每经过一特定会计期间（例如一年），便根据当前市价及当前预期，重行估定补充成本，亦未可厚非。事实上，两种方法都有人采用。资本设备在刚购置时，原来所预期的补充成本，可以称之为基本补充成本，以后根据当前市价以及当前预期重行估定者，可以称之为当前补充成本。

补充成本的定义问题，只能到此为止，无法更为精确。补充成本者，乃一典型的雇主，在以宣布股息（设雇主为一公司）或决定其当前消费量（设为一私人）为目的而计算其净所得时，应该从所得中减去项目。因为我们不能把资本帐上之不虞之得或失完全抹杀，故设一项目有可疑处，则应将该项目列入资本账；只有非常明显属于补充成本着，才算在补充成本之内。设资本账所记太多，则亦可酌量情形，加重资本账对于当前消费量的影响，并设法矫正之。

读者会看到，此处净所得的定义，与马歇尔所得定义十分接近。马歇尔援用所得税司（Income Tax Commissioners）所用惯例，大致说来，凡该司根据历来经验认为所得者，马歇尔亦认为所得；因为该司在此方面所作决定可说是对于通常所谓净所得是什么——这一个问题，经过最审慎最广泛的调查以后所下的判断。我所谓的净所得，又相当于皮古教授最近所谓国民所得的货币价值。Σ虽然如此，净所得这个概念，因为根据一个模棱两可的标准，各家对此标准之解释又不一，所以到底刻划不分明。例如，哈耶克（Hayek）教授曾经说过，一个资本品所有主，也许设法维持其投资所得于不变，故如有任何理由使其投资所得有降低趋势，彼必先提出一笔款项，抵消这种趋势，所余所得，他才觉得可以自由用之于消费。示我怀疑有没有这种人存在；不过假如以此作为计算净所得时之一种可能的心理标准，在理论上亦无可非难。哈耶克教授由此推论，认为储蓄及投资二概念也因之而含混。如果他指的是净储蓄及净投资，那么他是对的。但与就业量有关的是储蓄与投资，这两个概念没有这种毛病，而且（如下节所述）可以有客观的定义。

净所得只与消费决定有关，且与影响消费的其他因素也不易划分界线；与当前生产决策有关者，乃所得本身。因之忽视所得这一个概念（以往始终如此），而把所有着重点都放在净所得这个概念上，实在是一种错误。

以上对所得及净所得所下定义，竭力设法与一般用法相符。我得提醒读者，拙著《货币论》中之所谓所得，意义很特殊。其所以特殊的原因，是因为当我对总所得中雇主所得这一部分下定义时，既未取雇主当前生产活动之实得利润（不论是毛利或净利），又未取他们在决定从事当前生产活动时之预期利润，而取了一种可谓正常或均衡的利润。现在回想起来，如果生产规模可以改变，则所谓正常或均衡利润的意义也未充分规定。依照《货币论》中所下的定义，储蓄超过投资之数便是正常利润超过实际利润之数。恐怕我把名词如此用法已经引起很多混乱，因为有良多结论（尤其是关于储蓄与投资的差额者），只有把我所用名词依我的特殊意义来解释才是对的。但流俗不察，往往引用我的结论，以为我所用的名词的意义就是常人熟悉的意义。因为这个理由，又因为我现在已经不必借助于我以前所用名词来正确表达我的思想，所以我决定从此弃而不用。对于那已经引起的很多混乱，我觉得十分抱歉。

II

在名词用法的分歧之中，有一点倒是大家同意的。据我所知，大家都同意：所谓储蓄是所得减去消费开支。因此，假如对于储蓄的意义尚有疑虑，对于所得或对于消费的意有疑虑。所得一词，我们在上面已经下过定义。一期的消费支出，一定等于该期售与消费者之货品价值。于是问题是：何为消费购买者（consumer-purchaser）？任何划分消费购买者与投资购买者（investor-purchaser）的界线，只要合理，都一样可用，但一经选定，便须始终遵守。我们是否应当把购买汽车作为消费购买，把购买住宅作为投资购买，这类问题时常有人讨论，我也没有多少可补充。这个问题的答案，当然必须看我们用何种界线来划分雇主与消费者。故设我们已经规定A_1为一雇主从另一雇主手中所购货物之价值，则我们已暗中把这问题解决了。因此，消费支出可以毫不含混地规定为$\Sigma(A-A_1)$，其中ΣA为一期中之总售价，ΣA_1为该时期中雇主与雇主之间互相卖买的总值。以后为方便起见，我们将省去Σ号，以A代表所有总售价，A_1代表雇主与雇主之间互相卖买的总值；U代表全体雇主之总使用者成本。

所得与消费之意义既经规定，储蓄又为所得与消费之差，故储蓄的意义亦随之而定。因所得等于$A-U$，消费等于$A-A_1$，故储蓄等于A_1-U。同样，净储蓄为净所得与消费之差，故等于A_1-U-V。

由所得之定义，又可得本期（或当前）投资（current in vestment）的定义。所谓本期投资，肯定等于资本设备（由于本期生产活动）在本期中的价值增益（addition to the value of the equipment），这显然等于我的所谓储蓄，因为储蓄是一期的所得之并未作消费之用者。上面说过，在一期之中，由于生产活动之结果，雇主售得货款A，但为生产并出售A，其原有资本设备蒙受损失U，$(U-A_1)$乃资本设备之价值损失（Value-loss）。$(U-A_1)$之负数，即A_1-U，乃资本设备之价值增益——投资。换个说法，在同一时期中，流为消费之用之产物，其价值为$A-A_1$，$A-U$与$A-A_1$之差，即A_1-U，乃资本设备因本期生产活动而得之价值增益——投资。同理，A_1-U-V乃本期之净投资（net investment），换言之，即资本设备之价值的净增益——如果资本账上不虞之得失不计，而只计及正常的，但不由于使用而引起的资本耗损。

因此，虽然储蓄量是消费者消费行为的总结果，投资量是雇主投资行为之总结果，但两者必然相等，因为两者都等于所得减消费。而且此结论之由来，并不系乎所得的定义有什么特异或有什么奥妙。只要大家同意：所得等于本期产品的价值，本期投资等于本期产品中未作消费之用者——那一部分产品的价值，储蓄等于所得减消费；只要大家同意这些用法（这些既与常识不悖，又与传统相符的用法），则投资与储蓄自然相等。总之，

所得＝产品价值＝消费＋投资

储蓄＝所得－消费

故储蓄＝投资

故任何一组定义，只要满足上述条件，都会得同一结论。只有否认上述条件之一为真时，结论才会不同。

储蓄与投资之所以相等，乃是因为生产者与消费者，或生产者与资本设备购置者之间的交易有双重性质。上面说过，生产者的产品售价减去使用者成本谓之所得；但整个产品不售于消费者，即售于其他雇主；每个雇主的本期投资，又等于其从其他雇主手中所购的设备减去其自己的使用者成本。因之，就社会全体而论，所得超过消费部分（即我们所谓储蓄者），不能不与资本设备的价值增益（即我们所谓投资者）相同。净储蓄与纯投资之关系亦复如此。实际上，储蓄是一个余数由投资决策与消费决策两者决定所得。设投资决策得告实现，则或者消费削减，或者所得增大，两者必居其一。故投资行为本身，一定使得储蓄这个余数以同量增加。

当然，人们对于投资若干、储蓄若干所作的决定可能过于不正常，以致不能产生一个均衡价格，按此价格交易。在这种情形之下，产品既然不再有

一个一定的市场价值，而价格又在零与无穷大之间找不到一个静止点，故我们所用名词也不再适用。经验告诉我们，实际上并不如此。社会上有各种心理反应习惯，可以使得均衡实现，愿卖愿买的数量相等。产品有一个一定的市场价值，乃是货币所得有一个具体价值的必要条件，同时又是使储蓄者决定储蓄的总数与投资者决定投资的总数——两者相等的充分条件。

要思路清楚，最好从决定消费与否着想，而不从决定储蓄与否着想，因为决定消费与否或决定投资与否的确是在个人控制范围之内。总所得与总储蓄两者，都是人们自由选择的结果，即选择消费与否以及投资与否之结果，两者都不能离开消费决定及投资决定而独立，而受另一组决策的支配。根据这个原则，故我们以后用消费倾向这个概念来替代储蓄倾向。

附录：论使用者成本

I

使用者成本在经典学派价值论上的重要性，我想一贯被人忽略了。关于使用者成本，还有许多话可说，但恐非此处篇幅所宜，与本书主题之关系较浅。但作为题外之文，本附录拟对使用者成本，作进一步研讨。

依照定义，一雇主的使用者成本为

$A_1+(G'-B')-G$

其中A1代表该雇主购自其他雇主之货物价值，G代表其资本设备在期终时的实际价值；如果雇主不使用此资本设备，而反支出一笔最适度的维持改良费B′，则该资本设备在期终时可能有的价值，可用G′代表之。$A_1-(G'-B')$乃雇主的资本设备，在超过其由上期移交下来的净价值以外，所增加之价值；此即在本期中雇主对其资本设备的投资，可写作I。故销售量A的使用者成本U，等于A_1-I，其中A_1为该雇主购自其他雇主者的货币物价值，I为彼在本期中对其资本设备所投资者。稍为一想就会知道，这只不过是常识而已：一雇主购自其他雇主者，一部分变为本期中对自己资本设备的投资；剩下的一部分，代表他因出售产量A，在生产元素的开支以外，所蒙受的损失。假使读者想把本处所说内容用别种方法表达，他就知道，本处所用表达法的好处，在于可以避免无法解决的（而且是不必需的）会计问题。我想，没有别的方法可以毫不含混地分析当前生产的收益。设工业都集中于一人之手，或雇主并没有从其他雇主手中购买任何货物，则A_1等于零，使用者成本即等于因使用该设备而引起的本期负投资。即在此种情形下，我们的分析方法还剩下一个好处，即我们从来毋须划分元素成本，何者应归产品

（出售于他人者）负担，何者应该归设备（保留自用者）负担，而可以把一厂——不论该厂的综合程度如何——提供的就业量，看做由一个统盘的决策决定。实际上亦属如此，因为在当前生产与整个生产之间往往有连锁性质存在。

使用者成本这个概念，又可使我们对一厂产物的短期供给价格下一个较清楚的定义。所谓短期供给价格，是边际元素成本与边际使用者成本之和。

在现代价值论中，往往就把边际元素成本作为短期供给价格。显然，只有当边际使用者成本等于零或供给价格的意义，特别规定为不包括边际使用者成本在内时，这个办法才行。我在上面第三章对“收益”（proceeds）及“总供给价格”下定义时，即没有包括总使用者成本在内。这种用法，在讨论社会总产量时，偶一用之，固然很方便，但在讨论一厂或一业的产量时，假如经常把使用者成本不包括在“供给价格”之内，则经济分析完全与现实脱节，因为如此意义的“供给价格”，与平常所谓“价格”的意义完全不同。如此用法恐怕会引起误会。经济学上似乎一向假定着，“供给价格”一词当用之于一厂的产量时，有明显意义，毋庸讨论。然而一厂从他厂所购货物，以及该厂的资本设备因生产边际产量而受之损失，这两者如何处理——这个问题就会引起所得定义问题所引起的一切困难。即使我们假定：当一厂的销售量增加一单位时，为求得该厂的供给价格起见，必从该产量之每单位的售价中减去购之于他厂的边际成本——即使假定如此，我们还得要顾到：该厂的资本设备因生产此边际产量而有负投资发生。即使所有生产都集中于一厂的手，我们还不能假定边际使用者成本为零；换句话说，通常说来，我们不能忽视因生产边际产量资本设备所蒙受的边际负投资。

使用者成本及补充成本这两个概念又可以使我们能够在长期供给价格与短期供给价格之间建立一个比较清楚的关系。长期成本中必须包括一笔数目，可以抵补基本补充成本以及预期直接成本；两者都以适当方法分摊于各年，年限即资本设备的寿命。这就是说，一个产量的长期成本，等于直接成本与补充成本两者之预期和。而且，设欲产生一正常利润，则长期供给价格必须在长期成本之外再加上一项，等于当前放款利率乘设备成本之积；当然，此种放款之时期及风险，必须与投资于该设备的时期及风险相类。假如我们喜欢用“纯”利率（pure rate of interest）做标准利率，则长期成本之中，须包括一个第三项，可称之为风险成本（risk cost），来抵补实际报酬与预期报酬发生不同的种种未知可能性。故长期供给价格等于直接成本、补充成本、风险成本以及利息成本之和，即长期供给价格可分析成这几种构成分子。另一方面，短期供给价格则等于边际直接成本。故当雇主购买或建造资本设备时，在其预期之中，直接成本的边际值与其平均值之差足以抵补补充成本、风险成本以及利息成本三者。换个说法，在长期均衡中，边际直接成本超过平均直接成本的部分，正好等于补充成本风险成本及利息成本之和①。

设在某产量上，边际直接成本恰等于平均直接成本及补充成本之和，则该产量有特殊重要性，因在此点，雇主既不赚亦不赔，换个说法，在此点之净利润为零；设产量小于此点，则雇主有净损失。

在直接成本以外，补充成本所须弥补的程度，因设备的类型而异。以下为两个极端情形：

第一，有一部分设备维持费，须与使用该设备的行为同时发生。例如机器加油。这种开支（除了由外面购买者以外）应该包括在元素成本之内。设由于物质上理由，本期所有全部折旧，须以如此方法弥补，则使用者成本

---

①《经济学杂志》（Economic Journal），1935 年，6 月号。

（除了由外面购买者以外）等于补充成本，但符号相反；在长期均衡中，边际元素成本超过平均元素成本的部分，须等于风险成本及利息成本之和。

第二，资本设备的价值损失，有一部分只有在使用该设备时才能发生。

假如这种损失没有在使用时即行弥补，则应该算在使用者成本之内。设资本设备的价值损失，只有如此才能发生，则补充成本等于零。

这里有一点非常值得指出，即雇主并不仅仅因为使用者成本低而先用最旧最坏的设备；因为，使用者成本虽低，也许还抵不过效率之低，即抵不过元素成本之高。雇主所愿意使用的设备，乃在该设备上，每单位产品之使用者成本加元素成本——两者之和为最低者。故设某物的产量已定，则有一使用者成本与之相应，[①]但在此总使用者成本与边际使用者成本之间，并没有一律的（uniform）关系。

II

现在与未来之间很多的联系，使用者成本即其中之一。盖在决定其生产规模时，雇主必须在现在使用其设备与保留此设备留待将来之用——两者之间有所抉择。使用者成本的大小，即决定于因现在使用而牺牲掉的未来预期利益。而边际使用者成本、边际元素成本以及边际预期售价三者决定雇主的

---

①以上说法，实基于一个假定：即不论产量如何改变，边际直接成本曲线总是连续的。但这个假定往往与事实不符。该曲线可能有一两不连续点，当产量达到一种程度，已相当于资本设备的技术的充分能力（technical full capacity）时，尤其容易产生不连续点。设有此种情形，则边际分析要部分崩溃，边际直接成本须用产量减少少许时，总直接成本减少多少来计算，故短期供给价格可以超过边际直接成本。同样， 当产量低于某点时，也常常会产生不连续点。当我们讨论长期均衡中的短期供给价格时，这一点很重要。因为在讨论此问题时，如果有不连续点存在，则此不连续点必须包括在边际直接成本曲线内。故长期均衡中的短期供给价格，也许必须超过边际直接成本（后者就产量减少少许时的情形计算之）。

生产规模。然而雇主用什么方法，计算一生产行为的使用者成本呢？

上面说过，使用者成本是使用与不使用相比较，资本设备所受之价值损失。至于不使用此设备时，尚值得支出的维持改良费以及购自其他雇主的物品都应于相应处计及。故使用者成本的计算法，一定是先计算：设现在不使用资本设备，则在未来某时，预期收入可以增加若干；然后再把此数折成现值。设现在不使用资本设备，则至少可把该设备的重新购置（replacement）期延迟；延迟购置的利益折为现值，是使用者成本的最低限度，也许大于此数。①

设无过剩存货，故每年都有新产的同类资本设备作增补之用，则边际使用者成本可依据（1）因使用此设备，以致该设备的寿命缩短若干或效率降低若干，以及（2）现在重新购置所需的成本计算出来。假如资本设备有剩余，则使用者成本又视（1）从现在到剩余设备因折旧损失等原因而被吸收完毕——这一段时期中的的利率，及（2）当前（即重估的）补充成本两者而定。由此，利息成本及当前补充成本两者间接影响使用者成本的计算法。

当元素成本为零时，此种计算方法最简单易解。今以拙著《货币论》第二册第二十九章所举原料铜的剩余情形为例。先以一吨铜在未来各日期的预期价值作为一列数。铜的剩余量逐渐减少，则铜的价值逐渐接近其正常生产成本，故该列数每一项的值受剩余铜量的吸收速率的影响。再从该列数的每一项中减去当前补充成本以及从现在到该日每吨铜之利息成本，其中最大数即为一吨剩余铜的现值或使用者成本。

①使用者成本又随人们对未来工资水准作何预期而有改变，故设人们预料当前工资单位的降低，只是暂时的，则元素成本与使用者成本的改变程度不同，因之影响到所用设备的种类，也许更影响到有效需求的水准，因为使用者成本与元素成本，在决定有效需求这一方面，其影响也许不同。

同样，设船只、工厂或机器有剩余时，则一船、一厂或一架机器的使用者成本等于该设备在剩余量可以预期吸收完毕之日的预期重置成本，减去当前补充成本以及从今日到该日的利息成本。

以上是假定当资本设备不堪再用时，即以原物替补。设替补者并非原物，则计算现在所用设备的使用者成本时，必须依据此设备不堪再用时代之而起的新设备的使用者成本；其数量视两种设备的比较效率而定。

III

读者一想就会注意到，设资本设备并非不合时宜，而只是暂时过剩，则事实上使用者成本与正常使用者成本（即设备并不过剩时的使用者成本）的差别，必须看过剩设备在什么时候可以预期吸收完毕这段时期的长短而定。故设资本设备的年龄参差不齐，每年都有一部分设备达到不堪再用的地步，则除非过剩量异常庞大，否则边际使用者成本不会大跌。在通常性的经济衰退时期，边际使用者成本的大小，必须看雇主们对不景气可以持续多久这一点作何预期而有改变。故经济情况开始好转时，供给价格的提高也许一部分即由于雇主们修改其预测，以致边际使用者成本急剧增加。

有人说过，设雇主们联合起来毁灭过剩设备，则除非把所有过剩设备都毁灭，否则不会达到所求结果——提高价格。雇主们的意见则反是。但使用者成本这一个概念可以说明：假如把剩余设备毁灭一半，则也许可以立即把价格提高；因为此种政策可以缩短过剩设备吸收完毕的时期，故可提高边际使用者成本，因之增加当前供给价格。故雇主们的心目中似乎隐隐有使用者成本这个观念存在，虽然他们并没有把这个观念明白地说出来。

设补充成本很重，则当资本设备有过剩时，边际使用者成本将很低。又当资本设备有剩余时，使用者成本及要素成本的边际值似不致于太超过其平均值。设以上两条件都满足，则过剩设备的存在，非常容易使雇主们净赔，也许净赔甚大。实际上并不是当过剩设备吸收完毕时，净赔即一跃而变为正常利润；而是当过剩设备逐渐减少时，使用者成本逐渐增加，边际元素成本与使用者成本之和，与平均元素成本与使用者成本之和，两者之差，亦逐渐增加。

Ⅳ

马歇尔在《经济学原理》（第6版）中把一部分使用者成本，用“设备的额外折旧”这一个名义，包括在直接成本之内。但他并没有指出，这一项如何来计算，其重要性又如何？皮古教授在《失业论》中明白假定：在一般情形之下，边际产量所引起的资本设备的负投资可忽视。他说，“设产量不同，则设备的折旧以及职员的开支亦可随之而不同，但我们忽视这些差异，因为通常来说，这些差异是次要的”。在生产边际上，资本设备之负投资为零——这一个观念，实为近来很多的经济理论所共有。但假如想要说明一厂的供给价格到底是什么含义，问题便随之发生了。

由上所述，假如资本设备搁置不用，则此设备的维持费往往可以降低边际使用者成本——当雇主们预期不景气可以持续许久时为尤然。但是，很低的边际使用者成本却并不是短时期必须有的特征，而是（1）由于资本设备的性质特殊，假如搁置不用，其维持费更高；（2）由于该短时期不在均衡状态，故资本设备很快趋于不合时宜或过剩甚多。设有一大部分设备尚非常新，则过剩的严重性更加剧。

设为原料品，则使用者成本之须计及，乃人所共知；设一吨铜在今日用完，明日便不能再用，故该吨铜留待明日使用所可能有的价值必须计算在边际成本之内。但铜只是一个特例而已，凡使用资本设备从事生产时，都有类似情形发生。把原料与固定资本严格划分，使用原料所引起的负投资必计及，但使用固定资本所引起的负投资则可忽略——这个假定与事实不相符，特别是在正常情形之下。因为在正常情形之下，每年都有若干设备陈旧不堪再用，必重置；设备的使用，即所以必须缩短重置的日期。

使用者成本与补充成本这两个概念有一个优点，即两者同样适用于运用资本（working capital）、流动资本（iiquid capital）与固定资本（fixed capital）。原料与固定资本的重要差别，不在于两者对使用者成本及补充成本的感应性不同，而在于下列事实：即流动资本的收益只有一次，而固定资本因为有持久性，只能逐渐用完，故其收益为一列数，此列数的各项，由各期的使用者成本与所获利润构成的。

第七章　再论储蓄与投资之意义

I

在上一章中，我们已经对储蓄与投资两者下了定义；根据我们的定义，两者必然相等，因为从社会全体看来，两者只是同一事物的两面。但有若干当代学人（包括写《货币论》时代的作者本人在内），对此二名词下了特殊定义，依照他们的定义，两者不一定相等。更有些人先假定两者也许不相等，但在讨论之前，根本没有对这两个名词下过定义。为使以上讨论与他人对此二名词之讨论发生联系起见，乃将这两个名词的各种流行用法加以分类，也许有助于读者。

据我所知，大家都同意，所谓储蓄是等于所得减消费。假如储蓄之意义不是如此，肯定非常不方便，而且极易引起误解。对于何谓消费支出这一点，各家意见并无多大出入。故各家名词用法之所以不同，不出二途：或由于“投资”一词的意义不同，或由于“所得”一词的意义不同。

II

先论投资。在通俗用法中，所谓投资，往往指一个私人或一个法人购买一件新的或旧的资产。偶尔“投资”一词，专指在证券市场上购买一件资产，不过我们对购买房产、购买机器或购买一批制成品或半制品都同样称为投资。通常说来，所谓新投资（以别于再投资），是指从所得之中购买一件资本资产（capital asset）。假如我们把出售一件投资作为负投资，则我的定义与通俗用法相符，因为旧有投资的交换肯定是互相抵消。我们固然必须顾及债务的产生与清偿（包括信用或货币数量的改变），但从社会全体而论，总债权的增加或减少一定恰等于总债务的增加或减少，故在讨论总投资时，这个因素已互相抵消掉了。由此，假如通俗所谓所得相当于我的所谓净所得，则通俗所谓总投资相当于我的所谓净投资——净投资乃一切资本设备的净增益；至于旧有设备的价值损失，凡属净所得的计算范围者，都已扣除净尽。

投资的意义，既包括所有资本设备的增益，不论所增者是固定资本、运用资本或流动资本；故除了投资与净投资的区别以外，假如投资的定义仍有重大差异处，则必由于有人的所谓投资并不包括所有资本设备的增益在内。

今以郝特雷氏为问。郝氏对流动资本的改变，即对未出售存货量之意外的增加或减少十分看重。他提了一个投资的定义，把这种变动摈斥于投资之外。在这种情形之下，所谓储蓄超过投资，实即未出售存货量的意外增加，亦即流动资本之增加。郝氏未能使我服膺：何以应着重这个因素。郝特雷氏之说，把所有着重点都放在如何矫正不测之变这一点上，而忽视意中（不论预测是否正确）之变。郝氏认为雇主在决定其生产规模时，今日产量之所以与先一日不同，即参酌其未出售存货量之变动而定。设为消费品，则未出售存货量的变动，对雇主所作决策自然有非常大的影响。但是影响雇主之决策者还有其他因素，我看不出有什么目的摈斥后者。故我宁愿着重于有效需求全部改变，而不仅仅着重于有效需求的局部改变——即反映上期末出售存货量的增减者。而且，设为固定资本，则未用能力（unused capacity）的增加或减少，就影响生产决策这点而论，其效果与未出售存货量的增减相当。我看不出郝特雷氏之法如何处理这至少是一样重要的因素。也许奥国学派所谓资本形成与资本消费，其意义与以上所谓投资与负投资，或净投资与净负投资的意义不同。在某种情形之下，假如根据我们定义，则资本设备的价值，显然并没有减少，但在奥国学派看来，据说可以发生资本消费。无论如何，我尚没有发现有任何地方，把此二词的意义明白说明。例如，生产时期延长时，即有资本形成之发生——这一句话，实在并没有把我们的知识推进多少。

III

设所得的意义不相同，则储蓄（等于所得减消费）的意义亦因之而不相同；兹进而讨论由于所得的定义不相同，所引起的储蓄与投资的不相等。我自己在《货币论》中对这些名词的用法，即是一例。我在上面（第六章第一节末段）解释过了，《货币论》中所谓所得与我现在所谓所得是不相同的，因为在计算前者时，我并不以实得利润作为雇主的所得，而用（某种意义的）“正常利润”作为他们的所得。因之《货币论》中所谓储蓄超过投资，实在是指：在其当前生产规模之下，雇主从资本设备的所有权上可以取得的利润少于正常利润。《货币论》中所谓储蓄超过投资之数扩大，意思指：实际利润正在降低，故雇主们有缩小其产量的动机。

我现在认为，就业量（亦即产量与真实所得）由雇主决定，雇主的动机，就是设法使其现在的及未来的利润成为最大量（雇主有某种设备，该设备有某种寿命，雇主设法在此寿命年限之内，从该资本设备上获取最大报酬，使用者成本即由此而定）；可以使雇主利润成为最大量的就业量，则决定于总需求函数；后者则又决定于雇主在各种假设之下，预料从消费及投资两者可以取得的收益（proceeds）。在《货币论》中，所谓投资减储蓄（两者皆依彼处所下定义）之差额改变实指利润改变，但是在该书中，我未明白划分预期结果与实得结果。当时我认为，假如投资与储蓄的差额改变，则产量亦随之改变，前者为后者的原动力。我现在的新说，虽然我自以为较正确，较有启发性，实在只是旧说的自然演进。假如用我《货币论》中所用语言表达，则我的新说是：设以前的就业量与产量为已知，又设雇主预期，投资减储蓄的差额将增加，则雇主将增加其就业量与产量。旧说与新说都想指出，就业量乃决定于雇主所预期的有效需求；《货币论》中所谓投资减储蓄的差额扩大，有效需求增加的一种指示。有了新说以后，再回首过去，觉得当时那种说法十分纷乱，很不完全。

依照罗伯森（D.H. Robertson）氏的定义，则今日的所得等于昨日的消费加昨日的投资，故彼所谓今日的储蓄，乃等于昨日的投资，再加昨日消费与今日消费之差。故在他的定义之下，所谓储蓄超过投资，在我的定义之下，就是昨日的所得超过今日的所得。故他所谓储蓄超过投资，与我所谓所得正在降低，意义完全相同；换个说法，他的所谓储蓄过多，恰等于我的所谓所得降低。设今日的预期常决定于昨日的实得结果，则今日的有效需求，将等于昨日的所得。故罗伯森氏所用方法虽然和我不相同，但是我们二人都想区别所得与有效需求两者在因果分析上，这是异常重要的区别。

Ⅳ

现在我们要讨论另一个名词——强迫储蓄（forced saving），以及与之相联的很多更空泛的观念。从这些观念中，可以发现什么明确意义吗？我在《货币论》中曾经提及这个名词的初期用法，并且认为这些用法和我当时所谓投资与储蓄的差别有一点儿接近。现在我不再敢确言两者的接近性有没有像我当时设想那么大。无论如何，“强迫储蓄”以及近人（例如哈耶克教授或罗宾斯教授）所用类似名词，和我在《货币论》中所谓投资与储蓄之差，并没有一定关系——这一点我感觉很确定。虽然这些学人没有明白说明其所用名词的意义，但是我们可以知道，他们所谓“强迫储蓄”，是由于货币数量或银行信用的改变。所直接产生的一种现象，而且即以此种改变的大小来衡量强迫储蓄的多寡。

（1）当产量及就业量改变时，会引起所得（以工资单位衡量）改变；（2）当工资单位改变时，会引起债务者与债权者之间所得的重分配，又会引起总所得（以货币衡量）改变；（1）（2）两者都会改变储蓄量。货币数量之改变，既可以影响利率，从而改变所得之数量与分配（以后将加以说明），故货币数量的改变，可以间接引起储蓄量的改变。不过此种储蓄量的改变，并不较之由于其他环境的改变所引起者更有“强迫”性。故除非我们用某种情形下的储蓄量作为标准，否则我们没有方法区别强迫储蓄与非强迫储蓄。而且（我们以后会知道）当货币数量增减某数时，总储蓄量将增减若干实异常不定，还关系到很多其他因素。

故在没有规定一标准储蓄量以前，“强迫储蓄”没有意义。设我们以充分就业状态下的储蓄量为标准（这好像是合理的标准），则可下定义如下：“假如实际储蓄量大于长期均衡中充分就业状态下的储蓄量，则谓之有强迫储蓄。”这个定义有意义，不过依照这个标准，则强迫的储蓄过度将是十分稀少、十分不稳固的现象，强迫的储蓄不足倒是常态。

哈耶克教授在《强迫储蓄说之发展》一文中，指出这是这个名词之本义。“强迫储蓄”或“强迫节俭”（forced frugality），原来是边沁（J. Bentham）的概念。边沁明白说明，他先假定“各人都已就业，而且所就之业，对于社会最有利”。然后设想：假如在这种状态之下，货币数量相对于可以出售的商品数量而言——增加，则将发生怎样的后果。边沁指出，在这种情形之下，真实所得不会增加，故过渡时期中的额外投资将引起强迫节俭，“因而牺牲生活程度（national comfort），违反正义（national justice）”。19世纪学者凡讨论此问题者，心目中都有一样的观念，虽然不一定明白说出。不过要把这个非常清楚的概念推广的非充分就业状态，则有若干困难。当然，设就业量增加，而资本设备不增加。则由于报酬递减律。已就业者的真实所得会因之减少；但是要想把这种损失与就业增加时可能有的投资增加联系起来，恐怕不会有很大结果。无论如何，我还不知道近代学人的对“强迫储蓄”发生兴趣者，曾想把这个概念推广之于就业渐增时情况。通常而论，他们好像忽略了一点：要把边沁氏的强迫节俭概念推广于非充分就业情况，须有若干说明或若干修正。

V

储蓄与投资的意义甚为直截了当，但相信储蓄可以与投资不相等者仍大有人在。这个道理我想可用光学上的错视来解释：存款者与其银行之关系，实在是一种两面（two sided）的交易，而却误认为是一种一面的交易。一般人以为存款者与其银行，可以互相串通，变一手法，一变以后，储蓄即消失于银行体系之中，不再用之于投资；或者以为银行体系可以使投资发生，而没有储蓄与之相应。不过，假如一个人要储蓄，则他必取得一件资产，不论是现金、债权或资本；一个人要取得一件他以前没有的资产，则亦不出二途：或者社会上新产了一件资产，价值和他的储蓄相等；或者有人把他原有的、价值同等的一件资产脱手。在第一种情形下，有储蓄即有新投资与之相应；在第二种情形下，有人储蓄，有人负储蓄，两者价值同等。第二人之所以损失其财富，肯定是因为他的消费超过了所得，而不是因为他的资本蒙受了资本账上的损失。因为现在的问题并不在他资产的原有价值是否受了损失，而是在他依当前价值出售其资产以后，并不以之转购其他财富，而却用之于消费；也就是说，他的目前消费超过了目前所得。而且，设银行体系把一资产脱手，则肯定有人把现金脱手。故第一人与他人的储蓄总量，必定等于本期新投资。

我们承认，假如某方面投资增加，事先未曾预料，则在总储蓄与总投资方面，也许会有不规则的现象发生；而若事先已充分料及，便无此类现象。我们也承认，当银行信用增加时可以引起三种趋势：（1）产量增加；（2）边际生产物的价值——以工资单位计算——增加（由于报酬递减律关系，此乃产量增加时必有的现象），以及（3）工资单位——以货币计算——增加

（此常与就业情况的改善相伴俱来）。这三种趋势可影响社会各集团间真实所得的分配。

不过这种趋势都是产量增加这件事实本身的特征，设产量的增加，并非由于银行信用之增加，而由于别种原动力，则以上三种趋势仍然存在。要避免这种趋势，只有不让就业状况改善。以上所述，有很多是以后讨论中得到的结论，此处提前应用了。

旧说认为储蓄时常引起投资，新说认为可以有储蓄而无投资，或有投资而无“真正的”（genuine）储蓄，二说相比，旧说虽然不完全，极易引起误解，但比之新说，在形式上尚较为健全。旧说之误，在于由此推论，假如个人储蓄，则总投资亦必作同量增加。个人储蓄可以增加其一己之财富，这是不错的；但由此推论，以为亦可增加社会全体之财富，则忽视了一个可能性：即一人的储蓄行为可以影响他人的储蓄，因而影响他人的财富。

储蓄与投资恒等，而个人好像又有“自由意志”，可任意储蓄，不论他自己或别人是否投资，投资于什么。这两者之所以能调和，主要是因为储蓄与消费相同，也是一件双面的事情。他一己的储蓄量，虽然对于他本人的所得，不致有很大的影响，但他的消费，肯定影响他人之所得，故不能每个人都同时储蓄一特定数目。假如每个人都想减少消费，增加储蓄，则因所得肯定受到影响，故这种企图必然导致失败。同样，社会全体的储蓄量也不能少于当前投资；若有此种企图，则所得一定会提高到一个水准，使得各人愿意储蓄的数相加起来恰等于投资量。

以上所述与另一个命题十分相似：即每人都有自由权，可以随时改变其持有的货币量，但各人持有的货币量，相加起来，其总数又恰等于银行体系所创造的现款数量。后者之所以相等，是因为一人所愿意持有的货币量，与其所得之多寡以及商品（主要是证券）的价格有关——购买商品即不持有货币。故所得与物价必然改变，达到一新水准，使得各人所愿意持有之货币量其相加总数恰等于银行体系所创造的货币数量。这是货币理论上的基本命题。

这两个命题都从一个事实推演出来：即有一买者必有一卖者，或有一卖者必有一买者。个人一己的交易量，在市场上甚为渺小，故可忽视需求的双面性而无碍，但如果在讨论总需求时亦如此忽略，实为大谬。社会全体行为之经济理论与个人一己行为的经济理论的重大区别就在这里：在后者，我们可以假定当个人改变其一己的需求时，其所得并不受到影响。

附：凯恩斯学说指南

一般概念

1．单位选择

《通论》第二编是一个迂回插曲，因为第一篇中提出的论点在第三篇中才开始进行解释并重新论证。介于第一编和第三编之间的第四至第七各章，专谈预备知识——定义与概念，从逻辑上讲，这最好放在全书的开端。但凯恩斯要读者尝一尝新鲜味道，因此他把后面论证中所使用的枯燥而比较使人不感兴趣的概念和名词放到第二编中解释。但是第二篇中第五章关于预期与动态的讨论，却必须挑选出来作为耐人寻味且重要的一章。

本编最开始一章先来讨论单位的选择。事实上，在所有近代经济学中，都把货币单位作为市场上计量的标准。但在经济分析上，货币单位就不合用了。理由是(经济科学的最早创始人很清楚这点)经济分析的进程要建立变数之间的函数关系。若将以货币价值表示的经验数据应用于货币价值(或其倒数物价)剧烈变动的时期，势必出现正在讨论的变数之间的虚假关系。这确实如此，因为各种物价若都增加一倍(或货币贬值一半)，将会发生下列两事之一：(1)在过渡时期会出现变数之间的时间落后调整过程，歪曲了变数之间的“真正”正常关系，例如工资落后于消费品物价的变动；(2)假设时间落后业已克服，各种变数都将按同一比例变动。例如，以货币表示的收入若增加一倍，则以货币表示的消费量也将加倍(假如时间落后过程业经调整完毕)，于是消费按收入比例增加。可是两者的增加只是由于计量单位的变动。以实物表示，收入或消费都没有变动。但我们若从分析观点来考虑消费与收入之间的关系，我们有兴趣要知道的是，以实物表示的收入增加时，消费会发生怎样的变动。倘若我们能将短期的时间落后不计，那么就不能指望纯粹名义上的收入增加去引起消费与收入之间关系的变动；然而,实际收入的变动却可能引起消费与收入之间关系的变化。

除非变数用实物来计量，否则经济变数之间的函数关系就既没有什么意义，也没有多大重要性。货币计量单位并无多少意义，可是数据必然是以货币表示的。因此有必要把货币数值用以实物来表示；换言之，要矫正的是名义上的变化，亦即把货币数值折合为实物单位。

关于怎样把以货币(亦即名义上)单位表示的数值折合为实在价值才是最好的这一问题，在经济文献中可以找到的主要观点有两派：第一派建议根据货币对货物的购买力的变化来矫正名义上的价值或货币价值。因此名义数据(以数据所包括的时期的现行货币单位表示)通过对物价水平变化的矫正而化为实物表示。于是元数不再是名义上的元数，而是“不变价值”元数了。第二派认为，按货币工资率的变化来矫正名义上的数字是得到实在价值的最好办法，这样矫正以后，数据将以“不变工资”元数来表示。

这两种方法的主要区别，可以用下面的附图2-1和附图2-2来说明。

附图2-1包括A图和B图。A图展示的是，以现行元数计量的国民收入Y的增长，以及表示物价变动的曲线P。B图显示以不变价值元数(亦即名义价值元数用恰当地加权的物价指数作为折算系数予以矫正后所得之值)计量的收入的增长。这样得出的曲线显示实际收入或出产量的变动。换言之，曲线O表示，假设物价保持不变，国民收入将如何。若P与Y为已知，则O可从公式PO=Y推得，或者说O=Y/P。

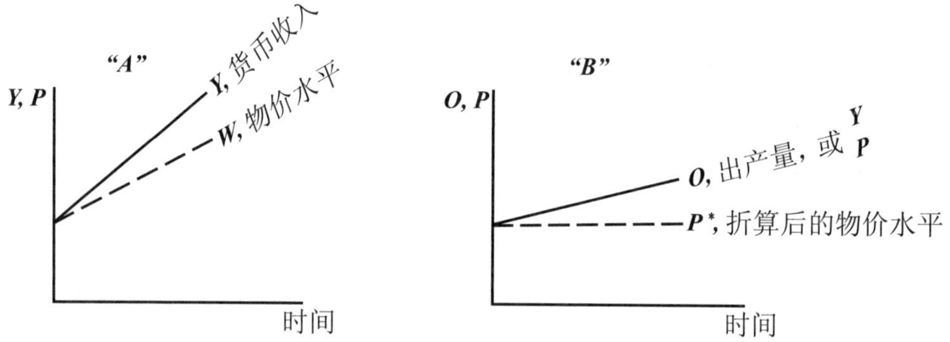

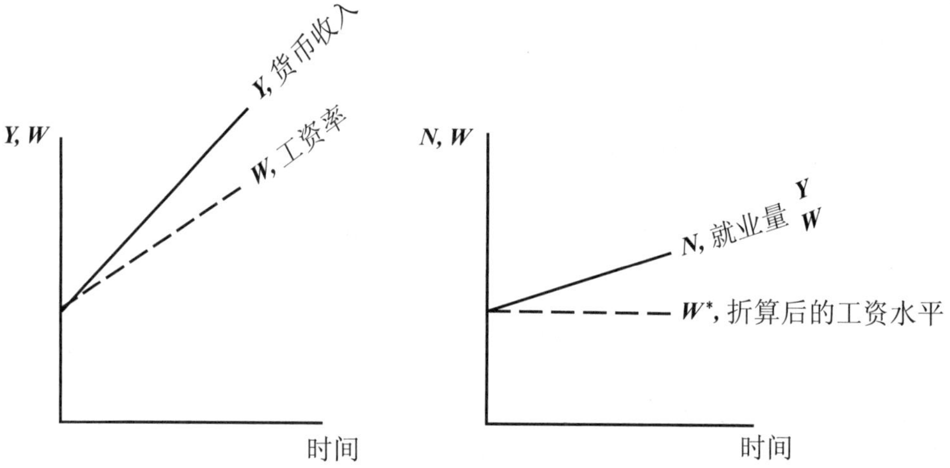

附图2-1、2-2，N=就业量。注:这里假定工资收入是货币总收入的不变部分。

附图2-2也有A、B两张图。A图展示的是以现行元数表示的国民收入Y和货币工资率W的变动。B图展示的是以不变工资率(亦即名义价值元数用货币工资率指数作为折算系数予以矫正后所得之值)计量的国民收入。换言之，B图表示，假若货币工资率保持不变，国民收入的货币价值将发生什么变化。

若是货币工资率不变，以元数表示的国民收入也将保持不变，除非有下列变化发生：(1)就业量N变动，或者(2)收入中支付给工资与薪给的比例q发生变动，或两者都变动。假设总收入中工资与薪给收入的百分比不变(q通常约为65%左右)，又假设工资率不变，则国民总收入的变动将反映A图上就业量N的变化。总而言之，若Y、q与W已知，则N可从公式WN=qY推导出来。

因此，如果矫正了物价变动，折算后的国民收入数字将显示出产量(亦即实在收入)的变化。而若矫正的是工资率的变化，则折算后的国民收入数字将显示就业量的变化。

为便于说明起见，凯恩斯采用了短期分析法，即假定组织、设备与技术都不变。在这样假定的基础上，就业量和出产量的波动可望密切相连，同样，工资率与物价的变化也多半会趋于一致。于是对凯恩斯来说，用物价指数或是用工资率指数来矫正名义上的货币数值实在无多大区别。但若从比较长期的观点看来，出产量的变动与就业量的变动将有相当大的差异。由于劳动生产率(以人/时表示)有与时俱增的趋势，出产量会超过就业量，而与工资率的变动相比较，物价也将跌落。因此从比较长期的观点看来，折算系数的选择是非常重要的。假若用物价变化来矫正名义数据，则折算后的数字将显示出产量的变化；而假若用工资率的变化来矫正名义数据，则折算后的数字将显示就业量的变化。

两种方法都可采做程序，从而使得以名义货币数值表示的数据能够折合为实在价值。然而，凯恩斯却选用货币工资率指数作为他的折算系数。

凯恩斯之所以这样做的原因是他相信用以计量就业与工资的单位没有用以计量出产量与物价的单位那样模棱两可。他建议，就业量可以用劳动单位来计量。一个“劳动单位”也就是普通劳动工作一小时。他认为，一小时的熟练劳动可以用它的报酬与普通劳动的报酬之间的比例关系来衡量。如果熟练劳动每小时的报酬是普通劳动的两倍，那么可以说一小时熟练劳动的工作从数量上来说是两个劳动单位。因为工资单位是支付给一个劳动单位的货币工资。

事实上，凯恩斯用来衡量一个居民的技术熟练程度差异很大，并且其职业构成变化极大、工资差别又有结构上的变化的国家的就业量的劳动单位的这种方法绝非明确而不含糊。它比经济学家通常用以衡量物价、出产量或资本数量变动的物价指数编制方法，并不能获得更满意的结果。凯恩斯认为后者用于因果分析不够精确，但是他的论证是远不能令人信服的。关于物价指数问题，确有大量论战性的和高度技术性的文献。这些文献及其所设计的方法，暴露了经济学问题的极大的复杂性。就其本质而论，不可能获得毫不含糊的统计结果。极端的修辞家最好不去钻研经济学领域。人们一般同意，经济学家所设计的方法与所获得的结果用于分析上和实用上，还相当令人满意。“出产量”、“资本数量”和“一般物价水平”都是可以运用的概念，而且它们的规模在合理范围以内还可以计量。

凯恩斯如果采用物价指数来代替他的工资单位作为他的折算系数，同样也可以很好地进行他的分析工作。两种方法都可以达到他的目的。不论用不变价值元数还是用不变工资单位元数：两种方法都可以作为相当满意地折算名义的(亦即货币的)数值为实物数量的手段。从根本上讲，这是无关重要之事。权衡两种方法，凯恩斯的读者很可能更愿意用不变价值元数而不是不变工资单位元数。

2. 预期与动态论

凯恩斯觉得除非他事前介入关于各种预期的讨论，否则他的论证不可能有效地进行。因此，他一再回过头来讨论这个论题。

希克斯曾在他对《通论》所做的第一篇书评中单独指出这点，并且提醒读者要特别注意这点。希克斯说道：“运用预期方法也许是本书最富有革命性的事。”凯恩斯相信现行经济学说经常不能与现实相切合的原因就在于它太惯于假定一个“静态社会，在那里没有什么可以影响现在的不断变化着的未来。”

然而，《通论》主要是是由均衡分析法构成的。凯恩斯在这本书中许多地方所用的方法实际上可以称之为比较静态论。但比较静态论在他的手中变成一种有用的方法，即以主要是动态的方式去思考实际问题。希克斯是看清楚这点的第一人。希克斯认为，“这是一种与李嘉图、庞巴维克、帕累托等人的静态的或静止不变的一般均衡学说相对照的移动均衡学说”。

静态分析把若干变数如嗜好、收入等都假定为不变的，然后再断定两个变数例如物价与需求数量之间的函数关系。物价上涨，需求即会减少。但这纯粹是静态的分析。如果引入预期变化的因素，即物价如更上涨，需求可能会增加——由于预料物价将更上涨而要多买些。这代表一种动态的情势。如果认为一定水平的高物价将永远保持下去，那么静态需求表又将控制愿意购买的数量。但若预料物价将继续上涨，更高的物价将引起需求的增加，亦即在预期因素的冲击之下，静态需求表将移向上方或右方。从一个均衡状态到另一个均衡状态的变化，是比较静态论的主题。比较静态论研究的是“由作为独立数据的各种变数的变化而引起的我们的均衡数量的变化的方法”。

当由若干数据的变化引起一个走向新的均衡状态的变动时，比较静态论应该能帮助我们洞察各种变数的变化方向和变化大小。萨缪尔森这样说过，帕累托“奠定了比较静态学说的基础，指出一个数据的变化会怎样移置均衡状态”。

我们在比较静态分析中研究“一个制度对于一定的变数变化的反应”。而在时期分析以及变化率分析中，我们研究由时间推移而引起的制度的行为。比较静态论把过渡到后面均衡状态所需的时间跳越过去了。但在时期分析中，我们有一个移动中的经济，一个经历变化的经济。比较静态论“专指发生‘永久’变化的特例，而且只涉及对于讨论中的最后的静态均衡水平的影响”。动态分析本身就给予我们“真实过程的描绘，沿着这个过程，一个制度从这一个‘比较静态水平’走向另一个水平”。

希克斯指出，凯恩斯研究和分析的主题是“不断变化、不断进步、不断波动中的经济”，而不是“静态社会的模型”。这必须“根据它本身的特点加以研究，而不能有效地搬用静态社会的模型”。因此，静态学说通常假定嗜好和资源不变；而凯恩斯则在他的比较静态论中引入一种新的极其重要的因素，即“人们对未来的预期”。“这个失去的因素——预期——一旦加入，均衡分析就不但只是能够用以分析令许多经济学家望而却步的遥远的静态状况，而且能够应用于真实世界，即使这个真实世界的状态是‘不均衡’的。”

因此，虽然凯恩斯的方法形式上是比较静态论，实际上却是研究不断变化的经济的非常有用的方法。“因此，比较静态论的公式是一般动态分析的特例。”

在凯恩斯的方法中，这个经济制度在对加入动乱因素起反应时所作的时间落后调整，的确经常被忽略掉，而人们的注意力往往集中于各有关变数的均衡状态下的(或常态的)大小与关系。引起凯恩斯主要兴趣的，是这个制度的调整或适应能力(其实不是时间落后反应，而是常态的或均衡的反应)。希克斯说道：“这个方法的要点是它重新在变化的过程中引入决定因素。”他的结论是：这个方法是“分析动乱原因的冲击性影响的令人惊叹的方法”。

贯穿全书，我们可以明显地看出，《通论》基本上是对“运动中的经济”的研究，而且人们通常认为，它的出版以及它所引起的讨论，有力地刺激了动态论的研究。《通论》帮助我们从动态而不是从静态来思考经济学。“凯恩斯均衡理论体系的效用在于：它帮助说明了这样一点，即一旦现有数据发生变化，我们的未知数也会发生变化。”

更有甚者认为，凯恩斯有时超越比较静态方法而采用了动态经济学的方法。事实上他的论证都是按时期分析法来进行，例如，他在讨论倍数(multiplier，或译乘数)作用过程中支出费用的落后时即是如此。另外一些地方，他按时间变化率来进行讨论，例如，在投资支出不断变动过程中对于消费者与消费品供给者的完全预期。在这里，消费的变动并无时间落后问题，而是与收入继续保持均衡关系(移动的均衡：连续函数)。

现在我们简要地谈一谈与动态分析有关的各种概念。

拉格纳•佛里舒认为动态学说是这样一种理论：在动态学说中……我们不但要考虑某一时点的一系列数值，研究它们之间的内在关系，而且要考虑不同时点的某些变数的大小，同时我们引用某些足以在同时包括属于不同时刻的其中若干数值的公式。这是动态学说的重要特点。我们只有通过这种学说才能解释一种情况怎样会从前面一种情况产生出来。

这一说法的例证之一是罗宾逊的关于支出费用时间落后的时期分析法。今天的消费C_1，是昨天的收入Y_t的函数，而今天的收入则来自今天的消费与资本支出。让t代表一定时期；于是t-1是前时期。我们于是得到下列差异(时间落后)公式：

$Y_t=Ct+I_t$

$C_t=C(Y_t-1)$

$Y_t=C(Y_t-1)+I_t$

运用罗宾逊的时期分析法，我们可以知道，由于公式$C_t=C(Y_t-1)$表示支出费用的时间落后，倍数作用过程怎样随着时间的推移而发生它的作用。时期分析法是动态学说的一种代表，它会暴露随时间而推移的变化过程。

希克斯追随佛里舒之后，对经济动态论所下的定义是：“每一数量都必须注明日期的那些部分。”

然而，哈罗德却对动态论下了这样的定义，即动态论是研究“出产率不断变化的一种经济”。哈罗德说道：动态论必须研究“由于增长中的经济的特质而产生的不断变化”。他认为，古典学派经济学所包括的静态与动态两种成分的比例大致相同，例如，实现了的净储蓄代表资本的增长。哈罗德说道：这已被李嘉图很正确地认为是一个动态概念。因此，动态经济学必须涉及“一个增长中的经济的各种不同因素的增长率之间的必要关系”。

时间落后变数只会造成振荡，这样一种随时间而推移的变化过程完全满足佛里舒对动态论所下的定义。不过我个人的看法是：振荡只是经济动态论中一个比较不重要的部分。增长(不是振荡)才是经济动态论的研究主题。增长包括技术的变更和人口的增加。实在说来，只关心振荡的那部分商业循环文献是徒劳无益的(而循环学说是动态经济学中极重要的分支)。那些对商业循环学说有重大贡献学者(像图干 · 巴拉诺夫斯基、斯毕脱荷夫、熊彼得、卡塞尔)主要关心的都是增长。

按照时期分析的观点，动态论处理的是变化过程中的时间落后、落后的调节(差异公式和落后公式)问题。这种学说之所以称为动态的，是由于它认为若干变数决定于其他变数的落后价值。可是从哈罗德的观点看来，动态论处理变化率(微分方程)，而此学说之称为动态是由于它认为若干变数的变化率决定于其他变数的变化率。在后一种场合，即无所谓时间落后。代替它的有一种移动的均衡，其中各个变数彼此之间经常保持常态的或均衡的关系。各个变数的实际数量经常与要求的数量相等。凯恩斯的“移动均衡倍数”所代表的就是这种情形。各个变数彼此之间经常保持着常态或均衡的关系(连续函数)。

因此，《通论》中若干节的分析是借助于移动均衡中的时间变化率来表达。这代表对于变化的完全先见和不断调整，使各个变数的实际数量经常与要求的数量相当。这是时间变化率分析法。我们这里所要处理的是连续函数，而这个制度是在移动均衡的状态中。

《通论》不仅仅是一种静态学说，因为凯恩斯反复运用高度动态来考虑问题。有时这种思考不得不暂时离题而步入时期分析(考虑到时间落后)，有时则这种分析沿着移动均衡论进行(连续的变化率)。至于其他部分，他的比较静态论不仅仅考虑某一点的均衡问题，而且更多地考虑那些引起从一个均衡位置移向下一个均衡位置的各种因素。一言蔽之，比较静态论是研究变化的一种方法。

所有这些，凯恩斯都在原书第五章中作了妥善的说明。他在该章中讨论了决定出产量与就业量的预期，并且开始引入时间因素。“不过在生产者(心目中考虑到消费者)付出成本开支；一直到最后消费者购买此产品，其间往往要经过一段时间——有时是很长一段时间。”企业家必须“尽其所能作出最恰当的预期，即等到他把产品准备好供给消费者时，消费者准备支付多少代价”。近代企业家要想从事生产就必须经历“占据时间的过程”，因此他除了“让这些预期来指导”外，没有其他的选择。

这些预期被分成两类。一类有关生产者，可称之为“短期预期”；另一类有关未来的报酬，即从长期耐久资产所能预测得到的报酬，可称之为“长期预期。”短期预期与销售的前景有关；长期预期则与固定资本的投资有关。

在这里，凯恩斯运用时期分析法来思考。“预期(不论是长期的或是短期的)的改变，只有经过相当一段时期，其对于就业量的充分影响才能产生。”这里可以看到时间落后的调整。“即使预期不再改变，由于预期的改变而引起的就业量的变化，第二天的变化量不会同于第一天的变化量，第三天的变化量不同于第二天，以此类推。”因此，“若是预期状态不久就已改变，在就业量要达到与此改变了的预期状态相符的水平以前，必须经历一段准备时间”。如果能引起投资支出的长期预期改变了，则“开始时的就业量，也许会比资本设备已经有时间与新环境相适应时的就业量要高一些”。

“如果我们假定一种预期状态已经持续了足够长的时间，它对就业所施的影响也已经得到充分发挥”，那么这样“获得的稳定的就业水平可以被看做是与那种预期状态相适应的长期就业量”。这种表达方式，从动态论观点看来，确实很有趣。更有进者，凯恩斯又小心指出，这种长期就业水平一旦达到，不一定是个常数。“例如，如果预期财富或人口增加速度不变，那么它们也可以成为不变预期的一部分”，因此也可以有一个连续的变化率。

凯恩斯在过渡过程中的时间落后方面说了一大堆。我们从中可以看到涉及时间落后调整的时期分析之佳例。长期预期的改变首先引起投资品工业的增加（“初期阶段”），直到后来才引起消费品工业的增加（“后期阶段”）。“因此预期的改变，可使就业水平逐渐上升，达到一最高峰，然后下降至新的长期水平……又，若新的长期就业量小于旧的，则在过渡期间，就业量可以一度低于新的长期水平。因此，单是预期的改变本身，在自身运行的过程中，就能产生一种与商业循环波动形状相同的振荡。”

关于复杂的时间落后调整的讨论继续进行。“达到一个新的长期状态的过渡过程，即使真的如上所述，并没有受到阻扰，在细节上也可能较为复杂。但实际事态的发展则更为复杂。因为预期状态可以常常改变，一个旧的改变尚未充分展开其影响以前，一个新的改变早就加上来了；故在任何一个特定时间，经济机构中有许多交叉重叠的活动存在，这些都是以往各种预期状态的产物。”因此，“在某种意义上，任何时间的就业水平不仅取决于现在的预期状态，还取决于过去某段时期以内存在的许多预期状态”。

这些引语正好可以用来描绘经济计量学家所喜欢的那种精心制作动态模型。凯恩斯说道，在这个复杂的调整过程中，“过去的预期还没有充分展开其影响”。

至于短期预期，它“在最近产量的实际售价对就业量所发生的影响，与从当前投入量预期的售价对就业量的影响之间常存在着大量的交叉状态”。但“对于耐久物品，则生产者的短期预期是根据投资者的目前长期预期而来”。

预期在凯恩斯的所有函数关系中起了基本的作用。预期成为投资需求表、灵活偏好表以及立即倍数的基础。所有这些，都将在以后各章我们详细考察这些函数时加以说明。这里只须提一下下面这一点：凯恩斯着重预期引入一个动态因素——预期的与实际的流转率之间的差异，以及预期的与实际的存量之间的差异。

但无论如何，我们可以确定的是，凯恩斯主要的兴趣在于分析趋向均衡的因素，尤其是解释就业不足的均衡情况。这是克拉克所提出的问题，即“由于有效需求的限制，生产也受到长期慢性的限制”。克拉克正像凯恩斯一样，正确地看到这个问题不能够用仅是强调振荡的循环学说来回答，亦即不能用只会指出经济上下摇摆的不均衡动态学说来回答。因此，能够确定的是凯恩斯的主要兴趣在于均衡分析。但关于这种分析，以及与此有关的静态与动态诸问题，我们将在后面各章再作更多地论述。

3. 收入

想要理解《通论》，收入一节无关紧要，只要学生愿意，便可略去不读。不过对于那些想要知道这一节讲些什么的人们，我相信下面这些简要的注释将为许多认为讨论它也许没有什么用处的读者提供某种指导。

开头要提醒读者注意下列事实，即“国民收入”的概念自1936年以来有了很大的发展。若是凯恩斯今天写他的著作，很可能他会略去这一节不写，只要顺便提一下英国财政部、美国商务部和国家经济研究局对于国民总产额与按要素成本计算的国民收入的另辟途径的研究(其中凯恩斯自己也起了作用)就够了。当凯恩斯写《通论》的时候，对于这些事情的思考远没有像最近年代那样进步。凯恩斯因此感觉到他有必要按自己的思路提出一个比较清晰的收入与成本概念。

凯恩斯建议用三种方法来研究收入概念。第一种是从对消费品和投资财货的总支出的观点来看；第二种是从各种生产要素的收入的观点来看；第三种则是从销售总值减去生产成本的观点来看。

支出研究法的公式可概括如下：$(A-A_1)+(G'-B'-G)=Y$；要素收入研究法的公式为$F+E_p=Y$：而售价减成本研究法的公式则为$A-U=Y$。

公式中的A表示企业家向所有购买者(消费者与企业家都在内)收得的销售总值；而A_1则表示企业家向其他企业家的购买总值。因此$A-A_1$=消费者购买额。

为方便计算，$G'-B'$可称之为G'。凯恩斯的$G'-B'$是相当拙劣的术语，我认为以G*代表更有用处。G*(亦即$G'-B'$)代表从上一生产时期转来的资本财货净值(未化任何维持改良费)。这是从上期继承得来的资本净值。G是生产时期终了时资本设备的实际价值。因此G*-G是资本消耗。假若G(生产时期终了时的资本设备)等于G*(生产时期开始时的资本设备)，则此讨论时期的总投资正与资本消耗相等，因此净投资将是零。但若G大于G*，则产生的资本净投资等于G-G*。

因此，若$A-A_1$=消费者支出，或G，

而G-G*=资本净支出，或I，

则$(A-A_1)+(G-G^*)=G+I=Y$，这是计算国民收入的第一种方法。

F代表的是付给生产要素的总值，而E_p(我为了方便起见加上的一个符号)代表的则是企业家的收入(即净利润)。两者加起来等于收入：即F+Ep=Y。这是按要素成本计算国民收入的方法。

资本消耗(即G*-G)加上生产时期购买的材料(即A_1)等于使用者成本或U，因此$(G^*-G)+A_1=U$。资本消耗加上材料是生产所出卖的总财货(即A)的使用者成本。所出卖的总财货减去使用者成本(资本消耗加上所用材料)将等于国民收入。因此A-U=Y。这是按销售减成本法来计算国民收入。

但我们下面面临一件很困难的事情，那就是有关(1)不自觉的但非不可预料的损失以及(2)不自觉的但也是不可预料的损失。后者指市场价值的变化、遭受战争或地震的破坏等等。凯恩斯称前者(即上述第一项)为补充成本。对于多少可以预料的不自觉损失，公司或个人业主可以预计并记入收入账。可是不自觉而又是不可逆料的损失，并不作为一笔费用记入账目，但假若发生时，当做意外损失(或横财)看待。例如英国在战时因遭受轰炸而引起的十分例外的和不可预料的破坏，在算出战争年代国民总产额(实在收入)以前，显然不应减除。但某些部分特殊的或不自觉的损失可以合理地预料得到。这些补充成本(凯恩斯称之为V)，在算出国民净收入时，可以正当地加以减除。因此，国民净收入是从销售总值中减除使用者成本与补充成本两者得来，亦即：

$$Y=A-(U+V)$$

凯恩斯采用税收当局的标准用法来对折旧(他的使用者成本的一部分)下定义，即以设备的原始成本为基准来计算折旧。这种办法确实可以避免使用者成本数值计算上的模糊不清。但在进行经济分析时，这就不一定是好办法。当物价上涨时，摊算折旧的原始成本法将使所产生的收入夸大。其实即使为了税收目的，美国公司被允许按“后入先出法”(LIFO)来估算存货，亦即以现行成本而不是以原始成本为基准。至于固定资本，这种方法并不为税收当局所允许。

如何正确计算折旧是一个错综复杂的问题，我认为凯恩斯下面一段话相当错误，他说道：与当前生产上的决策有关的收入的概念是毫不含糊的。的确，关于凯恩斯所批评的哈耶克教授的论点，还有很多话要说；那论点是：为了维持他的资本，“资本财货的个人所有主的目的也许是在保持其得自财富占有的收入于不变”。关于折旧政策和存货估价方面有许多有高度技术性和复杂性的文献，足以证明：要为企业收入或国民收入确立一种毫不含糊的概念的可能性很小。正像物价变动指数、出产量或资本财货那样，经济学家只能满足于并非十全十美的事物。

4. 储蓄与投资

凯恩斯把当期收入解说为现行储蓄和现行消费支出加起来的和。此外，又把当期储蓄解说为现行收入减去现行消费。设称收入为Y，消费为C，投资为I，储蓄为S。则：

$Y_t=I_t+C_t$

$S_t=Y_t-G_t$(亦即$F_t=S_t+G_t$)

因此，有关当期的一切变数都注上t的符号。

投资支出与消费支出是真正重要的变数。“消费的决策以及如何分配投资的决策这两者决定了收入。”“储蓄”只是一个余额。凯恩斯在他的全部分析过程尽可不用“储蓄”一词。他也的确在第六章的结语宣称：“我们以后将用消费倾向这个概念来替代储蓄倾向。”

但事实上凯恩斯在全书中继续使用“储蓄”一词。而自《通论》出版以后，这样的使用方式在储蓄—投资问题的讨论中引起了很大的紊乱。

凯恩斯的批评者没有认识到，投资与储蓄虽然经常相等，但它们并不经常处于均衡状态，这是紊乱发生的一个原因。所有这些都可避免，只要凯恩斯在开头的时候就讲清楚，储蓄与投资相等并不意味着它们也必然处于均衡状态。他很现实地看到这点，在本书不同章节中一再透露这种看法。可是凯恩斯从没有明白讲过，可见，他无疑对这桩事情还没有清晰地全盘考虑过。

假设这个经济处于一种移动均衡状态，各种变数因此彼此间经常保持常态的(要求的)函数关系，则储蓄与投资将不但相等而且维持均衡。但若变化过程中包含若干变数的时间落后调整在内，则情况就不是如此了。例如，若有支出落后(即若消费者支出的调整缓慢于收入的变化)，则，除非落后过程业已调整完毕，实际的消费不会等于要求的消费(并且实际的储蓄也不会等于要求的储蓄)。同样，若有生产落后，即生产者生产的调整缓慢于销售量的增加(或减少)，则存货的并非有意的负投资(或投资)势将发生。于是实际的投资将与要求的(有意的)投资发生差异。在上述任何一种情况之下(支出落后或生产落后)，储蓄与投资虽然相等，但并不均衡。除非落后过程业经调整完毕，显然不可能处于均衡状态。在均衡状态时(落后业已克服)，储蓄与投资既是相等又是均衡，而且不论这个制度是处于移动的状态还是稳定均衡的状态，都将如此。但若这个制度并非处于均衡状态，则储蓄与投资虽仍相等，却并不能维持均衡。

凯恩斯的主要兴趣，或许是比较的静态，或许是移动的均衡。在这两种状态下，储蓄与投资不但相等而且均衡。可是在他的说明中，他屡次表示他所处理的经济经历着时间落后的调整。如果凯恩斯清楚地了解并且公开表示储蓄与投资虽常相等但并不经常或不一定处于均衡状态，那么他无疑将更有效地展开这些部分的分析工作。

更为不幸的是，凯恩斯在第七章中并没有清楚并正确地作此区别。在该章中他在讨论霍特雷和罗宾逊的时候，事实上接触到(虽未提到)时间落后的调整问题。霍特雷的论点包含生产落后——有意的投资与实际的投资之间的差异成为并非有意的存货积贮或抽空。罗宾逊的分析包含支出落后，也就是实际的消费与要求的消费之间的差异。

事实上，凯恩斯并没有公正地看待霍特雷的分析，虽然他也同意，销售中不能预见的变化会引起实际的存货持有额与要求的存货持有额之间的差异，从而影响企业家在下一生产时期的决策。关于罗宾逊，下列有力的论点确系凯恩斯所提出，即罗宾逊所谓投资超过储蓄仅仅是今天的收入高于昨天的收入的一种说法。这是从下列事实推导得来，即在上引论文中，罗宾逊把他自己局限于一套定义，这套定义可以公式表达如下：

$Y_t=C_t+S_t$，以及$Y_t=C_t+I_t$

第一个公式表示昨天的收入Y_t-1在今天处置(亦即花费掉或储蓄起来)。今天的储蓄等于昨天的收入减去今天的消费。第二个公式表示现行收入的川流来自现行消费与现行投资。从这些定义推论，现行收入Y_t可以超过昨天的收入Y_{t-1}，只要I_t超过S_t。可是这些定义只能建立等号。这些定义仅仅是关于今天的收入和昨天的收入的陈词滥调，它们对于分析收入的变化并没有什么价值，仅仅只是描述了事后发生的事。

但罗宾逊之后在1936年11月号《经济学季刊》刊载的论文中，又加上一种假设(可以作为一种经济行为类型来证实或非难)，即今天的消费是昨天的收入的函数，$C_t=(Y_{t-1})$。但凯恩斯在写他这本著作时，还没有看到这一分析。凯恩斯十分正确地认为罗宾逊的前一论文没有提出分析。那种说今天的投资超过今天的储蓄的说法，根据他的定义，仅仅是今天的收入以同一数量超过昨天的收入的另一种说法。

引起储蓄—投资问题在讨论中的混乱的第二种原因在于凯恩斯的许多批评家感到难以把储蓄与投资相等的理论和下列无可否认的事实相调和，即投资资金的一部分往往借银行信用(新货币)或闲置存款来筹措。于是就产生了这样的问题，即储蓄与投资怎能相等?

按照罗宾逊观察问题的方法，新货币加上重新活跃的闲置存款是在收入以外的。而按照凯恩斯的定义，新资金既然实际上已在当期支用掉；那它就会扩大现行收入，使它比没有新资金投入时要增大些，至于没有花费在消费品上的那部分现行收入则在事实上被储蓄起来。因此凯恩斯(从现行收入中)的储蓄将超过罗宾逊(从昨天的收入中)的储蓄。罗宾逊和凯恩斯之间的差异就在于从新货币与重新活跃的闲置存款中付出的开支。也就是说凯恩斯的S=罗宾逊的S+(A+B)。

凯恩斯在他的一篇载于1939年9月号的《经济学杂志》上的论文中公开

讨论此事。他同意，可充现行投资的资金可以“先前储蓄”加上“提用存款与信用扩张”来表示。不过他指出，“与投资同时进行的储蓄的数额”必须恰与投资的数额相等。“先前日期的储蓄不能大于那天当天的投资……提用存款(反窖藏)与信用扩张并不是增加储蓄的另一种途径，而是增加储蓄的必要的准备工作。它们是增加储蓄的双亲，而不是双生子。”他对这一段理论作了如下总结：“先前储蓄率仅仅告诉我们要有多少现行投资才能在事前找到一个永久的归宿而不至打乱灵活性状态与长期利率，而且没有时间落后。”

很明显，凯恩斯承认罗宾逊定义的形式上的准确性。他不仅注意到，罗宾逊的先前储蓄加上提用存款与信用创造等于他自己的现行储蓄；而且注意到，罗宾逊的研究方法包括时期分析法，这种分析法注意到资本形式过程将“经历一段时期，并且容易发生不定期的长时期的时间落后”。

事实上，凯恩斯观察问题的方法也诉诸常识，并且他的方法不亚于罗宾逊的方法。外加的销售量(由于新资金投入市场)增加企业单位和所雇用的要素的收入。从这些扩大了的现行收入中，形成更多的储蓄。这些储蓄来自现行生产时期所赚得的收入，而作出这些储蓄的人们不会喜欢被人告诉他们这些不是真正的储蓄。按照这种观点，这个定义之诉诸常识正与罗宾逊的定义一样，后者坚持“储蓄”一词必须限于那一部分的昨天的收入，即并不当时用于消费品者的支出部分。

很明显，问题的关键并不是在于这一个定义是错的，而另一个定义是对的。任何人都可以自由地给出他自己的一套定义。唯一的问题是它们的有用性如何。在时期分析法中，罗宾逊的定义是有用的而且确实是必需的。在时间变动分析法中，凯恩斯的定义是恰当的。此外，在一切国家中，凯恩斯的定义被用于国民收入账的计算之中。之所以如此，是因为在国民收入账目中，重要的一点是所有不同的变数须适用于同一时期。

第三编　消费倾向

CHAPTER THREE

第八章　消费倾向：（一）客观因素

I

在第一篇终结时，因为要讨论若干关于方法与定义上的问题，故把主题打断，如今我们回到主题。本书分析的最终目的是在发现何者决定就业量。到现在为止，我们仅建立了一个初步结论，即就业量决定于总供给函数与总需求函数的交点。总供给函数主要系于乎供给的物质情况，其中道理大多已经为人熟知。函数的形式也许有点儿生疏，但函数的基本因素则并不新奇。在第二十章中，我们还要回到总供给函数，用就业函数（employment function）这个名义讨论其反函数。不过通常而论，一般人却忽视了总需求函数的地位，故本书第三、第四两编专论总需求函数。

总需求函数的自变数为就业量，依变数为由此就业量所可预期获得之“收益”（proceeds）。所谓“收益”乃二量之和——其一为该就业量之下的消费量，其二为该就业量之下的投资量。决定此二量的因素，划分得很清楚。本篇专论前者：即当就业量在某特定水准时，何者为决定消费量之因素。第四编则进而讨论决定投资量的因素。

此处问题是：设就业量在某一水准，则用之于消费者将为若干？故严格来说，我们所讨论的函数应该是把消费量（C）与就业量（N）联系起来。但为方便起见，不妨以CW（以工资单位计算的消费量）代替C，以YW（相当于某就业水准N的所得量，亦以工资单位计算）代替N，而讨论略为不同的一个函数。后一种办法有一点可以非难，即YW未必总是N的唯一函数。YW与N的关系，也许应看该就业量的性质如何受影响——虽然程度不深。换句话说，假如总就业量N相同，但在各业的分配方法不同，则因各业之就业函数的形状不同（此点在以下第二十章中再讨论），故YW之值可能不同。在某种情况下，我们要特别顾及这个因素。不过通常而论，假如说YW受N所唯一决定，大致还差不多，故可下定义如下：所谓消费倾向者，乃YW（以工资单位计算的所得水准）与CW（该所得之用之于消费支出者，亦以工资单位计算）的函数关系x，写作：

$$CW=x(YW)$$

社会的消费量，显然系于下列因素：（1）所得数量，（2）其他客观环境，（3）该社会各组成分子的主观需要、心理倾向、心理习惯，以及相互之间分配所得的办法（产量增加时，分配办法也许略有变动）。消费之种种动机互相影响，要想以之分类，不免有强为划分之嫌。但为廓清思路起见，可以分为两大类讨论，称之为主观因素与客观因素。主观因素包括人性之心理特征、社会习俗与社会制度；后两者虽然可变动，但除非在反常的、革命的状态之下，在短时期内，大概不至于有很大改变。下章将对主观因素作比较详细讨论。设欲作一历史的研究，或以一社会体系与另一不同类型的社会体系相比较，则必须顾及：这些主观因素的改变，如何可以影响消费倾向。但是在下文中，我们大致将假定主观因素不变；因之假定：消费倾向仅随客观因素的改变而改变。

II

可影响消费倾向之客观因素，其主要者如下：

第一，工资单位的改变显然，消费量（C）与其说是货币所得的函数，不如说是（某种意义的）真实所得的函数更为确切。设技术以及决定所得分配的社会条件不变，则一人的真实所得随其能够支配的劳力单位（labour—units）之增减而增减，换个说法，随其以工资单位计算的所得之增减而增减：虽然当总产量增加时，由于报酬递减律关系，一人的真实所得的增加，不若其以工资单位计算的所得的增加之甚。故大致而论，我们可假定：设工资单位是变量，就业量是定量，则消费支出——与物价同样——将作同比例的改变。在某种情况下，我们必顾到：当工资单位改变时，某特定真实所得量在雇主与固定收入阶级（rentiers）之间的分配方法随之改变，因此可能影响消费；但除此以外，我们已计及工资单位的改变，因为在规定消费倾向的意义时，所用自变数与依变数，皆用工资单位来衡量。

第二，所得与净所得之的差别之改变以上已指出，消费量与其说是决定于所得，不如说是定干净所得；因为依照定义，当一人决定其消费之多寡时，他心目中想到的主要是他的净所得。在一特定状况之下，两者之间也许有一很稳定的关系，即有一唯一函数联系所得与净所得两者。但假如不是如此，则设所得改变而并不影响净所得，则该部分所得的改变与消费无关，必须忽视；同理，设净所得改变，但并不反映于所得中，则该净所得之改变亦必须计及。但除非在例外状态下，否则我怀疑这个因素有多少实际重要性。在本章第四节中，我们还要回头详细讨论这个问题：所得与净所得之差别对于消费有何影响？

第三，在计算净所得时并未计及的资本价值之不虞之变。这些不虞之变，在修改消费倾向这点上，其重要性较的所得与净所得之差，实有过之；因为在这些不虞之变与所得之间，并没有稳定的或规则性的关系存在。资产阶级的消费量，也许对于其财富的货币价值的不虞之变十分敏感。这个应当算作是短时期内可以使消费倾向改变的重要因素之一。

第四，时间贴现率，即现在物品与未来物品的交换比例——改变时间贴现率与利率并不完全相同，因为前者计及货币购买力的改变——只要能够预料得到；又须计及种种风险，例如没收性的赋税，寿命不长，来不及享受未来物品等等。但作为第一接近值，我们可以用利率替代时间贴现率。这个因素，对于一特定所得量中的消费量到底有多少影响，实在可怀疑。经典学派认为，利率可使储蓄的供需相等，故由此推论：设其他情况不变，则消费支出与利率变动的方向相反，换言之，利率增加时，消费会明显减少。不过大家都承认，利率变动对于当前消费的影响是很复杂而不确定的，必须看几种相反力量的大小强弱而定。例如当利率提高时，有人的储蓄意愿加强，有人的储蓄意愿削弱。在长时期中，假如利率改变甚大，则或者颇能改变社会习惯，因而影响主观的消费倾向——虽然影响的方向如何，则除非有实际经验，否则仍难断言。至于利率的短期变动，假如变动范围不大，大概不会直接影响消费：既不会使其增，也不会使其减。只要其总所得仍与前相同，大概很少有人因为利率从五厘降至四厘，因而改变其生活方式。在间接方面，影响也许还要多一些，但方向也不一定完全相同。利率影响消费的最主要途径，也许是当利率改变时，证券以及其他资产不免有增值或贬值现象。设一人的资本有意外增值，则彼自趋于增大其当前消费；反之，设彼蒙受资本损失，则彼自趋于缩减其当前消费——虽然就所得而论，其资本的价值仍与前相同。但这种间接影响，我们已在第三点中计及。除此以外，实际经验可以昭示我们：假如个人的所得不变，则短期间利率的变动，大概不会很大影响其消费量——除非利率的改变异常庞大。设利率降至非常低的程度，则某笔款项所可购得的年金与由该款项所可收取的利息（年息），两者之比例增大，故一般人趋向于购买年金，以作防老之用，故为负储蓄的重要源泉。

有时因为未来发展很不确定，故消费倾向大受影响，这种反常状态，亦应归入本类。

第五，财政政策的改变。假如个人的储蓄动机确受其对未来收益所作预期的影响，则影响个人之储蓄者，除了利率以外，还有就是政府的财政政策。所得税（特别是歧视“不劳而获”的所得者）、资本利润税、遗产税等等，都和利率相同，与储蓄有关。而且在大多数人心目中，财政政策之可能变动范围至少要比利率大。假如政府故意用财政政策作为平均所得分配的工具，则财政政策对消费倾向的影响自然更大。

设政府从平常赋税中，用偿债基金（sinking fund）法偿付国债，则其对于总消费倾向的影响亦必须顾及。盖政府的偿债基金，乃集体储蓄之一种；故在一特定情况中，大量的偿债基全必定减少消费倾向。因为这个理由，故设政府从借债政策改为提出偿债基金政策（或从后者改前者），则影响所及将使有效需求剧烈缩减（或显著增加）。

第六，个人对其未来所得的多寡可改变其预期，为完备起见，我们必须提及这个因素。不过这个因素对于个人的消费倾向固然有很多重大影响，但从社会全体而论，大致是互相抵消的。而且通常而论，这个因素太不确定，故不会有太大的影响。

因此我们得到一个结论：在一特定情况之下，设我们取消工资单位（以货币计算）的改变，则消费倾向大概是一个十分稳定的函数。资本价值之不虞之变、利率与财政政策之重大变动固然都可改变消费倾向，但除此以外，其他可以影响消费倾向的客观因素虽然不可忽视，但在一般情形下，大概不会有多大重要性。

设一般经济情况不变，则消费开支（以工资单位计算）主要是决定于产量与就业量。因为这个理由，故可以用一个笼统的“消费倾向”函数，总括其他因素。其他因素固然可以改变（这点不能忘记），但在一般情形之下，总需求函数中的消费部分，确以总所得（以工资单位计算）为其主要变数。

III

消费倾向是一个较稳定的函数，故通常而论，总消费量主要是取决于总所得量（两者都以工资单位计算），消费倾向本身的改变可以看成是次要的；如果承认这点，然则此函数的正常形状为何？无论从先验的人性看，或从经验中的具体事实看，有一个基本心理法则，我们可以相当确定。通常而论，当所得增加时，人们将会增加其消费，但消费的增加，不若其所得增加之甚。这就是说，设以CW代表消费量，YW代表所得（两者皆以工资单位计算），则△CW与△YW同号，但小于△YW。

设我们所研究者为短时期，例如就业量的循环性变动。则因在短期以内，人类习惯——以别于较永久的心理倾向——尚没有充足时间与客观环境的变化相互适应，故以上所述法则特别适用。个人往往先维持其习惯的生活标准，然后再以其实际所得与为维持该标准所需费用之差储蓄起来。即使消费开支随所得之改变而调整，但在短时期以内，调整程度不会臻于完美，故所得增时，储蓄亦增，所得减时，储蓄亦减；储蓄的增减程度，初大后小。

除了所得水准的短期变动以外，还有一点也是很明显的：通常而论，所得的绝对量愈大，则所得与消费间的罅隙（gap）亦愈大。盖满足个人及其家属的目前基本需要，乃第一要着，等到生活已达到非常舒适程度，行有余力，才积聚资本。故通常而论，设真实所得增加，则储蓄在所得中所占之成数（proportion）增加。但不论储蓄所占成数是否增大，任何现代社会大概皆适用下述基本心理法则：当一社会的真实所得增加时，其消费量不会以同一绝对量增加，故储蓄的绝对量增大——除非同时在其他因素方面有异常很大的变化发生。我们以后可以知道，经济制度所以能够稳定，主要是因为有此基本法则之存在。换言之，当就业量——亦即总所得——增加时，无需把所有就业增量都用来满足消费增量。

反之，当所得因就业量的降低而降低，而且降低的程度比较大时，则不仅若干个人或若干机关，可以用其在境况比较佳时所积聚下来的储蓄后

（financial reserves）作消费之用，使其消费超过所得，即政府亦能如此；因为政府也可有意无意造成超支（budgetary deficit），或者用举债筹款救济失业。故当就业量降至一低水准时，或由于个人的习惯性行为，或由于政府采取行动，总消费量的降低，不若真实所得的降低之甚。这可以解释，为什么新的均衡位置在非常温和的变动范围以内即可达到。否则就业与所得的降低一经发动，便将继续降低到极端程度。

这个很简单的原则又可达到以前结论：除非消费倾向改变，否则就业量只能随投资的增加而增加。盖当就业量增加时，消费者对消费的增加将小于总供给价格的增加，故除非投资增加补足这个空隙，否则增加就业量将无利可图。

Ⅳ

有一件事实，我们往往不可低估其重要性：即就业量固然是预期消费与预期投资的函数，但设其他情况不变，消费量却是净所得的函数，亦即净投资的函数（因为净所得等于消费加净投资）。换言之，设在计算净所得时，准备基金（financial provision）提得愈多，则一特定投资量对于消费之有利影响愈小，亦即对于就业量的有利影响愈小。

设此所有准备基金（或补充成本），实际上确在目前用于维持现有资本设备，则此点不会被人忽略。但设所提基金超过目前实际维持费，则此种行为对于就业量的影响往往不会为人们充分了解。盖此超过部分，既不直引起当前投资，又未能用之于当前消费，故此超数必须由新投资抵补；但新投资的需求与当前旧设备的耗损差不多毫无关系，而准备基金乃为后者而设，其结果是：新投资之可以用于产生当前所得者为之减少，故设欲维持一特定就业量，则新投资的需求必须加强。以上所论，亦适用于使用者成本中的耗损，只要该耗损在实际上并未弥补。

设有一屋，在未拆毁或放弃以前继续可以使用。房主于每年的租金中提出一笔款项作为折旧基金，但既不用之于修缮房屋上，又不视之为净所得作消费之用；则此种基金，不论是属于U或V，在此房屋的整个寿命中，总是对于就业不利；但在此房屋需要重建时，则前愆尽赎。

在静态经济体系中，这些皆不值一提。因为在静态经济体系之内，每年旧屋的折旧正好等于该年新屋的建置费；旧屋寿终的速度恰与新屋添建的速度相等。但在非静态经济体系中，特别是在对长寿资产的投资狂热刚过的后——这段时期内，这些因素可以很严重。在此种情况之下，雇主对其现有资本设备将提出一笔较大的折旧基金，而此种设备，虽随时间的消逝而有所损失，但以其全部基金用之于修理补充之日则尚未到临，故有一很大部分的新投资为此基金所吸收，于是所得只能甚低，以与总净投资相适应，而不能提高。故在旧设备需要重置（提出折旧基金的目的即在此）之前很长时间内，折旧基金这一项便将消费能力从消费者手中夺去；换言之，折旧基金减少当前有效需求，只有在旧设备真正需要重置之年，方才增加有效需求。除此以外，如果再加上所谓“财政稳健政策”（financial prudence），即提出的折旧基金远超过该设备之实际折旧率，则累积影响可相当严重。

以美国为例。在1929年时，由于过去五年中资本的急剧扩张，故偿债基金及折旧基金都很大，而设备则并不需要重置，于是很大部分的新投资都为此种基金所吸收；当时差不多没有希望找出更多新的投资为一个富裕社会在充分就业情况之下所愿意提供的新储蓄谋求出路。仅仅这一个因素也许就可引起不景气。而在不景气时期，还有很多大公司，只要力之所及，仍实行财政稳健政策；这也给予早日复兴一个非常大的障碍。

又以今日（1935年）英国情形为例。战后很多住宅建筑以及其他新投资，使今日所有偿债基金远超过当前实际所需修理费与重置费。设从事投资者为地方当局或公共机关，则因拘泥于所谓“健全”财政（sound finance）原则，往往于重置之日尚未到临以前，即将原来成本全部提清，故此种情况更为加强。其结果是：即使私人愿意以其全部净所得完全用之于消费，但是因为同时在另一方面，此等官方或半官方机关正在依法提出大量偿债基金（不论有无新投资与之相应），故充分就业很难恢复。地方当局每年所提出的偿债基金，我想是[①]超过其每年投资支出的半数。不知当卫生部（Minlstry of Health）坚持地方当局必须呆板地提出偿债基金时，是否知道此种政策会使失业问题更加严重？设建筑协会（Building Societies）垫款于个人，助其建筑房屋，则房主因想在房屋尚未到不堪再用地步即将债务清偿，故储蓄量常较平常为多。不过，这个因素之所以减少消费，大概是因为它直接减少消费倾向，而不是因为它减少净所得。举几个实际数字，建筑协会垫款偿还数，在1925年为2400万英镑，至1933年增为6800万英镑；而1933年之新垫款则为10300万英镑。今日垫款偿还数想来更大。由产量统计能够得到的，是投资而不是净投资，这件事实，考林•克拉克（Colin Clark）在所著《国民所得1924~1931年》一书中已经说得非常明白。他又指出：折旧等项经常在投资值中占极大成数。例如他估计1928-1931年大不列颠的投资与净投资如下（但他所谓毛投资，也许包括一部分使用者成本，故较我所谓投资大；再者他所谓净投资与我所谓净投资到底相应到什么程度，亦不明白）如表8-1所示。

表8-1

---

① 实际数字被认为其意义如此之小，以至于在两年或两年以后才加以公布。

年　份	毛投资 （单位：百万英镑）	旧资本之折旧	净投资
1928	791	433	358
1929	731	435	296
1930	620	437	183
1931	482	439	43

库兹涅茨（Kuznets）先生计算美国1919-1933年的毛资本形成（gross capital formation）（即我所谓投资）时，也得到类似结论。从产量统计中能够得到的一定只是毛投资，而不是净投资。库兹涅茨氏也发现从毛投资变为净投资的困难，他说："从毛资本形成变为净资本形成，其困难即在如何矫正现有持久品的每年耗蚀量。而此困难之起，不仅只是材料缺乏，亦因为持久品的每年耗蚀量——这一个概念本身，就不是很明白。"[①]因之他只能假定："商号簿籍中所记折旧与折耗，确能正确代表该商号现用持久品的耗蚀量。"但在另一方面，私人手中的房屋及其他持久品，他并不设法减除其耗蚀量。库氏的计算结果，可用表8-2总括之。

① 这些资料取自国民经济研究局的《公报》（第52号）提供的库兹涅兹先生将要出版的一书的初步成果。

表8-2 单位：百万美元

年　　份	毛资本形成（商业存货的净改变，已计算在内）	雇主的加工、修理、维持、折旧与折耗	净资本形成（库兹涅茨的定义）
1925	30,706	7,685	23,021
1926	33,571	8,288	25,283
1927	31,157	8,223	22,934
1928	33,934	8,481	25,453
1929	34,491	9,010	25,481
1930	27,538	8,502	19,036
1931	18,721	7,623	11,098
1932	7,780	6,543	1,237
1933	14,879	8,204	6,675

由表8-2可以很清楚看出：1925—1929年五年之中，净资本形成十分稳定，即在经济繁荣的后期，也不过增10%。雇主的修理、维持、折旧、折耗等减数，即使在不景气最深刻时期还是很高。库兹涅茨所用方法大概过于低估每年折旧等项的增加数，盖所增者尚不及每年净资本形成的150%。自1929年后，净资本形成一落千丈，1932年的数字比之1925—1929年五年平均数字低95%以上。

以上所论，在某种限度以内，确是题外之文。但我们必须强调一点：设社会已有大量资本，则在计算净所得时，必须先从所得中减去一大笔，余数始可作消费之用。故即使群众愿意以其净所得之极大部分用之于消费，消费倾向还是不免趋低。

再重复一遍：消费乃是所有经济活动的唯一目的，唯一对象。就业机会必受总需求量的限制，总需求只有两种来源：（1）现在消费；（2）现在准备未来消费。在有利可图这个条件之下，现在可以着手准备的未来消费不能推至极远；而且从社会观点看来，要供给未来消费，不能从理财上打算，只能在现在实实在在生产东西。故设当前社会经济组织可允许财政上准备未来消费与物质上准备未来消费两相分离，获得前者的努力未必即引起后者，则财政稳健政策可使总需求减少，因而损害公共福利。例证甚多，不胜枚举。而且，已预先准备好了的未来消费愈大，则愈难找寻更多的未来消费来预先准备，而我们依赖现在消费以作需求之源的程度愈深。不幸所得愈大，则所得与消费的差亦愈大。设无新奇策略，问题将无法解决——除非让失业增加，社会贫穷到一种程度，使得所得与消费之差正好等于在目前有利可图这个条件之下，为准备未来消费而生产的产品价值。

问题又可作如下分析：消费一部分可用当前所产物品来满足，一部分可用以往所产物品来满足，即用负投资来满足，设消费用后者来满足，则当前（消费）需求亦随之而减，盖一部分当前支出不再返为净所得。反之，设有一物在本期出产，而此物的目的乃在满足未来消费，则当前需求为之增大。所有资本投资终究总要变成负投资，故如何使新的资本投资，时常超过资本负投资，以弥补净所得与消费的罅隙成为一个大问题——而且此问题随资本的增加而愈来愈难。只有当人们预期未来消费支出会增加时，当前新投资才会超过原有资本的负投资。每次我们以增加投资来取得今日的均衡，便增加取得明日均衡的困难。今日的消费倾向降低，而尚与公共福利不幸者，因为人们预期消费倾向将有提高之日。我们不禁想到“《蜜蜂寓言人》——明日之欢乐，乃是今日可以严肃之必不可少条件。”

有件很奇怪的事情值得提一提。如投资者为政府机关，例如政府建筑道路或住宅，则一般人好像意识到有这道最后难关的存在。一般人之所以反对政府用投资方式来增加就业，其常用理由之一，就是因为这类计划将为未来增加困难。他们经常提出这样一个问题：“假如你把一个静止人口能够需要的住宅、道路、市政厅、水电厂等等，都建造起来以后，你还做什么呢？”不过一般人却不大容易了解，私人从事投资或私人从事扩张工业，也有同样困难。特别是后者，因为对于厂房、设备等之需求，比之对于住宅之需求，还要容易满足，而且只能吸收每个人很少一点款项。

在这些地方（其他关于资本的学术上讨论，亦复如是），我们思路之所以不易非常清楚，乃是因为我们不太充分了解：资本不能离开消费而独立存在，反之，假如消费倾向一经降低，便成为永久习惯，则不仅消费需求将减少，资本需求亦将减少。

第九章 消费倾向：（二）主观因素

I

设总所得（以工资单位计算）不变，又设上述客观因素不变，则尚有第二类因素，亦能影响一特定量所得中的消费量——这就是若干决定消费多寡的主观的、社会的动机。分析这些因素没有新奇处，故只需列举其中较重要者，不必再加申论。

通常说来，有八种主要的动机或对象。每种都带有主观色彩，可以使人不以其所得用之于消费。这八种动机是：

（1）建立一准备金，以防不测之变。

（2）预防未来所得不若今日所得之宽裕，而一己及家庭的用费则未来大于今，例如由于年迈、子女教育费、亲属扶养费等等，所得与需要的关系，今日与未来不同。

（3）享受利息及增值，即有人愿意牺牲一个比较小的现在消费，而享受一个比较大的未来消费（两者都以实物计算）。

（4）使以后开支可以逐渐增加，盖人类本能，总希望生活质量逐渐提高，而不是希望逐渐下降——虽然享受能力也许逐渐降低。

（5）享受独立感及有能为力感，虽然心目中不一定有什么特殊用途。

（6）获得从事投机或发展事业的本钱。

（7）遗留财产与后人。

（8）满足纯粹的吝啬欲，即一贯遏制消费，节约到不合理程度。

以上八种动机，可称为谨慎、远虑、计算、改善、独立、企业、自豪与贪婪。相应的消费动机则为享受、短见、慷慨、失算、炫耀与奢侈。

除了个人积聚储蓄以外，还有大量所得，约占现代工业国家（如英美）中总储蓄量的三分之一至三分之二，则由各级政府机关、各种社团及公司等储蓄起来，其动机与个人之储蓄动机相类，但不相同，其主要者有四：

（1）企业动机——可以不必在市场招集资本或举债，而有能力从事更多的资本投资。

（2）流动动机——取得流动资源（liquid resources），以应付不虞之变及不景气。

（3）改善动机——使所得逐年增加；能够做到这点，则经理可以免受批评，因为通常人们很少能够分辨：所得的增加到底是由于过去积蓄，或由于当前效率提高。

（4）谨慎动机——财政上持谨慎稳重态度，故多提基金（fi－nancial provision），大于使用者成本以及补充成本，以便债务的清偿速度或原成本的划销（Write off）速度超过资产的实际耗蚀率与折旧率。这个动机的强度主要决定于资本设备的数量与性质以及生产技术的改变速率。

以上这些动机都使得一部分所得不用之于消费；与之相应者，有时亦有若干动机使消费超过所得。上举私人储蓄动机中，有些在以后有负储蓄与之相应，储蓄动机之出于防老或家庭需要者即属此类。用借债来办理失业救济，最好看做是负储蓄。

这些动机的强度，当然随我们所假定的经济制度与经济组织，随种族、教育、成规、宗教及流行道德观念等因素所形成的习惯，随现在希望与过去经验，随资本设备的多少与技术，又随目前财富分配的办法，以及社会各阶层已确立的生活程度，而大有不同。但除了几处偶然的题外之文以外，本书将不涉及重大社会改革所产生的后果或长期进步中慢慢发生的影响。这就是说，我们把主观储蓄动机以及主观消费动机的主要背景看做是已知数。财富的分配办法既决定于社会结构，而后者又有相当永久性，故前者亦只能在长时期中慢慢改变，故本书亦视之为已知。

II

主观的与社会的动机的主要背景既改变甚慢，而利率以及其他客观因素的变动在短期内又影响不大。则我们自然可得一结论：短期内消费量的变动，主要是由于所得（以工资单位计算）的改变，而不是由于一特定所得量之下消费倾向的改变。

有一个误解，我们必须免除。以上是说：非常温和的利率变动，对于消费倾向的影响不是很大；却并不是说：利率变动对于实际储蓄量与实际消费量的影响甚小。很相反。利率变动对于实际储蓄量的影响，非常重要，但与一般人所设想的方向相反。即使提高利率确有降低消费倾向的作用，但我们确信：利率增高的结果，乃减少实际储蓄量。盖总储蓄乃决定于总投资，而提高利率适当减少投资——除非投资的需求表变动，抵消利率上涨的影响。故利率增高的结果，必定是把所得压低到一个水准，使得储蓄减至与投资相等。又因所得的减少程度（就绝对数量而言）一定大于投资的减少程度，故提高利率可以减少消费——这句话也是对的；然而这并不是说，提高利率以后，可以储蓄的数量扩大；恰恰相反，储蓄与消费两者都减少。

故就整个社会而言，即使提高利率，确可增加一特定所得量中的储蓄量，但我们可以断言：假如投资需求表不变，则提高利率肯定减少实际总储蓄量。不仅如此，在其他情况不变这个假设之下，我们还可以知道，利率提高时，所得将降低多少。盖若利率提高，而资本的边际效率不变，则投资将减少，那么相应的投资所得必然减少，进而现有消费倾向之下的储蓄数量也随之减少至与减少后的投资数量相等。所得应减少的数量，即可由此算出。下章将详细讨论这个问题。

假如我们的所得可以不变，则提高利率也许可以引诱我们多储蓄一些。但假如提高利率可以妨碍投资，则我们的所得不能不变。所得肯定要下降，从而降低储蓄能力，抵消高利率对于储蓄意愿的刺激。故德行越美，节俭之决心愈强，个人与国家之财政越坚守正统办法，则当利率相对——相对于资本的边际效率——增加时，所得的减少愈大。这些结果是不可避免的，冥顽不灵者，只会得到罚，不会得到赏。

如此说来，难道实际总储蓄量以及总消费量，与谨慎、远见、计算、改善、独立、企业、自豪及贪婪等动机毫无关系吗？难道美德与失德（virtue andvice）都不相干；一切只看利率与资本的边际效率两者，对于投资的有利程度如何而定吗？不，这倒又不免言之过甚。设利率常与充分就业不悖，则美德又恢复其地位；在充分就业之下，资本的积聚速率，乃决定于消费倾向的降低速率。我们又可以看出，经典学派之所以称赞节俭为美德者，因为他们暗中假定着：利率的确与充分就业不悖。

第十章　边际消费倾向与乘数

在第八章中，我们已经确定了一点：除非消费倾向改变，否则就业量只能随投资的增加而增加。现在我们可以把这个思路再推进一步。在一特定情况之下，我们可以在所得与投资之间确立一个一定比例，称之为乘数（multiplier）；假如再加上若干假定，使问题简单化，则又可在总就业量与直接用之于投资的就业量（称之为第一级就业量，primary employment）之间建立这样一个比例。这一步是我们整个就业理论中不可或缺的一步。有了这一步，设消费倾向不变，则我们可以在总就业量、总所得与投资量之间建立一个确切的关系。乘数这一个概念，卡恩（R.F.Kahn）氏首先创用，见卡氏著《国内投资与失业之关系》一文（载《经济学杂志》（Economic Journal），1931年6月号）。卡氏的主要论点如下：设在种种假设情况之下，消费倾向以及其他条件不变，又设金融机关或其他政府机关设法刺激或阻挠投资，则就业量将随投资数量的净增减而增减。该文的目的乃在建立几个一般原则，用来估计投资净增量与由此引起的总就业增量——两者之间的实际数量关系。但在未论乘数以前，最好先引入边际消费倾向这一个概念。

I

在本书范围以内，真实所得的变动原因仅限于一特定资本设备上就业人数之增减，故真实所得随就业人数的增减而增减。设在一特定资本设备上增雇劳力时，有报酬递减现象发生，则用工资单位计算的所得，其增加的比例将大于就业量之增加比例；后者又大于用产物计算（假设这是可能的话）

的真实所得的增加比例。但在短时期内，因资本设备的改变微不足道，故用产物计算的真实所得与用工资单位计算的所得，两者增则俱增，减则俱减。真实所得因为要用产物来计算，也许不可能有精确的数字表示，故最好用Y_w（以工资单位计算的所得）的变动，指示真实所得的变动。通常而论，Y_w的增减比例大于真实所得的增减比例。这一点事实在某种场合固然绝不能忽视，但因为两者常常增则俱增，减则俱减，故可以互换。

上面说过，当社会的真实所得增减时，其消费量亦随之增减。但后者之增减常小于前者。Y_w既可替代真实所得，故这个正常心理法则可以译为下列命题（这种译法并不绝对正确，尚需有若干修正，但修正点非常明显，设为求形式上完备起见，要把这些修正点列入也不是难事）：$\triangle C_w$与$\triangle Y_w$同号，但$\triangle Y_w>\triangle C_w$，其中，$\triangle C_w$代表用工资单位计算的消费量。这只是把以上已经建立的命题（第三章第二节命题8），重复一遍而已，兹称dC_w/dY_w为边际消费倾向。

dC_w/dY_w这一个数量非常重要，它可以指出，当产量再增加一些时，这个增量将如何分配于消费与投资。因为$\triangle Y_w=\triangle C_w+\triangle I_w$，其中$\triangle C_w$代表消费增量，$\triangle I_w$代表投资增量，故有$\triangle Y_w=k\triangle I_w$，其中，$1-1/k$即为边际消费倾向。

我们称k为投资乘数（investment multiplier）。这个乘数告诉我们，当总投资量增加时，所得的增量将k倍于投资增量。

II

卡恩先生的乘数与此稍有不同，我们可以用k′表示之，称之为就业乘数（employment multiplier）。因为卡恩先生的乘数乃衡量投资品工业中第一级就业量之增量，与由此引起的总就业之增量——两者所成之比例。这就是说，设投资之增量为$\triangle I_w$，投资品工业第一级就业量的增加为△N，则总就业量的增加为$\triangle N=k' \triangle N_2$。

通常说来，我们没有理由假定k=k′，因为我们未必能够假定各业之总供给函数，在其有关部分，恰有以下特征：需求增量与由此引起的就业增量所成之比例在各业都相同。我们很容易想象，假如边际消费倾向与平均消费倾向相差甚多，则$\triangle Y_w/\triangle N$大概不等于$\triangle I_w/\triangle N_3$。在此时，消费品需求的比例改变与投资品需求之比例改变将大不相同。两组工业的总供给函数，在有关系部分，其形状可能不同——假如我们要顾到这点，而把以下论证写成更一般的形式，则也没有困难。但为阐明基本观念起见，最好先讨论一个简单情况，而令k＝k′。

故设社会的消费心理使社会消费其所得增量之十分之九，则k等于10。据此，设别方面的投资不减，而政府增加其公共投资（public works），则由此引起的总就业量的增加，将十倍于该公共投资本身所提供之第一级就业量。设当就业量增加、真实所得增加时，社会仍维持其消费量于不变，则在此种情形下，并且只有在此种情形下，总就业量的增加仅限于该公共投资本身所提供的第一级就业量。反之，设社会消费其所得增量之全部，则物价将无限制增高而没有稳定点。故在正常社会心理之下，只有当就业量增加时，同时消费倾向发生改变，然后就业量之增与消费量之减才会同时发生，例如在战时，人民受宣传的影响而减少其消费。只有在此种情况下，增加投资工业的就业量才会不利于消费工业的就业量。

以下所说，只是把读者应当已明白的东西再用简单的语句总结起来而已。除非公众愿意增加其储蓄，否则投资不能增加（两者都以工资单位计算）。通常说来，除非总所得增加，否则群众不会增加其储蓄。群众想以其所得增量的一部分作消费之用，因之刺激产量，增加所得，改变所得的分配，使得储蓄的增加恰与投资的增加相符。乘数告诉我们，就业量必须增加若干，方可使真实所得的增加正好足以引诱公众作必须的额外储蓄；故乘数为群众心理倾向之函数。[①]设以储蓄为药丸，消费为果酱，则额外果酱的多寡，须与额外药丸的大小成比例。故除非公众的心理倾向与我们设想不相同，否则我们已经建立了一个法则：增加投资品工业中的就业量，一定可以刺激消费品工业，因之使得就业的总增量大于投资品工业中就业的增加量。

由上，故设边际消费倾向之值与1相差不多，则投资的小量变动可以引起就业量的大量变动，故只须投资量增加少许，便可以达到充分就业。反之，设边际消费倾向的值比0大不了多少，则因投资的小量变动也只引起就业量的小量变动，故为达到充分就业，投资须增加很多。在前者情况之下，不自愿的失业若任其发展，固然很麻烦，但很极易补救。在后者情况之下，就业量的变动虽小，但很极易停留在一个低的水准，而且除非用猛剂补救，否则处理非常棘手。事实上，边际消费倾向之值，好像在此二极端之间，但接近1的程度大，接近0的程度小，结果是我们把两种情形下的坏处，兼而有之：就业量的变动非常大；但为达到充分就业所需的投资增量则又太大，不容易办到。不幸得很，变动之大，使得我们对疾病的性质不易明了；而疾病为害之烈，又使我们在未明了病情以前，无从下药。

设在充分就业已经达到以后，再想增加投资，则不论消费倾向为何值，物价将无限制上涨；换言之，我们达到了真正的通货膨胀。[②]但是在该点以前，则总真实所得随物价之涨而增。

---

① 本节中有若干段，已经预先利用了本书第四编所述若干观念。

② 更精确一些，令ee为工业全体之就业弹性，e′e为投资品工业之就业弹性，N为全体工业中之就业量，N_2为投资品工业中之就业量，则有设工业全体之总供给函数与投资品工业之总供给函数并无重大不同。

III

以上专就投资的净增量立论。设应用以上所论，不加以修正，讨论政府增加公共投资的影响时，则必须假设两者：（1）别的方面投资不减，（2）消费倾向亦未更动。上引卡恩氏论文的主旨，即在探讨何种抵消因素较为重要，不容忽视；并设法对之作数量的估计。盖在实际情况之中，决定最后结果者，除了某种投资增加若干以外，尚有其他因素，故设政府在公共投资上，增雇10万人，又设乘数为4，但我们却不能贸然就说，总就业量将增加40万人；因为这个新政策也许对于别的方面投资有不利影响。

卡恩氏认为，在现代社会之中，以下各因素大致最不容忽视（第一、第二两因素在未读本书第四编以前，也许不容易完全了解）：

第一，假如政府要把政策付诸实施，则必定筹款；又当就业量增加时，物价随之而涨，故周转资金（Working cash）的需求亦增。两者都可提高利率，故除非金融机构设法压低利率，否则将妨碍其他方面的投资。同时因为资本品的成本增加：故从私人投资者看来。资本的边际效率降低。要抵消这个因素，利率必须低于以前——政府未实施公共投资政策以前。

第二，社会心理总是离奇莫测，故当政府实施公共投资政策时，也许会影响公众的“信心”，因之增加灵活偏好（liquidity preference），或减少资本的边际效率。后两者如不设法抵消，亦将妨碍投资。

第三，设一国与他国有贸易关系，则一部分投资增量的乘数作用将由他国的就业量享其利，因为一国的贸易顺差（favourable balance），将因本国多消费舶来品而减少。故设我们只讨论本国——而不讨论世界——就业量所受之影响，则我们必须降低乘数之值。在另一个方面，他国之乘数作用在增加该国的经济活动时对我国产生有利影响。我们失此得彼，两者可以抵消一部分。

又设投资的增减量甚大，则我们必须顾及：当边际的位置逐渐移动时，边际消费倾向逐渐改变，因之乘数亦逐渐改变。边际消费倾向并不是不论就业在什么水准，皆是一个常数。大概当就业量增加时，边际消费倾向有减少之趋势，换言之，真实所得增加时，社会愿意以之作消费之用之成数渐减。

以上是通则，除此以外，还有其他因素，也可以改变边际消费倾向，因之改变乘数。通常而论，这些其他因素好像是加强，而不是抵消通则的趋势。因为第一，短期间有报酬递减现象，故当就业量增加时，雇主所得在总所得中所占的成数增大，而雇主的边际消费倾向大概小于社会全体的平均边际消费倾向。第二，当有失业现象存在时，大概同时会有另一部分人（私人或政府）作负储蓄行为，盖失业者维持生活之道不外依赖其一己或亲友的储蓄，或仰仗政府救济，而救济金之来源一部分又靠政府举债。当失业者重新就业时，此种负储蓄行为逐渐减少。故设有两种办法增加社会的真实所得，其一乃使失业者重新就业，其二乃除此以外的其他方法。设真实所得的增量相同，则边际消费倾向的降低速度，在前者情形之下大，在后者情形之下小。

无论如何，当投资净增量小时，乘数的值大；净增量大时，乘数的值小。故设投资增减甚大，则我认为必须以乘数的平均值为依据；乘数的平均值则又基于在该段投资增量中，边际消费倾向的平均值。

卡恩氏曾设想若干特例，然后研讨此种种因素的或然数量。固然，此处很难有一般性的结论，但有几点可值得而言。例如，一个典型的近代社会，大概会把真实所得增量的80%左右用于消费；故设该社会为一闭关体系，失业者的消费又从转移别人的消费而来，则在计及抵消因素以后，乘数的值大概不至于比5小许多。但设一国与他国有贸易关系，一般说来消费品占总消费的20%，失业者从举债（或其他类似方式）得来的消费，约占其平日有工可做时正常消费的50%，则乘数之值可能低至2或3。故设有二国，其一国际贸易占很重要的地位，失业救济金的主要来源又依赖政府举债（例如1931年时的英国），其二则此类因素较不重要（例如1932年时的美国），又设投资量的变动在两国相等，则由此引起的就业量的变动，在前一国小，在后一国大，两者相差甚多。

投资只占国民所得中之比较小部分，但当投资数量变动时，却能使得总就业量与总所得的变动程度远超过投资量本身的变动。这种现象，有了乘数原则以后，就得到了解释。

Ⅳ

以上讨论都基于一个假定：即总投资量的变动事先已为人料及，故消费品工业可以与资本品工业同时增产，消费品价格的变动只是因为当产量增加时，消费品工业有报酬递减现象。

但是我们也必注意到：有时资本品工业中产量的增加并没有被人们充分料到。设有此种情形，则此原动力对于就业量的影响，只有经过一段期间以后始能全部发生。这样一件非常明显的事实，却使得有些人把两件事情混起来了：其一是乘数理论本身，这是在所有时间都适用的，没有时间间隔（time lag）；其二是资本品工业扩张时所产生的后果，这只有在经过一段时期后始能逐渐产生，而且有时间间隔。

为澄清这两件事情之间的关系起见，我们愿意指出两点：第一，设资本品工业的扩张并未为人料到，或预料得不完全，则总投资的增加量并不即刻等于资本品工业的增产量，而是逐渐增加；第二，边际消费倾向之值，也许暂时与其正常值不同，然后逐渐回到其正常值。

故设资本品工业扩张，而此扩张事先未为人充分料及，则在某一段时间以内（over an interval of time），投资增量在各期（insuccessive periods）的值构成一列数，边际消费倾向在各期的值也构成一列数，此两列数的值，既与该资本品工业的扩张事先为人料及——这种情形之下的值不同；又与该社会的总投资已经稳定于一个新水准以后的值不同。但在所有时间中。乘数理论皆适用，即总需求的增加乃等于总投资增量与乘数之积，乘数则决定于边际消费倾向。

今设资本品工业中就业量的增加，事先完全没有被人们料到，故消费品之产量刚开始时毫无增加，此种极端情形最易说明上文。盖在此种情形之下，资本品工业中的新就业者，想以其一部分所得用之于消费，于是消费品的价格提高。消费品价格提高的结果，乃有（1）一部分消费暂时延期；（2）利润增高，所得重新分配，有利于储蓄阶级；（3）存货量减少。有此三者，故消费品的供需达到暂时均衡，均衡的恢复，一部分既由于消费的暂时延期，故边际消费倾向及乘数都暂时降低；更有一部分既由于存货减少，故总投资的增量暂时小于资本品工业中投资的增量，换言之，被乘数的增加小于资本品工业中投资的增量。时间逐渐过去，消费品工业逐渐适应新需求，故当延期下来的消费得到满足时，边际消费倾向的值暂时超过其正常值。其超过程度恰与以前不足程度相抵，最后则回到正常值；当存货量恢复原状时，总投资的增量暂时大于资本品工业中投资的增量（当运用资本随产量之增而增时，暂时亦有同样效果）。

不测的改变，只有经过一段时间以后，始能对就业量发生所有效果，这件事实在某种场合非常重要——特别在分析商业循环时（像我在《货币论》中依循的思路那样）。但这件事实毫不影响本章乘数理论的重要性。乘数这个概念，还可以用来指示：当资本品工业扩张时，就业量可以预期收到多少好处。而且，除非消费品工业已达到其生产能力的极限，要增加产量不能只在现有生产设备上增雇劳工，而必须增加设备——除非这样，否则只要经过非常短的时间以后，消费品工业的就业量即将与资本品工业中的就业量同时增加；乘数之值亦与其正常值相去不远。

V

由上所述，则边际消费倾向愈大，乘数的值越大、一特定量投资变动所引起的就业变动也越大。由此好像可得一似是而非的结论：即在一个贫穷社会中，储蓄在所得中所占之成数甚小，在一个富裕社会中，储蓄在所得中所占之成数比较大，因之乘数之值在前一国大于后一国，故就业量的变动在前者亦甚于在后者。

但是这个结论没有把边际消费倾向的影响与平均消费倾向的影响划分清楚。设投资改变的百分比为已知，则高度的边际消费倾向，固然引起比较大的相对影响（proporitionate effect），但设平均消费倾向亦高，则绝对影响仍小。今以下列数字为例说明之。

设社会的消费倾向如下：真实所得不超过500万人在现有资本设备上工作能够得到的产量时，则社会以其全部所得用之于消费；以后增雇第一个10万人时，社会消费其增产量的99%；增雇第二个10万人时，消费其第二批增产量的98%；增雇第三个10万人时，消费其第三批增产量的97%；以下依此类推。则当就业量为5，000，000＋n×100，000人时，边际上乘数的值为100/n，投资量则占国民所得中百分之n(n+1)/2•(50+n)。

故设就业量为520万人时，乘数的值甚大，等于50，但投资在所得中所占成数则微乎其微，为0.06%；故即使投资降低很大，例如降低2/3，但就业量只减至510万人，约降低2%，设就业量为900万人，则边际乘数之值比较很少，只是二又二分之一，但投资在所得中所占的成数则非常大，2为9%，故设投资亦降低2/3，则就业量将减至690万，即降低23%。

设投资量降为零，则就业量的减少，前者为4%，后者为44%。[①]上举例中，一国之所以比较穷，乃因其就业量不足。设贫穷而由人工技术窳劣，或生产技术幼稚，或设备不良，则以上论证只要稍加修正亦可适用。故乘数的

①参阅第二十一章第五节。

值在贫穷社会虽较大，但设在富裕社会中，当前投资在当前产量中所占的成数较在贫穷社会中大许多，则投资的变动对于就业量的影响，亦在富裕社会中大许多。[1]

由上所论，则增雇一特定量劳工于政府投资，其对于总就业量的影响，在失业问题十分严重时，较之在差不多达到充分就业时要大得多，这亦显而易见。在上述举例中，设就业量已降至520万人，则增雇10万人于政府投资上，可使总就业增为640万人。但设就业量已为900万人，则增雇10万人于政府投资上，只能使总就业量增至920万人。故即使该政府投资本身有何效用颇成疑问，但只要我们能够假定，当失业问题严重时，储蓄在所得中所占的成数比较小，则仅就节省失业救济支出这一项而论，已经远超过该政府投资的费用。但当充分就业逐渐接近时，则该政府投资是否值得举办就成了问题。又因在充分就业限度以内，边际消费倾向随就业量的增加而减少，故欲用增加投资这种办法使就业量增加一特定量，其困难越来越大。

只要有此材料，则不难从总所得及总投资的统计中作成一表，列出在商业循环各个阶段中边际消费倾向之值。但我们现有统计不够正确，或当搜集统计时并未充分顾及这个目的，故我们只能作很粗略的估计。据我所知，关于这方面最好的数字，还推库兹涅茨氏的美国数字（第八章第四节中已经提及），但也不是很确定。从这些数字以及关于国民所得的估计，能够得到的投资乘数之值比我预料的要低、要稳定。假使把各年单独观看，则结果有点不近情理，但若把各年配成一对一对，则乘数之值似乎小于3，而常徘徊于2.5左右。由此，边际消费倾向之值似乎不超过60%至70%。这个数字在经济繁荣时期固然还说得过去，但在经济衰退时期则低得出奇，有点不近情理。可能解释之一，也许是美国公司财政在不景气时期仍十分保守。换言之，假如因为不修补设备以致投资降落甚大，但设备的折损基金仍照常提出，则结果将阻止边际消费倾向之上升；假如没有这种情形，边际消费倾向之值势必

[1] 参阅本章第五节中美国方面的估计。

上升。我恐怕这个因素大幅度加深了最近美国经济的衰退程度。但在另一个方面，统计资料可能过于夸大投资的下降程度。据说1932年的投资量，较之1929年减少75%以上，而净“资本形成”则减少95%以上，这恐怕不免言之过重。假如这些估计稍为改变一下，乘数之值则会改变很大。

Ⅵ

设有不自愿失业存在，则劳力的边际负效用一定小于边际产物的效用——也许小得非常多。盖一人若失业已久，则做若干劳动不仅没有负效用，也许还有正效用。假如我们接受这一点，则由此可以推出：举债支出（loan expenditure）[①]虽然“浪费”，但结果倒可以使社会致富。假如政治家因为受经典学派经济学的熏染很深，想不出更好办法，则建造金字塔，甚至地震、战事等天灾人祸，都可以增加财富。

有件很奇怪的事情：人们依据常识，想摆脱经典学派的谬论，总是选择全部“浪费”的举债支出，而不选择部分浪费的举债支出，盖后者既不全属浪费，自不免要讲生意经（business principles）。例如，人们较肯接受用举债来办理失业救济，但设政府要举债兴办改良事业，而此改良物的收益小于现行利率，人们就不容易接受了。所有办法当中，人们最愿意接受者，莫过于在地面上挖窟窿，称为采金，但开采金矿对于世界的真正财富并没有一点儿增加，且反引起劳力之负效用。

设财政部以旧瓶装满钞票，然后以此旧瓶选择适宜深度埋于废弃不用的煤矿中，再用垃圾把煤矿塞满，然后把产钞区域的开采权租与私人，出租以后，即不再问闻，让私人企业把这些钞票再挖出来——假如能够这样办，失

---

①以上所谓投资量，乃用投资品工业中的就业量衡量。设就业量增加时，劳力的报酬递减，则若以劳力计算，投资增加一倍，用物品（假使可以的话）计算，将不到一倍。

业问题就没有了；而且影响所及，社会的真实所得与资本财富大概要比现在大很多，当然大兴土木要较合理些，但设有政治上或实际上困难，使政府不能从事于此，则以上所提对策也聊胜于无。

这个办法与现实世界中所谓采金完全相仿。经验告诉我们，当黄金的埋藏深度适于开采时，则世界的真实财富急剧增加，但当可采的金非常少时，则财富或停留不进，或竟下降。故金矿对于文明极为重要，大有贡献。正如如从事战争，乃是政治家认为大量举债支出的唯一正当用途；故借口采金，在地上挖窟窿，乃是银行家认为不违背健全财政原则的唯一活动。金矿与战争都对人类进步有贡献——因为没有更好办法。有一个小枝节可以在此一提：在经济衰退时期中，金价（用劳力和实物来衡量）趋于上升，这个趋势可以帮助经济复兴，因为经济上值得开采的金矿，其矿床可以由是加深，其矿质可以由是降低。

金的供给增加也许可以促使利率下降。在此以外，假如我们不能用其他办法既增加就业，又增加有用财富，则开采金矿是非常切实的投资形式。其理有二：第一，采金有赌博性质，故从事采金者不太注意现行利率。第二，采金固使黄金增加，但黄金与其他物品不同，其量虽增，其边际效用却不减。房屋之值，定于其效用，故多建一屋，房租即将下降，故除非利率同时降低，否则继续投资于房屋建筑利益也将逐渐降低。采金没有这种缺点；只有当工资单位（用黄金计算）提高时，采金才受了牵制，但只有当就业状况已经大为改善时，工资单位（用金来衡量）才会提高。而且，设为较不持久的物品，则以后提出使用者成本与补充成本时，可以产生不利反应，采金也没有这种缺点。

上古埃及可称双重幸运，因为埃及有两种活动（建筑金字塔与搜索贵金属），其产物不能作人类消费之用，故不会嫌其太多。肯定是由于这个缘故，上古埃及才出如此之富。中古则造教堂，做道场。造两个金字塔，做两场道场，其利倍于一个金字塔、一场道场。但在伦敦约克间造两条铁路则不然。现在我们变得合理了，我们把自己训练得像一个谨慎的理财家，为后世建造房屋时，会审慎考虑到加于后世的财政负担，所以我们已没有简便方法可以逃避失业的痛苦。私人致富之道应用于国家行为上，失业则乃成为不可避免的结果。

附：凯恩斯学说指南

消费函数

函数关系与经济分析

凯恩斯主义经济学体系如果单纯地只是由定义般的公式如I＝S以及I+C=Y所组成，那么我们尽可有把握地将《通论》弃置而不予慎重考虑。经济分析决不能借不言自明的真理如“实际购买量(需求)与实际销售量(供给)恒等”而求得进步；我们也不能依靠“实际投资与实际储蓄相等”的教条而对于经济运行的理解大为深刻化。

但当需求表与供给表相对交叉建立起来之际，我们就能开始懂得关于物价决定的一些理论。同样，我们也可以从凯恩斯学说中知道如何决定收入。

那些广泛阅读了对于凯恩斯的批评文献的学生，常会得到这样一种印象，即凯恩斯主义的分析都按实现的(expost)数量进行，这是不正确的。首先，凯恩斯主义的分析考虑各种预期因素，这在上文我们早已指出过，而且以后还有机会一再指出。其次，它是建立在各种函数关系的基础之上的。一旦引入函数观念(有别于表上实现的或观察到的各点)，我们就可以处理一种假设，我们可以把它当做经济行为类型来予以证实或非难。

凯恩斯的分析并不是按照索然无味地实现了的公式进行，这一点从第八章开头一段可以很明显地看出，在这里，他恢复了他在该书第一篇结束时中断的讨论。实现了的公式并不能说明什么问题；与此不同的是，凯恩斯却从下面的主题开始他的讨论——“就业量取决于总供给函数与总需求函数的交点”。

总供给函数所包含的要点，很少(即使有的话)不为人所熟知。可是总需求函数本身却被忽视了。要说明这点，必须分析(1)消费函数与(2)投资-需求函数。这与单纯陈述实现了的公式Y=I+C（亦即总需求等于投资加上消费）迥然不相同。

凯恩斯作了如下说明，总需求函数把任何一定的就业水平与可望由此就业量获得的预期收益联系起来。预期收益究竟有多少，决定于预期的消费支出和预期的投资支出。因此有必要分析：(1)构成消费支出的因素与(2)构成投资支出的因素。与前者相关的是消费函数的研究；后者则从事投资需求函数的研究。

关于消费，我们可以考虑消费对就业量关系的函数或消费对实在收入关系的函数。在短期内，就业量与实际收入通常或多或少按比例一同增加或减少。但在长期内，则由于技术改进提高每人平均出产量，故与就业量相较，实在收入趋涨。而在短期内，如果就业量不增加，出产量(实际收入)也不容易增加。

因此，很有用而且可以允许的办法是把消费需求对于就业量的函数关系变为消费支出(以实物表示)对于实际收入的函数关系。于是我们可以把函数D1 = x(N)变为C=C(Y)，其中，C是以实物表示的消费，而Y是实际收入。我们已经知道，凯恩斯用工资率(工资单位)指数把名义货币价值折算成为实在价值。因此，他将消费函数写成Cw=X(Yw)；其中，符号w表示C与Y是以工资单位表示的。

凯恩斯在建立这个函数时提出了这样的假设：即消费主要靠实际收入。收入被选做消费的主要决定者，正像大家所熟悉的需求曲线那样，物价则被选做购取数量的主要决定因素。不过有关这样的函数关系经常假定其他决定因素为已知而且保持不变。如果其他条件不变，消费函数表示一定量收入的变化就可以预期消费会发生什么样的变化。

关于消费与收入之间的这种函数关系，既可以用列表的方式表示每一假定的收入水平下消费的总额；又可以用图上曲线来表示。

如果“其他因素”发生任何重要的变化，消费与收入之间函数关系的曲线将向上或向下移动。如果任何一个“其他因素”发生变化，我们可以说函数的变数业已改变。大家熟悉的需求曲线的一个重要变数是“消费者嗜好”。如果嗜好大变，需求曲线(举猪肉为例)可以骤升。在同一价格下，需求将比以前更多。当函数的任何变数有变更时，曲线都将移动。

《通论》原书中第八章和第九章的大部分都在专门讨论构成消费函数并决定其形式(亦即曲线的坡度和位置)的各种因素。但其中有一节讨论的则是引起函数移动的因素。

讨论中把引起函数变动的因素分成两大类：(1)客观(外长的，或经济制度本身以外的)因素，以及(2)主观(内长的)因素。后者包括(1)人性的心理特征与(2)社会习俗与制度(特别是企业单位关于工资和红利支付与保留收益的行为类型)以及社会协定(例如影响收入分配的协定)。

主观因素“虽然不是不可更改，但除非在反常的或革命的状态之下，在短时期内，大概不至于有重大改变”。由于已在原有的行为类型中生下了深根，它们多半是相当稳定的。这些缓慢改变的因素基本上决定了消费函数的坡度与位置，并使其具有相当高的稳定性。但是外在因素有时可发生剧烈的变化，这种情况也许会使消费函数发生显著的移动。我们因此要关切两种极重要的事情：(1)函数的形式(坡度与位置)和(2)函数的移动。

凯恩斯以极度的敏感和丰富的见识来处理这些事情，但是他并没有很好地安排他的论点。凡是对于《通论》问世后发表的一些文献心中有数的人们，很容易想到有许多方法可将这两章加以改进。不过人们不要忘记，凯恩斯在1936年写这本书时，的确开辟了新的园地。

消费函数的主观因素

我们先来考虑决定函数形式(亦即它的坡度与位置)的因素。“坡度”涉及消费的增加在比例上是否慢于实际收入的变化，亦即当收入增加时，消费与收入之间的差距，是否不但绝对地而且在比重上也在放大。坡度确定后，位置还待决定(亦即曲线的“水平”)。也就是说，在任何一定的收入下，从一定收入中支出的消费量究竟有多少，或者说平均消费倾向究竟有多高?

我们在上面已经注意到，凯恩斯所说的主观因素基本上构成消费函数的基础并且决定着消费函数。我们在这里所关切的是决定人性心理和现代社会秩序的制度安排(尤其是控制收入分配的制度)的行为类型。

首先，“使人们不把他们的收入用掉”的动机有许多。凯恩斯列举了八个动机。它们和这样的事情有关：建立准备金以防不测之变；准备预期的未来需要；从现行收入中提出资金，从事投资，增殖利息，增加未来收入，从而达到享受较大的未来收入的愿望；享受独立感及有所作为的权力感；获得“从事投机或进行企业计划的本钱”；为后人遗留财产；对有些人则纯粹的满足其吝啬欲。

主观因素(动机)还适用于实业公司与政府机关的行为类型。它们虽属无人格的法律实体，但在事实上不过是有生命的人类借以行动的工具。有时有人说：凯恩斯的“心理法则”仅仅适用于消费者，但这是不确实的。况且，在他的主观因素中，不但包括“人性的心理特征”，而且明确地包括“社会习俗与制度”。关于实业公司与政府机关的行为，他列举了它们积累的动机如下：(1)企业动机，企业想做大事业、想扩充的愿望；(2)流动动机，想成功地应付不测之变的愿望；(3)提高收入动机，炫耀管理成就的愿望；(4)财政谨慎动机，确保有足够的财政准备抵充折旧基金的愿望与偿债的愿望。

凯恩斯特别看重实业公司多提折旧基金与其他准备的行为，并且重视这些措施影响消费量(水平)对国民收入比例关系的重要程度。对不能预见(虽非无法预料)的损失提存大量财政准备金（亦即“补充成本”），会减少分配给消费者的收入。如果这种“财政准备超过当前的实际维持费”，其结果是增加净储蓄并扩大消费与收入之间的差距。

在静态社会中，折旧准备金也许可以和过时的和废弃的建筑物与设备的重置费用恰恰相抵充。但在常常经受商业波动的动态社会中，折旧准备金并不经常与重置投资平衡。在活跃的投资繁荣阶段添建了大量的新厂与设备，随后重置支出必将很低，可是每年提存的折旧基金却很大。正当必须竭尽一切努力来加强消费的年代，这些资金却从消费方面抽去了。新的投资出路必须找到，不但用以抵消个人与公司目前要存的净储蓄额，而且要抵消这些新建立起来的每年折旧费。找寻抵消这两种金额的投资出路的困难，足以造成经济萧条。

更有甚者，除商业循环外，财政谨慎动机诱使公司以比设备的实际磨损还要快的速度来“‘提清’原始成本”。这又增加了净储蓄并且扩大了消费与收入之间的差距。地方政府与半官方机关所建立的偿债基金也可有同样的影响。“早已拥有大量资本的任何社会”面临着这样的问题，即如何按照实际所需的资本补足来精确地调整折旧费，使消费与收入之间的差距不至于不正常地扩大。

凯恩斯所谓的行为类型显然并不限于消费者。他所谓的储蓄包括个人的、实业公司的和政府机关的储蓄。所有这些动机使得储蓄的力量“将随经济社会的制度与组织而大有不同”。

这些都是决定消费函数的位置与坡度的心理因素和制度因素。但还需要对曲线的常态坡度多说几句。

凯恩斯很是谨慎地注意这个问题的答案。根据一般知识与经验，他确立一个基本法则，即按常规并以平均计，收入增加，消费也将增加，但不如收入增加那么多。因此，关于消费函数的坡度，他指出一个(而且唯一的)重要的特征，即边际消费倾向必须小于1。

在此有必要提醒读者注意。有些批评家臆断说，如果凯恩斯是对的，那么收入与消费的所有历史上的变化都必须符合这个规则。这种看法并不正确。历史上的变化可以揭露消费函数的移动，但并非单纯地是消费与收入之间的常态关系。人们必须区别消费函数本身与函数的移动。例如在第二次世界大战期间，美国的消费对收入的关系由于下列原因跌落到非常低的水平：(1)不能购买(定量配给品与无法购得耐用消费品)；(2)高额的战时租税；(3)诉请爱国储蓄。战事一过，这些支出限制都消除了。在此情况下，消费对收入的比例关系迅即增加。过渡到更常态关系时，必然的实情是消费对收入的关系从非常低的水平出发，在比例上较收入增长得更快。在过渡期间，消费的增加绝对地大于收入的增加。有些批评家认为这证明凯恩斯是错了，可是这种批评显然是不正确的。凯恩斯并没有在提到反映那种从非常的战时情况过渡到平时情况的历史资料时说，消费决不会在比例上较收入增长得快。他确实说过的是在常态情况下，除能引起函数关系的移动的特殊因素而外，收入绝对增加量的某一部分将被储蓄起来。也就是说，消费的绝对增加量将小于收入的绝对增加量，除非特殊因素参与进来打乱这种常态的关系。

在这种最低限度基础上，很明显，消费量的增加速度可以与收入成比例。凯恩斯并没有说过，消费量增加率低于收入增加的比例。因此在一切收入水平下，消费可能为收入的90%。但即使在这最低限度基础上，有一重要的事实不应忽视：即若消费量按收入变化的比例而增加，收入越增则消费与收入之间绝对数的差距将越大，储蓄量也将越来越大。

凯恩斯的基本法则与库兹涅茨的长期资料之间并不像有时被人错误地加以推论的那样有什么矛盾。库兹涅茨的数据指出长期中，收入储蓄起来(或被投资)的百分比多少保持于12%左右，收入储蓄起来的比例大抵保持不变。但在绝对数量较高的收入水平下，较大的绝对数量被储蓄起来了。

对于循环期和长期消费函数，凯恩斯并没有清楚地加以区别。说实在，如果我们假定收入与消费量之间成比例关系(而在凯恩斯的基本法则范围内，我们确已看到如此)，则在循环期与长期函数之间毋须加以区别，因为在这基础上，它们是相同的一回事。这一函数将如附图2-1中的曲线A那样，从原点O开始。在这种条件下，平均消费倾向与边际消费倾向相等，两者的数值都小于1，并且保持不变。

但经由经验证明，当商业循环中的收入下降时，消费量下降的比例将小于收入的下降；又当收入随商业循环上升时，消费量的增加也慢于收入的增加；但从长期看却并非如此。

消费量对于收入的长期关系，与循环期关系相对照，关于这一点，曾经有过很多讨论，因此把我自己在1932年，1940年与1941各年发表在出版物上的看法搬出来也许是有用的。在1932年的有关著作(写在《通论》出版前几年)中，我提出说，从长期看，消费标准的上升多少与实际收入的增加成比例。事实上，这并不是什么很新奇的事：作为一般趋势，很难看到任何经济学家有过别种想法。有些经济学家(可能包括凯恩斯)可能确实相信，尽管有这种一般趋势，当国家变为富有时，消费量对收入的长期比例将有若干下降。这可能实在如此，而库兹涅茨资料中指出的长期不变率当然不会准确得无争辩余地。但是我自己的想法，不论是对还是错，从一开头就偏向于库兹涅茨的观点。事实上在上述1932年一书中，我讨论这个一般问题的方式与现代作者很相类似，亦即每一个人都有按其在劳伦斯收入分配曲线上的地位定出消费标准的倾向。当然我的这一讨论并没有像凯恩斯后来《通论》中所发展的那样，采用了更确切的消费函数概念。

但我后来在为《美国经济的结构》所写的一章中，考虑了循环期与长期的消费函数这两者。其中有关的一段文字如下：

“从循环期看，收入中储蓄的百分数随着收入的升降而增减。不过人们如若专门集中共注意力于实际收入中的上升长期趋势，那么并没有确实的证据足以说明目前收入中储蓄的百分数要比以前高些。但假若我们在循环的各个阶段从收入中储蓄了与以前时期相应阶段同样的百分数，那么由于实际收入已经增加了，因而储蓄量也要高些。”

经济学家很久以前就感觉到消费量对收入关系的循环期变动与长期变动之间的差别。欧洲大陆的商业循环理论家对于下列一点说得很多，即在循环期间，消费量对收入的比例关系比较稳定。但若采取较长期的观点，则不论从一般观察还是从鲍莱和斯坦波等人所作的广泛研究，经济学家一般的深深感到消费标准的巨大上升多少与收入的增加成比例。这并不意味着在长期中消费量必然保持收入中一个极其固定的百分比。实际上库兹涅茨的资料指出了相当程度的变动，当然有许多因素参入来改变这个比例。但如果对经济史的进程略作回顾，就足以揭露这一毫无错误的事实，即广泛看来，消费量的增加多少与过去150年中所见的生产力的惊人显著的增长成比例。

对于这种经济学家久已广泛持有的一般知识，凯恩斯的确增添了一些很重要的东西，即消费收入表的精确编制，连同边际消费倾向的概念。而更重要的是他发展了一种学说，把有关决定总需求的消费收入函数以及其他函数融合成一个整体。早期的关于循环期和长期消费行为对收入关系的一般知识与比较模糊的概念并不能构成一种学说。

我们已经注意到，凯恩斯没有清楚地区分循环期变动和长期变动。但鉴于对这个问题的混淆普遍存在着，我还得再一次着重指出，凯恩斯非常小心的假设与库兹涅茨的数据并不是不能兼容。

凯恩斯并未对消费函数的短期(循环期)形态表示坚定的信心。不过他认为可以合理地假定消费量的增长通常在比例上要少于收入的增加。但希克斯则在他的《商业循环》中表示并没有固有的理由相信这点。“我不知道有任何令人信服的理论上的理由，说明为什么收入分成消费与储蓄的比例必须以某种或他种方式随收入的变更而变化”。这种看法如果是对的，则确实将如我们早已注意到的，与凯恩斯的基本法则完全一致。但是经验数据，而且过去五十年中几乎所有循环学说的见解都反对希克斯这一建议。经验数据明确地表明循环期消费量的升降事实上在比例上低于实际收入的增减。

不过即使承认有此情况，这个经验事实并不一定能揭露出消费对收入的真正函数关系是什么。真正函数也可能与希克斯的假定相符合。这个假定可由从原点0开始的曲线来代表。比较平坦的经验坡度似乎可以用消费对收入调整过程中的时间落后来解释。但这是不很正确的。时间落后会意味着消费只落后一两步。这些落后其实可以在转折点时发现。消费一旦开始向下(或向上)移动，它可能在比例上与收入移动得一样快。因此时间落后的调整很难解释坡度问题(亦即越过45°这条线)。当然，落后情况越是分摊于时间过程中，落后的反应更有资格来完美地解释经验数据中发现的坡度。

凯恩斯承认函数的坡度也许可以用时间落后来解释。他很清楚地看到，消费对收入变化的调整过程多半会包括时间落后的调整。在短期内，“没有给予习惯以充分的时间”来使它们适应收入的变化。支出调整作得不完美。收入若是增加，储蓄在初期多半会按高于常态的速率来增加，因为消费要有一段时间的落后。收入若是减少，消费会下降得缓慢些，因此储蓄在初期会剧烈地跌落。所有这些《通论》中都有明白地指出来。

但如果这个坡度(附图2-1的曲线B)的确代表真正的函数关系(不单单是单纯的时间落后)，那么这又怎样解释？人们可以辩说，按常规而论，当实在收入增加到超过个人及其家属目前基本需要时，较大比例的收入将被储蓄起来。另一方面，假若收入下降到很低水平时，消费却可以跌落得很少——甚至由于提用准备金而使消费超过收入。于是，基于业已达到的高度消费标准的习惯行为，会阻止消费按收入下降的比例那样跌落(政府提供失业救济的政策，更进而支持消费水平)。情况如果真是这样，那么经验的比较“平坦”的消费曲线就代表一种常态的行为类型——就是一个真正的函数，而不仅仅是对于收入变化的时间落后反应。

在上面所引的两段文章中，凯恩斯明明作出这样的暗示：比较平坦的循环期消费函数之所以被认做一种真正的(亦即要求的或常态的)行为类型而不仅是对于收入变化的时间落后反应，有两种主要的解释。它们是：(1)消费根本上决定于人们的基本需要，实际收入的增加最终确将引起消费的增加，但在初期改变消费的要求并不与收入的变化成比例；(2)消费基本上决定于早已达到的标准(亦即在不久以前最高收入水平时的标准)。后者暗指近年来业已知名的所谓杜申伯莱假说。它认为，消费支出不单纯是现行收入的函数，而是以前业已达到的最高收入的函数。在循环的萧条阶段，收入从这个最高水平下降时，消费支出受到两种力量的影响——以前的高收入标准支持消费不下来，而目前的低收入却迫使消费下降。两种相反力量作用的净结果，使消费支出的下降低于收入下降的比例。至于在复苏阶段，当现行收入增加时，迫使消费下降的力量就被削弱，而以前达到的消费标准的力量却不断增长。

我要重申一遍，这两种解释在《通论》中虽有所暗示，但并没有得到充分的发挥。

最后，还有消费函数表的移动一事。主观的或内长的因素(亦即函数的心理学上和制度上的决定者)的确可因“重大社会改革”或“长期进步中慢慢发生的影响”的结果而改变。这些改变可望引起消费函数中历时极慢的逐渐移动。凯恩斯对于这些很长期的改变并不关心，虽在其议论中偶尔离题涉及。为了手头要解决的目的，他准备把储蓄与消费的“主观动机的主要背景看做是已知数”。再者，财富的分配既“决定于社会中多少是永久性的社会结构”，他认为也可以看做“只能在长期中慢慢改变”。因此，凯恩斯把决定消费函数的常态坡度和位置的主观因素看做是比较稳定的。

消费函数的客观因素与移动

但客观因素又是什么样的呢？它会不会变化得很快，因而引起消费函数的剧烈移动？

凯恩斯列举了六种客观因素，都可以在一定环境下引起重大的移动。其中四种如下：

第一，横财或意外损失。20年代后期出现的惊人的横财（证券市场利得）一般认为已使富裕阶层人们的消费提高到超过了消费对收入的常态关系；在这是实情的范围内，消费函数已向上移动了。直到1925年左右，消费上升的比例略慢于收入。1925年以后（正当证券市场繁荣向上之际），消费的上升大致与收入的增加成比例。对此现象也可能有其他解释；我们还不清楚横财事实上在整个国民收入数字中究竟有怎样的重要意义。

第二，财政政策的改变。第二次世界大战戏剧性地说明了这种因素。大量的战费支出、繁重的租税、资源从民用耐用品的生产中转移过来、定量分配以及物价管制——所有这些完全打乱了消费与收入之间的常态关系。消费函数大大地降低到它的正常水平以下。其实，这样说也许更正确些，即一切常态关系都被这种大动乱的影响所摧毁了。把这种剧烈的变化说成是向下移动，就如同说一阵大的飓风移动了潮水的水平一样毫无意义。

和平时期税率的重大改变是比较好的例证。这里，如果说消费函数向下或向上的移动是这种外在的(客观的)因素造成的，那当然是适当的。通过改变收入分配走向福利国家(大部分靠累进税来筹措经费)的现代趋势使消费函数向上移动。

第三，预期的改变。朝鲜战争是预期改变的好的例证。这次战争深刻地改变了经济前景。消费者预期各种耐用消费品的生产将要削减，此外，他们也预期物价会上涨，因此有抢购之风。半耐用品(食物和衣服)的购买也超过目前需要。消费在现行收入中所占的比例上升了。因此我们说消费函数业已移动了是正确的。

第四，利率的重大改变。利率的重大改变可以引起债票和抵押债券价值的骤跌或骤涨，从而引起意外损失或横财，其结果正如他在“横财或意外损失”一节所讨论的那样。

利率改变除了对于资本价值的影响而外，它对于储蓄的影响早在《通论》出版以前就被当做一个非常复杂且不确定的问题看待。凯恩斯认为，“在长期中，利率的重大改变或者会大大地改变社会习惯”，但利率的短期变动大概不会对消费支出产生多大直接影响。

关于利率的最终结论是：短期内的改变多半是次要的，虽说利率略有改变不致引起消费函数的重大移动，凯恩斯却小心地指出，这种改变可能大大地影响实际储蓄量。不过，这种影响与通常所想象的正相反。其理由如下：利率上升可以减少投资，这又将降低收入，但若收入下降，储蓄量也将减少。

一般结论

一般地讲，我们得到的结论是：除非有几种十分反常的或革命性的变化的客观因素——不寻常的事件，如战争、地震、罢工、革命等等所引起的预期、租税结构的重大改变、十分例外的意外损失或横财——否则，“一定收入中消费倾向”的移动多半属于次要的事情。

不过我们在上面已经知道，这种说法并没有适当地考虑所有的复杂性。

但作为最初的近似的论断，凯恩斯对于消费函数的分析——促使它移动的因素以及决定它的形式(坡度和常态位置)的因素——是经济学说史上一个主要的界碑。

这个原则可以推导出下面的结论，即“就业量只能随着投资的增加而增加；除非消费倾向实在有所改变”。因为消费与储蓄之间的差距(以绝对量表示)如果随收入的增加而扩大，则除非那个差距被投资的增加所填补，否则总需求将不足以购取总供给价格。

边际消费倾向与倍数

我们将在本章后面看到，凯恩斯讨论了(虽然简单了些)三种不同的倍数概念，而每一种倍数概念都出于一套特殊的假设。这些概念是：(1)“逻辑上的”倍数学说，假设没有时间落后，(2)“时期分析”倍数概念，假设有时间落后，以及(3)“比较静态学”的无时间分析，它的注意力集中在连续的均衡点，而将过渡过程全部略去不论。

漏洞(Leakages)与倍数

我们将在后面再讨论三种倍数概念。让我们首先来注意一下凯恩斯在《通论》第十章的开头对卡恩氏的就业倍数与他自己的投资倍数所作的比较。

卡恩氏的就业倍数是一个系数，表示初级就业(例如公共工程)的增量与总就业(初级与第二级就业的结合)的增量之间的比例关系。如果初级就业用N_2表示，总就业用N表示，k′是倍数，则$k'N_2=N$。

凯恩斯的投资倍数也是一个系数，但它代表的却是投资增量与收入增量之间的比例关系。如果r表示收入，I表示投资，而k表示倍数，则kI=Y。

让我们试着用简单的算术来例证卡恩氏的倍数。如果在公共工程中(包括所用材料)增雇30万人，其结果消费品工业的就业人数(第二级就业)增加了60万人，则总就业量将增加90万人，而就业倍数是3。同样，对于凯恩斯的倍数来说，如果在私人建筑或公共工程上多花费了10亿元货币，其结果消费支出增加了20亿元，于是总支出将增加30亿元，因而投资倍数就是3。

凯恩斯指出，k′和k这两种倍数并不相同。以工资单位表示的收入可能比就业量增加得快些，若在增加过程中非工资收入者的收入较工资收入者的收入在比例上增加得更多的话，“再者在报酬递减律之下，总产量的增加按比例要少于就业量的增加。总之,以工资单位表示的收入Y_w可能在比例上增加得最快；其次是就业量N；最少的是产量O。又因为在短期内三者——以工资单位表示的收入、就业量与产量——都将一齐增加或一齐减少；因此，为了实用上的目的，我们若假定就业倍数k′等于投资倍数k，虽然严格上来说并不正确，但也不至于大为背离事实。

从图干·巴拉诺夫斯基与魏克赛尔以来，关于投资增量和收入增量之间的比例关系(亦即凯恩斯的k)的重要性，已获得商业循环文献的广泛承认。但这些经济学家及其追随者并没有阐明这种比例关系，而仅仅满足于叙述一种趋势。凯恩斯则继卡恩氏之后，提供分析工具，可对此事作出更精确的设想。正如我们将要见到的，手头的问题是非常复杂的，不但涉及消费函数的坡度和位置，而且也涉及函数的移动。诚然，凯恩斯对于在倍数上加上任何精确的数值这一点是非常小心的。对此以及有关的事情，我们现将有所申述。但在这里需要注意的一个重要事实是，由于卡恩氏和凯恩斯的著作，我们现在用来钻研投资对于收入的影响问题的分析工具比从前更精确。

边际消费倾向是分析问题的关键。边际消费倾向的大小决定着倍数的大小。学生一旦充分懂得了这一说法的含义，他就会了解它大有助于这个困难问题的解决。卡恩氏于1931年6月在《经济学杂志》上发表的论文的确是经济分析上的重大界碑之一。

卡恩氏曾试图说明，如果政府增加诸如公共工程的就业，那么在消费品工业中创造出来的第二级(或引申的)就业究竟会有多少。十分清楚，在建筑工程以及建筑材料制造业中就业量的任何增加，将增加消费品的需求，从而引起第二级就业的增加作为初级就业的副产品，这是不难了解的。其实，当人们一经想到这点，更为难以了解的是为什么这个“连锁反应”不会不断地继续下去。1000个工人的就业为什么不会引起第二个1000工人的就业，而这又引起另1000工人的就业，直至所有的工人都就业为止?

30年代大萧条之际，这确实是业余经济讨论中争论很多的问题，在美国城市中尤其更为热烈，那时这些城市正在考虑而且在一定程度上试行了“凭证”或“盖印货币”计划。可是职业经济学家却时常不能正确地指出这个连锁反应的推理究竟错在什么地方，一直到卡恩氏的一篇有名的文章出来以后，这一问题才有了肯定的答案。

卡恩氏说明，因为有漏洞，重新就业过程才逐渐消失。其中最重要的一些漏洞有如下：(1)一部分收入增量用于偿还债务；(2)一部分以闲置银行存款的形式储蓄起来；(3)一部分投资于购买证券，而出卖证券的人又没有把他们的卖价支用；(4)一部分用于购买进口货，而这又无助于国内就业；(5)一部分所购买的消费品是由存货供应的，而消费品存货卖出以后也许没有补进。由于这些漏洞，就业过程一会儿就渐渐削弱以至消失了。在这逐渐消失的过程中，初级就业的确曾引起一定量的第二级就业，但这样引出的数量比人们粗浅地想象的更少。

假定一开始就有一笔用来创造初级就业的只需一次付出而不再续付的10亿元的投资支出。再假定每一次支出系列的漏洞为收入源泉的三分之一。这意味着消费本国货的边际倾向是三分之二。于是总支出将为30亿元，其中包括初始投资支出(初级就业)以及因此引出的一系列消费支出(第二级就业)。这种支出系列可用附图3-1来表示。

这里假定所有漏洞都“归于浪费”。例如，在银行中偿还债务必然是这样。这种偿债行为只是勾销一定数量的存款。再如以窖藏通货或以闲置的银行存款形式代表的储蓄，从支出角度来看，也同样是归于浪费的。附图3-1概括地说，代表第一种情况，其中所谓漏洞确实是真正的漏洞。它们组成先前收入中未曾用去的那部分，因而消失在收入泉流中。既然情况如此，那么初始投资支出入进来的收入泉流也就逐渐枯竭了。

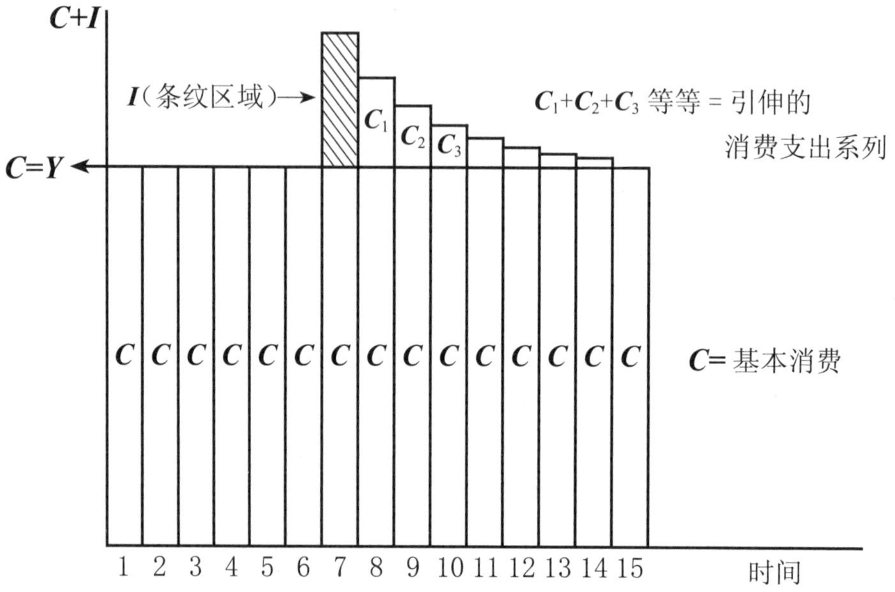

附图3-1 倍数：第一种情况

我们现在来考虑第二种情况。其中按严格的意义来说，所谓漏洞只限于不用之于消费品的那些数额，但它们尽可直接用来购置投资品。那么，将有什么样的结果？在这种情况下，我们最好还是干脆称它们为“储蓄”，这种储蓄其实代表消费支出中的漏洞(亦即转移)；但这些转移也许仍然会被导向用于投资品。如果是这样做了，那么在初始支出时期收到的收入增量将在下一时期全部用去，譬如说其中三分之二用于消费，三分之一用于投资。但若储蓄起来的部分并没有直接用于投资品，那么支出泉流势将很快枯竭。这种情况可在附图3-2看到。

附图3-2 倍数：第二种情况

这又引起第三种情况，即干脆由主管当局逐期拨款充做公共投资支出，每期100万元。这里正像以前一样，我们假定在每一后继时期中，只有三分之二的新创造出来的收入用于消费。在这种情况下，公众收到的那部分收入，从消费方面转移出来以后用以购买公债，而政府发行这种公债的目的即

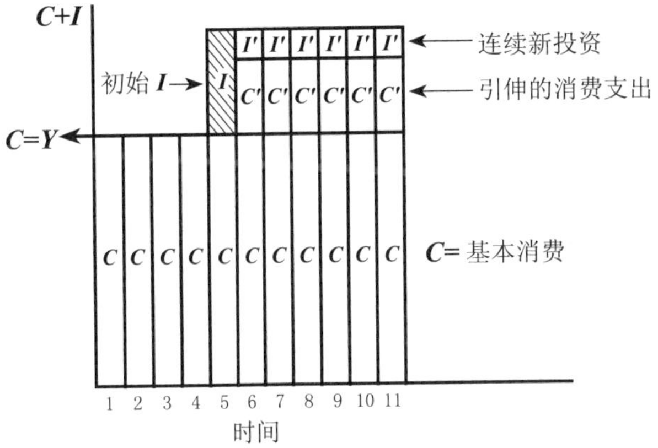

在筹措每期继续拨付100万元公共投资计划的一部分经费，其余部分经费则由下列两方面来筹措:

(1)吸收迄今为止闲置的存款，(2)向商业银行推销公债。连续支用的总情况如附图3-3所示。

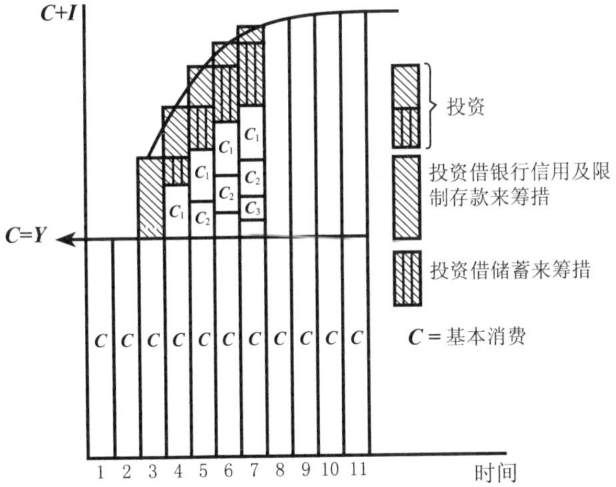

附图3-3 倍数：第三种情况

这里在每一相继时期川流不息。只有新的投资支出100万元拨付，而且全部新储蓄(从消费支出转移出来的或漏洞)都用来资助新投资。最后新储蓄接近新投资，从而达到一个新的平衡。每一笔新投资引起一个新的支出系列，但这支出系列逐渐“下降”，可顺次从附图3-3上任何系列C_1，C_2，C_3，C_4…等中看到。支出总泉流(投资加消费)正是因为这种“抽去”才很快地平坦下去，即使新投资的数量维持在初始注入的水平。

第四种情况是消费方面完全没有漏洞。这里我们再假定一笔只拨付一次而不再拨付的初始投资支出。在这种情况下，工人和企业家所收到的全部收入用以购买次一时期的货物和劳务，这又创造相同数量的新收入，并用之于下一时期，以此类推。于是支出泉流一经开始，便不断地继续下去。边际消费倾向等于1，消费支出泉流中没有漏洞。这种情况可以用附图3-4表示。

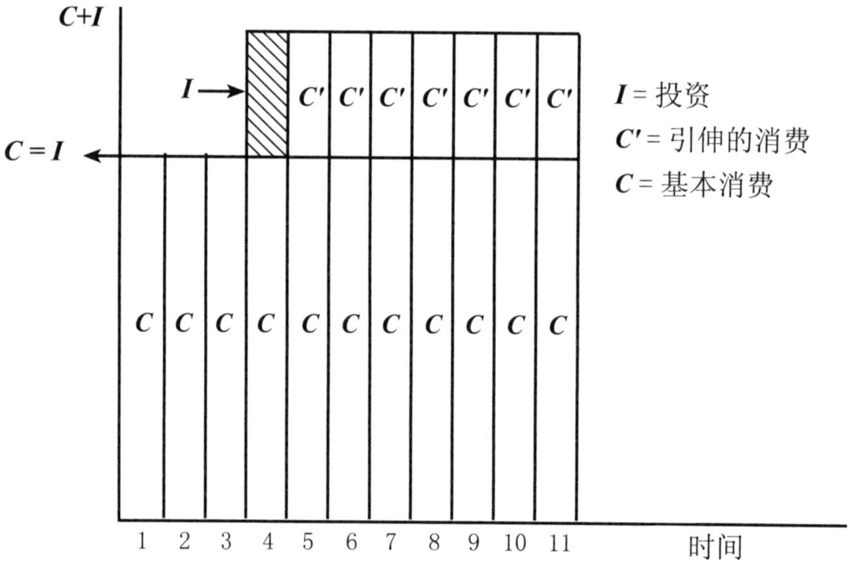

附图3-4 倍数：第四种情况

第五种情况是我们仍然假定有一笔不再续拨的初始投资支出。但在这里我们假定边际消费倾向等于0，以致来自投资的初始增量的全部收入都给漏洞从消费方面抽竭了；也就是说，收入增量的全部都被储蓄起来。我们又假定储蓄的数量并没有用之于投资品，它们或者以闲置存款的形式被持有着，或被用来在银行中偿还债务。因此，初始支出一旦完成，什么事情都不再发生了。这种情况可以用附图3-5加以说明。

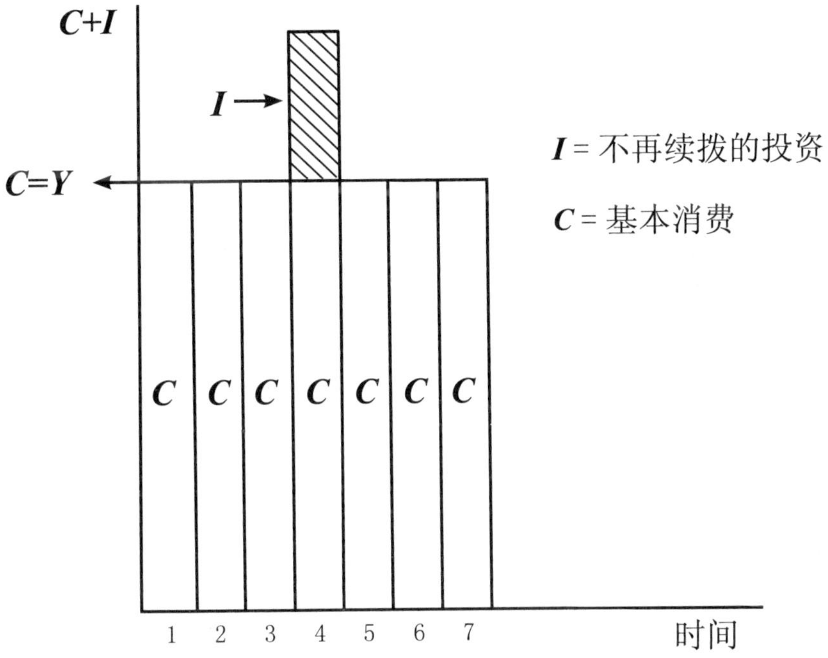

附图3-5 倍数：第五种情况：

最后，我们还有第六种情况，它正好与第五种情况相反，成为两个极端。在第六种情况下，边际消费倾向等于1，与第四种情况一样。但在这里正像第三种情况那样，我们假定初始投资量在每一后继时期继续维持。由于边际消费倾向等于1，在每一后继时期收入累增额等于新的续拨的投资量。一旦达到充分就业，这种情况就会引起累进的通货膨胀。这种情况可以用附图3-6来说明。

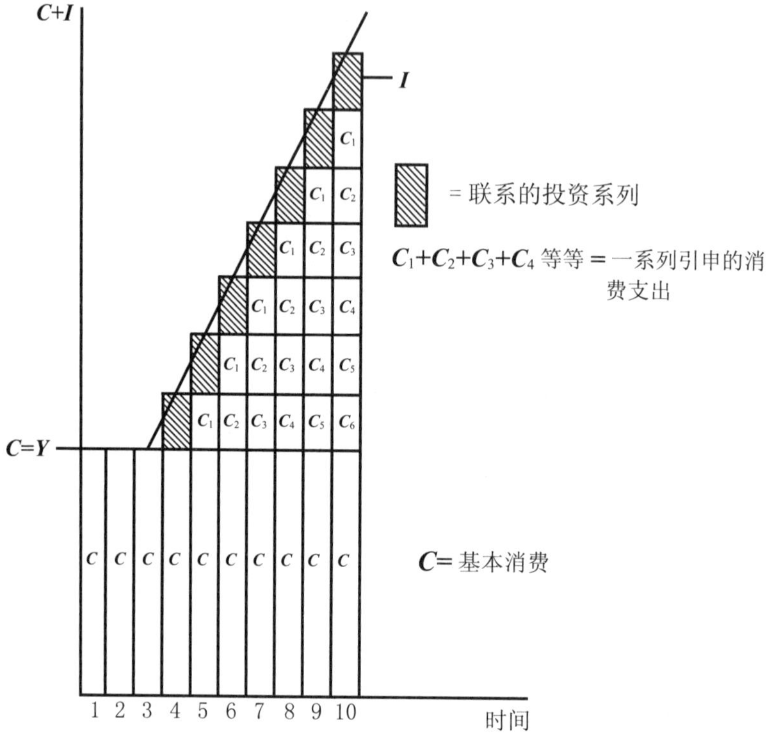

附图3-6 倍数：第六种情况

从上述的各种情况我们已经了解到：当边际消费倾向为0时，倍数等于1；当边际消费倾向为1时，倍数等于无穷大，以致任何初始的投资增量如果继续维持下去，将驱使这个经济走上通货膨胀的道路，如附图3-6所示。介乎两者之间是比较可能的情况。边际消费倾向若为2／3(即边际储蓄倾向若为1／3)，倍数等于3。倍数是边际储蓄倾向的倒数；$k=\frac{1}{1-\frac{\Delta C}{\Delta Y}}$ 或

$$\frac{1}{1-\frac{\Delta S}{\Delta Y}}$$

消费函数曲线越陡，倍数则越高；消费函数曲线越平坦，倍数则越低。

△Y=△I+△C。△C若为零，则△Y=△I；也就是说，倍数是1。$\frac{\Delta C}{\Delta Y}$越接近于1，倍数越大。

倍数决定于边际消费倾向，这可以用图解的方法极方便地表示出来。C曲线若位于45°一线上，边际消费倾向等于1。若C曲线是平的，则边际消费倾向等于0。在本书第三章中，我们已经知道凯恩斯认为△Y>△C。这纯粹意味着边际消费倾向在正常情况下可以假定为小于1。

卡恩氏的分析，第一次给予那些奢望一定量支出的增加会引起一个累积过程从而最终会形成充分就业的人们以明白的回答。他的做法是得出关于限制倍数作用过程的各种条件的精确公式。答案的关键在于边际消费倾向。如果$\frac{\Delta C}{\Delta Y}$=0，就不会有倍数扩张，亦即倍数不大于1。但若$\frac{\Delta C}{\Delta Y}$=1，则累积过程将无限制地进行。可是事实上，漏洞阻止了这个过程的进行。正是这个分析，一举而阐明了美国业余改良家在经济大萧条的早期热衷于鼓动“凭证货币”支出计划的实施不能认为是正当的。倍数远远地小于他们的假定。另一方面，它又大于那些“新政”批评家所想象的情况，他们认为公共工程经费对于就业量的影响全然限于初始费用本身。

凯恩斯说明，只有“在这个社会不问就业量增加与实际收入也随之增加而仍维持其消费量不变时”，总就业量的增加才会限于公共工程所提供的初级就业量的增加——亦即边际消费倾向等于0的情况。“反之，若社会消费其任何收入增量的全部”——边际消费倾向等于1——则在达到充分就业之前，需求将继续增长，而从此以后“物价将无限制地上涨”。

因此，投资量的任何增加的第二级影响(或倍数作用)会随着边际消费倾向而变化。边际消费倾向若接近于1，则投资的少量变动可以引起收入与就业量较剧烈的变动；而如若边际消费倾向超过0不多，则收入与就业量任何重要的变动都需要有极大的投资变动才能产生收入与就业量的重要变动。

在这里，重要的一点是必须严格区分(1)C曲线的坡度及(2)其位置，亦即它放在什么水平上。坡度可能很平坦，在此情况下边际消费倾向将很低下；同时在充分就业水平时，消费与收入之间的差距可能极小，即平均消费倾向可能很高。在这种情况下，一定量投资的增加(从失业状况出发)所提高的收入较少。其所以如此，是因为在这些假定下倍数很小。但也许只要投资量略有增加，就能推动这个经济达于充分就业。其所以如此，是因为在此情况下消费与收入之间的差距甚至小于充分就业时的水平(参见附图3-7)。这种经济决不能低于充分就业很远。就业的波动的确会发生，但是这些波动的发生主要不能从倍数作用来解释——而毋宁说是由于投资的变动——这种投资并未获得任何显著的倍数作用之助。

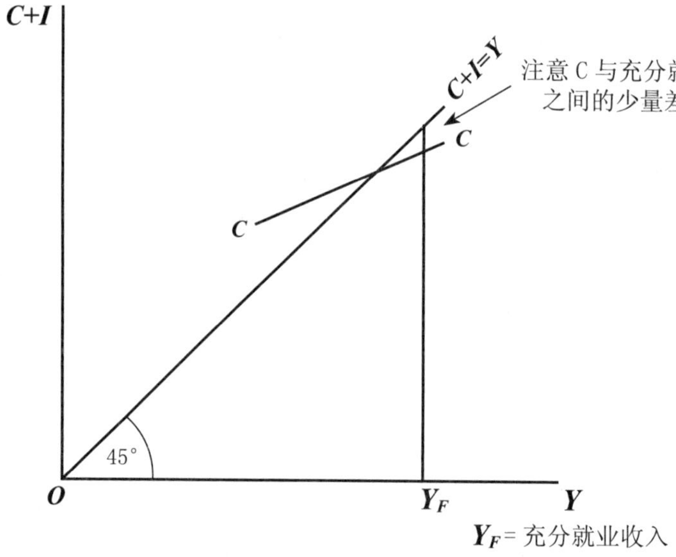

附图3-7 高的平均消费倾向与低的边际消费倾向

另一种情况，我们假定边际消费倾向和平均消费倾向都很高，像附图3-8所代表的那样。在这种情况下，即使在充分就业水平时，C与Y之间的差距很小，变动可以很大(亦即从Y_1到Y_F)。倍数既然很高，则投资即使稍有变动，收入会发生剧烈的变动。投资等于0时，收入很低(与附图3-7的情况相反)。还有，因为倍数很大，所以要造成充分就业只需要有少量的投资即可。

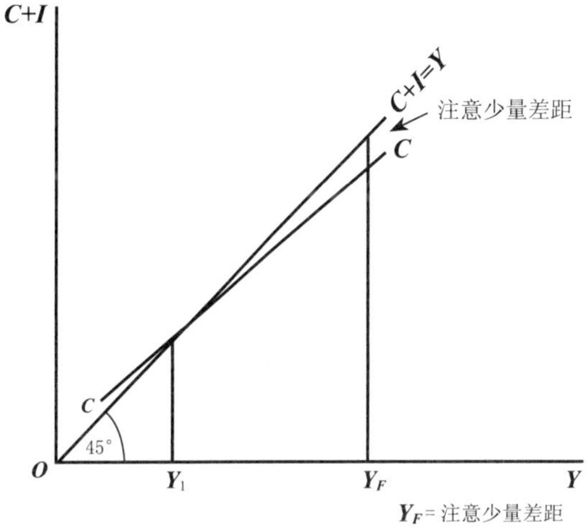

附图3-8 高的平均消费倾向与高的边际消费倾向

凯恩斯在《通论》第十章第五节中详细讨论了这件事。一张简单的图解就可以很快地弄清楚他所要说的论点。可是他用很复杂的数字例证把全部内容搞得不必要地艰深难懂。他提出，在贫穷的国家中倍数也许较大，而同时在这样的社会中平均消费倾向也较高。这种情况当然并不意味着消费标准较高，而是说贫穷的社会在收入的任何增量中耗用了极高的比例而储蓄则极少，即使在充分就业时也是如此。反之，很发达的国家可能只有较低的平均消费倾向。这种情况容许就业的较大变动。如果低的平均消费倾向(在充分就业时)再结合相当高的边际消费倾向，这种变动更将扩大。在一定范围内这种情况是可能发生的，因为C曲线的坡度可能很陡，即使从曲线的位置说来,在充分就业收入水平下，消费与充分就业收入之间的差距较大。要改进凯恩斯的提法并不是很困难。这里还有很有兴趣的建议，涉及(1)投资的稍许变动会产生收入的很大变动的情况，以及(2)需要投资有很大变动才能引起收入与就业量很大变动的情况。前者包含的是高的边际消费倾向(因而大的倍数)；后者则是结合低的平均消费倾向与低的边际消费倾向。

边际消费倾向完全由消费函数的坡度决定。但平均消费函数则一部分由坡度决定，而另一部分由C曲线的水平或位置决定。凯恩斯对于这一点没有全部弄清楚。即使我们假定贫穷国家既有高的边际消费倾向又有高的平均消费倾向，但若C函数的形状是通过原点的或很陡的一根直线，像附图3-7那样，则就业量仍可能有剧烈的变动。又如果我们任意地假定富裕国家既有低的边际消费倾向又有低的平均消费倾向，但若投资变动很剧烈，则仍有可能经历很大的就业量的变动。

我们已经知道，正常情况之下△Y>△C是凯恩斯的基本法则。在这些条件下，消费函数可能是(1)通过原点的直线，(2)与45°线相交的一根直线，或(3)向右偏斜的一根曲线。凯恩斯表示这样的信念，即在商业循环期间，当接近充分就业之时，C曲线趋于平坦（亦即向右偏斜）。若果如此，则倍数在复苏初期大于繁荣后期。“边际消费倾向并不是在任何就业水平时都是一个常数。作为常规，大概当就业量增加时，边际消费倾向就有减少的趋势；也就是说，当实际收入增加时，社会愿意用做消费的比例会逐渐减少。”

凯恩斯又说，大量的失业多半会与某些方面的负储蓄行为相结合，“因为失业者维持其生活的方式，或者是依赖其自己的或其亲友的储蓄，或者是依赖公共机关的救济……其结果是，失业者的重新就业，将使这些负储蓄的特殊行为逐渐减少”。因此当收入开始上升时，消费量的提高可能很少，绝大部分的增量只是用来抵消以前的负储蓄(即边际消费倾向很低)。但当收入的增加一旦超过“冲破平均”点时，将有较大部分的增量用于消费；换句话说，边际消费倾向将上升到更正常的水平。可是当最后接近繁荣时，收入的分配变得有利于财产所有者(利润较高)，从而边际消费倾向又将下降。因此从萧条的深渊回升的初期，倍数可能很低；到了收入水平相当高的时候，倍数趋于上升；而最后当收入水平很高时，倍数又复下降。这就是凯恩斯的观点。

但这不能作为定论。譬如杜申伯莱的论文就指向一种与之相反的结论。按照杜申伯莱的说法，萧条一旦到来，收入开始下降时，我们在典型的商业循环中可以看到，家庭用钱单位拒不把消费标准降低到最近的过去所达到的水平以下去。因此消费降落的比率要小于收入的下降。同样，当经济复苏之际，消费上涨的比率也不如收入增加之快，在上期达到的收入水平重新获得以前都是如此。到达后一点时，储蓄对收入的旧比例又将重现。而旧比例一旦重现，家庭用钱单位就会准备维持储蓄对收入这一正常的比例，即使收入已经上升到高于迄今有过的水平。这意味着消费现与收入按同一比率上升，而消费对收入的比例保持不变。但这表示在商业循环繁荣的高峰有一较高的边际消费倾向。总之在复苏阶段，在以前的收入水平重新达到以前，边际消费倾向总低于平均消费倾向；一旦重新获得以前的收入水平，则边际消费倾向将和平均消费倾向保持相等。

在一定程度上，20年代繁荣时期消费一收入统计资料似乎支持了杜申伯莱的论点。虽不敢冒充发现了一个一般原则，我在拙著《财政政策与商业循环》中指出了下列趋势：相当高的收入水平一旦达到，收入中用于消费的比例几乎相同。“在相当高的收入年代里，约有88%的国民收入用于消费……在较高的收入水平下，这一消费一收入模型似乎是相当稳定而不变的。我指出，在比率上，储蓄似乎比收入增加得快，至少在达到相当高的收入水平以前都是如此。”

不过很可能有一特殊的情况需要说明，那就是在繁荣的20年代的最后几年，为什么消费在比率上同收入增加得一样快。我指的是巨额的投机利润。由于史无前例的证券市场繁荣，奢侈品消费倾向上升到很高的水平。统计资料所指出的消费上升比率快于收入（很可能就20年代而论)代表消费函数的向上移动，而不是像杜申伯莱在他的论文中所提出的那样，是函数的常态形状。

除了消费对收入的函数关系在扩张阶段繁荣年代与复苏年代有着显著地不同之外，还有是否在商业循环向上阶段，这种函数采取一种形态，而在向下阶段又采取另一种形态的问题。由于我们有相当好的材料的年份很有限，尤其因为有必要把剧烈动乱的战争年代除外，我们对此事还不能取得可靠的结论。

在评定一定增量的投资在就业量与收入扩张上可能引起多少时，不但有必要考虑倍数的大小，而且还要估计抵消(或加强)原始动力的各种可能性因素。公共工程支出的净增加可能为私人投资的减少所抵消。例如，筹措公共工程经费的方法可以提高利率，因而阻碍私人投资。如果公共工程政策伴以扩张的货币政策，即可制止这种不利的影响。公共工程的增加也可能提高资本财货的成本，因而对私人投资造成不利的影响。此外，政府计划可能动摇“信心”，因而减少投资。还有，在一个不是封闭的经济中，公共资本支出可能创造对国外原材料和国外设备的需求，因而帮助外国就业而不是国内就业。但是所有这些假定都不能使倍数分析归于无效。不过正像凯恩斯在事实上所做的那样，在评价一定增量的公共投资或私人投资的净影响的时候，确实必须把所有这些因素都考虑进去。

我们已经好几次提到区别消费函数的坡度与消费函数的移动的重要性。边际消费倾向可以随商业循环的不同阶段而变更，并且决定于曲线的坡度，而它又决定了倍数的究竟是什么？但除了函数的坡度而外，还有函数的移动。如同我们所熟悉的，需求函数可以预料它会有移动(例如嗜好的变更、代替品的引用等等)那样，消费函数也会有移动。

函数的移动可能基于种种原因，如租税的变更、暂时不能获得耐用消费品、战时爱国储蓄、关于未来短缺的预期(如在朝鲜战争爆发时那样)以及许多其他因素。凯恩斯很知道改变中的预期和改变中的制度的动态影响，这些都可以引起消费函数的强烈移动，在《通论》第十章中随处可以见到凯恩斯的这一点看法。

等号公式与行为公式的对照

第四节也许是《通论》第十章中最重要的一节。假若凯恩斯的批评家对这一节作了小心的和同情的研究，就一定可以避免好多不必要的紊乱。因为我在他处已经详细探讨了此事，在这里我只限于作简要的申述。

第四节可以明显说明凯恩斯十分清楚地看到下面这两者的区别：(1)储蓄与投资“相等”(等号公式)以及(2)储蓄与投资处于“均衡”状态(行为公式)。他也看到下面三者的区别：(1)移动中的均衡分析，其中经常认为变动中的各种变数彼此间连续地处于一种“常态”关系，并无时间落后；(2)逐步时期分析，其中包括时间落后；以及(3)比较静态分析，其中并无时间因素。

既然等号公式纯粹是同义字的反复，那么它就不能说明什么问题。如果说1950年11月1日在芝加哥市场上购买的小麦数量等于出卖的小麦数量，无助于说明小麦的价格。同样地，像MV=PT以及I=S一类的等号公式也不能说明什么问题，正如在上面所提到的。

必须把行为公式与单纯的等号公式严格地区别开来。行为公式表示各种变数之间的函数关系。我们所熟知的需求函数是一张把需求量与价格联系起来的表。这张表是关于市场行为的叙述。这种叙述可以通过对市场的观察而相当准确地予以证实或否定。这是一种可以证明的假设。关于供给表也是一样。如果光说需求等于供给，那是没有多少意义的。但假若人们说：在表中需求与供给相等，那么人们就说了一些有意义的事情，亦即这些表包含着一系列数据彼此总可相交，于是价格与数量(卖买双方)就可以互相决定。相交点成为两张表中可以观察到的(或实际的)点子。其他的点子是“可能点”，亦即相对的两张表如果作适当的移动，它们可能变成实际的点子。人们也可以说，可能点子代表两个变数之间的常态的或理想的关系。若价格为已知，那么人们就愿意购买一定数量。需求表并不是一张实际价格和实际购买量的表。它是表示人们需要的表。马歇尔的需求表代表在不同价格时的“购买倾向”。同样，凯恩斯的消费代表的是在不同收入水平下的“消费倾向”，而他的储蓄表代表的则是在不同收入水平下的“储蓄倾向”。

如果用表把下列两者联系起来，(1)对于(不同)收入的投资需求以及(2)对于(不同)收入的储蓄供给，我们就能看到收入与投资(或储蓄)数量将在两张表的相交点相互决定。

不过凯恩斯主要依靠总需求表亦即I+C(Y)与总供给表来决定收入水平。他认为，投资是决定于边际效率表和利率。这样决定的投资量若为已知，而消费函数亦已一定，这两者结合起来就可给我们画出总需求表。收入水平将由总需求表和总供给表的交点来决定。

可以指出，这种说法只是一种初始近似的说法，因为边际投资效率表并不是离开收入水平或收入的改变而独立存在的。由于技术进步而引起的投资机会(亦即所谓自动投资)，在高的实际收入水平时，较之低的实际收入水平更能被充分利用。再者，许多投资是收入水平的改变所引起的(加速原理)。因此，投资需求表(亦即把投资与利率联系起来的表)本身是收入的函数以及收入水平改变的函数。我们所需要的是一组投资需求表和一组储蓄表。从这两组表，我们可以得到表示收入与利率之间的关系的表，换一句话说，就可得到希克斯的IS曲线。为了使图解能够更完善，人们还需要LM曲线，我们将在后面第七章中再加以考虑此事。

正像我们将在后面看到的那样，这种错综复杂的分析需要详细的讨论；但我们在目前还不能深入。不过在这里让我们假定投资的增量为已知，消费函数也有一定。在这样的数据基础上，我们就能够应用倍数分析法来决定(作为初始近似值)收入的增量。

三种倍数概念

扩张过程可以用三种方法之一来分析。凯恩斯对这三者都曾提及到，虽然太过简略了些，很难保证读者看懂。第一种是移动中的均衡，或称“倍数的逻辑理论，这是在任何时间都可继续适用的，没有时间落后”；第二种是时期分析法，其中主要包括消费支出落后；第三种是比较静态倍数作用，其中所谓“没有时间观念”，其意义是指它在两个连续的静态均衡位置之间跳过时间间隔。在第十章全章中，凯恩斯大部分的分析都是按“倍数的逻辑理论”，但在第四节中，凯恩斯则主要致力于时间落后或时期分析。这一节因此特别能够引起我们的兴趣，因为它经常为批评家所忽视或误解。

在第四节开头，凯恩斯就提醒读者，直到那时为止，立论的基础都是倍数的逻辑理论，亦即移动中的均衡分析法，没有时间落后观念，其中假定投资的任何改变都是预见的，因而没有消费品生产的落后，也没有消费支出的落后。与之相反的是，在时期分析法中，假定的则是资本财货工业中出产量的扩张是不能全部预见的；因此扩张的后果逐渐发生作用，有一时间落后；只在一段时间间隔以后全部影响才能充分显露。

对于投资的初始增量的这一种时间落后的调整，可以分为下面两部分：(1)由初始扩张引起的有关工业中投资的逐渐增加，以及(2)消费支出时间落后。前者人们看到“在某一段时间以内，接连各期发生一系列的总投资增量”。而在后一场合，消费支出时间落后引起在初期骤见跌落，而在接连的后来各期则又逐渐上升到正常的比例。消费量在初期上升较少，不足以产生它与现行收入之间的常态关系。实际消费对现行收入之间的关系越出了常态消费倾向的常轨。凯恩斯因此这样说道：“边际消费倾向暂时离开它的常态数值，但随后又逐渐回到这个常态数值。”

上引这一段文字已成为许多混乱的泉源。那么它是否能代表“边际消费倾向”这一名词的恰当用法呢？可能不是。也许有人会说，名词的严格使用要求“消费倾向”一词必须指常态关系而不是指暂时关系，后者在事实上由于惯性和时间落后而并不与正当要求相符合。人们尽可干脆地讲，暂时离开它的常态数值，随后又逐渐回转来。这种说法虽然没有疑问是正确的，但它没有解决下列问题：即从一个均衡位置到另一个均衡位置的过渡过程，是否属于可以证实的行为类型，还是纯粹是不时单独发生的偶发事件？如果属于后者，那么这种说法只是字面的无谓重复；但若属于一种行为类型，我们就可以说它是有因果关系因素的真正分析。

在这里凯恩斯也使用了某些并不严格的字眼，正像我们所熟知的马歇尔需求分析法引起的情况一样。现在假定需求表向上移动。价格顷刻骤涨。供给者并不能立即适应新的需求情势。人们经常说，“供给表”暂时对物价无弹性。可是等到供给者逐渐调整他们自己来适应新的需求情势以后，供给表将越来越有弹性，直到重新恢复常态为止。在经过一段时间落后以后，供给表将一点一滴重新达到常态的弹性。

在这一点上使用“供给表”一词是否恰当呢？供给对价格暂时失去弹性，能不能被看做是表示供给者倾向(亦即短期“常态”行为)改变的真正移动呢？供给者适应新的需求情势的调整，在新的常态的供给表达到以前，需要时间。只要这种过渡性行为是循序而行的而且是可以证实的，它可以称做“短期的常态”倾向。在这种情况下，这种说法就不仅仅是无谓的搬弄字眼了。

收入决定学说如果其中含有时间落后因素，也会有这种名词问题。我们知道，正像许多作家使用“短期常态供给表”来解释供给者为适应改变了的需求情势而作的短期调整一样，凯恩斯使用了“消费倾向”一词。假若投资增加，消费者可能并不立刻对收入的增加作出反应；而存在一种消费者支出的时间落后。“边际消费倾向”暂时接近于0，或者无论如何远在“常态”以下。但不久消费者会把他们的支出调整得符合对于收入的常态关系，边际消费倾向将上升，直到经过一定时间落后以后，重新恢复常态。这是凯恩斯推论的方法。

为简便计算，假定我们用算术比例来代替“倾向”(亦即一种行为类型)。表示投资增量与收入增量之间关系的系数并不基于真正的倾向，亦即消费与收入之间的收入之间的关系或为“短期常态的“或为“长期常态的”关系。这种系数只是一种算术倍数(亦即不言自明之理)，而不是基于一种行为类型(这种行为类型建立了消费与收入之间可以证实的关系)的真正的行为倍数。仅仅算术倍数是无谓的字面搬弄。可是真正的倍数就不是无谓的字面搬弄了，因为真正的倍数是基于短期常态的或长期常态的行为类型。

设想有一社会，真常态的边际消费倾向是2/3。假定我们从稳定的收入之流出发。然后我们坚持注入新投资，每年增加100单位。由于支出的落后，在注入新投资的初期，消费全未增加。让$\triangle C_1=0$，而A_Y: =100。在第二个时期，$\triangle C_2=67$，而$\triangle Y_2$(按初始稳定的基础计算)是167。在第三个时期，$\triangle C_3=111.5$，而$\triangle Y_3=211.6$。依此类推，直至逐步使之接近2/3的限度，亦即常态的边际消费倾向为止。

这个算术例子说明了上面所引的凯恩斯的一般理论。它指出的是在过渡期间倍数移动的途径(基于一定的支出时间落后行为类型)。支出时间落后分析说明了在过渡期间倍数怎样改变。“但在每一段时期中，倍数理论都适用，即总需求的增量等于总投资的增量乘以边际消费倾向”，亦即乘以基于行为类型(即一定的和可以预见的支出时间落后)的改变中的边际倾向。假若真的是这样，我们就有一种可以证实的行为学说，而不仅仅是无谓的字面搬弄。

按照时期分析法，过渡期间的一系列数值不同于(1)“扩张若不能预见时应有的”比例(亦即逻辑上的倍数理论)或者(2)“该社会的总投资业已稳定于一个新的水平时”最后达到的比例，也就是比较静态学的倍数理论。

在时间落后分析中人们遭遇到困难的短期常态概念正是值得强调的一

点。时间落后理论若要避免被指责为无谓的字面搬弄，我们必须假定有一短期常态的行为类型。而下列两种理论中的任何一种都不会有这样的困难发生：(1)逻辑理论(包括并无时间落后的立刻调节)，其中这个制度的各种变数彼此间保持的仍是常态的关系(移动的均衡)；(2)比较静态分析，不问时间因素，其中新的均衡状态再一次代表一种常态的行为类型。

移动均衡分析是“逻辑上的倍数理论，是在任何时间都可以继续适用的，没有时间落后”。它假定总投资量的变动“事先已为人所充分预见，故消费品工业可与资本财货工业同时增产”。假若工业扩张为人所预见，就不会有支出落后，从而消费与收入继续保持常态的关系。因此，常态的倍数即能继续适用。但这并不意味着倍数必须是一个常数。随着收入的改变，消费对收入所需要的比例可以逐渐变动。若果真如此，则常态倍数也将逐渐改变。可是没有支出的时间落后，需要的消费与实际的消费恒等。虽然制度随时都在变，但经常却处在均衡状态中——移动的均衡。

在本章，凯恩斯绝大部分所使用的正是这个概念(而不是比较静态分析的概念)。从下列引文中可以完全清楚地看到的确是这样的：“以上讨论都基于下列假定，即总投资量的变动事先已为人所充分预见，故消费品工业可与资本财货工业同时增产。”这也就是说，上面的讨论都是基于移动均衡论。

无时间的倍数分析或比较静态分析则干脆跳过过渡时期。它从一个均衡位置跳到下一个均衡位置。它不把两个位置之间的时间过程考虑进去。在新的均衡位置上，收入超过前面一个均衡位置的增量，将等于投资的增量乘以倍数(它是基于常态的消费倾向的)。如果用凯恩斯的术语来说，就是在整个过渡时期(这里不考虑过渡时期)，实际储蓄等于投资；但只有在新的均衡收入水平下，需要的储蓄才会等于投资。换言之，支出时间落后最后被克服，消费对收入再一次达到常态的或需要的比例。无时间的倍数分析没有顾虑过渡阶段而只处理新的均衡收入水平，“那时该社会的总投资业已在一个新的水平上稳定下来”。

第四编　投资引诱

CHAPTER FOUR

第十一章　资本之边际效率

设一资本资产的寿命为n年，在此n年当中，该资产可生产产物，由此产物之价值中减去为取得此产物所付出的开支，则得一组年金，以Q_1，Q_2，…，Q_n表示之。我们可称此组年金为投资的未来收益（prospective yields）。当一人购买一投资品或资本财产时，实即购买取得此组未来收益的权利。

与投资的将来收益相对立者，则为该资本资产的供给价格（suppl1y price）。所谓供给价格，并不是实际在市场上购买该资产所付的市场价格，而是正好可以引诱厂家增产该资产一新单位所需的价格，故资本资产的供给价格，有时被称为该资产的重置成本（replacement cost）。从一种资本资产的未来收益与其供给价格的关系，可得该类资本的边际效率（marginal efficiency of capital）。说得更精确些，我的所谓资本的边际效率，乃等于一贴现率，用此贴现率将该资本资产的未来收益折为现值，则该现值恰等于该资本资产的供给价格。用相同的方法，可得各类资本资产的边际效率，其中最大者，可视为一般资本（capital in general）的边际效率。

读者应该注意，此处所谓资本的边际效率，乃就资本资产的预期收益及其当前供给价格来下定义的，故资本的边际效率是以钱投资于新产资产，所可预期取得的报酬率（rate of return），而与历史陈迹——即在该资产寿命告终以后，回顾既往，原投资成本所得的报酬率——无关。

在所有的时期中，设对某类资本的投资增加，则该类资本的边际效率，因投资的增加而减少。其故，一部分是因为当该类资本的供给增加时，其将来收益下降；一部分则因为当该类资本的产量增大时，其生产设备所受的压力加大，故其供给价格提高。较短时期内的所以能达到均衡，主要靠第二类因素，但时间越长，则第一类因素的重要性越大。故可为每类资本建立一表，表中列示：若欲使其边际效率降至某特定数，则在一时期中，对该类资本的投资必须增加若干。以此类表格总加起来，则得一总表，总表指示两者之关系：其一为总投资量，其二为与该总投资量相应并由其建立的一般资本的边际效率。我称此总表为投资需求表（investment demand schedule），或资本的边际效率表（schedule of the marginal efficiency of capital）。

当前的实际投资量，肯定会达到一点，使得各类资本的边际效率，都不超过现行利率。这个道理应该很明显。换一种说法，投资量一定会达到投资需求表上之一点，在该点上，一般资本的边际效率适等于市场利率。

同一事实，可以换一种说法。设Q_r为一资产在r时的未来收益，又设d_r为r时的1镑，按当前利率折现后之值，则$\Sigma Q_r d_r$为投资的需求价格。投资量一定会达到一点，使得$\Sigma Q_r d_r$等于该投资的供给价格（定义见上）。设$\Sigma Q_r d_r$小于供给价格，则当前对该资产无投资。

故投资引诱（inducement to invest），一部分定于投资需求表，一部分定于利率。至于决定投资量的因素，实际上如何复杂，则须至本编终了时方能得窥全貌。但我要求读者立即注意一点，即仅知一资产之未来收益以及该资产的边际效率，尚无从得知利率为何，或该资产的现值为何。我们必须从其他方面决定利率，然后以该资产的未来收益按该利率还原（capitalising），而求得该资产的现值。

II

上述“资本的边际效率”的定义，与一般用法有何关系呢？资产的边际生产力（Marginal Productivity），或边际报酬（Yield），或边际效率（Efficiency），或边际效用（Utility），都是我们常用而熟悉的名词。但欲在经济文献中找出很明白的一段，说明经济学家用此等名词时通常究竟是什么意义，却不是易事。

至少有三点模糊不明之处，必须加以辨别。

第一是物质与价值之别。我们到底是讨论产物的物质增量呢？还是讨论产物的价值增量呢？前者是由于在某一段时间内，资本的使用量增加一物质单位（physical unit）而引起的，后者是因为资本的使用量增加一价值单位所引起的。但前者有“什么是资本的物质单位”这种种困难；我相信这些困难是没有办法解决的，而且是不必需的。当然我们可以说，设十人所耕的土地面积不变，而增用若干机器，则所产麦子必增；但假如要把这种说法化成算术比例，则除非引进价值观念，否则无法了解。然而许多关于这方面的讨论，大都着眼于资本的物质生产力，至于何谓资本的物质生产力，则又往往不加说明。

第二是绝对数与比例数之别。所谓资本的边际效率，是一个绝对量呢，还是一个比例呢？通常以为资本的边际效率的维度（dimension）与利率的维度相同，由此推论，以及由上下文观之，似乎资本的边际效率必须是一个比例。然而这个比例的两项是什么，往往缺乏明白说明。

第三是一项与多项之别。我们要明辨两者：其一是增用资本少许，在目前情况下，可以取得的价值增量，其二是在该新添资本资产的整个寿命中，所可预期取得的一列价值增量；此即Q_1与整个Q_1，Q_2，…，Q_n列数之别。此点分别不明，恒为混乱与误解之源。这就引起预期（expectation）在经济理论中的地位问题。大部分讨论资本之边际效率者，好像除了Q_1以外，对于整个列数的其他各项全不注意；然而这种办法是不通的——除非是静态理论，盖在静止状态下，诸Q都相等。分配论中常说：资本在目前得到的报酬等于其边际生产力（不论边际生产力的定义如何），这种说法，只有在静止状态下才对。资本的目前收益的总和，与资本的边际效率并无直接关系；而在生产边际上，资本的目前收益（即产物的供给价格中所含的资本报酬）等于该资本的边际使用者成本。边际使用者成本亦与边际效率无密切联系。

上面说过，对于这个问题很少有清楚说明。但我相信，我以上所下定义与马歇尔用此名词的意义相当接近。马歇尔本人有时用资本的“边际净效率”一词，有时则称的为“资本的边际效用”。以下引文，由其《经济学原理》选出，乃该书中对此问题最有关系、最紧凑的几段。为表达马歇尔氏要旨，我把原书中不相连接的几句连接在一起。

“现设有一工厂，可增用价值100镑的机器，而不增加其他的开支；增用该机器以后，该工厂每年净产量的值（即除去该机器本身的折损以外）增加3镑。设投资者以其资本尽先投于利益优厚的处，设经过此程序达到均衡以后，投资者尚觉值得——而且仅仅值得——雇用该机器，则我们由此事实，可以推断年利为3%。但此种举例，不过指出价值决定因素的一部分而已。若以此类例证作为利息论，或作为工资论，则必犯循环推理的病。设在毫无风险的证券上，利率为年利3%，设置帽业吸收资本100万镑，此即表示制帽业可以善用此100万镑的资本，宁可对的付年息3厘，而不愿弃此资本而不用。设年息为2分，则也许仍有若干机器，制帽业不能不用。年息为1分时，所用的机器增多；年息为6厘时，更多；4厘时，更多；最后，因为年息为3厘，故更多用机器。令最后这个数量为X。则当机器的数量为调时，其边际效用——即仅仅值得使用的那个机器的效用——为3%。”

由上所引，可知马歇尔很明了，假如我们想沿着以上思路来决定实际利率，则必犯循环推理之误。[①]在这一段里，马歇尔好像接受上文观点：即设资本的边际效率表不变，则利率决定新投资的数量。如利率为年息3厘，当然没有人愿意出100镑购一机器——除非他希望在除去成本及折旧以后，他每年净产量之值可以增加3镑。但是在以下第十四章中，我们可以看出，在另外的几段中，马歇尔可没有如此谨慎，但每当论证即将发生破绽时，他即裹足不前。

费雪（Irving Fisher）教授于所著《利息论》（1930年出版）一书中，虽未用“资本的边际效率”这一名词，但他所谓“报酬超过成本率”（rate of returnover cost），与我所谓“资本的边际效率”，完全相同。费雪教授说，[②]“所谓报酬超过成本率，乃是一种利率，用此利率来计算所有成本的现值，以及所有报酬之现值，正好使两者相等”。他更进一步说明：任何一方面投资的多寡，乃决定于报酬超过成本率与利率之比较。要引诱新投资，则“报酬超过成本率必须大于利率”。[③]“这个新因素，在利息论的投资机会方面，占有非常重要地位。”故费雪教授用“报酬超过成本率”一词，与我用“资本之边际效率”一词，不仅意义相同，目的亦完全相同。

---

① 我们用“举债支出”一名词，包括政府用举债方式来兴办的投资事业，以及其他用举债来维持的经常支出。严格说来，后者应当算做负储蓄，但政府作负储蓄的动机与私人储蓄的心理动机并不相同。故“举债支出”是一个很方便的名词。包括一切政府举债净额，不论举债目的是为兴办资本事业或为弥补预算不足。前者增加投资，后者增加消费倾向。

②为行文简单起见，我将忽略以下一点：资本资产的寿命不同，故为实现各类资本的未来收益所需的时期不同，故利率及贴现率不同。换言之，不是只有一个利率及贴现率，而是有一个利率体系及贴现率体系。但我们不难将以上论证略加修改，包括此点。

③但他以为工资定于边际生产力说，亦犯循环推理之误，不是错了吗？

III

资本的边际效率，不仅定于资本的现在收益，亦定于资本的未来收益，失察此点，最易对资本的边际效率的意义与重要性发生误解。要明白这点，最好说明：假如在人们预期的中，或由于劳力成本（即工资单位）的改变，或由于新发明新生产技术的引入，未来生产成本将有改变时，则资本的边际效率将受什么影响。今日所产机器的产物，在该机器寿命以内，必须与以后所产机器的产物相竞争；而以后问世的机器，或由于劳力成本降低，或由于生产技术改良，故即使其产物的价格，较今日为低，亦值得生产。不仅如此，其数量亦必增大，共产物的价格亦必下降。以后产物的价格即将降低，则届时雇主由新旧机器设备所可得的利润（以货币计算）也将降低。只要人们预测这种发展是或然的，甚至只要人们预测这种发展是可能的，则今日所产资本的边际效率即因而降低。

正由于这个因素，故若人们预测货币的购买力，未来与今日有所不同，亦足影响当前产量。若预测币值下降，则可以刺激投资，增加一般就业，因为此种预测乃提高资本的边际效率表，亦即提高投资需求表。反的，若预测币值上涨，则对当前的投资及就业有不利影响，因此种预期乃降低资本的边际效率表。

费雪教授原先所谓“增值与利息 ”论（theory of Appreciation and Interest），其真义亦即在此。费氏分别货币利率（money rate）与真实利率（real rate）两者，后者乃等于前者矫正币值变动。但费雪氏的说不易了解，因为他没有说清楚，到底市值的改变是在人们意料的中呢？还是不在人们意料的中呢？这里有个两难论，无法避免。设不在意料的中，则对于当前行为毫无影响，设在意料的中，则现有物品的价格将立即调整，故持有货币与持有物品的好处又复相等；利率亦不必变动，持有货币者亦无从因贷款期间币值的变动而受损或得益。皮古教授假定市值的改变，乃在一部分人意料的中，但为另一部分人所意料不及，他想用这个方法来躲避这个两难论，但也不成功。

错误的缘起，是由于他们误认未来市值的改变乃直接影响利率，其实则影响一特定量资本的边际效率。现有资产的价格，时常随着人们对未来币值的预期改变而即调整；此种预期改变的重要性，乃在其可以影响资本的边际效率，因而影响新资产的生产。今设人们预期物价将上涨。此种预期的所以刺激新资产的生产者，不在其提高利率（提高利率而可刺激产量倒是奇闻，实际上，若利率上升，则刺激作用即因而削弱），而在其提高一特定量资本的边际效率。设利率的上涨与资本的边际效率的提高程度相同，则物价的上涨预期对产量不发生刺激作用。要有刺激作用，则利率的上涨程度必须较小，资本的边际效率的提高程度必须较大。的确，费雪教授的说最好用“真实利率”这个观念重写一遍；“真实利率”是一种利率，在该利率的下，人们对未来币值的预期虽然改变，但不影响目前产量。

有一点很值得注意：设人们预期未来利率将下降，则亦足降低资本的边际效率表。其故：今日所产机器的产物，在该机器未来一部分寿命中，须与以后所产机器的产物相竞争，而以后所产机器，则可安于较低收益。然而这一点并没有多大不景气作用，因为今日对未来利率体系的预期，一部分会反映在今日的利率体系中。话虽如此说，大概多少总有些不好的影响，理由是：今日所产机器，在其寿命快终了时所产产物，也许会和届时问世的机器的产物相竞争，而届时所产机器可以只要求一较低收益，因为在今日所产机器寿命告终以后的利率亦低于今日。

一特定量资本的边际效率与预期的改变有关——这一点十分重要。因为有这种关系，资本的边际效率才会有急剧变动，商业循环才会产生。在以下第二十二章中，我们将指出，繁荣的后所以有不景气，不景气的后所以又有繁荣，可以用资本的边际效率与利率的相对变动来分析与说明。

Ⅳ

有两类风险可以影响投资数量。这两类风险，应该——但普通不加——分辨。第一类是雇主或借者的风险（entrepreneur's or borrower's risk），起因于借者心目中有些怀疑，不知道他是否真能得到他所希望得到的未来收益，得到的或然性有多大。设一人用其自有资金投资，则只须考虑这类风险。

设有借贷制度存在，则又有第二类风险，也与投资数量有关。可称之为贷者的风险（lender's risk）。所谓借贷制度者，即借者提供若干担保（动产或不动产），而贷者则据此放款之谓也。贷者风险之起因有二：（1）道义上之不测，例如借者有意不履行债务，或用其他方法——可能是合法方法——规避；（2）担保品不足，后者乃由事实与预期不符所引起，并非故意不履行债务。此外还有第三类风险：即币值可能变动，对于贷者不利，故贷款不若真正持有资产安全。但这第三种风险的全部或大部应当已反映于——而且包含于——持久性资产的价格中。

第一类风险，固然也有降低之道，例如平均分摊，或增加预期的正确性等，但确是真正的社会成本（real social cost）。第二类风险则不然，设贷者与借者为同一人，则此类成本即不存在，故第二类风险是投资成本以外的额外增加。不仅如此，有一部分贷者的风险与有一部分雇主的风险互相重复，故在计算最低限度的未来收益、决定是否值得投资时，这一部分贷者的风险会在纯利率（purerate）之上，复计两次。其理如下：设有一事业，其风险性甚大，则自借款者观之，必须在预期收益与利率之间有一较大差额，方值得借款；根据同一理由，自贷者观之，必须在实际利率与纯利率之间有一较大差额，方值得放款——除非借款者异常富有，地位巩固，可以提供许多担保。如果借者希望结果非常良好，固可抵消借者心目中的风险，但却无从消除贷者心目中的不安。

有一部分风险会被复计两次，这一件事实，虽然（据我所知）一向未受重视，但在某种情况下，也许很重要。在繁荣时期，一般人情绪乐观，不免轻率，往往低估贷者风险与借者风险两者的大小。

V

资本的边际效率表非常重要。主要通过这个因素，人们对未来的预期才能影响现在；其维系现在与将来之力，较之利率大许多。静态社会一成不变，无从有未来改变来影响现在。只有在静态状态下，方才能把资本的边际效率看做是资本设备的目前收益，然而这种看法，却断送了今日与明日之间的理论上的联系。就是利率，主要还是一个现时现象（current phenomenon）；如果我们把资本的边际效率也化成现时现象，则在分析目前均衡状态时，将无法直接计及未来对于现在的影响。

现有经济理论常以静态状况为前提，因之经济理论与现实很脱节。引入使用者成本以及资本的边际效率这两个概念（定义见前）以后，经济理论又有了现实性，同时又把经济理论需要修改适应之处减至最低限度。

因为有持久性设备的存在，所以未来与目前在经济上发生联系。人们对未来的预期会通过耐用性的机器设备的需求价格对现在施加影响。这一说法符合并反映了我们思想的一般原则。

第十二章　长期预期状态

I

前章说明，投资量的大小，就是决定于利率与资本的边际效率表的关系——有一个当前投资量，即有一个资本的边际效率与之相应。资本的边际效率，则又决定于资本资产的供给价格与其未来收益的关系。本章将对决定资产的未来收益的种种因素作进一步探讨。

人们用以推测未来受益者，一部分为现有事实，关于这一部分，大概多少总知道得相当确定；另一部分为未来发展，未来发展只能预测，作此预测的信心也有大小的不同。前者中可得而言者，则有（1）目前各类资本资产以及一般资本资产的数量，（2）目前有何种消费品工业，需要更多资本才能有效满足消费者的需求。属于后者，则为未来资本的类型与数量、消费者的嗜好、有效需求的强度、工资单位（以货币计算）的大小——这种种因素，在目前考虑中的投资品的寿命这段时间以内可能有些什么变化。我们可以把这些心理预期状态总称之为长期预期状态（state of long-term expectation），以别于短期预期；所谓短期预期，乃是生产者据以推测：设彼今日用现有设备生产商品，待此商品制成时，彼所能得的售价为何——那种预期。短期预期在第五章中已探究过了。

II

设在作预期时，把非常不确定[①]的成分看得很重，当然是不智之举。故设有两类事实，其一我们知道得很少，很不清楚，但对于我们要考虑的问题，却关系非常重大；其二对于我们要考虑的问题，关系没有这样重大，但我们觉得很有把握。设在作预期时，用第二类事实作为重要指针，也不能说是不合理。因为这个道理，故在某种意义上说，现有事实对于长期预期的影响与其重要性不成比例。通常习惯，往往以现在推测未来，除非有相当具体理由预测未来会有改变：否则总假定将来与现在一样。

故长期预期状态，即我们据之以作决策者，不仅须看何种预测的或然性最大，也须看我们作此预测的信心（confidence）如何。换句话说，也须看我们自己认为自己所作预测的可靠性如何。设我们预期未来会有大变，但很无把握，不知这种变化会取何种方式，则我们的信心非常弱。

这就是工商界所谓信任状态（state of confidence）。实际从事工商业者，对此都密切注意。经济学家倒反而对此不作仔细分析，大概只作很空泛的讨论，塞责了事。经济学家尤其没有弄明白，信任状态之所以与经济问题发生关系者，是因为它对资本的边际效率表有重大影响。信任状态不能和资本的边际效率表并列，成为影响投资量的两个独立因素；反之，前者之所以有关，乃是因为前者是决定后者的重要因素之一，而后者乃投资的需求表。

然而关于信任状态，从先验方面，没有许多可说的。我们的结论必须从观察实际市场以及商业心理得来。故以下所论，不像本书其他部分那样抽象。为说明方便起见，我们以下讨论信任状态时，将假定利率不变。换句话说，我们将假定投资品价值的改变只是因为预期中的投资品的未来收益起了变化，而不是因为用来把此未来收益资本还原化（capitalising）的利率有什么更动。如果信任状态与利率同时变动，则不难把两种变动所生影响加在一起。

---

①参阅罗伯森：《经济波动与自然利率》（Industrial Fluctuations and the Natural Rate of Interest），载《经济学杂志》，1934年12月号。

III

有一件事实很明显：我们据以推测未来收益的一点知识，其基础异常脆弱。若干年以后，何种因素决定投资的收益，我们实在知道得很少——少到不足道。打开天窗说亮话，我们不能不承认，如果我们要估计十年以后，一条铁路、一座铜矿、一个纺织厂、一件专利药品的商誉、一条大西洋邮船、一所伦敦市中心区建筑物的收益是什么，我们所根据的知识，实在太少，有时完全没有。即使把时间缩短为五年以后，情形也还是这样。事实上，真正想作这样估计者，常常是极少数，其行为也不足左右市场。

在过去，企业常由发起人或其友好自行经营，故投资的多少，须看有多少人热心、乐观，想建立一番事业；这些人以经营企业为安身立命之道，并不只是盘算未来利润。所以经营企业有些像购彩票——虽然最后结果还是看经营者的才品是否在平均以上，或在平均以下。有些人失败，有些人成功。即使在事后，我们还不知道所有投资相加起来的总平均结果到底是超过、等于或低于通行利率。假使把开发自然资源或独占事业除去，则投资的实际总平均结果，即使在进步繁荣时期，大概还不及事先的期望。企业家是玩一种既靠本领又靠运气的游戏，局终以后，全体总平均结果如何，参加者无从得悉。设人性不喜欢碰运气，或对建设一厂、一铁路或一矿本身（即除了利润以外）不感兴趣，而仅靠冷静盘算，则恐怕不会有多少投资。

旧式的私人投资一经决定，大体便不可复追（irrevocable），这不仅对于社会全体如此，即对于私人也还是这样。但今日流行情形乃业主不自兼经理，投资又有专门买卖市场，有此两者，故多添一个重要新因素，有时固然使得投资方便，有时却使得经济体系变成很不稳定。如果没有证券市场，则在资本已经投下以后，再把所投之资常常重新估价，并没有什么用处。但证券交易所却把许多投资每天重新估价一次。这种重新估价，使得私人——但不是社会全体——常有机会变更其已投之资。这好像是一个农人，在用毕早餐，看了气候表以后，可以在上午10时与11时之间决定把资本从农业中抽调回来，然后再考虑，要不要在本周中把资本再投进农业中去。故证券交易所的每日行情，其初衷固在便利人与人之间旧有投资的转让，但势必对于当前投资量发生重大影响。如果建设一新企业较购买一同样现成的为贵，则当然弃造而购。在另一方面，如果有一新事业，费用很奢，但只要能以其股票在证券交易所发出去而即刻有利可图，则亦未尝不可从事。[①]故有若干类投资，与其说是决定于职业企业家的真正预期，不如说是决定于股票价格。股票价格乃代表证券市场的平均预期。[②]证券交易所中现有投资的每日行市，甚至是每小时行市，既然这样重要，然则这种行市怎样决定的呢？

Ⅳ

一般而论，我们都默契遵守一条成规（convention）。这条成规的要旨是（实际上运用起来，当然没有如此简单）：除非我们有特殊理由预测未来会有改变，否则我们即假定现存状况将无定期继续下去。这并不是说，我们真相信现存状态会无定期继续下去，我们从许多经验中知道，这是非常难得的事情。在一段长时期当中，投资的实得结果极少与原来预期相符合。我们也不能说，设一人处于无知状态，则过与不及的机会均等，过与不及的机会既均等，故预期适得其中。这种说法是不通的。因为这等于说：不论现有市价是怎样达到的，就我们现有知识——关于影响投资收益的事实者——而论，这个市价是唯一正确的市价；当此知识改变时，市价才会改变。但从哲学上说，这个市价不会是唯一正确的市价，因为我们现有的知识不足以算出

① 不完全如此！因为利率之高低，一部分乃反映未来之下确定性。又，期限不同，利率亦不同，这各种利率之间的关系，须视人们对未来作何预期而定。

② 所谓“非常不确定”（very uncertain），并不就是“或然性很小”（very improbable）。参阅拙著《或然论》，第六章，“论论证之权重”。

一个正确预期（mathematical expectation）。事实上，决定市价的因素非常复杂，有许多与未来收益毫无关系。

虽然如此，只要我们信赖这条成规会维持下去，则上述因循办法倒使我们经济体系有了相当连续性与稳定性。

盖设有有组织的投资市场的存在，又设我们信赖这条成规会维持下去，则投资者很可自慰，认为他唯一的冒险是在近期未来形势与情报确有真正改变，然而这种改变不会很大，至于其发生的或然性如何，他还可以自下判断。但如果这种成规仍为大家遵守，则只有这类改变才会影响其投资的价值；故他不必因为不知道十年以后其投资将值几何而闹得失眠。故以个别投资者而论，只要他能信赖这条成规不致打破，使他常有机会在时间还过得不多、改变还不太大之时，可以修改其判断，变换其投资，则他觉得他的投资在短期间内相当“安全”（safe），因此在一连串短期内（不论有多少），也相当安全。于是从社会看来是“固定的”（fixed）投资，在个人看来却是“流动的”（liquid）。

我相信世界上几个主要投资市场都是根据这种方式发展出来的。从绝对观点看，这条成规既毫无道理（arbitrary），自然不免有弱点。怎样使投资充足这个当前问题，一大部分是由这条成规的变幻多端（precariousness）所造成的。

V

有几个因素加强了这种变幻多端，可简述如下：

第一，有些业主并不自己经营其业务，对其所操业的情形，不论是目前的或未来的，也并不特别熟悉。这些人的投资量，在社会总投资量中所占比例逐渐加大。因之，不论是已经投资者或现在考虑投资者，在估计其投资的价值时，真知实学所占的成分非常狭小。

第二，现有投资的利润不免时有变动，此种变动虽然显然是暂时的，无关宏旨的，但对于市场却有过度影响——过度得甚至荒谬。举几个例，据说美国制冰公司的股票在夏日的市价较冬日为高，因为受季节影响，夏日制冰业的利润较高，而冬天大家不用冰。又如遇有全国性假日，则英国各铁路公司的证券市价可以提高几百万英镑。

第三，循此成规所得市价，只是一群无知无识者群众心理的产物，自会因群意（opinion）的骤变而剧烈波动。且此使群意改变的因素，也不必真与投资的未来收益有关，盖群众对此市价并未确信其可以稳定。尤其在非常时期，大家更不相信目前状态会无定期地继续下去，故即使无具体理由可以预测未来将有变动，市场也会一时受乐观情绪所支配，一时又受悲观情绪所弥漫。此种情形，可以说是未加理智考虑，但在一种意义上，又可说是合理的，因为既无事实根据，自然无从作理智盘算。

第四，有一特征特别值得我们注意。也许有人以为：有些人以投资为业，他们是专家，他们所有的知识与判断能力超出一般私人投资者之上；若听凭无知无识者自己去从事，固然可使市场变化多端，但专家之间互相竞争，也许可以矫正这种趋势。然而事实上则不然。这批职业投资者与投机者的精力与才干大多用在另一方面。事实上这批人最关切者，不在比常人高出一筹，预测某一投资品在其整个寿命中所产的收益怎样，而在比一般群众稍为早一些，预测决定市价的成规本身会有何改变，换句话说，他们并不关心：设有人购一投资，不再割让，则该投资对此人值几何；他们所关心者，乃是三个月或一年以后，在群众心理支配之下，市场对此投资的估价为何。他们所以有这种行为，并不是因为他们性情怪僻。投资市场的组织方式既如上述，则此乃不可避免的结果。设有一投资，你相信若就其未来收益而论，则值30元，但你也相信，三个月以后，此投资在市场上只值20元，如果你现在出25元购买，实为不智之举。

根据以往经验，有几类因素，例如某种消息或某种空气，最足以影响群众心理。职业投资者乃不能不密切注意，预测在最近将来，这类因素会有何种改变。设投资市场之设，以“流动”为目的，则此乃不可避免的结果。在所有正统派理财原则之中，以“流动性”崇拜（fetish of liquidity）最于社会不利。其说以为从事投资的机关，应以其资源集中于持有热股（liquid securities）。可是这个学说忘了，就社会全体而论，投资不能有流动性。从社会观点看，要使得投资高明，只有增加我们对于未来的了解；但从私人观点，所谓最高明的投资乃是先发制人，智夺群众，把坏东西让给别人。

斗智的对象，不在预测投资在未来好几年中的收益，而在预测几个月以后，由因循成规所得市价有何变化。且此种斗智战，也无须外行参加以供职业投资者鱼肉，职业投资者相互之间就可以玩起来。参加者也不必真相信，从长时期看，因循成规有任何合理根据。从事职业投资，好像是玩“叫停”（Game of Snap）、“递物”（Old Maid）、“占位”（Musical Chair）等游戏，是一种消遣，谁能不先不后说出“停”字，谁能在游戏终了以前，把东西递给邻座，谁能在音乐终了时，占到一个座位，谁就是胜利者。这类游戏可以玩得津津有味，虽然每个参加者都知道，东西总在传来传去，音乐终了时，总有若干人占不到座位。

换一种比喻，从事职业投资，好像是参加选美竞赛：报纸上发表一百张照片，要参加竞赛者选出其中最美的六个，谁的选择结果与全体参加竞赛者的平均爱好最相接近，谁就得奖。在这种情形之下，每一参加竞赛者都不选他自己认为最美的六个，而选他认为别人认为最美的六个。每个参加者都从同一观点出发，于是都不选他自己真认为最美者，也不选一般人真认为最美者，而是运用智力，推测一般人认为最美者。这已经到了第三级推测，我相信有些人会运用到第四、第五级，甚至比此更高。

读者也许要插言非难：如果有人不惑于此种流行的消遣游戏，而尽其所能，作真正的长期预测，再根据此种预期继续购买投资，则在长时期中，此人必能从其他参加者手中获得大利。对于这种非难，我们作答如下：世固不乏此种持身严谨之人，而且如果他们的力量真能超过从事游戏者，投资市场必大为改观，但我们须补充一句，在现代投资市场上，有几个因素使得这种人不能占优势。根据真正的长期预期而作投资，实在太难，几乎不可能。凡想如此从事者，较之仅想对群众行为比群众猜得略胜一筹者，其工作较重，其风险较大。而且，设二人智力相等，则前者容易出大错。经验也不能证明：凡于社会最有益的投资政策，也便是于私人最有利的投资政策。要击破时间势力，要减少我们对于未来的无知，其所需智力多；要仅仅设法先发制人，其所需智力少。而且，人生有限，因此人性喜欢有速效，对于即刻致富之道最感兴趣，而于遥远未来能够得到的好处，普通人都要大打折扣。玩这种职业投资者所玩把戏，对于毫无赌博兴趣者，固然觉得厌腻，太紧张；但有此兴趣者则趋之若鹜。还有，设投资者而想要忽视短期间市场的波动，则为安全起见，必须有较雄厚的资力，而且不能用借来资金大规模投资——这又是一个理由，为什么如果二人智力相等、资力相等，从事消遣的戏者反可得较大报酬。最后，从事长期投资者固然最能促进社会利益，但设投资基金而由委员会、董事会或银行经管，则此种人最受批评。[①]因为他的行为，在一般人眼中，一定是怪僻，不守成规，过分胆大。假设他幸而成功，一般人更说他鲁莽胆大；假设他在短期间不幸而不成功（这是很可能的），则一般人不会对他有多少怜悯与同情。处世之道，宁可让令誉因遵守成规而失，不可让令誉因违反成规而得。

第五，到现在为止，我们心目中仍以投机者或投机性投资者的信任状态为主，我们好像暗中假定，只要他自己认为前途有利可图，他就可以依照市场利率无限制借款。事实上当然不然。因此我们必须顾及信任状态的另一面，即贷款机关对于借款者的信任心，即所谓信用状态（state of credit）。证券价格的崩溃，可以起因于投机信心的降低，也可以起因于信

① 在拙著《货币论》中（第2卷，第195页），我指出，设一公司股票的市价甚高，则该公司可以依有利条件，用增股方法募集资本，其效果与该公司低利借款同。同一件事实，我现在则说：设现有证券的市价高，此即表示该类资本的边际效率大，故其效果与利率的降低同，盖投资量乃定于资本的边际效率与利率的比较也。

用状态的逆转。有一于此，已足使证券价格崩溃，而对资本的边际效率发生非常不利影响；但要使证券价格回涨，却非两者都复原不可，盖信用的降低固足引起崩溃，但信用的提高却只是经济复苏的必要条件，而非充足条件。

Ⅵ

以上所论，经济学家都不应忽视，但应知其轻重缓急。假使我可以用“投机”（speculation）一词代表预测市场心理这种活动，用“企业”（enterprise）一词，代表预测资产在其整个寿命中的未来收益这种活动，则投机也未必常常支配企业。但投资市场的组织越进步，则投机支配企业的危险性越大。纽约为世界最大投资市场之一，在此市场上，投机（依照以上所下定义）势力非常庞大。但即使在理财领域以外，美国人也过分喜欢推测一般人对于一般人的看法，这个民族性弱点也表现于证券市场。据说美国人极少为所得而投资（目前许多英国人还是如此）；除非他希望以后会有资本增值，否则他不会十分愿意购买一投资。这就是说，当美国人购买一件投资品时，希望所寄，主要倒不在该投资的未来收益，而在该投资的市价（因循成规的市价）波动于他有利，换句话说，他就是以上所谓投机者。投机而仅为企业洪流中的一点小波，也许没有什么害处；但设企业而为投机漩涡中的水泡，情形就严重了。设一国的资本发展变成游戏赌博的副产品，这件事情也许不会做得好。如果认为华尔街的正当社会功用乃在于引导新投资进入最有利（以投资之未来收益为标准）的途径，则华尔街的成就不能算是自由放任式资本主义的辉煌胜利。这也不足为怪，因为——假使我的看法是对的——华尔街的最佳智力事实上也志不在此，而用在另一方面。

只要我们把投资市场组织得非常灵活，则这类趋势几乎是不可避免的。大家都同意，为公众利益着想，游戏赌博场所应当收费昂贵，不容易进去。恐怕证券交易所也应如此。伦敦证券交易所的罪恶所以较华尔街为少者，恐怕倒不是因为两国国民性的不同，而是因为前者对于一般英国人，比之华尔街对于一般美国人，取费非常高，不容易进去，要在伦敦证券交易所交易，须付介绍费、高额经纪费，又须向英国财政部纳转手税，税额甚重，凡此种种，皆足减少该交易所的流动性，所以有很大一部分华尔街上的交易，在伦敦证券交易所没有。[①]但在另一方面，伦敦证券交易所每两星期结账一次，则又增加该市场的流动性。在美国，要想不让投机掩盖企业，最切实的办法恐怕是由美国政府对一切交易征收高额转手税。

现代投资市场允称奇观。我有时简直想，假使把购买投资变成像结婚一样，除非有死亡或其他重大理由，否则是永久的，不可复分的，也许是补救当代种种罪恶的切实办法。因为这样一来，可以使得投资者把他的心思专门用在预测长期收益。然而再仔细一想，这个办法也有困难之处，因为投资市场固然有时阻挠新投资，但也常常便利新投资。假使每一个投资者都自以为他的投资有流动性（虽然对于投资者全体而论，这是不可能的），他便可以高枕无忧，愿意多冒些险。但设个人还有别种方法可以保存其储蓄，又设个人一经投资，便周转不灵，则也可以阻碍新投资。困难就在这里：只要个人可以用财富来贮钱（hoard money）或放款，则除非有投资市场可以把资产随时脱手变成现款，否则谁都不大肯购买真正资本资产；那些不自己经管资本资产者或对资本资产所知甚少者，尤其如此。

信任心的崩溃，对现代经济生活打击非常大，要医治此病，唯一的根本办法，只有让私人只有两条路可走：其一是把所得消费掉；其二是选择一件他认为前途最有希望，同时他又有能力购买的资本资产，向别人订货。当然有时他对于未来疑虑甚多，因之他觉得无所适从，只能多消费，少投资。即使这样，还比当他对于未来感觉疑虑时既不消费又不投资为好，因为后者对于经济生活会有重大的、累积的、非常糟糕的影响。

有人以为蓄钱对于社会不利，强调此说者，其心目中所持理由当然即如

①有若干类企业，不容易转手，或没有可以转让的证券与之相应。对于这类企业。以上所说当然不适用。然而这类企业的范围现在逐渐缩小，其在新投资总值中所占比例亦缩减甚速。

上述。不过他们忽视了一个可能性：即使贮钱数量不变或改变非常小，但不利现象还能发生。

Ⅶ

除了投机以外，还有其他不稳定因素起因于人性特征。人的积极行为有一大部分与其说是决定于冷静计算（不论是在道德方面、苦乐方面或经济方面），不如说是决定于一种油然自发的乐观情绪。假使做一件事情的后果须过许多日子之后方才明白，则要不要做这件事大概不是先把可得利益的多少乘以得此利益的或然性，求出一加权平均数，然后再决定。大多数决定做此事者，大概只是受一时血气的冲动——一种油然自发的驱策，想动不想静。不管企业发起缘起做得如何坦白诚恳，假使说企业的发起真是因为缘起上所举理由，则只是自欺欺人而已。企业的依赖精确较量未来利益的得失者，仅较南极探险的依赖精确较量未来利益的得失者，略胜一筹。故设血气衰退，油然自然的乐观情绪动摇，一切依据盘算行事，企业即将委靡而死——虽然畏惧损失与希图利润，两者同样缺乏合理基础。

一般而论，设企业之起，乃由于发起人对于未来存希望，则该企业对于社会全体有利。但设企业要靠私人主办，则必须在冷静盘算以外，再有血气来补充、来支持。有此血气，则虽依据以往经验，这番事业以后是要亏本的，但发起人把亏本一念束之高阁，恰如一个健康人把死亡一念束之高阁一样。

不幸的是：上述种种，不仅加深不景气的程度，而且使得经济繁荣与社会政治空气的关系太密切：要经济繁荣，必须社会政治空气与一般工商界相融洽。故若因为怕工党政府或怕实施新政（new deal）而使企业不景气，这倒未必起因于理智盘算，也未必起因于政治阴谋，而只是因为油然自发的乐观情绪，非常脆弱，容易破灭。故在估计未来投资的多少时，我们必须顾及：那些想从事投资者的神经是否健全，甚至他们的消化是否良好，对于气候的反应怎样，因为这种种都可影响一人的情绪，而投资又大部分决定于油然自发的情绪。

但是我们不应由此作结论，以为一切都受不讲理智的心理波浪所支配。相反，长期预期状态往往很稳定，当其不稳定时，有其他因素发挥其稳定作用。我们只是要提醒自己，设今日的决策可以影响未来，则此种决策（不论是个人的、政治的或经济的）不能完全依据严格的冷静盘算——事实上也没有方法作此种计算。社会之所以周运不息，就是因为我们有一种内在的驱策想动。理智则在各种可能性之中，尽力设法挑选，在可以计算之处，也计算一下；但在需要原动力之处，理智不能不依赖想象、情绪或机缘。

Ⅷ

我们对于未来虽然知道得很少，但是因为有其他因素倒也不太要紧，由于复利关系，又因资本设备常随时间的消逝而变成不合时宜，故有许多投资，若投资者在估计未来收益时，不顾及全部未来收益，而只注意最先几项，也未尝不合理。房产是极长期投资中最重要的一类，但房产投资者往往可以把风险转让给住户，或至少可以用长期契约方式，由投资者与住户共同分担；住户亦乐于如此，因为在住户心目中，分担风险以后，使用权便有了保障，不会随时中止。公用事业又是长期投资中很重要的一类，但投资于公用事业者，因为有独占特权，又可以在成本与收费之间保持一规定差额，故其未来收益已有实际保障。最后，还有一类日趋重要的投资，由政府从事，由政府负担风险。从事此类投资时，政府只想到对于未来社会的好处，至于商业上的利益怎样则在所不计；政府也不必要求此种投资的预期收益率（依精密估计），至少须等于现行利率——但政府须出多少利率才能借得款项，对于政府投资活动的多少不免仍有决定性影响。

由此，长期预期状态在短期以内的改变（以别于利率的改变）固然不能不充分顾及，但在顾及此种改变以后，我们还可以说，利率的改变（对于投资量至少在经常情形下仍有极大影响——虽然不是决定性影响）至于在何种程度以内，操纵利率可以继续鼓励适量投资，则有待以后事实证明。

就我自己而论，我现在有点怀疑，仅仅用货币政策操纵利率到底会有多大成就。国家可以向远处看，从社会福利着眼，计算资本品的边际效率，因此我希望国家多负起直接投资之责。理由是：各种资本品的边际效率，在市场估计办法之下（办法已如上述）可以变动非常大，而利率的可能变动范围太狭，恐怕不能完全抵消前者的变动。

第十三章　利率通论

I

上面第十一章中曾经指出：虽然有种种力量使得投资量涨落，以保持资本的边际效率与利率的均等，但资本的边际效率本身却并不就是通行利率。我们可以这么说：如果用借来款项从事新投资，则资本的边际效率表乃表示借款者愿付的代价，而利率则表示贷款者所要求的代价。要使我们的理论完整，我们必须知道，什么决定利率？

在第十四章及其附录中，我们将检讨历来对此问题的答案。一般说来，他们以为利率乃资本的边际效率表与心理上的储蓄倾向两者交互影响的结果。他们认为，所谓储蓄的需求，乃一特定利率下所有的新投资，而在该利率下储蓄的供给，则决定于社会的储蓄倾向；所谓通行利率，乃决定于储蓄供需相等之点。但只要我们一发觉仅仅由储蓄的供需不能得出利率，则该学说即告崩溃。

然则我们自己的答案又如何？

II

个人心理上的时间优先观（time preference）如果要全部完成，必须要有两组不同的决定：第一组决定就是我以上所谓消费倾向。决定消费倾向的种种动机，已列举于第三编。在此种种动机的影响之下，消费倾向所决定者，乃个人将以其所得的几分之几作消费之用，几分之几以某种方式保留为对于未来消费的支配权（command）。

下了这个决定以后，还须下另一个决定。他到底以何种方式，持有他从当前所得或过去储蓄中保留下来的对于未来消费的支配权。用即期的（immediate）、流动的方式（例如货币或其相等品）呢？还是愿意把这即期支配权放弃一些时候（定期或不定期），听任未来市场情况决定：他可以依何种条件，把对于一类特定物品的延期支配权（deferred command）变做对一般物品的即期支配权呢？换句话说，他的灵活偏好（liquidity preference）的程度如何？一人的灵活偏好可以用表格表示，表中列出：在各种不同环境下，有多少资源（用货币或工资单位计算）该人愿意用货币形式来保持。

我们将发现，以往许多利率学说的错误，乃在彼等想从心理上时间优先观的第一种构成分子得出利率，而忽视了第二种。现在我们必须补救这个缺陷。

很明显，利率不能是对于储蓄本身或等待本身（waiting as such）的报酬；盖设一人以其储蓄贮钱，则虽彼照常储蓄，但赚不到利息。反之，就字面讲，“利率”一词就直截了当告诉我们：所谓利息，乃是在一特定时期以内，放弃周转灵活性的报酬。盖利率只是一个比例，其分母为一特定量货币，其分子乃在一特定时期中放弃对此货币的控制权，换取债票（debt），能够得到的报酬。

在任何时间，利息既为放弃周转灵活性的报酬，故利率所衡量者，乃

---

① 至于“货币”与“债票”的界限如何，可就处理一特定问题的方便随意划定，而于以上所下定义无妨。例如，我们可以把货币作为对一般购买力的支配权，且此购买力的所有主，并未放弃其支配权至3月以上者。凡对一般购买力的支配权，不能在3月以内收回者，则为债票。我们亦可用1月、3天、3小时或任何一段时期来替代3个月；我们也可以把凡非即期法偿币都不算做货币。但为事实上方便起见，我们常常把银行定期存款包括在货币以内；偶尔甚至把短期库券（treasury bills）等票据也包括在内。在原则上，我还是用我《货币论》中办法：所谓货币就是银行存款。

持有货币者的不愿意程度——不愿意放弃对此货币的灵活控制权。利率并不是使投资资源的需求量与目前消费的自愿节约量趋于均衡的“价格”。利率乃是一种“价格”，使得公众愿意用现金形式来持有的财富，正好等于现有现金量。这就蕴含：设利率低于此均衡水准（设把现金脱手所可得的报酬减少），则公众愿意持有的现金量将超过现有供给量；设利率高于此水准，则有一部分现金会变成多余，没有人愿意持有。假使这种解释是对的，则货币数量与灵活偏好两者，乃是在特定情况下决定实际利率的两大因素。所谓灵活偏好者，乃一种潜势或一种函数关系，设利率已定，则此种潜势或函数关系决定公众愿意持有的货币量。令r代表利率，M代表货币量，L代表灵活偏好函数，则有M＝L（r）。此即货币数量与经济机构发生关系之处，亦即发生关系的理由。

在这里，我们要回头想一想，为什么会有灵活偏好这种东西存在。货币可以作为现在交易之用，也可以作为贮藏财富之用，这种区别，古已有之。就第一种用处而论，则在某种限度以内，值得为周转灵活起见，牺牲若干利息。但设利率永不能是负数，为什么会有人愿意用不产生利息（或产生利息甚少）的方式而不用可以产生利息的方式来持有财富呢（此处暂时假定，银行倒账与债票倒账之风险相同）？要详细解释，非常复杂，须留待第十五章。但有一必要条件，没有它，人们便不会因为爱好周转灵活而用货币持有财富。

这个必要条件，就是人们对于利率的前途觉得不确定。换句话说，人们不能确知未来各种利率——利率因放款期限的长短而不同——将如何。设人们对于未来各种利率可以预知，而且毫无错误，则现在各种利率即与未来各种利率相调整，而未来利率即可从现在利率中推知。例如，设$1d_r$为r年以后的1英镑在今年之值，又设知在n年时，从n年算起r年以后的1英镑之值为nd_r，则：

$$nd_r=1d_{n+r}/1d_n$$

故自今n年以后，届时债票变成现金的折现率可以从今日利率体系中的两种利率推得之。设今日的利率，不论债票的期限如何，皆为正数，则用购债方式贮藏财富总比用持有现金方式贮藏财富来得有利。

反之，设未来利率不确定，则我们不能断言，届时nd_r必等于$1d_{n+r}/1d_n$。设在n个年头还没有终了时，需用现款，则必须把以前所购长期债票出售，变成现金，一买一卖之间，可以蒙受损失，而持有现金则免。故依据现有或然率精确计算出来的预期利润必须足以抵补此种可能发生的损失（不过此种计算是否可能还成疑问）。

设有市场的组织可以买卖债票，则因未来利率不定，灵活偏好又多添一个理由。各人对未来的看法不同，而市场价格所表示者乃现在最得势的意见，故设有人与此意见不同，则彼也许愿意持有现金：因为假使他自己的意见是对的，则现在各$1d_r$间的关系必与将来事实不符，彼即可以从中取利。[①]

这和我们在讨论资本的边际效率时，注意到的一种现象非常类似。我们知道，资本的边际效率并不决定于真正专家意见，而决定于市场上群众心理；同样，对于利率前途的预测，也决定于群众心理，既经决定以后，又复影响灵活偏好——不过再加上一点，凡相信未来利率将高于现在市场利率者，愿意保持现金；[②]凡相信未来利率将低于现在市场利率者，愿意用短期借款来购买较长期债票。市场价格则定于空头（bears）抛出与多头（bulls）吸进两者相等之点。

以上所说三种灵活偏好的理由，可以说是起因于（1）交易动机，即需

---

①这也是我在《货币论》中所讨论的两种看法和“多头-空头”的处境。

②也许有人以为：根据同样理由，设有人相信投资的未来收益较市场所预期者为低，则彼亦有充分理由愿意持有现款。但实则不然。他固然有充分理由愿意持有现金或债票，而不愿持有股票，但除非他相信未来利率会比现在市场所想象者为高，否则持有债票又比持有现金为有利。

要现金，以备个人或业务上作当前交易之用；（2）谨慎动机，即想保障一部分资源在未来的现金价值；以及（3）投机动机，即相信自己对未来的看法，较市场上一般人高明，想由此从中取利。在这里，又像在讨论资本的边际效率时一样，要不要有一个非常有组织的市场来买卖债票——这个问题，使我们觉得两难。如果没有有组织的市场，则由谨慎动机所起的灵活偏好将大为增加。但设有此市场，则由投机动机所起的灵活偏好又可变动非常大。

这可以说明如下：设灵活偏好的起于交易动机与谨慎动机者，其所吸收的现金数量，对利率改变本身（即不计利率改变对于所得水准的影响）的反应不太灵敏，则由总货币数量减去此数所剩余者，可以用来满足起于投机动机的灵活偏好；利率与债票价格也必定定在一个水准，使得有人愿意持有的货币量正好等于可供投机动机用的现金量。有人之所以愿意持有货币者，因为在该利率与债票价格之下，他们对债票前途看跌（bearish，即空头）。故货币数量每增加一次，则债票价格必须提高，使得债票价格超过若干“多头”的预期，而令“多头”出售债票，换取现金，变成“空头”。设除短暂过渡时期以外，现金需求之起于投机动机者，为数甚微，则当货币数量增加时，利率几将立即降低，其降低的程度乃使该货币增量，因就业量的增大与工资单位的提高，为交易动机与谨慎动机吸收而去。

一般而论，灵活偏好表——即货币数量与利率的函数关系——可以用滑顺曲线（smooth curve）表示之：利率下降时，货币的需求量增大。其所以如此者，有以下数因：

第一，若利率降低，其他情形不变，则灵活偏好的起于交易动机者，将随利率的下降而吸纳较多货币。盖利率下降可使国民所得增加，若国民所得增加，则为交易方便起见，交易动机所需的货币量总得随所得的增加而增加——虽然增加比例不一定相同；同时，保持充分现款以取得此种方便的代价（即利息的损失），也因利率的降低而减少。除非我们用工资单位而不用货币来衡量灵活偏好，否则当利率降低，就业量增大，以致工资率——即工资单位的货币价值——上涨时，交易动机所需的货币也增加。第二，利率每降低一次，可以使得有些人对利率前途的看法与市场一般看法不同，因此这种人愿意增加其货币持有量。

虽然如此，在某种环境之下，即使货币数量大量增加，但利率所受的影响非常小。盖货币数量大量增加的后果，（1）也许使得未来变成非常不定，故灵活偏好之起于安全动机者因之加强；（2）对于利率前途的看法，也许变得非常一致，因此目前利率只要稍微更动一点，即有大批人愿意持有现金。这是一件饶有趣味的事情：经济体系的稳定性，经济体系对于货币数量变动的灵敏性，乃靠同时有许多不同意见的存在。最好能预知未来。假使不能，而我们还想靠货币数量的变动来控制经济体系，则对于未来的看法，意见必须不同。故此种控制法，用在美国不若用在英国有效，因为美国人喜欢在同一时间持同一意见，而在英国，则意见不同较为常事。

III

我们现在已经把货币这个东西引入因果关系中（causalnexus），这还是创举。货币数量的变动如何影响经济体系，现在我们也已得一瞥。不过，如果我们由此推论，认为货币是一种饮料，可以刺激经济体系，促其活动，则我们必须记得，在此饮料发生作用之前，还有几重难关。设其他情形不变，则增加货币数量固可降低利率，但设公众的灵活偏好比货币数量增加得更快，则利率不会降低。设其他情形不变，则降低利率固可增加投资量，但设资本的边际效率表比利率下降得更快，则投资量不会增加。设其他情形不变，则增加投资量固可增加就业量，但设消费倾向也下降，则就业量未必增加。最后，若就业量增加，则物价将上涨；上涨程度，一部分定于生产函数的形状，一部分须看工资单位（以货币计算）是否上涨，产量既增，物价既涨，则又转而影响灵活偏好，故如欲维持一特定利率，则必须再增加货币。

Ⅳ

灵活偏好的起于投机动机者，因此相当于我《货币论》中所谓“空头状态”（state of bearishness），但两者并非一物。盖彼处所谓“空头状态”，并非利率（或债票价格）与货币数量之间的函数关系，乃是资产及债票两者的价格与货币数量之间的函数关系。然而那种办法，乃是把两种结果混为一谈：其一是利率变动所产生的后果；其二是资本的边际效率表变动所产生的后果。我希望这里避免了这种毛病。

Ⅴ

贮钱（hoarding）这个概念，可以看做是灵活偏好这个概念的第一接近值。假使我们用“贮钱倾向”（proponsity to hoard）替代“贮钱”，则两者几乎是一物。不过，假使我们所谓“贮钱”乃指增加现款持有额，则贮钱是一个不完全的观念；假使我们因此以为“贮钱”与“不贮钱”是两种简单选择，则更容易引起误解。盖在决定贮钱与否时，不能不权衡放弃周转灵活性能够得到的好处，故贮钱与否，乃是把各种好处权衡轻重以后的结果，因此我们必须得知道另一面有什么好处。又设所谓“贮钱”，乃指实际持有现款，则贮钱的实际数量，并不因公众的决定而有改变。盖贮钱量一定等于货币量，或——须看定义如何——等于货币总量，减去为满足交易动机所需的货币量，而货币数量并不由公众决定。公众的贮钱倾向所能为力者，只是决定一个利率，使得公众愿贮的数正好等于现有现款。利率与贮钱的关系历来向被忽视，这也许是部分解释为什么利息常被看做是不消费的报酬，而事实上利息却是不贮钱的报酬。

第十四章　经典学派之利率论

什么是经典学派的利率论？我们都是在此中熏陶出来的，而且一直到最近，我们都没有多大保留地接受这个学说。然而我觉得很难把它说得很精确；在目前经典学派的重要著作中，也很难找出对此学说的明白说明。

有一点可以说是很清楚：经典学派向来把利率看做是使投资需求与储蓄意愿二者趋于均衡的因素。所谓投资即对可投资资源（investible resources）的需求，储蓄即此种资源的供给，利率乃使此种资源的供需趋于相等的价格。商品的价格必定定在一点，使得该商品的供需相等；同样，市场势力也一定使利率定在一点，使得在该利率下的投资量正好等于在该利率下的储蓄量。

在马歇尔《原理》中找不出以上那样直截了当的说法。然而他的学说好像就是这样；人家如此教我，我也如此教人教了好几年。例如《原理》中有以下一段："利息既为市场上使用资本所付的代价，故利息常趋于一均衡点，使得该市场在该利率下对资本的总需求量，正好等于在该利率下资本的总供给量。"又如卡赛尔（Cassel）教授在所著《利息之性质与必然性》一书中说，投资构成"等待的需求"，储蓄构成"等待的供给"。言外之意，利息乃是使此两者趋于相等的"价格"；然而这里我也找不出原文来引证。卡佛（Carver）教授于所著《财富之分配》第六章，却清清楚楚把利息看做是使等待的边际负效用与资本的边际生产力两者趋于相等的因素。夫禄克斯（Sir Alfred Flux）（《经济原理》）说“……储蓄与利用资本的机会，必会自动调整……只要净利率大于零……储蓄不会没有用处”。陶希格（Taussig）教授（《原理》，第二卷）先说：“利率会定于一点，使得资本的边际生产力适足引起储蓄的边际增量”[①]；然后画一条储蓄的供给曲线，又画一条需求曲线，后者表示，当资本的数量增加时，资本的边际生产力渐减。华尔拉斯（Walras）在彼《纯经济学》附录I.（III）中，讨论“储蓄与新资本的交换”时，明白表示：在每一个可能利率之下，把各人愿意储蓄的数加在一起，得一总数，又把各人愿意投资——投资于新资本资产——的数加在一起，得一总数，两者趋于相等；利率者，即使此两者恰恰相等的变数也。故均衡利率必然定于一点，使得储蓄量——即新资本的供给——等于储蓄的需求量。华尔拉斯氏之说，完全未出经典学派传统。

的确，普通人——银行家、公务员或政治家——之受过经典学派理论的熏染者，以及训练有素的经济学家，都有一种观念，认为每当个人有一储蓄行为时，利率自会下降；利率既降，自会刺激资本的生产。利率所需下降的程度，乃在使资本的增产量适等于储蓄的增加量。而且，这种调整过程是自动的，不必由金融机关来干涉或当心。同样，时至今日，仍有一个更普遍的信念：即投资每增加一次，则除非储蓄意愿起了变化，与之抵消，否则利率一定会提高。

由以上数章分析，我们已经明白，这种说法是错的。现在我们要追本溯源，探究何以意见不同，但先让我们说明共同之点。

新经典学派虽然相信，储蓄与投资可以实际不相等，但经典学派本身则相信两者是相等的。例如马歇尔就相信（虽然他没有明白说出），总储蓄与

---

①最近奈特（F.H.Knight）教授曾讨论此等问题（《资本、时间和利率》，载《经济》，1934年8月号），对于资本的性质曾有许多饶有兴味的、深刻的观察。彼证实马歇尔传统的健全，以及庞巴维克（Bohm-Bawerk）分析的无用，但彼之利息论，却完全是传统式的，经典学派式的。依照奈特教授，则所谓资本生产的均衡状态，乃是“一种利率，使得储蓄流入市场之时间速率，恰等于储蓄流入投资之途的时间速率，而投资所产生的净收益率，则又等于为使用其储蓄而付与储蓄人的代价。”

总投资一定相等。事实上，大部分经典学派学者把这个信念推得太远了：他们认为每当个人增加其储蓄量时，投资量即同时作同量增加；而且在目前场合，以上所引若干经典学派学者所谓资本的需求曲线，与我所谓资本的边际效率表或投资需求表并没有多大差别。当我们进而讨论消费倾向及储蓄倾向时，意见逐渐不同，因为他们着重利率对于储蓄倾向的影响。不过我想他们也不会否认，所得水准对于储蓄量也有重要影响；而我也不否认，设所得不变，则该所得量之作为储蓄之用者也许受利率的影响——虽然影响之道容与他们想象者不同。

所有这些共同点，可以总结成一个命题，经典学派与我都能接受，即：设所得不变，则储蓄量与资本需求量二者皆随利率的改变而改变，当前利率所定之点，必为资本的需求曲线与储蓄曲线相交之点。

从这点以后，经典学派就犯了错误。假使经典学派仅仅由以上命题推论：设资本的需求曲线不变，又设人民从定量所得中愿意储蓄之量确受利率改变的影响，但影响的方式（即储蓄与利率在某定量所得下的函数关系）不变，则所得水准与利率之间必有一个唯一的关系存在；假使经典学派仅仅这么说，则没有什么可争执的。而且由此命题，还可得另一命题，也含有重要真理，即设利率不变，资本的需求曲线不变，又设人民从定量所得中愿意储蓄之数所受利率的影响也不变，则所得水准必定是使得储蓄量与投资量两者相等的因素。不过事实上，经典学派不仅忽略了所得水准变动的影响，而且还犯了分析错误。经典学派假定储蓄量虽然改变，但储蓄所由来的所得则不变。由以上所引观之，经典学派认为可以不必修改以上假定，即可进而讨论：当资本的需求曲线更改时，利率受到什么影响。经典学派利率论的自变数，只有两个：（1）资本的需求曲线，（2）在定量所得之下，利率对于储蓄量的影响。所以依照这种说法，当资本的需求曲线整个移动时，相当于该定量所得的储蓄曲线可以不变，新利率乃定于新资本需求曲线与旧储蓄曲线相交之点。经典学派利息论好像设想：设资本的需求曲线移动，或相当于一定量所得的储蓄曲线移动，或两条曲线都移动，则新利率定于两新曲线的交点。不过这个学说是不通的。因为既假定所得不变，又假定两曲线之一可以自己移动而不影响其他一曲线，这两个假定是冲突的。设二曲线之一移动，则在通常情形之下，所得将改变，因此根据所得不变这个假定建筑起来的整个结构即告崩溃。要自圆其说，只能用一个很复杂的假定：即假定每当二曲线或二曲线之一移动时，工资单位会自动改变，改变的程度乃使此种改变对于灵活偏好的影响适足以建立一新利率，抵消曲线移动的影响，而维持产量于不变。但在上引各家中我们找不出影子，他们曾经感觉到此种假定的必要。而且，这种假定至多只能适用于长期均衡，而不能用来作为短期理论的基础；即使在长时期中，这种假定也未必适用。事实上，经典学派没有意识到，所得水准的改变是一个有关因素（relevant factor），更没有想到，所得水准事实上可能是投资量的函数。

故经典学派所用二函数，即投资对于利率的反应，以及在定量所得下储蓄对于利率的反应，不足以构成一利率论。此二函数所能指示者，只是：设从其他方面知道利率的高低，则所得将定在什么水准；或设所得维持于某水准（例如充分就业下的所得水准），则利率将定在什么水准。

错误之处，乃由于把利息看做是等待本身的报酬，而不看做是不贮钱的报酬。其实各种贷款各种投资都有风险，只是程度不同。故由贷款或投资得到的好处很可以看做甘冒风险的报酬，而不是等待本身的报酬。说老实话，由贷款或投资得到的报酬与所谓“纯”利率之间并没有清楚界线，这些都是甘冒一种或他种风险的报酬。只有当货币仅做交易之用，不作贮藏价值之用时，别种学说才会合适。

然而有很熟悉的两点应当可以给经典学派一个警告，告诉他们有地方错了。第一，至少从卡赛尔教授的《利息之性质与必然性》出版以后，大家都同意，某定量所得中的储蓄量不一定随利率的增加而增加；同时也没有人否认，在投资需求表上，投资随利率的增加而减少。但设X曲线组及Y曲线组都是下降的，则一特定Y曲线与一特定X曲线不一定有交点。这就暗示：决定利率者，不能只是Y曲线以及X曲线。

第二，经典学派时常设想，当货币数量增加时，至少在开头以及短时间内，利率有降低的趋势。但是他们没有说出理由，为什么货币数量的改变会影响投资需求表，或影响某定量所得中的储蓄量。故经典学派有两套利率论，在第一卷价值论中是一套，在第二卷货币论中又是一套。两套非常不相同，他们好像并不因为两者有冲突而感觉不安。据我所知，他们亦没有设法想调和此两者。以上是说经典学派本身。新经典学派想调和此两者，于是更弄得糟不可言。新经典学派推论：一定有两个供给来源，来满足投资需求：（1）正常储蓄（savings proper），亦即经典学派所谓储蓄，以及（2）由于增加货币数量所产生之储蓄；后者乃是对公众之一种征课（levy），可称之为“强迫储蓄”或类似名称。于是乃产生“自然”（natural）利率，或“中立”（neutral）利率，或“均衡”利率这类概念，

所谓“自然”或“中立”或“均衡”利率者，乃是使得投资与经典学派的正常储蓄相等之利率，而“强迫储蓄”不与焉。最后，根据以上所述，新经典学派更得一最浅显的解决方案：只要在所有情况之下能维持货币数量于不变，则所有复杂情形都无从产生，盖设货币数量不变，则由投资超过正常储蓄所产生的各种恶果即不复可能也。到了这里，我们已不能自拔。“野鸭已经潜到水底，深至无可再深，而且死命咬紧水底下的野草、蔓茎、垃圾；现在要有一只非常聪明的狗跳下去，方才能够再把鸭子捞上来。”

传统分析法之所以错误，乃在其未能正确认明何者为经济体系的自变数。储蓄与投资都是经济体系的被决定因素，而不是决定因素。经济体系的决定因素是消费倾向、资本的边际效率表以及利率；储蓄与投资只是此决定因素之双胎儿。当然，这三个决定因素本身也极为复杂，而且可以互相影响。但三者仍不失为自变数，意思是说，三者中任何一变数之值不能从其余二变数之值推得。传统分析法知道储蓄定于所得，但忽视一点：即所得定于投资，故当投资改变时，所得必定改变，所得改变的程度，乃使储蓄的改变正好等于投资的改变。

还有一批理论，想从资本的边际效率求出利率，亦未见成功。在均衡状态，利率固然等于资本的边际效率，盖若两者不等，则增加（或减少）当前投资量，使两者相等，必有利可图。但设以此作为利率理论，或由此推得利率，则犯循环推理之病；马歇尔想遵循这条路线解释利率，中途即发现此病。[①]盖资本的边际效率，一部分乃定于当前投资的多寡，而欲计算当前投资量，则必先知利率也。所得可而言者，只是：新投资的产量必须达到一点，使得资本的边际效率等于利率；资本的边际效率表能够告诉我们的，不是利率将定于何点，而是设利率为已知，则新投资的产量将扩充至何点。

我想读者非常容易了解此时我们所讨论的问题，无论从理论看或从实际看，皆异常重要。历来经济学家对实际问题有所主张时，其根据的经济学原理都假定着：设其他情况不变，则减少消费可以降低利率，增加投资就可提高利率。设储蓄意愿与投资两者所决定者并不是利率，而是总就业量，则我们对于经济体系的运用机构会彻底改变看法。设在其他情况不变这个条件之下，消费意愿降低之结果，不是增加投资，而是减少就业，则我们对此因素的态度将大为不同。

---

① 参阅本章附录。

附录：

马歇尔《经济学原理》、李嘉图《政治经济学及赋税原理》以及其他书中之利率论

I

在马歇尔、艾其伟斯或皮古教授之著作中，对于利率皆没有连篇紧凑的讨论，只不过是随意提及而已。除了以上所引一段以外（见上第十一章第二节），马歇尔对于利率问题的态度，只能由其《原理》（第6版）第六编中臆测之。以下所引，乃此二页之要旨：

“利息既为市场上使用资本之代价，故利息常趋于一均衡点，使得该市场在该利率下对资本之总需求量，正好等于在该利率下资本之总供给量。设我们所讨论之市场为一小市场，例如一城或一业，则当该市场对资本之需求增加时，可从邻区或他业抽调资本，增加资本的供给，而很快满足之。但设以全世界或一大国为资本市场，则资本之总供给量，不能因利率变化，而有很快与大量的增加。盖资本之来源乃劳力与等待，利率提高，固足引人作额外劳作①以及额外等待，但在短时间内，此种额外劳作以及额外等待，较之现有资本品内所包含之劳力与等待，不会太多。故在短时间内，设对资本之需求大量增加，则满足此需求之增加者，出诸供给之增加者少，出诸利率之上涨者多。利率既涨，故有一部分资本将自其边际效率最低之使用处逐渐退

①这就假定所得不是不变。然而我们不清楚，为什么提高利率会引起“额外劳作”。难道是说，提高利率。因为可以增加为储蓄而工作之吸引力，故可看做是一种真实工资之增加，故可使生产元素愿意接受较低（货币）工资而工作吗？我想这是罗伯森先生在类似场合心目中所有的意思。当然，这种额外劳作”在短时间内不会太多”；想用这个因素。来解释实际上投资量之变动，可谓最不近情理，而且荒谬。我主张把这下半句重写如下：“设资本之边际效率表增加，故对一服资乍之需求人量增加，且此种增加，未为利率之上涨所抵消，则资本品之生产增加：因资本品之生产增加，故就业量增加，所得水准提高：因所得水准提高，故有额外等待；且此额外等待之货币值，恰等于当前资个品之增产量之值，故前者适足提供（providefor）后者。”

出。故提高利率，只能慢慢地、逐渐地增加资本之总供给量”。

“我们必须反复申述，‘利率’一词，用在旧有资本投资品上，意义非常受限制。例如，我们也许说：本国各种工商业所投资本，约为7亿英镑，年得净利3厘。不过此种说法虽然方便，在很多场合也可以这么说，但并不正确。我们应当说：设在各该工商业中，投资于新资本（即在边际投资上）所可得之净利率约为年利3厘，则各该工商业旧有投资之所得，若以33倍乘之（即用3厘利率），以所得还原为资本，则约为7亿英镑。盖资本一经投资于改良土地，或兴建房屋、铁路及机器，则该资本之价值，乃其预期的未来净所得（或准地租）折成现值之和。设该资本在未来产生所得之能力降低，则其价值亦即降低；其新值可由较小所得中减去折旧，再加以资本还原化得之”。

在《福利经济学》第3版，皮古教授说：“‘等待’这一种劳役之性质，一向十分受人误解。有时说，等待即是提供货币；有时说，等待即是提供时间；根据这两种说法，于是有人说，等待对于国民所得毫无贡献。这两种说法都是不对的。所谓‘等待’，只是把现在可以立刻消费的东西暂时延期不消费，于是使本来即将毁灭之资源变为生产工具①。故‘等待’之单位，乃一特定量资源——例如劳力或机器——使用一特定时间更广泛点说，②等待之单位乃一年值单位（year-value-unit），或用卡赛尔氏说法（比较简单，但亦比较不正确），等待之单位乃一个年镑（year-pound）通俗看法，以为在任何一年中所积聚之资本，一定等于该年之‘储蓄’量，对于此种看法，我们要审慎。即使把储蓄解释为净储蓄（即不计借给他人，以增加他人消费的这种储蓄），又把暂时存入银行，未曾动用之劳役支配权也不计在

---

① 此处行文含糊，到底是说，延迟消费一定会产生这种效果呢？还是说，延迟消费只腾出若干资源，至于这些资滤或失业或作投资之用，须视环境而定呢？

② 注意，并不是所得持有人可以但并未作消费之用的钱；故等待之报酬，乃准地租而非利息。这句话言外之意似乎是说，如此腾出的资源必作投资之用。盖设腾出的资源而失业，则等待还会有什么报酬？

内，即使如此，这个看法还是不对，因为有许多储蓄，原本是要拿来变成资本的，但因纳入浪费之途，故实际上并未变成资本。”

皮古教授唯一论及何者决定利率之处，乃在彼所著《工业变动》（第1版）。在该处，他不同意下列一说：利率既定于真实资本之供需，故不在中央银行或其他银行的控制之下。他提出反对意见，说：“当银行家为工商界创造更多信用时，实在是为工商界向公众强迫征课实物，扩大真实资本之供给源流。故银行多创信用，有使一切真实利率下降之作用。此处应加说明之点，则已见前第一编第十三章。[①]总之，银行放款利率，固然机械地追随长期真实利率，但这并不就是说，决定真实利率之条件，全不在银行家控制之下。”

我对于以上各家所下随手批评，都已放在脚注中。我对于马歇尔之说所以大惑不解，其基本原因乃是因为“利息”这个概念属于货币经济范围，故不应闯入不讨论货币的著作中。“利息”实在不应当在马歇尔《原理》中出现，利息乃属于经济学的另一部门。皮古教授在《福利经济学》中差不多从未提及利息，他让我们觉得：等待的单位，就是当前投资的单位；等待的报酬，就是准地租。

这倒和他的暗中假定是相一致的。然而这些学者并不是讨论一个非货币经济——假使有这种东西的话。他们明明设想有货币的使用，还有银行制度的存在。皮古教授的《工业变动》一书主要是研究资本的边际效率的变动，《失业论》书主要是研究：如果没有不自愿的失业，则何者决定就业量。然而在该两书中，利率所占据的地位竟不比在“福利经济学”中所占据的地位更重要。

II

以下引文录自李嘉图《原理》，乃其利率论的要旨：“规定利率者，不是英格兰银行之放款利息，不论是5厘、3厘或2厘，而是使用资本能得到的利润率；后者与货币之数量或货币之价值没有一点关系。不论英格兰银行放款100万、1000万或1亿，该银行不能永久改变市场利率，只能改变发行额及币值。为完成同样业务，在一种情况下所需之货币，将为他种情况下之10倍或20倍。故向英格兰银行要求贷款之多寡，必须视该银行愿意贷款之利率，与使用此款能够得到的利润率，两者相比较而定，设该银行所要求者低于市场利率，则无论多少钱都放得出去；设该银行所要求者高于市场利率，则只有浪子败子才借款。”

李嘉图说得如此刻划分明，故较之以后学者之说法更容易讨论。后之学者，实在没有脱离李嘉图学说的要旨，但觉得此说有些欠妥，只能含糊其辞以求掩饰。以上引文，当然应当解释为一种长期学说，着重点放在文中“永久”二字，李嘉图时常只讨论长期情况。这种学说需要何种假定才能成立呢？

所需假定是经典学派常用假定：充分就业常能维持。设充分就业常能维持，又设劳力的供给曲线——真实工资与劳力供给之关系——不变，则在长期均衡中，只有一个就业量是可能的，根据这个假定，再加上各个心理倾向不变，预期不变（由货币数量所改变所引起者除外）这两个假定，则李嘉图学说可以成立；意思是说，在这很多假定之下，只有一个利率，与长期充分就业不冲突。但李嘉图及其继承人忽略了一点：即使在长时间中，就业量也不一定充分，也可改变；有一个银行政策，就有一个不同的长期就业水准与之相应；故长期均衡之位置，亦随金融当局之利息政策而改变。

设当局的金融政策，乃在维持一特定货币数量于不变，则在这种情形之下，只要假定货币工资有很大伸缩性，李嘉图学说仍然能成立。换种说法，假如李嘉图说，不论金融当局所决定的货币数量为1000万或1亿，利率不会因之而有永久改变，这种说法还是对的。但设所谓金融政策，是指金融当局增减货币数量的条件；换个说法，指金融当局用贴现或公开市场交易等方法增减其资产时所要求之利率（李嘉图在上引文中明白说明，这就是他所谓金融政策），则当局的金融政策，既非毫无影响，又不是只有一个政策与长期均衡相协调。但当设有不自愿失业存在时，失业工人即作无谓的剧烈竞争，无限制削减工资，以争取就业机会，则在这种极端情形下，只有两个长期均衡位置：充分就业，或利率低至不能再低时的就业量（假设此就业量小于充分就业量）。所谓利率低至不能再低者，即若利率达到该水准，则灵活偏好可以无限制吸纳货币；再换言之，利率达到该水准时，灵活偏好便变成绝对的。假定货币工资有很大伸缩性，则货币数量本身固然不发生作用，但金融当局愿意增减货币数量的条件，确是经济体系的一个决定因素。

有一点值得注意，从以上引文中最后几句看来，李嘉图似乎忽略了：资本之边际效率，可以随投资量之改变而改变。但这一点刚好是一个例子，说明李嘉图之学说体系要比其后继者来得严谨，前后一致。盖设社会之就业量不变，又设社会之心理倾向不变，则只有一个可能的资本积聚率，因之资本之边际效率之值，亦只有一个。李嘉图在智力上之成就甚高，远非其他小角色所可及。他可以把一个离开现实很远的世界作为现实世界，然后一直生活其中。而大部分李嘉图之后继者，则必须兼顾常识，于是其学说在逻辑上的前后一致性遂受到损害。

III

密赛斯（Von Mises）教授有一个奇特的利率论，为哈耶克教授以及（我想）罗宾斯教授所采用。其说是：所谓利率改变，实即消费品物价水准与资本品物价水准的相对的改变。我们不清楚这个结论是如何得来的。但其论证好像如下：

先用一套假定，使得情况非常简单化；根据这套假定，然后用新消费品的供给价格与新资本品之供给价格之比，来衡量资本之边际效率。于是说这个比例就是利率。因为利率降低利于投资，故当上述比例降低时，亦利于投资。

用此种方法，于是个人储蓄之增加与社会总投资之增加有了联系。盖一般人以为，若个人储蓄增加，则消费品的价格下降，且其下降的程度，很可能大于资本品价格的下降程度。依以上推理，此则表示利率降低，故刺激投资。但设某数种资本资产之边际效率降低，以致一般资本之边际效率降低，则其效果适与以上论证所假想者相反；盖刺激投资者，可以是资本之边际效率表之提高，也可以是利率之降低。因为把资本之边际效率与利率混淆不清，故密赛斯教授及其信徒所得结论正好与事实相反。遵循此种思路所引起的混淆，可用汉逊（Alvin Hansen）教授一段文章，作为好例："有一些经济学者说，减少消费之净结果，将使消费品之价格较之消费未减少时为低，故投资于固定资本之动机，因之受削弱。但是这种看法是很不对的，因为这种看法是把（1）消费品价格之高低对于资本形成之影响，以及（2）利率之改变对于资本形成之影响，两者混淆起来了。减少消费及增加储蓄，固可使消费品之价格较之资本品之价格相对地降低；然而此即表示利率降低，利率降低可刺激投资，故在以前利率下无利可图之投资，今则亦可以从事矣。"

第十五章　灵活偏好之动机

I

在前第十三章中，我们对于灵活偏好的动机已约略提起，现再作较详细分析。此处所讨论者，约略等于他人所谓货币之需求；又与货币之所得流通速度（income－velocity of money）关系十分密切。盖货币之所得流通速度，乃衡量公众愿意以其所得之几分之几用现金来保持；故货币之所得流通速度增加，可能是灵活偏好降低的一种征兆，然而两者究非一物，盖个人可以选择周转灵活与否者，只限于其所积聚的储蓄，而非其全部所得。且“货币的所得流通速度”这一个名词可引起一种错误联想，以为全部货币需求都与所得成比例，或与所得有一定关系，而事实上（理由见后）只有一部分货币的需求才与所得成比例，或与所得有一定关系。故此名词忽视利率所占的地位。

在拙著《货币论》中，我用所得存款（income－deposits）、业务存款（business－deposits）以及储蓄存款（savings－deposits）三个名义，研究货币的全部需求；我不必把该书第三章所作分析在此重新说一遍。但为此三个目的所持有的货币还是总汇在一处，持有者不必以之分成三个水泄不通的部分。即使在持有人心目中也未必划分得十分清楚，同一笔款项，可以兼为两个目的（主要的及次要的）而持有。故把个人在一特定情况下对货币的总需求，看做一个单独的决定也未尝不可，也许更好；但此单独的决定仍是许多动机的综合结果。

故在分析动机时，仍不妨把动机分为数类：第一类大致相当于我以前所谓所得存款以及业务存款；第二、第三类相当于我以前所谓储蓄存款。在第十三章中，我把这三类称为交易动机、谨慎动机以及投机动机；交易动机又可再分为所得动机及业务动机。

第一，所得动机保持现金之理由之一，乃在度过从所得之收入到支出这一段时期。这个动机的强度，主要须视所得之大小，以及所得收支期间之时常长度而定，货币之所得流通速度这一个概念，只适用于为此目的——所得动机——所持有之货币。

第二，业务动机同样，持有现金，可以是为度过业务上从支出成本到收入售价这一段时间；商人持有之货币，用以度过从进货到售货这一段时期者，即包括在此动机之下，这个需求之强度，主要决定于两个因素：当前产量——当前所得——之值，以及这个产量必须经过几道手才达到消费者。

第三，谨慎动机由此动机持有之货币，乃在提防有不虞之支出，或有未能逆睹之有利进货时机。又货币这种资产，若以货币本身作计算单位，其价值不变，若负债亦以货币作计算单位，则持有货币便于偿付未来债务。

以上三类动机的强度，一部分须看当需要现款时，用暂时借款——特别是透支——等方法取得现款的可靠性如何，所付代价如何而定。盖设在实际需要现款时，可以毫无困难取得现款，则实无必要为度过一段时期，持有现款而不用。再者此三动机之强度，亦定于所谓持有现金之相对成本。设为保持现款，不能购买一可以生利之资产，则持有现款之成本增加，因此减弱持有一特定量现款之动机。但设存款而可生息，或持有现款而可避免付费于银行，则成本降低，动机加强。但除非持有现款之成本有极大改变，否则这个因素大概只是次要的。

第四，此外还有投机动机。这种动机，比之以上三者，需要较详细的考察。其理有二：第一，人们对此动机之了解，不若对其他动机之深；第二，在传播由货币数量之改变所产生的各种影响这一点上，这个因素非常重要。

在正常情况之下，为满足交易动机以及谨慎动机所需要的货币数量，大致定于经济体系的荣枯以及货币所得的大小。但是因为有投机动机的存在，故货币数量的变动（不论是有意的或偶然的）可影响整个经济体系。盖货币需求之用以满足前二类动机者，既视经济体系之荣枯或货币所得之大小而定，故除该两者有实际改变以外，大概不受其他因素之影响。但经验告诉我们，货币需求之用以满足投机动机者，则常随利率之改变而改变，两者之变动方式，可以用一条连续（continuous）曲线表示之。而利率的改变则又可用长短期债票的价格变动代表之。

设非如此，则公开市场交易（open market operations）将不可能。我之所以说，经验上有以上那种连续关系之存在者，因为实际上银行体系总可以把债票价格稍为提高一些，用现款来购买债票，或把债票价格更为压低一些，出卖债票来取得现款。银行体系想用买（卖）债票的办法来增（减）现款的数量越大，则利率的降（升）程度亦越大。但如果（例如1933—1934年美国情形）公开市场交易，仅限于期限甚短的证券，则公开市场交易的影响大致亦只限于极短期利率，而对于重要性更大许多的长期利率反而影响更小。在讨论投机动机时，我们要分辨两种利率改变：第一种是灵活偏好函数不变，但货币供给量之可以用来满足投机动机者，起了改变，故利率改变；第二种是因为预期改变，影响到灵活偏好函数本身，因此影响到利率。公开市场交易不仅可以改变货币数量，而且还可以改变人们对于金融当局之未来政策之预期，故可以双管齐下，影响利率。设人们因情报（news）改变，修改其预期，以致灵活偏好函数本身发生变化，则这种变化常常是不连续的，由此所引起的利率改变也是不连续的。设各人对于情报的改变解释不同，或情报的改变对于各人利益所产生的影响不同，则在——亦只有在——这种情形下，债票市场上的交易将增多。设情报的改变，使每人之想法与做法都作完全相同的改变，则不需有任何市场交易，而利率（以债票价格表示之）将立即与新环境相调整。

最简单的场合，则为每人性情相同、处境相同。在这种场合，环境改变或预期改变，不能使货币易主，只能使利率涨落。利率改变的程度，乃使每人在旧利率下，处于新环境或新预期之中，想欲改变其现款持有量的愿望，适为利率的改变所打消。利率改变时，各人愿意持有的货币量固然亦随之改变，但因各人对利率改变的反应程度相同，故不必有任何交易。有一组环境及一组预期，即有一适宜利率与之相应；无论何人都不必改变其平时所持有的现款数。

但在一般情形下，环境改变或预期改变，常常使各人所持有之货币量重新调整；盖在实际上，各人处境不相同，持有货币之理由不相同，对新环境之认识与解释不同，故各人对新环境的看法与态度也不同。故现款持有量之重分配，常与新均衡利率相伴俱来。虽然如此，我们所着重者，乃是利率之改变，而不是现款之重分配；后者只是因为人与人间有差异而偶然产生的现象，而主要的、基本的现象，则在上述最简单场合已可窥见。而且，即使在一般情形下，在情报改变所引起的所有反应之中，以利率改变最为显著。报纸上常有这样的话：债票价格的涨落，与市场上交易量的多寡，完全不成比例——如果我们想到，各人对情报的反应相同处多，不同处少，则应该有这种现象。

II

个人为满足交易动机以及谨慎动机所持有的现款数与彼为满足投机动机所持有的现款数固然并不是不完全无关，但就大体而论，或作为第一接近值，我们可以把这两组现金持有量看做是互不相关。在以下分析中，我们就把问题分为这两部分。

令M_1代表为满足交易动机以及谨慎动机所持有的现金数，M_2为满足投机动机所持有的现金数。与此两部分现金相应者，则有两个灵活偏好函数：L_1及L_2。主要是决定于所得水准，L_2主要是决定于当前利率与当前预期状态的

关系。故有

$$M=M_1+M_2=L_{1(Y)}+L_{2(r)}$$

其中，L_1代表所得Y与M_1之函数关系；L_2代表利率r与M_2之函数关系。故我们有三个问题要研究：（1）M改变时，Y及r将起何种变化？（2）何者决定L_1之形状？（3）何者决定L_2之形状？

第一，M改变时，Y及r将起何种变化——这个问题的答案，必须看M之改变由何而来。设M由金市构成，M之改变只能由开采金矿而来，而金矿员工又属于我们所研究的经济体系，则在这种情形下，M之改变必然直接引起Y的改变，盖新产之金必为有人之所得。设M之改变，乃由于政府印发纸币应付其岁出，则情况完全相同，盖新发之纸币亦必为有人之所得。但新的所得水准。不够高到一定程度，使得所有M之增加都吸收在M_1之中，故有一部分货币要另寻出路，购买证券或其他资产，于是利率降低，使得M_2加大；同时因为利率降低，刺激Y上升，M_1亦加大，直至最后所有新的货币，不吸收在M_2中，即吸收在M_1中。由是观之，以上情况只比另一种情况多了一步，另一种情况者，即若要增发货币，则银行体系必先放松其信用条件，使得有人愿意把债票卖给银行，以换得新现款。

故我们可队把后一种情况作为典型的情况。我们假定：要改变M，必先改变r。改变以后，则一部分因为M_2改变，一部分因为Y改变，引起M_1改变，故又产生一新的均衡：至于在此新的均衡情况之下，新增现款如何分配于M1及M_2，则须看投资对于利率降低的反应如何，以及所得对于投资增加之反应如何而定，因Y一部分定于r，故当M改变一特定量时，r必须改变到一种程度，使得M_1及M_2的改变，相加起来，正好等于该M之特定量改变。

第二，所谓货币的所得流通速度者，到底是指Y与M之比，或Y与M_1之比，通常讨论此问题者并不经常说得很清楚。我主张用后一个意义，令V代表货币之所得流通速度，则有$L_1(Y)=Y/V=M_1$当然，我们没有理由，说V是一个常数。

V价值决定于（1）银行界以及工商界之组织情形；（2）社会习惯；（3）所得在各阶级之分配办法；（4）持有现金而不用，所付之代价。但设我们所讨论者为一短时期，则上列各因素，大概不会有重大改变，故V可以说是差不多不变。

第三，最后，我们要讨论M_2与r的关系。在第十三章中，我们看到：人之所以持有现款M_2，而有这种灵活偏好者，其唯一合理的解释乃是因为人们对于利率的前途觉得不确定。由此，M_2与r之间，并没有一定的数量关系，换言之，并不是有一个r之值，即有一个一定的M_2之值与之相应；盖人们所注意者，倒不是r之绝对水准，而是在根据或然律计算以后，r的绝对水准与通常认为r的相当安全水准——两者的差别程度。虽然如此设预期状态不变，则我们有两个理由，说明r降低时，会引起M_2之增加。第一，设通常人们认为r之安全水准不变，则r每降低一次，就使得市场利率比之“安全”利率相对减小，因此使得放弃周转灵活性之风险加大。第二，放弃周转灵活性所得之报酬，可以看做是一种保险赔偿金，用来抵补资本账上蒙受损失之风险；但利率每降低一次，则所可抵补者愈小，其减少程度乃等于旧利率之平方与新利率之平方之差。举一个例子。设现在长期债票之利率为年息4厘，若未来利率之增加速度为现在利率之4%，即每年增加0.16厘，则利息收入与资本账上之损失约略相抵；故除非人们根据或然律估计结果，觉得未来利率之每年上涨速度，会大于现在利率之4%，否则宁愿放弃周转灵活性而赚取利息。但设现在利率已经降至年息2厘，则利息收入所能抵补之资本损失，只是未来利息每年增加0.04厘而已。利率为年息4厘时，利息收入所能抵补之利率上涨风险，为每年增0.16厘；利率为年息2厘时，利息收入所能抵补之利率上涨风险，为每年增0.04厘；二抵补量之差，等于旧利率之平方与新利率之平方之差。这也许是主要阻碍，为什么利率不能降至极低，盖除非未来会跟过去经验大不相同，否则当长期利率已经降至2厘时，利率上涨之可能性大，利率下降之可能性小，而且利息收入所能抵补之利率上涨程度亦极小。

由是观之，利率现象中的心理成分甚大。在以下第五编中，我们将看到，在均衡状态时，利率不能低于相当于充分就业之利率水准，盖设有此种现象，即将产生真正的通货膨胀，于是现款数量虽继续增加，但M_1可以完全吸收之。但在该水准以上，则长期市场利率不仅决定于金融当局的当前政策，而且还必须看市场上对其未来政策作何推测而定。短期利率极易控制，因为第一金融当局不难使人相信，在最近未来，其政策不致有大变；第二，除非利息收入差不多于零，否则利息收入总大于可能的资本损失。但设长期利率已经降到一个水准，使得一般人根据过去经验以及对于未来金融政策的推测，觉得这个水准“不安全”，此时金融当局便很难控制长期利率。例如，设一国为国际金本位之一员，若该国利率低于其他各国的利率，则该国人民自然对本国利率无信任心；但若把本国利率提高，使与国际金本位体系中的最高利率（除去风险因素以后）相等，则又嫌太高，与国内充分就业不相容。

故设通常舆论认为某种金融政策只是试验性质，极易改变，则该金融政策恐怕不能把长期利率降低很多；盖若r降低至某种水准以下时，M_2将无限制增加也。反之，设舆论认为该政策是合理的，切实的，于公众有利的，认为当局推行此政策有坚强信念，不会轻易改弦易辙，则该政策颇易奏效。

与其说利率现象中的心理成分很大，恐怕不如说利率是一个因循成规的（highly comventional）现象，倒反而更确切一些。盖今日的实际利率水准，大部分乃定于一般人对于未来利率水准的预测。任何利率水准，只要公众充分相信该利率水准会继续维持下去，就会继续维持下去。当然，在一个动荡社会中，利率可以因为各种理由围绕着这个预期的经常水准上下变动：理由之一，如M_1之增加速度大于M，则利率上涨，反之则利率下降。然而利率所围绕着上下变动的那个水准可能经过几十年始终太高，使得充分就业不能实现——这种情况，当一般人认为利率会自动调整，故有比因循成规更强有力的客观理由，使得实际利率水准非如此不可时特别容易发生。于是在公众或当局心目中，都联想不起就业量之所以不能达到最适度水准，乃是因为利率不合适在作祟。

我想，现在读者应当明白了：因为长期利率基于成规，非常稳定，而资本的边际效率则变化多端，相当不稳定，故有效需求很难维持在一个高的水准，足以提供充分就业。

从乐观方面想一想，我们可以引以自慰者，只有一点：正因为成规并不基于确切知识，故我们可以希望，假使金融当局很坚持，欲贯彻其主张，则成规大概不至于老是顽强抵抗。舆论可以迅速习惯于温和的利率下降，下降以后的新利率又构成新的成规，作为预测未来之根据；此时金融当局又可更进一步，把利率再压低一次。这个方法当然有个限度。放弃金本位以后，英国长期利率之下降，可作好例：这部工作是经过几个步骤才能完成的，每当公众的灵活偏好函数已经习惯于新利率，故对当局政策的新动向，或情报中的新刺激又可重起反应时，当局即把利率再压低一次。

III

以上所说，可以用一个命题总结起来：设预期状态不变，则除了交易动机或谨慎动机以外，在公众心目中，还有一个潜势力要持有现款；至于在何种程度以内，这个潜势力实现为真正持有现款，则必须看金融当局愿意创造现款的条件如何而定。灵活偏好函数L_2所概括者，实即此种潜势力。

由此，故设金融当局所创造之货币数量为已知，又设其他情况不变，则只有一个利率（或说得严格一些，只有一个利率体系）与此货币数量相当。但这不仅限于货币，把经济体系中任何一个因素单独提出来，都和利率有一定关系。故除非货币数量的改变与利率的改变有特殊直接关联，否则把货币与利率单独提出来分析没有什么用处，也没有什么重要性。我们所以认为两者有特殊关联者，乃是因为通常说来，银行体系与金融当局是买卖货币与债务票据的商人，而不是买卖资本品或消费品的商人。

假使金融当局肯根据一定条件，买卖期限不同的各种债务票据，则利率体系与货币数量之关系非常直接。利率体系只是银行体系肯买卖债务之条件，货币数量只是个人所愿意持有之现款数——后者在考虑所有有关系情况以后，觉得宁愿保持流动现款，不愿依据市场利率把现款脱手，换取债务票据。在货币管理技术上，今日最切实而重要的改革，恐怕是让中央银行依照一组规定价格买卖种种期限之金边债票（giltedged bonds），而不是只依照一个银行利率买卖短期票据。

以今日实际情况而论，银行体系控制市场债票价格之“有效”程度，各银行体系颇有出入。有时银行之控制力量，在一个方向比在另一个方向有效，例如银行只肯依照一定价格购买债务票据，而不一定肯在买进价格上加上一点转手费，定出一个与买价相差无几的卖价，然后依此卖价出售债务票据。当然，并没有什么理由，为什么不能利用公开市场交易，使得银行所定价格在两个方向都有效。除此以外，还有一个更重要的限制，即通常而论，金融当局并不肯对期限不同的各种债务票据都一视同仁，愿意买卖，而总集中于买卖短期债务票据，让短期债务票据之价格影响长期债务票据之价格。当然，这种影响不会立刻生效，生效亦不完全。又和以上一样，这里也没有理由，为什么非如此不可。假使有以上限制，则利率与货币数量之关系便不很直接。在英国，当局有意控制之范围似乎在扩大。但要把此处所述学理，应用之于实际，则必须顾及金融当局实际所用控制法之特征。如金融当局只买卖短期债务票据，则我们必考虑，短期票据之价格（现在的或未来的），对于期限较长之票据，其影响如何。

故如金融当局欲为期限不同、风险不同的各种债务票据建立一特定利率体系，则受以下种种限制：

第一，有些限制是金融当局自己加上去的，即金融当局只肯买卖某种类型的债务票据。

第二，当利率降至某种水准时，则根据上述理由，灵活偏好可能变成差不多是绝对的；这就是说，当利率降至该水准时，因利息收入太低，故差不多每人都宁愿持有现金，而不愿持有债务票据。此时金融当局对于利率即无力再加控制。这个极端情况，在将来也许会有实际重要性，但到现在为止，我还不知道有这种实例；理由是：在过去，金融当局不愿意大胆买卖长期债务票据，故也没有许多机会来作一个试验。假使真有这种情况产生，则政府自己就可以只出极低利率向银行无限制借款。

第三，因为灵活偏好函数变成了一条直线，以致利率完全失去了稳定性——这种例子的最显著者曾经在极度不正常状态中产生过。战后的俄国及中欧曾经有过通货恐慌，人民都要逃避通货，无论什么条件，人民都不愿意持有现金或债务票据；又因一般人预期币值会继续下跌，故即使利率继续增高，还是追不上资本（尤其是囤货）的边际效率的上涨。美国在1932年中的若干时期有过一个情形相反的恐慌——金融恐慌或清算恐慌。那时无论条件如何合理，几乎没有人愿意把现款脱手。

第四，最后还有第十一章第四节所述困难，即要把借者及最后贷者拉拢在一起，必须有中间人费用，而且贷者会要求在纯利率之上再加上一点，以抵补风险——尤其是道义上的风险，故实际利率很难低于某种水准。纯利率降低时，中间费及保险费未必一同下降。故一典型借款者必付出的利率比纯利率下降得慢，而且在现有银行机构之下，恐怕不能低于某一最低水准。假使贷者对于道义风险估计甚高，则本论点特别重要；盖如风险之生，乃由于贷者心中怀疑借者不诚实，则即使借者心中并不想不诚实，也没有方法使利率不高。短期借贷的手续多，费用重，故本论点亦重要；贷者的纯利率即使等于零，银行可能仍要求其雇主出息1.5厘或2厘。

Ⅳ

此处不妨把本章与货币数量说的关系先提一提，虽然这个题目应当属于第二十一章范围。

在一静态社会中，或不论为什么理由，社会上没有人对于未来利率感觉不确定，则在均衡状态时，灵活偏好函数L_2——也可以称之为贮钱倾向——常等于0。故在均衡状态时，M_2等于0，M等于M_1；M变动时，必引起利率变化，直至所得达到一个水准，使得M_1的改变确等于M的改变。故有$M_1V=Y$，其中，V为货币所得流通速度（定义已见上），Y乃总所得。假使我们可以衡量本期产品的数量及价格，用O及P表示之，则$Y=OP$，故$MV=OP$，此即货币数量说的传统形式。

就现实世界而论，货币数量说之大病，乃在其未能把物价改变之起于产量改变者与物价改变之起于工资单位改变者分辨清楚。

所以有此疏忽，大概是因为该说既假定无贮钱倾向的存在，又假定充分就业常能维持之故。盖在此假定之下，则O为常数，M_2等于0；设V亦为常数，则工资单位与物价水准二者都与货币数量成正比。

第十六章　关于资本性质之几点观察

I

打一个比方来说，个人于今天决定储蓄时，只表示他决定今天少进一餐，他不一定同时决定把今日所省下的钱留待一周或一年以后作进餐购鞋之用，或于未来某年某月某日消费某物。故今日之从事于制备饭菜业者蒙受不景气影响，而今日之从事于制备未来消费者却未给提携之力。这样看来，个人的储蓄行为并不是用未来消费需求来替代现在消费需求，而只是把后者降低。而且一般人推测未来消费量时，很大一部分以现在实际消费量为根据，故后者减少时，大概会使前者蒙受不景气影响。故个人的储蓄行为不仅压低消费品的价格，而且可以使现在资本的边际效率降低，故既减少目前消费需求，又减少目前投资需求。

设储蓄不仅只是现在不消费，而且同时预定未来消费，则影响可以迥然不同。盖在此种情况下，则现在投资在未来某年某月某日的预期收益将因之增加，故资源之不再从事于制备现在消费者，可以转而制备未来消费。即使如此，两者亦不一定相等；因为未来消费之时日可能离目前很远，故生产方法也许要“迂回”（round－about）到一种不方便的程度，使得边际效率低于当前利率，于是预定消费对于就业的有利影响不能立刻产生，而必须留待以后产生，故立刻所生影响还是对就业不利。但在实际上，个人决定储蓄时，并未对未来消费下了一张具体订单，而只是撤销了一张现在订单。又因雇用人工的唯一理由乃在满足消费，故当消费倾向降低，其他情况不变时，就业量将蒙受不利影响，亦无足为怪。

事情之所以麻烦，就因为个人的储蓄行为并不蕴含用一个事先具体规定的未来消费来代替目前消费；而且即使如此，制备前者在现在所需的经济活动在数量上也未必正好等于以此储蓄之数作为现在消费之用时所需的经济活动。储蓄只是单纯的要持有“财富”，要取得一种权力，可以在不事先规定的时日消费不事先规定的一种物品。通常人们有一种谬见，认为就有效需求而论，个人储蓄的后果与个人消费的后果完全相同。谬见之来，乃是因为有一个骤看起来更难辨别真伪的谬论：所谓持有财富的欲望增加，便是持有投资的欲望增加，后者增加投资的需求，刺激投资的生产，故当个人储蓄时，当前投资的增加量正好等于现在消费的减少量。

我们很难把这个谬论从人们心目中扫除净尽。谬论之来，起于一般人相信：财富持有人想要得到的乃是资本资产本身（capital asset as such）；实则他只想得到该资产的未来收益。未来收益完全决定于预期的未来有效需求与未来供给情况的关系，故设储蓄行为一点儿不能使未来收益改善，则亦一点儿不能刺激投资。而且，就个人而论，储蓄要想达到其持有财富的目的，亦不必有新资本资产的产生开始能完成。上面已说过：储蓄行为是两面的，故一人储蓄时，必须强迫别人把某种财富——旧有的或新产的——移转给他，当然他自己也因别人储蓄而蒙受不利影响。此种强迫的财富转移，是不可避免的，是与储蓄行为俱来的，而且不需要有新财富的产生；反之，可能对之很不利。盖要有新财富的产生，必须新财富的未来收益达到现行利率水准；但边际新投资的未来收益，必须看在一特定时日对一特定物品有无预期的需求而定。故有人想要增加其财富这一件事实，不能使边际新投资的未来收益增加。

我们也不能说：财富持有人想要得到的并不是一特定的未来收益，而是一最佳可能的未来收益，故当持有财富的欲望增加时，新投资品的生产者所认为满意的未来收益亦随之降低。这个说法忽略了一点，即除了真正的资本资产以外，总还可以用货币或债务票据方式来持有财富，故新投资品的生产者所认为满意的未来收益不能低于现行利率所规定的标准；但我们已知道，现行利率并不决定于要不要持有财富，而是决定于用何种形态（灵活的或不灵活的）来持有财富，以及财富在各该形态的供给量。假使读者还疑惑不解，则请他反躬自问：设货币数量不变，为什么当个人有新的储蓄行为时，在现行利率下，人们更愿意用灵活形态来保持的财富数量会因之减少。

假使我们还继续追问，则还有若干更深的疑难，须留待下章讨论。

II

我们最好说，资本在其寿命中会产生一个收益，超过其原来成本；而不说资本是生产的（productive）。盖资产在其寿命中，所以会产生劳役（services），且此劳役的总价值大于其原来供给价格者，其唯一理由只是因为资本稀少；资本之所以稀少，因为有货币利率（rate of interest onmoney）与之竞争。设资本的稀少性减少，则收益超过原成本之数渐减。但资本的生产力，至少就物质意义而论，未必降低。

故我同情经典学派以前的学说：其说以为一切都由劳力产生，帮助劳力者，乃（1）古之所谓工艺（art），今之所谓技术（technique）；（2）天然资源，若天然资源非常丰富，则使用无代价，若稀少则付地租；以及（3）过去劳力之具形于资产者，其价格亦视其稀少性或丰富性而定。我们最好把劳力（当然包括雇主及其助手之于人劳役在内）看做唯一的生产元素，在一特定的生产技术、天然资源、资本设备以及有效需求等环境之下工作。还可以作部分解释，为什么除了货币单位及时间单位以外，我们可以用劳力单位作为经济体系的唯一物质单位。

有些长的或迂回的生产过程，固然物质效率（physical efficiency）比较高，但有些短的过程亦然。长过程并不因为其长故效率高，有些长过程（可能是大部分）的物质效率甚低，因为有些东西不能久贮，会有耗损。设劳力数量不变，则劳力之可以具形于迂回过程中，且能用之有利者有一定限度；不说其他理由，只提一个道理：劳力之用于制造机器者，与劳力之用于使用机器者，必须成一适当比例。故当所用生产过程越来越迂回时，则即使物质效率尚在增加，但就最后价值量（ultimate quantity of value）而论，则不能随迂回过程所用劳力的增加而无限制增加。假如延缓消费的欲望甚强，以至若要有充分就业，则投资量便须扩大到一种地步，使得资本的边际效率成为负数，只有在这种情况之下，生产过程才仅仅因为其长而变为有利。在这种情况之下，我们会挑选物质方面效率低的生产过程，只要这些过程够长，使其延迟消费之利超过其效率低之弊；而短的生产过程倒反而要稀少到一种程度，使其物质效率高之利超过其产物早熟之弊。一个正确的学说应当是两面可用的，即不论资本的边际效率是正是负，都可以包括在内；我想只有以上所述稀少说，可以办到这点。

而且，为什么有些劳役及设备会稀少，以致其价格（相对于其所用劳力而论）昂贵，其理由更多。例如，空气恶浊的生产过程，所得报酬较高，否则人们不愿从事。有风险性的过程亦然。但我们并不特别造一个学说，说空气恶浊的生产过程本身，或有风险性的生产过程本身，富有生产力。总之，劳力之工作环境并不同样愉快，在均衡状态时，在不愉快环境下生产出来的物品必须相当稀少，以便价格较高。不愉快环境可以是空气恶浊、风险大，或时间上之间隔。但设时间间隔变成一种愉快环境（这是很可能的，而且有人已经作如此观），则上面说过了，短的生产过程倒反而要保持相当稀少性。

设最适度的迂回程度为已定，则我们当然在同一迂回程度的生产过程之中，选择其效率最高者。所谓最适度迂回程度者，乃恰在适宜时日，满足消费者的延迟需求。换言之，在最适度情形之下，生产的组织方式应当先推测在什么时日，消费者的需求会变成有效，然后依此时日，用效率最高的方法去生产。设交货日期与此时日不同，则即使改变此时日可以使物质产量增加，也无济于事——除非（打个譬喻来说）消费者因为受饭菜丰富的引诱，愿意把开饭时间提早一些或延迟一些。设消费者在听取详细报道，知道在各种晚餐时间可能有的饭菜情况以后，决定在晚八时开饭，则厨司的职责乃在配合该时间，尽力做好菜，准时开饭——虽然如果不论时间，只就产生绝对最好的晚餐而论，厨司认为最合适的时间也许是七时三十分、八时、或八时三十分。社会有些阶层假使把平时晚餐时间延迟一些，则饭菜内容较好；但亦同样可能，有些阶层则提早一些反而内容较好。上面已经说过了，我们的学说应当对于两种情况都适用。

设利率等于零，则就任何一商品而论，若欲使其劳力成本成为最低量，则从生产要素之平均进货日期（average date of input）到消费该商品之日期之间，一定有一个最合适的时间间隔；若生产过程比此短，则在技术上效率较低，若比此长，则因有储藏费及耗损关系，亦效率较低。设利率大于零，则又多了一个成本因素，且此新因素随生产过程之加长而增大，于是最合适的时间间隔乃因之缩短，而当前进货之预备于未来交货者亦因之减少；减少到一种程度，使得未来价格之提高足以弥补成本之增加，而成本之所以增加，乃是因为（1）利息负担和（2）生产过程缩短所引起的效率降低。设利率小于零（假使这种情形在技术上是可能的话），则情况相反：设未来消费需求不变，则生产元素之于今日投入者必须与以后所投入者相竞争，后者因为技术效率较高，或未来生产元素之价格会改变，故产品成本较低；故除非此种成本之降低，不足以抵过小量负利息之收入，否则生产过程不值得在今日即开始，而不留待于未来开始。大部分物品，只能在离开其预期消费之日不太久以前开始生产，假使离得太久，则在技术上缺乏效率。故即使利率等于零，未来消费需求之可以事先开始制备而且有利可图者，也有一严格限度；利率渐渐上涨，则未来消费需求之在今日即值得开始生产者，亦随之缩减。

III

我们已知道：在长时期中，资本必须保持着一种稀少程度，使其边际效率至少须等于长期——该资本的寿命这一段时期——利率；而利率则定于心理的及制度的情况。令设有一社会，资本设备已经非常丰富，若投资再增加，则资本的边际效率将为零或负数；但该社会的金融体系又使货币可以“保藏”，且贮藏费及保管费都极微小，故实际上利率不能为负数；设该社会在充分就业情况之下尚想储蓄，则又将如何？

今先设该社会已达充分就业，再观察以上各种假定之后果。设雇主们继续提供的就业量仍足使现有全部资本设备都获利用，则雇主们必蒙受损失；故现有就业量及资本量必须缩减，一直到该社会穷到一种程度，使得总储蓄等于零——若干个人和团体之正储蓄为他人之负储蓄所抵消。故该假想社会在自由放任政策之下达到的均衡状态，肯定是就业量及生活标准都低得非常可怜，以致储蓄等于零。比此可能性更大者，则为围绕着这个均衡位置作循环性变动。盖设还有余地，使人对于未来感觉不确定，则资本的边际效率会偶然大于零，于是引起“繁荣”，在以后不景气时期中，资本数量又可以降得很低，于是边际效率又大于零。设有先见之明，则均衡状态下使边际效率正好等于零的资本数量必小于充分就业下的资本数量，盖均衡状态下之资本数量，必令一部分人失业，以确保储蓄等于零。

除此以外，唯一可能的均衡状态，则为：边际效率等于零时的资本数量，正好为人民在充分就业以及利息等于零的情形下，所愿意提出以备未来之用的财富数量。然而要充分就业下的储蓄倾向正好在资本数量大致使边际效率等于零之时得到满足，是一个极不容易有的巧合。故设利率可以改变，以补救储蓄倾向与充分就业的冲突性，则利率必须逐渐下降，但不必骤降至零。

到目前为止，我们假定着：因为有制度因素（货币之保藏费非常微小）存在，故利率不能为负数。然而实际上，除了制度因素以外，还有心理因素，故利率下降时实际可能达到的限度要比零大许多。特别是，把借者及贷者拉拢在一起要有费用；加之利率前途亦不确定，故在现在情况之下，长期利率所能达到的最低限度，恐怕仍在年息2厘或2.5厘左右。假使这种看法是对的，则一方面因为财富数量继续增加，他方面因为在自由放任政策之下，利率已减至无可再减，这两种情况联合起来所产生的恶劣状态，恐怕很快就要在实际经验中出现了。而且，假使利率实际上所能达到的最低水准要比零高许多，则在利率尚未达到最低水准以前，社会要累积财富的欲望大致亦不能得到满足。

战后英美两国的经验可以作为实例，说明如何因为累积下来的财富已经很大，故资本的边际效率下降甚速，但利率则因为有制度的及心理的因素关系不能下降如此之速；于是在——就大体情况而论——自由放任情形之下，就业量与生活程度都不能达到一个合理水准，虽然就生产技术而论，这个水准是应该可以达到的。

故设有二社会，生产技术相同，但资本数量不同，则在短时期内，资本数量比较小的社会可能反而比资本数量较大的社会享受较高的生活程度。在资本数量赶上后者时，则该二社会都遭遇了米达斯（Midas）之命运。这个令人不安的结论当然基于一个假定：即人们并不设法对消费倾向及投资量两者从社会利益着想有意加以控制，而大体上只让两者在自由放任情形之下自行发展。

设利率与充分就业不悖，则相当于充分就业下之储蓄倾向，有一资本之累积速率。今设为任何理由，利率的下降速度，赶不上在此累积速率之下资本的边际效率的下降速度，则即使把持有财富的欲望转向于经济上不能孳息的资产，亦足以增加经济福利。故若豪富之家，生时建大厦作住宅，死后造金字塔为坟墓；或为忏悔前非，建造教堂，资助寺院，接济传教团体，则因资本丰富，以致物产反而不能丰富之日，也许可以延迟。故利用储蓄，“在地上挖窟窿”，不仅可以增加就业量，还可以增加有用之物以及有用之劳役，换言之，增加真实国民所得。不过，假使我们已经知道决定有效需求之种种因素，则在一合理社会中，便不应当再固步自封，继续依赖这种偶然的时常很浪费的补救办法。

Ⅳ

今设我们已有办法调整利率，使得该利率下的投资量正好维持充分就业。又设国家亦从事于经济活动，以补私人企业之不足，使得资本设备逐渐达到饱和点，同时又不操之过急，以致现在一世代的生活程度太受不利影响。在以上各种假定之下，则在一已上轨道并且拥有现代生产技术的社会，若人口不增加太快，则在一世代以内，就可以使得均衡状态时的资本的边际效率约略等于零；于是该社会乃进入准静态（quasistationary）情况，除非生产技术、爱好、人口及制度有改变，否则不会再有改变与进步；资本所产物品的售价亦与该物品所含的劳力成比例，其价值的决定原则一如需要资本极少的消费品。

我们极易让资本丰富到一种程度，使得资本的边际效率等于零。假如我这种看法是对的，那么这可能是最合理的办法，逐渐去除资本主义下很多不良特征。我们只要想一想，便可以知道，假如累积财富将逐渐得不到报酬，这是多么重大的社会改革！个人还有自由把他劳力或劳心所得积聚起来以备日后之用，但他所积聚之数不会自己增大。他的处境与波泼（Pope）之父相同：后者从商业上退休下来时，即携带一箱金币，迁入乡间别墅，日常开支即取给于此箱。

坐收利息阶级（rentiers）固然会消灭，但人们对于未来的看法，意见还可以不同，故在推测未来收益这方面，企业与技巧尚有活动余地。盖以上只就纯利率立论，未曾计及负担风险等的报酬，故不适用于资产的毛利，因毛利含有负担风险的报酬在内。因此，除非利率为负数，否则若投资于一件资产，该资产的未来收益又不确定，则只要投得巧妙，收益仍然为正数。若人们都不太愿意负担风险，则由此等资产全体所可得的净收益亦为正数。然而在这种情况之下，也很可能因为人们太热衷于从事不健全投资以冀取得收益，结果投资者所得的净收益总额乃是负数。

第十七章　利息与货币之特性

I

从上面看来，好像货币利率在限制就业水准这一点上地位很特殊，因为货币利率定了一个标准，要有新资本资产的生产，则其边际效率必须达到这个标准。骤看起来，这点真使人大惑不解。故我们要进而追问：货币之所以异于其他资产者，其特殊性安在？是不是只有货币才有利率？在非货币经济体系中，情况将如何？在没有回答这些问题以前，不会完全明了我们学说的重要性。

我要提醒读者，所谓货币利率只是把一笔在将来（例如一年以后）交付的货币减去该笔货币的现在价格，以此差数为分子，以现在价格为分母，化成百分比而已。如此说来，好像每一种资本资产都有货币利率之类似物。盖在今日交货的100石麦子，抵得一年以后交货的麦子几石有一个一定的数量，设后者为105石，则麦子利率为每年5厘，设为95石，则为年息负5厘。故每一种持久商品皆有其本身利率，例如麦子利率、铜利率、房屋利率、甚至于钢铁厂利率。

以麦子为例，麦子在市场上的期货价格及现货价格与麦子利率有一定关系，但因期货价格的计算单位乃是在未来交付的货币，而不是麦子现货，故货币利率亦藏杂其中。其准确关系如下：

设麦子之现货价格为每100石100英镑，一年后期货价格为每100石107英镑，货币利率为年息5厘，问麦子利率为几？100英镑现款可购一年后交付的货币105英镑，一年后交付的货币105英镑可购一年后交货的麦子(105/107)•100(=98)石。同时，100英镑现款可购麦子现货100石。故麦子现货100石可购麦子期货98石。故得麦子利率为年息负2厘。[①]

这样说来，种种商品的本身利率没有理由会相等——麦子利率没有理由会等于铜利率。盖就市场上现货价格与期货价格的关系而论，各种商品显然不相同。我们以后会知道，这点使我们得到了研究线索：因为会不会是本身利率（own－tates of interest）的最大者，是利率之王，支配其他利率呢？会不会有各种理由使得货币利率是本身利率的最大者呢？这两个问题的答案都是肯定的，前者是肯定的，因为要有新资本资产的产生，则其边际效率必须达到本身利率的最大者；后者也是肯定的，因为我们以后会知道，别种资产的本身利率容易下降，而货币极容易。

这里可以补充一句：好像在任何时间，各种商品的本身利率并不一致；故从事外汇交易者亦很明了，两种货币（例如英镑与美元）的本身利率亦并不一致。盖外币之现货价格与期货价格的差别，若以英镑作计算单位，则亦未必各外币都尽同。

我们可以用任一商品作标准来衡量资本的边际效率，其方便与货币同。例如我们可以用麦子为标准，用麦值来计算一资本资产的未来收益以及该资产的现在供给价格，则使此组年金与现在供给价格（两者皆以麦子作计算单位）相等的折现率，即为用麦子作标准计算得来的该资产的边际效率。设两种标准的相对价值在未来不变，则不论用何种标准来衡量，该资本资产的边际效率都相同，盖其计算式的左右二方都作同比例的改变。但设两种标准的相对价值在未来会有改变，则资本资产的边际效率将随计算标准的不同而不同，但从一种计算标准改为另一种时，各资本的边际效率都增（减）同一绝对值。举一个最简单的例：设两种标准为麦子与货币，麦价（用货币计算）

① 这一关系首先是由斯拉法先生指出的。《经济学杂志》，1932年3月号，第50页。

的预期改变为每年增百分之a；则一资产的边际效率，若用货币计算为百分之x，若用麦子计算则将为百分之（x－a）。因所有资产的边际效率都增（减）同一绝对值，不论用何种商品作标准，其大小程序都不变。

假使有一种复合商品可以完全代表商品全体，则此复合商品的本身利率以及用此复合商品作标准计算得来的资本的边际效率，在一种意义上，可以看做唯一的利率（therate），唯一的资本之边际效率。然而要找出这样一种复合商品，其困难与找出一个唯一的价值标准同。

到现在为止，货币利率比之别种利率并没有什么特异性，其地位与别种利率完全相同。然则货币利率的特殊性安在，使我们在以上几章中赋予该利率以那么大的实际重要性呢？为什么产量及就业量与货币利率的关系较密切，而不是与麦子利率或房屋利率的关系较密切呢？

II

我们试一察在一年以内，各种资产的本身利率大致将如何。现在我们用种种商品轮流作标准，故此处所谓每种商品的收益乃以其本身作计算单位。

以下三属性，各种资产所具有的程度不同：

第一，有些资产，可以帮助某种生产过程，或可以提供劳役于消费者，故可产生一产物（yield or output），其数量以q（用各该资产本身计算）表示之。

第二，除货币以外，大部分资产，不论其是否用于生产，亦不论其相对价值是否改变，可以仅仅因为时间的消逝而蒙受耗损而引起成本开支。换言之，此等资产有保藏费（carrying cost），其量以c（用各该资产本身计算）表示之。至于何种成本应包括在c中，何种应在计算q时扣除，即成本的分界线如何，与当前问题无关，因为我们以后只论列q－c这一个数量。

第三，最后，资产持有人可以任意处置其资产，故持有人有一种潜在的便利性或潜在的安全性。在这方面，各资产亦不相同——即使开始时各资产之价值相同。这种潜在性是无形的，期终时也拿不出具体产物，然而人们却愿意出相当代价以取得之。人们所愿付的代价，希冀由资产——不包括其产物及保藏费在内——之处置权中取得此种潜在的便利性或安全性，我们称之为灵活性（liquidity premium），以l表示之；l亦用各该资产本身计算。

由此，故在一段时间内，持有一资产所可预期取得的总收益，乃等于该资产的产物减去其保藏费，加上其灵活升值，即等于q－c＋l。这就是说，q－c＋l是任何一商品的本身利率（q，c及l皆用该商品本身计算）。

正在使用的工具资本（如一机器）或消费资本（如一房屋），有一特征，即共产物时常超过其保藏费，其灵活升值则大概微小不足道；至于尚未出售的商品，或多余而搁置不用的工具资本及消费资本，则产物等于零，有保藏费，若其存量超过某数（不太大的），则灵活升值亦往往微小不足道；至于货币，则其产物等于零，其保藏费亦微小不足道，但其灵活升值则甚大。各种商品，也许亦具有——虽然程度不同——若干灵活升值，货币也许亦有保藏费（例如保管费），但货币与所有（或大部分）其他资产之重要区别，即在货币之灵活升值超过其保藏费甚多；而其他资产则反是，其保藏费超过其灵活升值甚多。今为举例说明起见，假定房屋之产物为q_1，其保藏费及灵活升值皆微小不足道；麦子之保藏费为c_2，其产物及灵活升值皆微小不足道；货币之灵活升值为l_3，其产物及保藏费皆微小不足道。换句话说，q_1乃房屋利率，$-c_2$乃麦子利率，l_3乃货币利率。

要知道在均衡状态之下，各种资产的预期收益之间有什么关系，必先知道在这一年以内各该资产的相对价值在预期之中会有什么改变。今以货币——此处货币只是记账单位，我们一样可以用麦子——作衡量标准，又假定房屋增值（或减值）之百分比为a_1，麦子增值（或减值）之百分比为a_2。

在上面，我们把q_1-c_2及l_3三者称之为房屋、麦子及货币三者之本身利率，即q_1乃以房屋作计算单位之房屋利率，$-c_2$乃以麦子作计算单位的麦子利率，l_3乃以货币作计算单位之货币利率。今设以货币作共同价值标准，把三者化成共同单位，则变为a_1+q_1，a_2-c_2及l_3，可称之为房屋折成货币的利率（house－rate of money interest），麦子折成货币的利率，及货币折成货币的利率。有了这种符号，我们就非常容易明白，想持有财富者，必先看a_1+q_1，a_2-c_2及l_3三者何者最大，然后以供需求，或集中于房屋，或集中于麦子，或集中于货币。故在均衡状态之下，麦子与房屋的需求价格（以货币计算）必须如斯：在各种财富形态之间，持此或持彼，利益不分孰轻，即a_1+q_1，a_2-c_2及l_3三者皆相等。以上所得结论，与选择哪一个商品作为价值标准毫无关系，盖从一种标准换成另一种标准时，各项都作同量的改变，其改变量即新标准（用旧标准作计算单位）的预期的增值（或减值）之数。

要有新资产的产生，则该等资产之经常供给价格必须小于其需求价格；亦即其边际效率（根据经常供给价格计算而得）必须大于利率（只要所用价值标准相同，利率与边际效率两者，可用任何一商品作价值标准而计算之）。当此等资产的数量逐渐增加时，则初时其边际效率至少等于利率，以后则逐渐下降（下降的理由很浅显，而且上面已经说过）；故除非利率同时下降，否则总会达到一点，过此点以后，即不值得再继续生产。若所有资产的边际效率都小于利率，则资本资产的生产即告终止。

今设（在论证之现阶段，只是一个纯粹假定）有一资产（例如货币），其利率是固定的，或当其产量增加时，其利率的下降速率较之任何其他商品的本身利率为慢，则情况将如何调整？因a_1+q_1，a_2-c_2及l_3必须相等，又因根据假定，l_3或者是固定的，或者比q_1或$-c_2$，下降得慢，故a_1及a_2必须上升；换句话说，除了货币以外，所有其他商品之现在的货币价格，都倾向于比其预期的未来价格为低。故设q_1及$-c_2$，继续下降，则总会达到一点，使得生产任何商品都无利可图——除非一商品之未来生产成本大于其现在生产成本，而且两者之差数足以抵过把现在生产的商品保藏到将来高价时出售所需的保藏费。

我们以前说货币利率限制产量，现在看起来，这句话并不完全正确。我们应该说：当各种资产的数量增加时，因为有一种资产的本身利率下降最慢，故使得其他资产的生产最后都变成无利可图——除非在目前的与未来的生产成本之间有刚才说过的特殊关系存在。故当产量逐渐增加时，许多资产的本身利率都一个一个下降到一种水准，使得各该资产的生产不再有利可图；最后只有一两个本身利率高高在上，超过任何其他资产之边际效率。

由此可知：假使所谓货币只是价值标准，则捣乱分子不一定是货币利率。我们不能仅仅只下一道法令，废除黄金或英镑，而用麦子或房屋作价值标准，就把所有困难都解决了——虽然有人作如此想。盖若有任何资产，当其产量增加时其本身利率不肯下降，则同样困难仍继续存在；例如在一不兑换纸币本位国家中，黄金可能仍是具有如此性质的资产。

III

故当我们赋予货币利率以特殊重要性时，我们即暗中假定着：我们现在所习用的货币的确有若干特征，使其本身利率（以货币本身计算）固然随产量之增加而下降，但其下降速度，不若其他资产之本身利率（以备该资产本身计算）之大。这个假定能够成立吗？我想，以下所述现代货币常具有的几种特征，可以使这个假定成立。只要货币的确具有这几种特征，则以上笼统的说法——即货币利率乃唯一重要的利率——便可以成立。

第一，第一种特征是：不论在长时间中或短时间中，若仅就私人企业着想，而不问金融当局的行动，则货币的生产弹性等于零，至少非常小；所谓生产弹性，乃是货币购买力（以劳力计算）的比例改变除劳工（从事于生产货币者）人数的比例改变。这就是说，货币不能非常容易就生产；当其价格（用工资单位计算）提高时，雇主们不能随意用其所雇劳力转而增加货币的生产。在一不兑换纸币或管理通货国家，这个条件完全满足；但即在金本位国家，也大致如此：意思是说，除非该国以采金为主要实业，否则劳力之可以用于生产货币者，其最大限度的比例增加仍然非常微小。

对于有生产弹性的资产，我们之所以可以假定其本身利率会下降者，乃是因为我们可以假定：当其目前产量增加时，其现存总量亦将增大。至于货币，则（此处暂不论降低工资单位之影响，或金融当局有意增加货币供给）其供给是固定的。货币不很容易用劳力来生产，这一个特征已使我们有初步理由，为什么货币的本身利率较之其他商品的本身利率难于下降。设货币而可以像农作物一样生长，或像汽车一样制造，则不景气可以避免或减少；盖在此种情况下，当其他资产的价格（用货币计算）下降时，劳力可转而生产货币。我们知道在采金之国的确有如此情形，但就整个世界而论，劳力之可以转而从事采金者，其最大量亦微小不足道。

第二，显然，以上这一个条件，不只是货币，一切元素之有纯粹地租者都能满足，故必须有第二个条件以使货币有别于其他地租元素（rent-factors）。

货币的第二个特征乃是：货币的替换弹性等于零，或几乎等于零。这就是说，当货币的交换价值上涨时，人们没有倾向要用其他因素来替代货币——有之，则除非货币这一个商品同时可作工艺之用，但即使如此，范围亦很狭小。这一个特征的由来乃是因为货币的效用完全从其交换价值得来，故两者同时涨落，于是货币与其他地租元素不同，当货币的交换价值上涨时，人们没有动机或倾向要用别种元素来替换。

因此，当货币的价格（用劳力计算）上涨时，我们不仅不能增加劳力来生产货币；而且，无论其价格如何上涨，人们不会像对其他地租元素那样，减少其对货币的需求，转而需求其他商品。故当货币的需求增加时，货币可以无限制容纳购买力。

对于以上所说，只有一个修正：即当货币的劳力价格提高到一定程度，使得人们对此种上涨程度在未来能否维持感觉不确定时，则a_1及a_2增加；若a_1及a_2增加，则商品折成货币的利率提高，故可刺激其他资产的产量。

第三，我们虽然不能雇用劳力增加货币的生产，然而说货币的有效供给量固定到没有伸缩余地倒亦不尽正确；因为当工资单位降低时，一部分现金可以从别种用途中腾出来满足灵活偏好动机。而且，当物品的货币价值降低时，货币数量在社会总财富中所占之成数即形增高。这种种会不会影响以上结论呢？

我们不能从纯粹理论方面，证明这种反应不能使货币利率有适度下降。然而我们可以举出几个理由，说明为什么在我们习知的经济体系之中，货币利率极不容易有适度下降；这几个理由联合起来时，力量更大。

第一，我们必须顾及当工资单位下降时，资本的边际效率亦起反应，而我们关心者乃后者与货币利率的差数。设工资单位降低时，引起人们预测以后会回涨，则结果完全良好；反之，设引起人们预测以后再会下降，则资本的边际效率方面所起反应可以抵消利率下率。

第二，货币工资经常有刚性（rigid or sticky），比真实工资稳定，故工资单位（以货币计算）不容易下降。而且，假使不如此，则情况也许更坏，而不是好转；盖设货币工资而非常容易下降，则一经下降，也许引起人们预测其再会下降，以致资本的边际效率蒙受不利影响。抑更有甚者，设工资而用别种商品（例如麦子）作计算单位，则大概不再有刚性。正因为货币有其他特征，特别是货币有周转灵活之便，故工资一经用货币规定以后，经常不轻易改变。①

第三，我们到了此处最基本的理由。货币有若干特征，使其可以满足灵活偏好，故在某些（时常会发生的）场合，特别是当利率已经降到某种水准时②，即使货币数量比之其他形式的财富大量增加，利率也不起敏感反应。换言

① 如果工资（与合同）固定在小麦上，则小麦可能得到某些货币的流动性升值，到下面Ⅳ部分我们还要来讨论这个问题。

② 见上文。

之，超过某点以后，货币因为有周转灵活之便，故其心理的产物虽亦随货币数量的增加而下降，但其下降程度，决不若当其他资产的数量作同程度增加时其产物的下降之速。

在这里，货币的保藏费甚低（或微小不足道）这一点，关系十分重大。盖设保藏费相当可观，人们便不会因为对于货币的未来价值有一种预期，而遂增加其货币持有量。再稍为换另一种说法：人们所以对于非常微弱的刺激即起反应，增加其货币持有量者，就因为货币有周转灵活之利，而无巨额保藏费之弊。至于货币以外的其他商品，则持有小量固可使其使用者有非常方便，但设数量增大，则即使该财富之价值仍很稳定，不失为保藏财富之道，但持有人须负担保藏费（堆栈费、耗损等）；故在达到某点以后，若再增加其持有量，必定蒙受损失。

货币则不然；其所以不然者，因为有各种理由使得货币在一般人心目中成为最“灵活”的东西。有些改革家所提补救办法，就想替货币造出人为的保藏费，例如每隔相当时期，人民必须缴纳若干费用，请当局在法偿通货上加盖印记，加盖印记以后，该通货始仍可作货币之用；或诸如此类的办法。这些人走的路线是对的，故其所提方案的实际价值值得考虑。

货币利率的重要性是由三种特征联合产生的：第一，因为有灵活偏好动机，故当货币数量较之其他财富（以货币计算）相对增加时，利率可能不大起反应；第二及第三，货币的生产弹性以及替换弹性都等于零，或微小不足道。第一点表示：人们对资产的需求，可能绝大部分集中于货币；第二点表示：假使有这种情况发生，劳力不能用来增产货币；第三点表示：其他商品即使很低廉，亦不能取货币而代之，故无法减少货币的需求。故设资本的边际效率不变，灵活偏好不变，则唯一救济办法只有增加货币数量，或——在理论上是一样的——让货币的价值提高，使一特定量货币所能提供的货币劳役（money-services）增加。故当货币利率提高时，一切有生产弹性的商品，其产量都受妨碍；而货币的产量却未能增加（依据假定，货币毫无生产弹性）。换言之：

因为货币利率决定其他商品的本身利率所能下降的程度，故投资之从事于生产其他商品者受到阻碍；但因根据假定，货币不能生产，故投资之从事于生产货币者未能扩充。而且，货币需求之起于投机动机者弹性甚大，故当需求情况稍为改变时，也许不能使货币利率改变甚大；同时，因为货币之生产（除非当局采取行动）无弹性，故亦不能让自然力量从供给方面来压低利率。至于一普通商品则不然。人们对普通商品之持有量极少伸缩性，故需求方面稍为有改变时，可使其本身利率骤涨骤落；同时，该商品又有生产弹性，故其现货价格与期货价格（都以该商品本身计算）之差不能太大。故在其他商品，若听其自然，“自然力量”（即一般市场力量）便可使其本身利率降低，一直到达到充分就业为止——已经达到充分就业以后，则一般商品都具有货币常常具有的特征，即供给无弹性。故设无货币，又设无其他商品具有货币的特征，则各种利率只有在充分就业下，方才达到均衡。

这就是说，失业问题之所以发生，就是因为人们要造空中楼阁——假如人民所要的东西（例如货币）不能生产，而对此东西的需求又很不容易压制，劳力便无法就业。唯一补救之道，只有要公众相信：纸币也是货币，而由政府来统制纸币工厂，换言之，由政府来统制中央银行。

有一点很有意味，值得注意：历来所以认为黄金特别适于作价值标准者，就因为黄金的供给缺乏弹性；现在我们知道，正因为有这种特征，所以困难从生。

用概括的说法，则我们的结论如下：设消费倾向不变，则当所有各种资产的本身利率之最大者，等于所有各种资产的边际效率（用本身利率最大的资产作计算单位）之最大者时，投资量即不能再增加。

在充分就业情况之下，这种条件一定满足。但在充分就业尚未达到以前，这个条件也能满足：只要有一个商品，其生产弹性与替换弹性都等于零（或比较少），当其产量增加时，其本身利率的下降速度较之其他种种资本资产的边际效率（用该商品作计算单位）为慢。

Ⅳ

上面说过，一个商品是否是价值标准，与该商品的利率是否成为唯一重要的利率并无必然关系。现在我们要问：这使得货币利率成为唯一重要利率的各种特征，有多少是因为货币是债务与工资的计算标准所以才具有的呢？这个问题可以分两方面来讨论。

第一，契约用货币来规定以及货币工资经常相当稳定这两点，当然对于货币之所以有如此高额灵活升值大有关系。设所持有的资产，可以直接用来应付未来债务，且预期的未来生活费，若用此资产作计算标准，也非常稳定，则持有此资产有非常方便，固甚明显。但设用作价值标准者乃一生产弹性极大的商品，则公众可能不会太相信未来产品的货币成本会非常稳定。而且，货币利率之所以成为唯一重要利率者，除了高额灵活升值以外，保藏费之低也同样重要，盖就利率而论，重要者乃灵活升值与保藏费的差额。若用金银或钞票以外的商品作为价值标准来订立契约或规定工资，则此等商品自亦取得价值标准通常具有的灵活升值；然而大部分此等商品的保藏费，亦至少与其灵活升值相等，故即使把今日英镑所有的灵活升值转移给麦子，麦子利率恐仍然不会大于零。故可得结论如下：契约及工资常用货币来规定这一件事实，固然极大地增加货币利率的重要性，然而这一件事实本身还不足以产生我们看到的货币利率的特征。

第二点更微妙。人们所以常常预测：产物的价值若用货币计算，要比用其他商品计算来得稳定者，当然并不是仅仅因为工资率是用货币规定的这一件事实，而是因为用货币规定的工资比较起来有刚性（即稳定）。假如还有一两种商品，人们预测：要是工资用这一两种商品作计算标准，比用货币作计算标准更有刚性（即更稳定），则情形又将如何？要有此种预期，必须满足两个条件：第一，该商品的生产成本（用工资单位计算），不论产量的多寡，又不论是在长时期以内或短时期以内，必须非常稳定。第二，设依照成本价格出售时，产量超过需求，则此剩余之数，必须可以作为存货，而不必再多花成本；这就是说，该商品的灵活升值必须超过其保藏费，盖设不然，又没有希望坐待高价取利，则保藏存货一定蒙受损失。假使可以找出一种商品，满足以上两个条件，则此商品的确能成为货币之劲敌。要找出如此一种商品（若用该商品作计算标准，则产品之预期价值比之用货币作计算标准更为稳定），在逻辑上并非不可能，然而真有这样商品存在的可能性好像很小。

故我断言：假如有一种商品，要是工资用该商品作计算标准最富刚性，则该商品肯定是生产弹性最小者，而且肯定是保藏费超过灵活升值之数最小者。换言之，人们之所以预期货币工资非常有刚性者，就是因为在各种资产之中，其灵活升值超过其保藏费之数，以货币为最大。由是观之，各种特征联合起来，使得货币利率成为唯一重要的利率；而且该各种特征还以累积方式，交互影响。因为货币之生产弹性及替换弹性更小，保藏费又低，故人们预期货币工资会非常稳定；因为有这种预期，故货币之灵活升值提高，于是使得货币利率与其他资产之边际效率之间并无密切联系；——假使有这种联系，货币利率便无从作祟。

皮古教授（还有别人）时常假定，真实工资总比货币工资稳定。要使这个假定成立，则必须说明，为什么就业量很稳定；而且还有一点困难：即工资品之保藏费更大。假使真想用工资品作计算单位，稳定真实工资，其结果只是使得物价（用货币计算）剧烈变动。盖在此种情况之下，只要消费倾向或投资引诱稍为有点变动，则物价或骤降至零，或骤涨至无穷大。故经济体系而欲有内在的（inherent）稳定性，则货币工资必须比真实工资稳定。

只要我们认为，我们所研究的经济体系确有稳定性，意思是说，当消费倾向或投资引诱稍有改变时，物价（用货币计算）不会有剧烈变动，则假定真实工资比货币工资稳定，不仅与实际经验不符，而且在逻辑上也是错误的。

V

本节是脚注性质，解释以上已经说过的东西。有一点值得强调：所谓“周转灵活性”，所谓“保藏费”，都只是程度问题；货币的特征，只是前者比后者大而已。

今请研究一经济体系，在该体系之中，所有资产的灵活升值都小于其保藏费（我认为这是所谓“非货币经济”的最佳定义），换一种说法，除了各种消费品与各种资本设备以外，该体系别无他物。各该资本设备的寿命虽然不同，所能生产（或帮助生产）的消费品虽然亦不同，但资本设备本身都有一共同特征：即若以之作为存货保藏，则其耗损与费用必超过其灵活升值。

在这种经济体系之中，资本设备之所以互相区别者，不外三途：（1）其所能帮助生产之消费品不同；（2）其产品价值的稳定性不同（面包之价值经常比时髦新奇品之价值稳定）；以及（3）其所包含的财富，可以“流动转化”（become liquid）的速度不同，换言之，其生产产物的速度不同；盖出售产物所得的售价，可以转而购置他种完全不同的财富。

欲持有财富者，必须权衡两者之得失：其一，各种资本设备，在以上所说意义上，都缺乏周转灵活之便；其二，持有财富（在去掉风险成分以后）可以产生未来收益（后者乃或然性之最佳估计）。请注意，灵活升值与风险费有点相同，又有点不同：其所以不相同，乃是因为或然程度之最佳估计是一事，作此估计之信心又是一事。我们在以上几章讨论未来收益时，没有详细讨论其估计方法；又为使论证不过分复杂起见，也没有分辨差别之起于周转灵活性者，与差别之起于风险本身者，但在计算本身利率时，当然两者都应该顾到。

很明显，所谓周转灵活之便并没有绝对标准，只是程度之别；在比较持有各种财富之好处时，除了估计保藏费以及使用该财富可以得到的收益以外，多多少少总要顾到灵活升值。至于何者构成“周转灵活性”，概念上也不大确定，时常在改变，须看社会习惯及社会制度而定；但在任何一特定时间，财富持有人对于各种财富之周转灵活程度，意见颇为肯定；就分析经济体系之行为而论，有这点已经够了。

在某种历史环境中，很可能在财富持有人心目中认为土地之灵活升值甚高。土地与货币相似，其生产弹性及替换弹性都可以甚低，故历史上可能有一段时期，彼时利率之所以太高，乃因为人们愿意领有土地，正如现代利率之所以太高，乃因为人们愿意持有货币。我们很难从数量方面来追溯这个势力，因为严格说来，土地没有一个期货价格（用土地本身计算），可以与债务票据上的利率相比；但是我们可以找出十分类似的东西，那就是盛行于土地抵押借款上的高利贷。土地抵押借款者所付利息总超过耕种该地的净收益是农业经济的常有现象。禁止高利贷法一向以此种借款为主要对象是很对的：盖在初期社会组织中，现代式的长期债务票据并不存在，若土地抵押借款上之利率甚高，则其能妨碍投资（生产新资产），阻碍财富之生长，正如在现代社会中，把长期债务票据上之利率定得太高。经过了几千年个人积极储蓄以后，世界上积聚的财富还如此之少，这个解释，依我看法，既不是因为人类不肯节俭，也不是因为战争破坏，而是因为先则持有土地之灵活升值太大，今则持有货币之灵活升值太大。在这一点，我不同意于老一点的看法。马歇尔在《经济学原理》第581页把后一种看法说得异常肯定：每个人都知道，财富累积之所以受到抑制，利率之所以能维持者，乃是因为大多数人都愿意在现在满足其欲望，而不喜欢留待未来去满足，换言之，他们不愿意“等待”。

Ⅵ

在拙著《货币论》中，我曾对所谓自然利率（natural rate of interest）下过定义，我说：所谓自然利率，乃是使一时期中储蓄量（依照该书所下定义）与投资量保持相等的利率。当时我认为这是唯一的利率；又相信这个概念，一方面是魏克赛尔之“自然利率”概念的演进，他把他的概念明朗化，盖魏克赛尔所谓“自然利率”，乃是使某种物价水准保持稳定之利率，至于到底是何种物价水准，他并没有明白规定。

我当时忽略了一点：依照这个定义，则在一特定社会中，有一个假想的就业水准，便有一个不同的自然利率与之相应；同样，有一个利率，即有一个就业水准与之相应，对该就业水准而言，该利率是“自然利率”——意思是说，在该利率该就业水准之下，经济体系可以达到均衡。故说只有一个自然利率，或者说从以上定义中，不论就业水准如何，只能得出一个利率这是错误的。我当时不了解，在某种情况之下，经济体系可以在没有达到充分就业以前就达到了均衡。

我当初觉得“自然”利率这一个概念很有前途；我现在不再这么想，反之，我觉得这个概念对于我们的分析没有多大用处，也没有多大重要性。自然利率只是一个维持现状的利率，而通常说来，我们对于现状本身并不感觉特殊兴趣。

假使有一个利率，当得起称为唯一的、重要的利率，则该利率可称之为中立利率。其定义如下：设经济体系中之其他条件不变，则在一组（以上所谓）自然利率中，有一个自然利率与充分就业不悖，此利率即为中立利率（neutral rate of interest），但将其称之为最适度利率（optimumtate）恐怕更为合适。

说得更严格一点，所谓中立利率，乃是特种均衡状态下的利率，在该均衡状态时，产量与就业量已经达到一个水准，以致就业弹性（就全体而论）等于零。以上所说，又可以使我们知道：经典学派的利率论需要何种暗中假定方才有意义。该利率论或者假定实际利率常等于中立利率（定义刚下过），或者假定实际利率常能维持一特定就业水准于不变。假使经典学派理论作如此解释，则其实际结论颇少错误。经典学派暗中假定着：银行当局或自然力量可以使得市场利率常常满足以上两个条件之一，彼等所研究者，乃在此假定之下，何种法则支配社会上生产资源之使用与报酬。有了这个限制，则决定产量者，只是该假定不变的就业水准以及当时的设备与生产术；于是我们很平安地跨进了李嘉图的天地。

第十八章　就业通论提要

I

目前我们已经到了一个阶段，可以把以上所有论证提纲挈领总结起来。刚开始，我们最好分辨清楚：经济体系之中，哪几个因素是已知数，我们可以假定其不变，哪几个因素是自变数，哪几个是依变数。

我们所假定不变者是：现有劳力的技巧与数量，现有资本设备的质与量，现有生产技术，竞争程度，消费者的爱好与习惯，各种各类劳力活动（包括监督组织等劳心活动）的负效用，以及社会结构——包括（除了下举变数以外）决定国民所得之分配的各种势力。这并不是说，我们真假定这些因素不会改变，我们只是说，在本书中，我们不讨论也不顾到这些因素改变所引起的影响与后果。

我们的自变数，乃消费倾向、资本的边际效率表以及利率。上面说过，这些自变数都可以再加分析。

我们的依变数，乃就业量与国民所得（后者以工资单位计算）。

我们认为不变的因素，可以影响、但不能完全决定我们的自变数。例如，资本的边际效率表，一部分决定于现有资本设备的数量——这是我们认为不变因素之一；但一部分也决定于长期预期状态——这不能从不变因素中推得。但也有几样东西，可以完全从不变因素中推得，故我们也可以把这种推演出来的东西看做不变的。例如，由不变因素中，我们可以推知，设就业的水准为已知，则国民所得（用工资单位计算）水准将如何；故在我们认为不变的经济体制中，国民所得只决定于就业量，换言之，只决定于现在用之于生产的劳力数量，这就是说，在国民所得与就业数量之间有一唯一的关系。又，由此不变因素中，可以推知各种总供给函数，一物之总供给函数，以对该物的有效需求（用工资单位计算）为自变数，以从事生产该物之劳力数量为依变数。最后，由此不变因素中，可以推知劳力之供给函数为如何，故又可知道到了那一点以后，劳力之就业函数不再有弹性。

资本的边际效率，一部分乃决定于不变因素，一部分乃决定于各种资本资产的未来收益；利率则一部分决定于灵活偏好状态（即灵活偏好函数），一部分乃决定于货币数量（以工资单位计算）。故我们也可以说，最后自变数只有三种：即（1）三个基本心理因素，即心理上的消费倾向、心理上的灵活偏好，以及心理上对资产未来收益的预期；（2）工资单位，由劳资双方议价决定之；以及（3）货币数量，由中央银行决定之。设上举不变因素不变，则此三种自变数决定国民所得与就业数量；但这三种自变数还可以再加分析，故尚非原子式的最后自变数。

把经济体系中的决定因素分为不变因素与自变数两类，从任何绝对的观点说，都是很武断的。分类的标准，只能完全根据经验。凡改变甚迟缓，或与我们所研究的问题关系甚轻微，故在短时期内所生影响比较微小不足道者，都列为不变因素；反之，凡其改变，对于我们所要研究的问题有支配性的影响者，则列为自变数。我们目前所要研究的问题，乃是：在任何时间，何者决定一特定经济体系之国民所得，或其（两者差不多是一物）就业数量？经济学的研究既如此复杂，我们不能希望有完全准确的概括结论，故我们只能提出几个主要因素，其改变乃最足以决定我们所要研究的问题者，作为自变数。我们的最后任务，也许是在我们实际生活其中的经济体系中找出几个变数，可以由中央当局来加以制定或管理。

II

现在我们要把以上各章的论证作一提要。提要中各因素的出现次序，则与以上各章中的次序相反。

社会上有一种动力把新投资的数量扩充到一点，使得一般资本的边际效率（由各种资产之供给价格及其未来收益决定之）约略等于利率。这就是说，资本品工业的生产情形、对于未来收益之信心、心理上的灵活偏好以及货币数量这四者，决定新投资的数量。

投资量增加（或减少）时，必然引起消费量的增加（或减少）；盖通常说来，只有当所得增加（或减少）时，公众才愿意扩大（或缩小）其所得与消费的差额。这就是说：通常说来，消费的改变常与所得的改变同一方向，但数量则较小。储蓄增加一特定量时，消费量应增加多少，此种关系，可由边际消费倾向推得之；投资增加时，总所得将增加多少，则可由投资乘数推得之。

最后，假如我们假定（作为第一接近值）就业乘数即等于投资乘数，则以此乘数乘投资工业中的就业增量（或减量），即得总就业增量（或减量）。投资量之所以有增减者，理由已见上。

就业人数增加（或减少）时，可以提高（或降低）灵活偏好表；所以有此种影响者，其理有三：第一，当就业量增加时，即使工资单位不变，物价（以工资单位计算）不变，产品的总价值仍增加；第二，就业量增加时，工资单位亦有提高的趋势；第三，产量增加时，因短期内成本递增，故物价（以工资单位计算）上涨；此三者都增加货币的需求。

此各种反应（还有别种反应）都能影响均衡位置。而且，以上所举自变数都可以事先没有多少预兆，随时改变，有时且改变甚大，故在实际上，事态的发展异常复杂。虽然如此，我们还是要把这几个变数单独提出，因为如此做法好像比较有用，比较方便。假使我们用以上分析方法来研究一实际问题，则此问题较容易处理；否则若处理实际问题而只凭直觉（直觉所能顾及的事实往往枝节太多，非一般原理所能处理），恐有材料太多无从措手之感。

III

以上是就业通论的提要。因为消费倾向、资本的边际效率表以及利率三者有若干特征，故经济体系的实际现象也蒙上一层色彩。关于这各种特征，我们很可以从经验上作概括结论，但此结论在逻辑上并不必然。

我们现在生活其中的经济体系有一显著特征：即在产量与就业量方面虽然有剧烈变动，但该经济体系并不很不稳定，反之，好像可以在次正常（sub-nomal）状态下，停留一相当时期，既无显著倾向趋于复兴，亦无显著倾向趋于完全崩溃。而且，根据以往事实，充分就业（或近乎充分就业）是一个稀有现象，即有之，亦为时不久。变动刚开始时，可以很活跃，但在没有达到极端以前，好像即不能支持，于是我们乃经常处于庸庸碌碌之境，不能说绝望，也不能说满意。因为变动在没有达到极端以前，即不能支持，后来竟反一个方向再变动，故有商业循环理论。以上所说，亦适用于物价——经过一度骚扰以后，物价似乎会找出一个水准，然后暂时稳定下来。

这些由经验中得来的事实，并没有逻辑上的必然性，故我们只能假定：现代社会的环境与心理倾向必有若干特征会产生如此结果。于此，我们要发两个问题：第一，何种假想的心理倾向会产生一稳定的体系？第二，根据我们对于当代人性所有的一点一般知识，我们可否说当代社会确有此种心理倾向？

根据以上分析，要解释观察得来的结果便需要下列稳定条件：

第一，当社会于其资本设备上增（减）劳力，故其产量增（减）时，该社会的边际消费倾向必须如此：由该边际消费倾向推算得来的乘数虽大于一，但不甚大。

第二，当资本的未来收益或利率改变时，资本的边际效率表必须如此：新投资量的改变不能与前者的改变太不成比例；这就是说，若资本未来收益的改变，或利率的改变非常温和时，则投资量的改变亦不能太大。

第三，当就业数量改变时，货币工资亦趋于作同方向的改变，但不太不成比例；这就是说，若就业量的改变非常温和时，则货币工资的改变亦不能太大。这与其说是就业量的稳定条件，不如说是物价的稳定条件。

第四，第四个条件倒不是使得经济体系有稳定性，而是使得该经济体系向一个方向变动到相当程度以后，会自己变换其变动方向，向相反方向变动。这第四个条件是：若每期的投资量较前期增加（或减少），且此种状态已继续一相当时期（若以一年作计算单位，则该时期并不太长），则资本的边际效率将开始蒙受不利（或有利）影响。

我们第一个稳定条件是说，乘数虽大于一，但不甚大。这个条件，作为人性的心理特征而论，好像非常合理。盖当真实所得增加时，现在所需满足的欲望，其压力逐渐减少，而生活费用（维持习惯上的生活程度所需的费用）与所得之差则逐渐增加；若真实所得减少，则反是。故就社会上一般人而论：当就业量增加时，当前消费量自然趋于增加，但不若真实所得的全部增量之大；当就业量减少时，当前消费自然趋于减少，但不若真实所得的全部减量之大；而且，不仅一般人如此，政府大致亦复如此，盖在今日之世，当失业人数继续增加时，政府往往不能不举债以救济之。

不论从先验方面，读者是否认为这个心理法则入情入理，但有一点很确定：若此心理法则而不适用，则实际经验必与今日大不相同。盖在后者情形下，则不论投资增量如何微小，有效需求将作累积的增加，一直到达到充分就业为止；反之，当投资减少时，有效需求将作累积的减少，一直到就业人数等于零时为止。但实际经验与此不同，我们并不趋于极端，而在两极端之间。也可能：在某一段范围以内，真有这种不稳定性；假使如此，则该范围一定很狭小，在此范围以外，不论在哪一个方向，我们的心理法则一定适用。还有一点也很明显：即乘数虽大于一，但在大多数情况之下，并不奇大；盖设奇大，则当投资量改变一特定量时，消费量将大量改变（其改变限度，只是充分就业或全无就业）。

有第一个条件，则当投资量的改变非常温和时，消费品的需求也不会有太大改变。有第二个条件，则当资本资产的未来收益或利率改变不太大时，投资量也不会有太大改变；其所以然者，因为要从现有设备上大量扩充产品，大概会引起成本递增。设在开始时，可以用来生产资本资产的资源有大量剩余，则在某一段范围以内，可能很不稳定，但当此剩余的资源大部分已经利用时，则此不稳定性即不再存在。又，若工商界在心理上起剧烈变动，或有划时代的新发明，以致资本资产的未来收益改变甚烈时，则此第二条件亦能限制由此引起的不稳定性；但在限制向上变动方面，恐怕较之限制向下变动方面更有效一些。

第三个条件，与我们所经验到的人性相符。上面虽然说过，关于货币工资的斗争，大体上只是要维持一高额相对工资；但当就业人数增加时，一方面因为工人的议价能力增大，其他方面因为工资的边际效用减少，工人的财政情况改善，愿意多冒一些险，故货币工资的斗争大概在各业都会加强。然而这些动机也有一个限度，工人不会因为就业情况改善而要求货币工资增加许多，也不会因为要避免失业而让货币工资减少许多。

这里又和以上一样：不论从先验方面这个结论是否入情入理，但根据实际经验，这种心理法则肯定存在。盖设不然，则失业工人间的相互竞争肯定会使货币工资减少许多，因此使得物价水准极不稳定。不仅如此，恐怕除了充分就业以外，别无稳定的均衡位置；盖货币工资率将无限制降低，一直到货币数量（用工资单位计算）变成十分充裕，利率因之降低到一定程度，足以恢复充分就业为止。除此以外，别无可以休止之点。①

第四个条件倒不是稳定条件，而是为什么经济衰退与经济复兴会接连着此起彼伏。这个条件只是根据一个假定：即资本资产的年龄参差不齐，但寿命都不太长，最后都会不堪再用；故设投资量低于某一最低水准，则即使其他因素没有大量变动，最后资本的边际效率又复提高，投资量又复恢复到超过这个水准，也只是时间问题而已。同样，设投资量一期比一期大，则除非其他因素改变，否则最后资本的边际效率又复降低，以致引起经济衰退，亦只是时间问题而已。

因为有第一至第三个稳定条件，故经济复兴与经济衰退的程度已经有了限制；因为有第四个条件，故即使是有限度的经济复兴与经济衰退只要已经继续了相当时期，而没有其他因素的改变来加干涉，也会自己转换方向，向相反方向变动；以后这同一力量，又把变动方向再转换过来。

这四个条件联合起来，足够解释我们实际经验中的显著特征：就业量以及物价的变动并不趋于两极端，而只是绕着一条中线上下动荡。此中线的位置，固然比充分就业低得非常多，但亦比最低就业量高得非常多；所谓最低就业量者，即若就业人数而低于此水准，生活即将受到威胁。

但是我们不能因此就下结论：这不高不低的位置，既然是由“自然”趋势所决定，而且这种“自然”趋势，假如我们不有意设法矫正，大概会继续维持下去，故这个位置是建筑在必然律上的，没有办法改变的。以上四个条件，只是一个实际观察得到的事实，而不是一个不能改变的必然原理。

①各种产物的就业函数，在就业量的有关变动范围以内，也许曲度不同。在现阶段，我们暂时忽略由此所引起的复杂性。参阅以下第二十章。

附：凯恩斯学说指南

资本的边际效率

凯恩斯《通论》第十一和十二两章讲得非常透彻而且令人深思。虽然，第十一章并非凯恩斯独创，却是对投资需求表的卓越的表述。在这方面，魏克赛尔是先驱者，在凯恩斯以前还有欧文•菲歇尔。可是凯恩斯对此作了一些贡献：其中一部分是由于他作了透彻清晰的表述，使若干概念更觉鲜明；另一部分是由于他比他的先驱者更强调预期的作用。凯恩斯在第十一章中把他对预期的看法同他的先驱者对预期的看法作了对照，而在第十二章中，对长期预期的作用，亦即作为长期投资的决定因素的预期的作用，所作的论述则是辉煌的、独创的和高度现实的。

如果一份增加的资本财货的价值超过它的成本(供给价格或重置成本)，那么投资引诱将是强烈的。而增加的一新单位资本财货的价值，一方面决定于某人可望从资本财货的整个寿命中获得的一系列的未来年收入，另一方面则决定于这些未来年收入折算为现值所凭借的利率。

一单位资本财货的价值，可通过把一系列未来年收入估算为资本这种方法求得。例如假定$R_1+R_2+R_3+\cdots+R_n$是一系列未来年收入或投资的“未来收益”。又假定i代表市场利率，V代表讨论中的资本财货的价值，则：

$$V=\frac{R_1}{1+r}+\frac{R_2}{(1+r)^2}+\frac{R_3}{(1+r)^3}+\cdots\frac{R_n}{(1+r)^n}$$

只要一单位资本财货的价值(决定于一系列R和利率i)超过一单位资本财货的供给价格或重置成本(我们可称之为C_R)，那么继续投资都将是有利可图的。

投资引诱同样可用资本的边际效率(我们可称之为r)以及市场利率i之间的差距来表述。资本的边际效率可用下列方法计算：

$R_1+R_2+R_3+\cdots+R_n$代表一系列未来年收入，或投资的未来收入，C_R表示重置成本，而令r代表将使一系列未来年收入的现值恰好和资本财货的供给价格(重置成本)相等的贴现率。于是：

$$C_R=\frac{R_1}{1+r}+\frac{R_2}{(1+r)^2}+\frac{R_3}{(1+r)^3}+\cdots\frac{R_n}{(1+r)^n}$$

公式中，r代表的是将使未来年收入的现值和资本财货的成本相等的贴现率；换句话说，r是人们在一笔成本为C_R并能提供以$R_1+R_2+R_3+\cdots+R_n$为代表的一系列年收入的资本资产上可望获得的“资本的边际效率”(凯恩斯用的术语)或“报酬超过成本率”(菲歇尔用的术语)。

假如有一台机器的成本费为2000元，使用寿命仅三年，在这三年内每年能获致1000元，形成一系列未来收益。这每年1000元的一系列年收入是预期从出售这台机器的产品减除营运费用(但不扣除折旧费)后的净年收入。或者换一种情况，若别人租用这台机器，三年期间每年1000元的一系列年收入就是机器所有者获得的租金。机器所有者指望这笔租金足以重置这台机器，再外加一些报酬亦即超过其成本的报酬(以绝对数值表示)。报酬超过成本率(亦即机器所有者从他的投资中所赚得的百分率r)很容易算出，因为在下列公式中，r是唯一的未知数：

$$2000=\frac{1000}{1+r}+\frac{1000}{(1+r)^2}+\frac{1000}{(1+r)^3}$$

在同一类型的一组预期内，在一定时期中经济上可以实现的投资数额，一部分由资本的边际效率表的弹性来决定，一部分则由资本财货现行供给价格的弹性来决定。一方面，因资本财货每一次递增而递减的边际效率，将使未来收益(一系列年收入)趋于减少；而另一方面，由于投资量增大将“对生产该类资本的设备施加压力”，所以一单位资本财货的成本将会提高。当C_R提高而“未来收益”(亦即一系列R)下降时，使一系列年收入的现值和重置成本相等的贴现率（亦即r)也将趋于下降。投资量I在一定时期内愈大，则未来年收入(亦即一系列R)愈低，而重置成本则愈高。因此，投资量愈大，则报酬超过成本率(即r)愈低。

投资需求表是表示I和r关系的表。投资将达到投资需求表上的一点，在该点上，一般资本的边际效率恰好等于市场利率。于是，r曲线(边际效率表)和i曲线(利率表)的相交点，将决定一定时期内的投资量。

同样的一种事实，也可以换一种说法：即在一定类型的预期范围内(这种类型基本上决定于技术发展和人口增长，而在短期内则决定于各种各样的预期)，在任何一定时期内的投资量，由V曲线和C_R曲线的相交点决定。

V曲线就是“投资的需求价格”，而C_R曲线就是投资的供给价格。其中V表示一单位资本财货的价值，而C_R表示一单位资本财货的重置成本。在一定时期内，当投资增加时，F随之下降而CR则随之提高。投资将达到V曲线的一点，在该点上$V=C_R$。

凯恩斯不慎在《通论》中误提了这么一句：“未来利率下降，亦足以使资本的边际效率表降低。”正确的说法应该是：利率的下降将使V表移向右上方。因此在一定时期内的总投资(决定于F曲线和C_R曲线的相交点)也将增加。相反，由于利率下降，边际效率(r)表和i表将在r曲线上较低的一点相交。因此较大的资本财货数量的形成，意味着较低的资本边际效率。

因此，假若预期未来的利率多半会低于目前的利率，那么由于展望报酬超过成本率较低之故，较大数量的未来设备将在未来若干年内成为现有设备的剧烈的竞争者。这种对于未来利率的较低的预期，将对于目前的投资产生若干“不景气的影响”。

凯恩斯在《通论》第十一章全章中强调预期对于投资需求表的作用，在该章的结论里，他又再一次强调了这点。正是主要通过投资需求表，“人们对于未来的预期才能影响现在”。他认为，静态经济学主要考虑资本设备的目前收益，以致铸成错误。而这种现象“只有在静态社会中并没有不断变化的未来影响现在时，才是正确的”现象。

这样一来，凯恩斯自认为他的分析主要是动态的分析。他指责“现有经济理论常以静态状况为前提”，而这一事实使“经济理论与现实在很大程度上脱节”。他相信，他自己强调通过投资需求表而发生作用的预期的重要性一事将使“经济理论又回到它的现实性来”。在这里，凯恩斯显然没有给予商业循环理论家中的欧洲大陆派的重要著作以一种应有的评价。

凯恩斯在第十一章中讨论了下列各种概念的某些含糊意义：

1. 资本的边际生产力；

2. 资本的边际报酬；

3. 资本的边际效率；

4. 资本的边际效用。

生产力、报酬、效率还是效用，究竟用什么名词或许没有多大关系。凯恩斯喜欢用“资本的边际效率”这个名词来指报酬超过成本率，同时保留“未来收益”这一名词来指从资本财货中获得的一系列未来报酬的绝对值。对于这两个迥异的概念，在文献中有若干含糊的意义。

我们已经注意到，凯恩斯喜欢用“未来收益”这个名词来表述从资本财货的整个使用寿命中产生的一系列年收入。这一系列年收入包括从资本财货(例如租给房客的一所住屋)所赚得的年收入中扣除了营运费用(但不扣除折旧费)之后的部分。

当然可以用两种方法来表示一系列年收入的绝对值——未扣除折旧费以前和扣除折旧费以后。不论用哪一种方法，我们在这里所考虑的是一系列绝对数值，而不是一个比率(亦即对于一定投资数量的报酬率)。这两个系列的绝对数值都可以称之为资本的边际产额——其中前者(即未扣除折旧费以前)称之为“边际总产额”而后者(减除折旧费以后)则称之为“边际净产额”。但不管怎样，必须着重指出的是，资本的边际效率就是使边际总产额与资本财货的重置成本相等的贴现率。

凯恩斯提醒读者注意下面的事实，即在文献中常常不能弄清楚“资本的边际效率”这一名词究竟指绝对数量(例如一系列年收入的绝对值，不论是包括折旧费的总值还是减除折旧费以后的净值)还是指一个比率。假若指一个比率，可是对于“这个比例的分子分母两项是什么”的问题，又往往缺乏明白说明。例如，人们可以单单地把所有各系列年收入绝对值之和与资本财货的原始成本相比。人们可以从这个比例中获知，譬如说值1000元成本的资本财货，在其整个使用寿命中得到1500元的报酬总数。但除非人们知道讨论中的资本设备的究竟有多长的寿命，否则这种说法就没有多大意义。而当人们把时间因素加入时，这一比例就有“与利率相同的维度”了。

在上文中，我们已经看到，凯恩斯对于资本的边际效率所下的严格定义是：“它是一贴现率，这一贴现率将使资本资产在其整个寿命中的预期报酬所赚得的一系列年收入折算成为现值后，恰好等于该资本资产的供给价格。”换一句话说，它是一贴现率，这贴现率将使一系列未来年收入的现值恰好与该资本财货的重置成本相等。因此，超过重置成本的年收入的总和是这样的，即从投资所获得的报酬率(亦即报酬超过成本率)等于牌示的贴现率。用另一种说法，也就是说每一笔未来年收入包括如下两个部分：(1)贴现和(2)折旧费。

凯恩斯所谓的资本的边际效率这一严格定义具有的特点是：他对资本财货整个预计寿命中所能获得的全系列“未来年收益”的认识是正确的。一般经济学家在讨论资本的边际产额时，每集中注意力于当年的现行边际产额(亦即减除营运费和折旧费以后的每年绝对产额)。若在资本的边际产额用一个比率表示时，这个比率的获得是用现行净产额(亦即减除了营运费和折旧费两者)做分子，而以资本财货的成本做分母。这样一来自会得到现行的报酬超过成本率。这事实上就是马歇尔所用的方法。但凯恩斯着重预期对于全系列年产额(用他的术语是“未来收益”)的作用，同时他确定资本财货整个预计寿命中超过成本的净报酬，他所用的方法是找出使全系列年收入的现值与重置成本恰好相等的贴现率。

当决定投资于寿命较长的资本财货时，不仅仅只是要考虑预期的现行产额，因为特别起重要作用的是对于资本资产所能获致的全系列未来收益的预期。这种资本财货将在今后若干年内与每单位产额重置成本较低的新设备，或者满足于较低的报酬率(由于当时通行的利率较低之故)的新资本，处于竞争的地位。

最后，凯恩斯也对一系列未来收益中所包含的风险因素作了考虑。一系列年收入的总和必须包括：(1)重置成本(折旧费)，(2)保险费，(3)除去风险后的净“报酬超过成本”。换一句话说，如果人们要得到可与纯利率相比较的净“报酬超过成本率”，那么在将一系列未来收益折为现值时应该要除去风险不计，求得净额。

在这一方面，凯恩斯讨论了下面这两类风险：(1)企业家的风险，即可能实际上得不到预期的收益，(2)贷者的风险，即企业家可能赖债不还。如果企业家运用他自有的资金，就不会发生第二种风险。但是他若借债，那么这种风险就要被放在第一种风险之上。

一旦计入风险因素，我们就会碰到一个很棘手的问题，即究竟有哪些因素决定一个资产的未来收益？预期是同不确定性和风险相冲突的。凯恩斯在他的题为《长期预期状态》的第十二章中对这些问题作了卓越的讨论。

这一章，在其强调投资决定的主要因素是信任状态这一点上，是与英国的思潮保持一致的。可是这著名的一章的特点，在于它生动地描绘了“我们借以估计未来收益的知识基础的极度变幻多端”。在现代条件下，这些估计经常为股票市场上从事交易的人们的预期所左右，不下于受到企业家本身更明智的预期的影响。因此，经常横扫股票市场的莫名其妙的情绪波动，可使一个企业的厂房设备的资本估算价值(反映于其未清偿证券的价格中)低于这一厂房和设备的重置成本。这个因素会阻碍新的投资，而如果真正企业家的那种具有更可靠基础的预期没有被有组织的交易所中的狂热的投机所笼罩的话，本来是可以发生这种新投资的。

凯恩斯这样说道：“但我们不应由此就得出结论，以为一切都受没有理智的心理波动的支配……我们只要提醒自己，人类的决策可以影响未来，但这种决策(不论是个人的、政治的或经济的)，并不能依据严格的数学来预计，因为作出此种计算的根据并不存在。时代巨轮之所以能运转前进，就是因为我们有一种内在的想从事活动的冲动。我们的理智尽力设法在各种可能性之中进行挑选，在可以计算之处，也计算一下；但在我们前进的动机上，则经常要依赖于想象、热情或机遇。”

灵活偏好

很早以前，就有人告诉我们，货币主要有两个用途：(1)交易的媒介，(2)价值的贮藏。凯恩斯说道，关于第二点，人们告诉我们时至少“脸上没有笑容”。实际上在《通论》出版以前，货币银行学教科书的作者们都没有精心阐述过货币作为“价值的贮藏”这一职能的意义。而且，事实上“除了疯子以外的任何人为什么要把货币用做财富的贮藏手段呢？”人们为什么要把货币以不活动存款的方式持有或“窖藏”呢?

凯恩斯的回答是：对于未来的恐惧和不确定。我们要求把我们的一部分资源以货币方式持有，这是“我们不信任我们自己关于未来的打算和习惯做法的程度的晴雨表”。持有现款“会平息我们的忧虑不安”，而我们在准备以现款交换有收入的资产以前所要求的利息，正是“我们衡量不安程度的标尺”。

窖藏倾向的基本原因是我们对于预期的不确定，是一种由于“各种各样的未证实的疑虑以及信心和勇气的波动状态”。灵活偏好分析是基于下列假定，即我们不能假设一个确定的而可以估计的未来。“在另一方面，正统学说所考虑的是一个简单化了的世界……在那里不存在疑虑和信心的波动，因此没有必要持有不活动存款。“我们要求持有闲置存款，是因为我们相信这种窖藏可用以保障未来的风险和不定。”假设“预期状态不变，在公众心目中，就有趋向于持有现款的一定的潜势力”。

当然，如果有足够大的报酬，也可以说服人们放弃他们持有的一部分现款。凯恩斯说，利率是一种“报酬，用以引诱人们以窖藏以外的方式来持有他们的财富”。从另一方面看问题，直到某一点，人们值得牺牲一定数额的利息来享受把货币保留在灵活状态时得到的方便。持有现款的机会成本，是人们以资产的方式持有其财富时可能赚得的利息。

凯恩斯建议把上述货币用途的两种传统分法(交易的媒介和价值的贮藏)用持有货币的三种动机来代替：(1)交易动机；(2)谨慎动机；(3)投机动机。第一类表示货币处在积极流通状态；后面两类则表示货币以不活动的存款状态被持有着。但是虽说我们可以把出于谨慎动机和投机动机的现款持有额放在一起，因为两者都属于不活动存款；可是在后面，我们将看到若从决定两种持有额的因素来考虑，它们不能归为一类。

交易动机指的是现金需要，以备个人和业务上往来时作目前交易之用。谨慎动机指的是要求把全部资源的一部分保留现金方式，以备未来需用并充当无法预见的意外用途。人们以这两种方式要求的任何一种持有的现金数额，很少受到货币成本(亦即利率)的影响。

可是投机动机指的却是那种想使其自愿保持一种灵活状态，以便从市场变动中取利的要求。正是这个投机动机主要形成窖藏倾向。这里的目的，是凭借对未来变化的看法较“市场”上一般人高明这一点来获利。各人对未来有不同的估计。设某人的意见不同于“市场行情所表示的最占优势的意见，如果他的意见是对的，他就有充分的理由保持灵活状态的资源，以便从中取利”。因此投资顾问经常劝告他们的顾客，把他们的资源的一部分(譬如说50%)保持于现金状态，以便日后市场可能发生变化时从中取利。其目的可能在避免“蒙受损失的风险”，因为在购买长期债券以后又再出售变成现金，一买一卖之间可能蒙受损失，而持有现金则可避免。

因此，持有现金的投机动机是由于想把资源保持于一种灵活状态，以便市场好赖之时从中取利，同时其动机也在于想避免在市价跌落时持有证券可能蒙受的损失。

这样一来，人们为了上述三类目的每一类而愿意持有的现金数额，都将随持有现金的“成本”而上下变化，这种“成本”说的也就是人们为了要持有现金资源而宁愿不要孳利的资产因而放弃的利率。若是现金的成本非常高，则人们在为了个人的交易和商业的交易或谨慎目的而使用现金时就会设法节约。但若利率并不很高，则人们就乐于牺牲利率来换取充分的灵活性。虽然如此，但利率高的时候，甚至对于货币的交易需求和谨慎需求，也将在一定程度上随利率而发生弹性变动。而在利息不高或较低时，这种需求将全无弹性。此外，以谨慎动机而论，有组织的证券市场的存在，使人们可以随时抛售债券以换取所需要的现金，因此对于现金的需要将大为减少。所以除非利率很高，人们为了交易和谨慎需要而愿意持有现金的数额(让我们称之为L′)不至大受利率的影响。为了这些目的而需要的现金数额，主要是应付数与有关应急、债务和托付之间的函数；除非利率很高，否则所需现金数额与利率i之间的关系将具有极少的弹性。

人们为了交易(和谨慎)而愿意持有的现金的数额，主要是由于个人的和业务上的交易的数量(亦即商业数量)连同个人的和业务经营上的举动所引起的意外需要的数量的函数，而由于投机目的而需要的货币的数额(让我们称之为L″)，则主要是利率的函数；若是人们为了持有现金不持有孳利的资产而必须放弃的利率越高，则人们为了投机目的而准备持有的现金数额将越少。L″函数“是一条连续曲线，这条曲线标表示的是满足投机动机的货币需求的变动和利率的变更之间的关系”。L″函数是富有高度的适应利息的弹性的。

凯恩斯很着重这样一件事，即L″函数随利息的变更而变动的弹性。在他的一套分析工具中，这是极端重要的一件。它同投资需求函数和消费函数一道，在凯恩斯抨击扎伊尔定律以及正统学派之满足于自动调节会趋向充分就业这种学说时，起了重要的作用。而且正是由于这个着重点，比起其他一切论点来，尤其使凯恩斯和数量学派之间有了一条深邃的鸿沟。

关于扎伊尔定律有两种想法：(1)不管货币供给如何，扎伊尔定律都能成立；(2)只有在货币供求均衡情况下，它才能成立。按照第一种情况，不论执行什么样的货币政策，扎伊尔定律都可成立；而按照第二种情况，只有在富有弹性的货币政策下，充分就业才能自动得到保证。凯恩斯认为在这两种情况下，扎伊尔定律都不能成立。他在抨击第二种情况时，着重倚靠他的灵活偏好分析。

古典学派、借款基金学说和凯恩斯的利息论

凯恩斯攻击古典学派利息论的理由，是说它不能作出确切的决定。

按照古典学说，利率决定于投资需求表和储蓄表的交点——这些表揭露了投资和储蓄对于利率的关系。

但是，由于储蓄表的位置随着实际收入水平而变化，这种说法不可能得出答案。收入增加；储蓄表就将向右移动。因此，除非我们早已知道收入水平，我们就无法知道利率究竟多少。而如果我们不先知道利率，我们也不能够知道收入水平，因为利率的降低意味着投资量的增大，因而，通过倍数作用，也意味着实际收入水平的提高。所以，古典学派的分析，对问题的解决不能作出什么贡献。

可是，同样的批评也正可以适用于简单方式的凯恩斯学说。按照凯恩斯学说，利率决定于货币供给表(如果货币金融当局严加规定，也许没有随利率变动而变动的弹性)和货币需求表(灵活偏好表)的交点。这种分析法也不能作出确切的决定，因为灵活偏好表将随收入水平的变更而上下移动。这里我们指的是总灵活偏好表，包括对于货币的交易需求和资产需求两者。如果我们把货币的总需求表分成两个组成部分，我们也许能够认为“纯”灵活偏好表(把货币保持为一种资产的需求)是不受收入水平左右的。可是这仍旧于事无补，因为假定货币总供给量不变，则除非我们预先知道收入水平从而知道货币的交易需求有多少，我们就无法知道有多少货币可用以保持为一种资产。因此，凯恩斯学说正像古典学派的学说一样，也是不能作出确切的决定的。就凯恩斯学说而论，除非我们早已知道收入水平，货币供给表和需求表不能

决定利率；而在古典学说的场合，则除非收入为已知，储蓄需求表和供给表也不能作出答案。凯恩斯对于古典学说的批评，同样可以适用于他自己的学说。

同样的批评也正可适用于借款基金学说。按照借款基金学说的分析，利率决定于借款基金需求表和供给表的交点。而借款基金供给表是由下列组成的：储蓄(按照罗宾逊的含义)加上新货币对于借款基金的净增加以及闲置存款的反贮藏。但是由于表中的“储蓄”部分是随“可供使用的”收入水平而变化的，因此借款基金的总供给表也将随收入而变动。因此，这个学说也是不能作出任何确切的决定的。

在借款基金学说中，有关的供给表是用借款基金(亦即“自愿”储蓄加上新货币)来表达的。皮古教授采用了凯恩斯的定义，在他的分析中有关的供给表则用现行收入中的储蓄来表达的。“储蓄的定义是所得总收入超过因提供消费劳务而得的收入的数额”。同一语义，“总货币储蓄”的定义是“货币收入超过用于消费品的支出的数额”。上面已经指出过，皮古的定义事实上与凯恩斯的定义相同。货币储蓄是现行收入中未消费的部分。

现行收入的来源是现行支出。从皮古的定义看来，现行收入一部分是由新注入的货币依靠闲置存款的活跃来供给，毫无区别。收入就是收入，不管它是由于花用向银行借用的资金，还是由于花用“先前”收入而来的：而从这种收入中得来的储蓄也就是储蓄，不管在收入创造的过程中银行信用是否起了作用。

因此在皮古的学说中，“储蓄”事实上与所谓“借款基金”是一回事。按照罗宾逊所用术语，事实上“借款基金”包括自愿储蓄(亦即来自“可供使用的”收入的储蓄)加上借自银行的资金以及活跃了的闲置存款。而按照皮古的用语，来自现行收入的储蓄可能远超过“自愿”(或罗宾逊式的)储蓄，若是现行收入是由于银行借款或注入闲置存款而增加的话。所以皮古的储蓄供给表等于罗宾逊的或瑞典学派的借款基金供给表。因此，无需再把这两者区别开来，此后我将只把借款基金分析放在一边，而把凯恩斯的灵活偏好分析放在另一边。

新古典学派(借款基金学说)的公式表述和凯恩斯的公式表述两者综合起来，确实为我们提供了一种适当的利率学说。从借款基金公式表述中，我们得到在各种不同收入水平下的一组借款基金，如附图4-1所示。

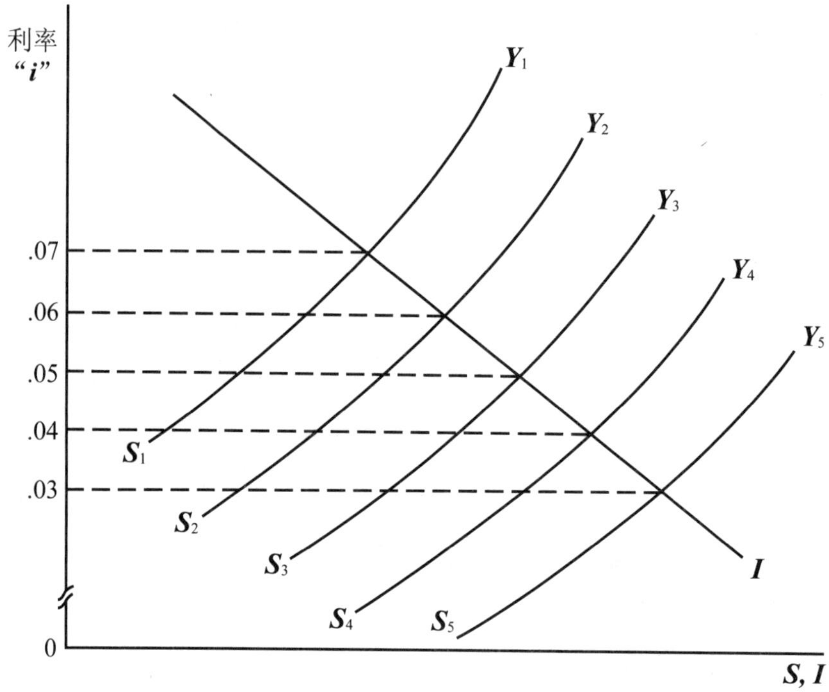

附图4-1：一组储蓄表。罗宾逊术语的“借款基金”表，或皮古术语的“储蓄”表。

注意：假定收入Y_1=100，Y_2=120，Y_3=150，Y_4=200，Y_5=260，于是IS表(表示“Y”和“I”之间的函数关系)将如F列。

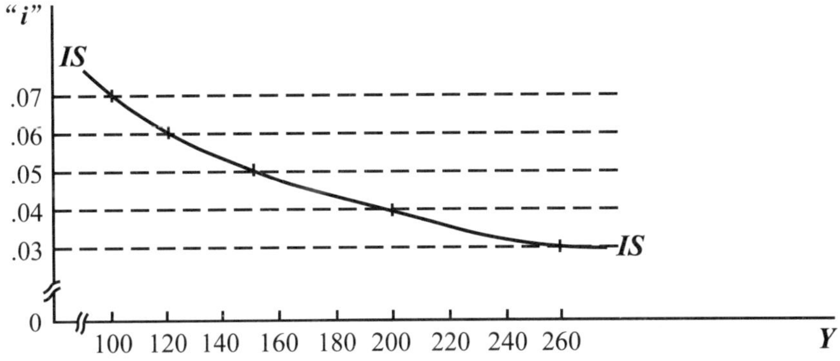

附图4-2

表(或者按照凯恩斯一皮古的用语来说是储蓄表)(参阅附图4-2)。这组表和投资一需求表结合在一起，使我们得到希克斯的投资储蓄(IS)曲线(参阅附图4-2)。换一句话说，新古典学派的公式表述能够告诉我们，在不同的利率下，收入将有什么样的各种不同水平(假定投资需求表与一组借款基金表为已知)。但是它并不告诉我们，利率将是什么。

从凯恩斯的公式表述中，我们得到在各种不同收入水平下的一组灵活偏好表。这些表，连同货币金融当局规定的货币供给量，使我们得出希克斯的L曲线(我宁愿称之为LM曲线)。LM曲线告诉我们，在各种收入水平下将有什么样的不同利率(假定货币数量和一组灵活偏好表为已知)。但，单是灵活偏好表不能够告诉我们将有什么样的利率。

IS曲缓和LM曲线都是有关下列两个变数的表：(1)收入和(2)利率。因此，收入和利率共同决定于这两根曲线或两张表的交点(参阅附图4-3)。在这一点上，收入和利率彼此间的关系如下：(1)投资和储蓄处于均衡状态(亦即实际的储蓄和投资等于所要求的储蓄)；(2)对货币的需求和供给量处于均衡状态(亦即所要求的货币量等于货币的实际供给量)。

因此作出确切决定的利率学说，是基于：(1)投资需求函数；(2)储蓄函数(或者反过来，消费函数)；(3)灵活偏好函数；以及(4)。

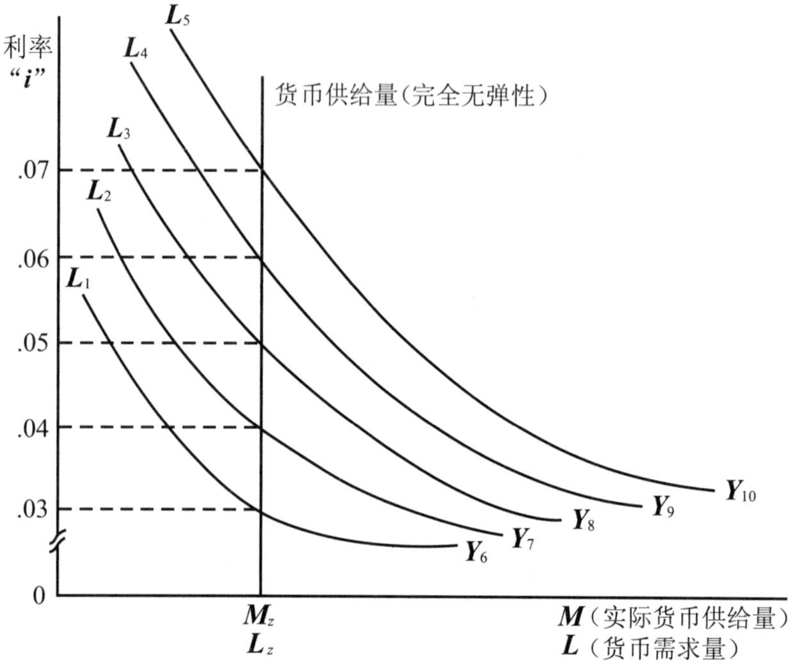

附图4-3 一组灵活偏好表

注意：令Y_6=100，Y_7=155，Y_8=170，F_9=180，Y_{10}=185。

于是LM表(表示“i”和“Y”之间的函数关系)将如附图4-4所示。

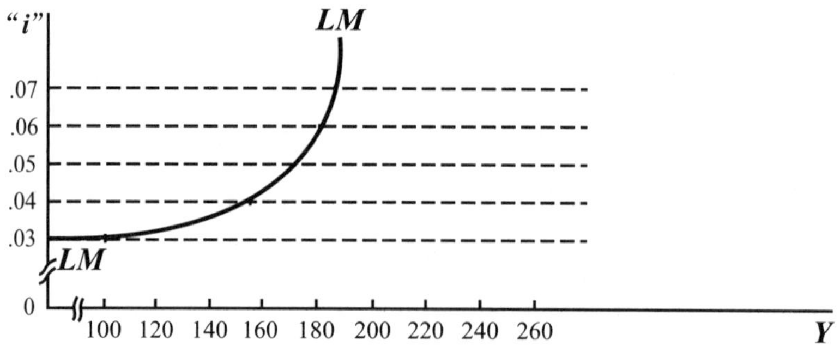

附图4-4

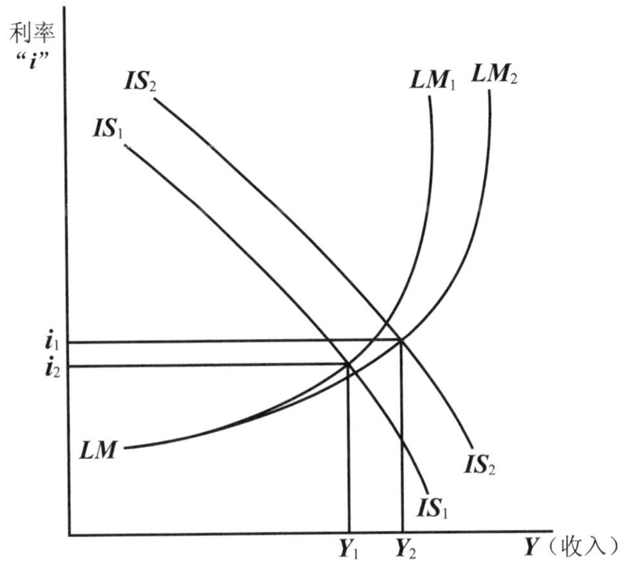

附图4-3 IS和LM曲线

注意：IS曲线从IS_1移向IS_2是由于其基本的投资需求函数向上移以及(或者)储蓄函数向下移的结果。

LM曲线从LM_1向LM_2的移动，是由于货币供给量增加以及(或者)其基本的灵活偏好表减退的结果。

货币量。凯恩斯的分析，从整体看来，包括所有上述这些因素。在这点意义上，凯恩斯不同于新古典学家，有一套作出确切决定的利息论。但是凯恩斯从没有把所有这些因素包罗在一起，公开形成、一套完整的利息论。他没有特地指出：灵活偏好加上货币量，只能画出LM曲线而不能得出利率。这留待希克斯运用凯恩斯的一套工具，其所用的表现的方法，使之无法忘却全貌，即生产率、节约、灵活偏好以及货币供给量都是构成一套完备而能作出确切决定的利息论的必需要素。

凯恩斯清楚地看到这个分析的第一部分，那就是：古典(或新古典)学派的公式表述并没有留给我们以利息论而只是一条IS曲线，事实上他也是用这些术语来说明的。IS曲线是表示总收入和利率两个相关变数的表。凯恩斯明确地提到这个函数关系。假定资本需求曲线和一组储蓄供给曲线(对每一收入水平都有一条曲线)为已知，那么我们就可算出IS曲线，因为在这样的情况下，正如凯恩斯所说：“收入水平与利率一定是很好地互相联系着的。”

凯恩斯了解这个事实的上半部，可是他没有看到他自己的利息论也同样是不确定的。他直截了当地说，“灵活偏好”和“货币数量”以及它们之间的关系，告诉我们“利率是什么”。但这是不确实的，因为对每一个收入水平都有一条灵活偏好曲线。除非我们知道收入水平，我们就无法知道利率是什么。我们把一组灵活偏好曲线和货币数量放在一起后所能得知的是LM曲线，可是它不能单独决定利率。

凯恩斯有时把它混淆起来是很明显的，他说道：储蓄和投资是“经济制度的被决定因素，而不是决定因素”。这当然是正确的。但在紧接着的一句话中，他把利率与消费倾向和资本的边际效率并列，作为经济制度的决定因素。但这正是他错的地方。事实上，利率连同收入水平是这个经济制度的被决定因素，而不是决定因素。决定因素是下列三种函数：(1)储蓄(或反过来是消费)函数；(2)投资需求函数；(3)灵活偏好函数，再加上(4)货币数量。假定这些凯恩斯的函数和货币供给量为已知数不变，利率和收入水平就彼此互相决定着。无论如何，凯恩斯的确为能作出确切决定的利息论提供了缺少的一环(灵活偏好)。

勒纳曾经提出另一种表述的方法(正确的，但比较不够，也许有些混淆)，旨在指出三种函数——边际效率表、消费表、和灵活偏好表——如何和货币数量结合在一起来决定利率。这种方法试图用下列两条曲线的交点来显示利率的决定：(1)货币供给量曲线；(2)新的“搀入”曲线，我将称之为LIS曲线。

这条曲线旨在指出货币总需求(包括交易需求和购置资产需求两者)怎样受到收入变动的影响，这种收入的变动是与投资率的变动相当(考虑到倍数作用)，而投资率的变动又与利率的变更相符。这种比较复杂的业务，最好借助于下面附图4-6来弄懂它。

假定有三个平常的灵活偏好总表占LY_1，LY_2和LY_3。LY_1是相当于收入Y_1的灵活偏好表；LY_2是相当于收入Y_2的灵活偏好表；LY_3是相当于收入Y_3的灵活偏好表。再假定收入Y_1和5%的利率是与一定的边际效用表一定的消费函数表和一定的货币供给量M_1相当的。现在假定货币供给量从M_1变动到M_2。这将迫使利率下降到4%，而使收入水平提高到Y_2。这确是如此，因为4%是唯一的利率，而Y_2也是唯一的能与一定的边际效用表、一定的消费函数、一定的一组灵活偏好以及一定的货币供给量相符的收入水平。收入提高的数额，决定于投资需求函数随利率上下的弹性以及边际消费倾向。收入从Y_1提高到Y_2以后，现在成为相关的灵活偏好表是LY_2。

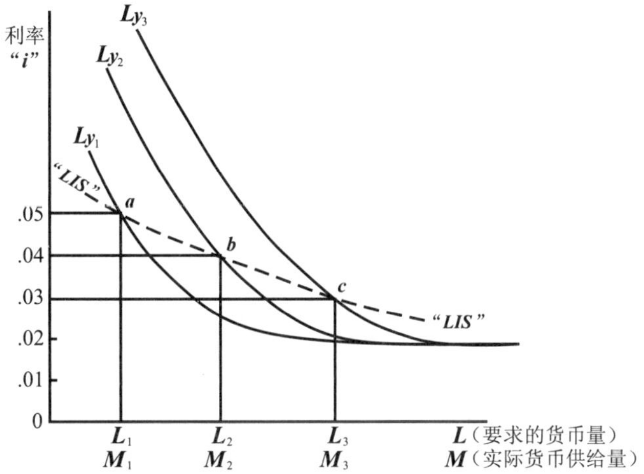

附图4-6 LIS曲线

同样，货币供给量从M_2增加到M_3，会使利率下降到3%，收入提高到Y_3，并使LY_3成为相关的灵活偏好表。

现在我们可以把a，b，c各点连结起来成为一条LIS曲线。正当地说，这不是一个灵活偏好表。这个表表示在不同利率下的货币总需求，并且在一定的投资需求表和一定的消费函数下，已经考虑到与这些不同的利率相当的各种收入水平。

必须注意，第LIS曲线是基于这样的假定：即一定的投资需求表和一定的消费函数保持不变。如果这些函数的任何一个发生移动，那么这些变动也会使LIS曲线上下移动。

因此LIS曲线是一个奇特的混合物。在它后面可以看到一组灵活偏好表；在它后面还隐藏着投资需求函数和消费函数。因此LIS曲线代表一种把所有这三个函数包含在一条曲线内的努力。只要没有人忘掉所有这三个函数，那就很好。但存在这样一种危险，即有人会忘掉其中隐藏着的函数，而把LIS曲线称之为灵活偏好曲线。任何人若是犯这样的过失，下一步他将造成致命的错误，认为利率全盘决定于灵活偏好和货币供给量，甚至会断言，边际效率表和储蓄函数(或者反过来消费函数)都与利率无关。误入这个陷阱以后，他甚至会断言，投资需求表的移动尽管表示投资机会的增加，却对于利率不发生任何影响。

以上这些是可从《通论》第十四章推断出来的主要问题。此外还有一些颇饶兴趣的次要问题。凯恩斯在这方面乐于同意，储蓄是利率的递增函数，而另一方面他假想古典学派也不会否认储蓄是收入水平的函数。这是很耐人寻味的说法，值得特别注意。于是S=S(i，Y)。这可以图表来表示：或如附图4-4A所示那样，一组储蓄曲线(每一个收入水平有一条曲线)与利率相关联；或如附图4-4B所示那样，一组储蓄曲线(每一档利率有一条曲线)与收入水平相关联。

但当凯恩斯同意储蓄也许是利率的函数时，他也注意到：新古典学派因对此有怀疑而感到烦恼，事实上他们并不全然肯定储蓄表是利率的递增函数，至少在相当大的利率差距范围以内是如此。

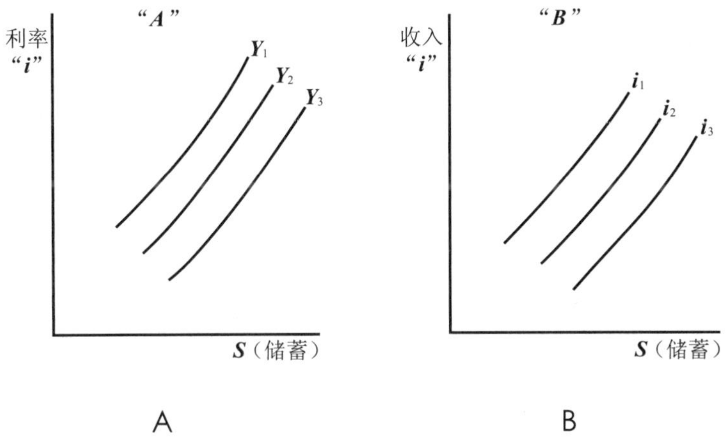

附图4-4 $S=F_8(i, Y)$

在另一次要之点上，凯恩斯显然是错了。他提醒读者注意，古典学派并没有把它们的两套利率论之间的鸿沟调和起来，这两套利率论一套是在涉及价值论的第一篇中，另一套是在涉及货币论的第二篇中。这在表面上是正确的，至少对于许多作者来说是如此；但接着他加上这样的意见，即新古典学派想调和此两者时弄得糟不可言。这种说法肯定不能加之于魏克赛尔。他这一段文章是远不能令人信服的。罗宾逊对储蓄所下的定义——实际上魏克赛尔和图干 · 巴拉诺夫斯基早已使用了同样的概念——时常是很有用的，虽然凯恩斯的定义在大多数场合更受人欢迎。凯恩斯说过，在魏克赛尔和罗宾逊所用的术语中，有“两种来源”的投资(借款)基金：(1)“储蓄本身”，以及(2)新货币和闲置存款。这里肯定没有什么错误。不管一个人愿意使用什么样的定义，是罗宾逊的也好，是凯恩斯的也好，只要他使用术语时前后一贯就行了。凯恩斯指摘人家“糟”的说法是没有根据的。

在另一点上，凯恩斯的理由比较有力些。除了提到魏克赛尔的“自然”利率而外，他也考虑到哈耶克的“中立”利率。魏克赛尔的均衡利率旨在维持物价稳定；而哈耶克的“中立”利率，则旨在进步的社会中保持货币收入的稳定，并使数量不断增长的货物的价格下降——物价下降反映着生产率的增加。凯恩斯对于据说因为没有执行中立的货币政策而引起的所谓弊害的论断，我认为是言之成理的。他在说到中立货币时断言，“我们已陷入深水而不能自拔”，而在这一点上，他引用了易卜生《野鸭》中一句讽刺性的话来结束全部争论。我认为现在绝大多数经济学家会同意这样的论断的。

最后，凯恩斯在第十四章的开头和结束时提出了很重要的一点。他提醒人们注意这样的事实，即在这个问题上，他所持的态度和古典学派正相反。古典学派认为储蓄自动地引起投资。凯恩斯的看法恰恰相反，就是投资自动地引起来自现行收入的储蓄。古典学派认为投资永远可以靠增加储蓄来增加。与此相反，凯恩斯认为投资会通过倍数作用提高收入水平，直到足与新投资量相匹敌的收入的扩大形成额外的储蓄为止。因此，通过倍数作用过程，投资是储蓄量的主要决定者，而并非储蓄是投资量的主要决定者。

由此得出的结论也同样重要。节约的增加(降低了消费倾向)会使收入下降，从而减少总储蓄量。于是“古典学派”的桌子全被颠倒过来了。《通论》的重大功绩之一，是把混淆储蓄数量和储蓄倾向(亦即节约)的紊乱思想，一劳永逸地加以澄清了。

资本、利息和货币的性质与特性

凯恩斯在他的《通论》第十六章第一节中，继续抨击古典学派主张储蓄直接引起投资的论点。事实上在他以前魏克赛尔早已这样申说过，可是魏克赛尔的分析并未有效地深入英美人的思想中。因此凯恩斯的挑战式的申述是必要的。但经常有人说，凯恩斯未免言过其词。许多储蓄当然会直接进行投资，例如投资建筑房主自己居住的家宅以及投资改良农场等。凯恩斯确实承认这点。他曾经说过，储蓄动机之一是实行发展事业计划。但在现代条件下，储蓄者和真正的投资者在很大程度上是属于不同的集团的。

可是真正重要的事，是要看清楚：储蓄倾向(亦即节约)的增加，不会增加投资量。相反，由于它会引起消费的减少，收入会下降。而收入的下降又将引起投资跌落，从而储蓄量也会下降。

凯恩斯似乎主张，储蓄倾向的增加不会影响利率。这是错误的，同时很可以说明下列事实，即他往往(也许是经常)认为利率可以全部用灵活偏好和货币数量来予以充分的解释。我们在本书上面第七章中已经指出过，这是错误的，因为除非我们早已知道收入水平，我们决不会知道适用哪一个灵活偏好表。假使他已学会用希克斯的IS和LM曲线来思考问题的话，他决不会提出这样的问题：“假设货币数量不变，为什么当个人有新的储蓄行为时，在现行利率下，人们愿意用灵活形态来保持的财富数量会因之减少。”他希望从读者那里引出的心照不宣的答案是错误的。

凯恩斯对书中前面几章作了这样的初步联系后，他转而在第十六章和第十七章两章中对资本的性质加以比较抽象的考虑。这两章实在是另一歧途，尽可略去而不至牺牲其主要论点。在第十六章第二节的开头，他主张以“稀少”代替“生产率”来解释资本的价值。这使人们回忆起凯塞尔的“稀少原理”来。但这个讨论并不有用。“稀少”没有什么经济意义，除了它决定边际生产率表上的哪一点将成为“可以观察到”的一点。“假设资本的稀少性减少，那么超额收益也将减少”，正与凯恩斯所说相反，这意味着资本生产力的降低。

凯恩斯率直承认他同情“古典学派以前”的学说；其说以为一切都“由劳动产生”，帮助劳动的是技术、天然资源和“过去劳动之具形(物化)于资产者”。凯恩斯这种说法，往往被人们引为他在公开支持劳动价值学说。“我们最好把劳动(当然包括雇主及其助手的个人劳务在内)看做是唯一的生产要素，它在一特定的生产技术、天然资源、资本设备和有效需求的环境之下工作。”他说，劳动、货币和时间是他需要用来进行分析的唯一物质单位。但这就意味着他在追随劳动价值学说吗？当然不是。用“劳动单位”作为计量的工具是一回事，而把劳动作为价值的唯一决定者则完全是另一回事。

凯恩斯认为，资本之所以有价值是因为它稀少。而资本之所以稀少是因为它包含长期的或迂回的生产过程。生产过程的迂回性使资本稀少到这样的程度，以致预期的未来收益(每年报酬或年金)的总额会超过生产的成本。换一句话说，除非预期收益超过从直接使用劳动得到的收益，就不会从事迂回的生产过程——使用资本的方法。因此，假设利率大于零，则“会引入一个新的成本因素，而这个成本因素是随生产过程的放长而增加的”。于是资本的供给将会减少，直到预期的每年收益“提高到足以弥补增加了的成本”。资本必须稀少得足以“使其边际效率至少须等于利率”。这当然不是一种劳动价值学说。

但现在假设(1)有一社会的“资本设备已装备到如此充足的程度，即其资本的边际效率已等于零”，但该社会所有的货币金融制度，又使货币可以“保藏”，且贮藏费极微小；(2)又有一社会在充分就业条件之下，即使利率等于零，也倾向于储蓄。在这些情况下，企业家若企图以进行资本支出抵消净储蓄的办法来提供充分就业，则他们将蒙受损失。这些损失会使就业量缩减，直到人们收入低落到如此程度，“使得总储蓄等于零”为止。另一种情况则为“公众为未来作准备的总愿望”充分获得满足，以致人们纵有充分就业的收入，也不会有什么储蓄。

现在限定有一货币形式的“制度因素”存在，使利率不能成为负数。事实上，制度与心理因素“使利率下降的限度要比零大得多”，因为除了未来利率(亦即净利率)不确定而外，还有“把借者和贷者撮合在一起的费用”。因此“长期”利率的下限不会是零，而是“年息二厘(2%)或二厘半”。当资本量继续增加，使资本的边际效用达到利率这一最低限度时，则净投资势将停顿，就业和收入随以下降，直到储蓄也低落到零为止。

凯恩斯说到，这种情况似可说明两次世界大战期间英美两国的经验。拥有资本量较少(但生产技术相同)因而其资本的边际效用较高的社会，比起资本充斥因而其边际效率下降到(甚至低于)最低限度利率的社会来，投资反而多，并且有较高的收入水平和就业水平。富有资本财货的社会，由于遭受失业的痛苦，反而不及贫穷社会，因为后者有大量未利用的投资机会而可体验充分就业。凯恩斯这种说法当然并没有什么离奇矛盾。譬如我们早就知道，一个社会在繁荣末期所拥有的资本财货的数量总比较富裕。固定资本既已达于饱和，投资必然下降，从而出现失业和萧条现象。

现在假设“国家亦从事于经济活动，以补私人企业的不足”，使得“资本设备”继续“增长”(利率递减)，直至资本的边际效率降低到零为止。于是，我们将达到一种“充分投资”的状态，那里没有利息成本，而“资本所产物品”的“售价，亦与该物品所含的劳动等成比例”。这样一来，我们除了稀有的自然资源的租金价值而外，确将达到劳动价值学说。

凯恩斯这种观点，很像19世纪早年的空想社会主义者圣西门之徒，他们特别着重企业的报酬而缩小积累的财富的报酬。“食利阶级固然会消灭，但企业与技巧尚有活动余地。”其实就财富所有权而论，即使净利率等于零，仍将有“资产的毛利，其中包含有负担风险的报酬在内”。

于是我们看到凯恩斯在《通论》第十六章中让他自己随心所欲地设想一种经济社会，其中资本的边际效用，从而利率都将趋近于零(通过什么方法，并没有交代清楚)。而在别处，在第十五和第十七章中，甚至第十六章的一部分中，他又提出制度上的理由，使人相信利率不会降到某种最低限度以下。至于关于“食利阶级的无痛苦的死”的讨论，那是凯恩斯在不大负责的情绪下“骑着自行车闲逛”时的迂回插曲。

所有这些都是在和平时代写的，当时凯恩斯也许很天真地展望未来将继续保持承平的世界。第二次世界大战及其所造成的后果，资本短缺和通货膨胀的压力，使利率发生深刻的变化。凯恩斯在临死前已经深刻地感到这种根本性的变化。对于变化了的情况必须采取实际对策。凯恩斯的基本理论结构本身是站得住脚的，而不像包含在第十六章中的若干庸俗思想那样不足为训。而且，关于实际政策方面，他的理论分析能够应用于资本短缺和通货膨胀的情况，正如适用于就业不足问题一样。

第十七章论利息与货币的特性，这与第十三章和第十五章的主题——货币和灵活偏好相牵连。可是这个题目被提升到很抽象的程度。《通论》问世后不久，人们对于第十七章就有些迷惑，无疑地一部分是由于它的晦涩不明。可是后来一发觉本章中并无金矿，采掘工作随即停止。本章所论还不是全无价值(当然可予改进)，还可以从中提取一些有益的片段；但总的说来，如果原来没有，写这一章，也不会有多大损失。

勒纳指出，凯恩斯在使用名词术语方面有些混乱。当某一种商品出借时，确实对每一种商品有所谓本身利率。但货币利率总是一样的，不论以货币或譬如说以麦子表示，因为货币利率所指的是出借货币的收费。只有在麦子出借的时候，才发生麦子利率的问题，而这个麦子借贷利率也可以用货币或者用麦子来表示。凯恩斯在第十七章第一节中的讨论，是混淆不清而并无真正的重要意义的。

本身利率——房屋利率、麦子利率和货币利率——事实上是一个单位的边际效率，而不论这个单位是一幢房屋、一蒲式耳的麦子，还是一定数量的货币。碰巧，货币的利率也就是货币的边际效率，但这是一种特殊情况。对于所谓本身利率的包罗一切的名词，就是边际效率利率，或者说是因增加一个单位资本资产、而超过投资成本的收益率。

关于凯恩斯在本章提到的“每种商品的收益”，要考虑各种资产以不同程度持有的三种属性。有些资产产生一种收益q。持有另外一些资产时不可避免地要有保藏费c，必须从可能获得的任何收益中扣除。最后，还有一种资产——“货币”，既无收益也无保藏费，但有一重要属性，即“灵活升值”l。举房屋为例，c和l都是微不足道的：关于麦子，则q和l是微不足道的；至于货币，并无收益，而其保藏费也微不足道。假若房屋和麦子的价格(以货币表示)在各时期保持稳定不变，则三种商品中每一种的边际效率(称之为r)，可用如下公式表示(其中，符号1用以代表房屋，符号2代表麦子，符号3代表货币)：

房屋：$r_1=q_1$

麦子：$r_2=c_2$

货币：$r_3=l_3$

但还须认识到可能预期的资产申值a(或贬值-a)，均以货币表示。有此情况，则每一资产的边际效率有如下列：

房屋：$r_1=a_1+q_1$

麦子：$r_2=a_2-c_2$

货币：$r_3=l_3$

货币的边际效率(亦即利率)可以上涨得很高，但不能下降到一定最低限度以下。相反，其他商品的边际效率不能涨得很高，却很容易下降为零。我们必须记住，货币的边际效率事实上就是利率。因此在某些情况下，一般资本资产的边际效率即使并不很高，在一次灵活性危机中利率却可上升得更高些，从而窒息了进一步的投资；而在另外一些环境下，即使利率已经降到最低限度，资本资产的边际效率也许会跌落得如此低下，以致不可能从事任何投资。这些事情为什么是确实的呢?

货币的生产弹性很低(指在金本位条件下)。因此，由于供给无弹性，对于货币的要求骤增，会把货币的边际效率(亦即利率)提得很高。但绝大多数资本资产的供给可随需求的上升而增加；因此这些资产的边际效率r的增加会受到制止。

同样，绝大多数资本资产具有高度的替换弹性。若在需求扩张的影响下资产价值上涨，替换资产势将流入，从而制止了该资产的价值的上涨。但是货币的替换弹性事实上等于0。因此，对于货币的需求骤增，可使货币的边际效率(亦即利率)提得很高。

最后，还有一些特殊理由，说明为什么利率不能无限度地下降，即使通过工资和物价的下降，比起货币收入来，货币供给量相对上升。货币工资率的下降会造成继续下降的预期。这将对一般资本资产的边际效率发生很不利的影响。工资率的下降，确将减少交易领域现金的需要，从而降低利率。但是我们已经提到，有好些有力的理由说明为什么就在货币数量相对增加之时，“货币利率很不容易有适度下降”。而且，由于货币工资有刚性，这种降低利率的特殊方法实际上并不有效。最后，即使货币供给量相对于收入而言，由于货币工资的下降而大大地增加了，灵活偏好表在利率低落时变得越有弹性，以致“货币由于周转灵活的便利而产生的收益，虽亦随货币数量的增加而下降，但其下降速度，决不像其他形式资产的收益随资产的数量的增加而下降时那样快”。

因此“当货币利率提高时”，有生产弹性的其他资本资产的产量都会受到妨碍，而货币的产量却未能增加。货币利率决定所有其他“商品的本身利率”(亦即各种资本资产的边际效率)的步调。货币的生产弹性和替换弹性都等于零或比较小，因此，货币这种资产“当其产量增加时”，其边际效率(亦即灵活升值或利率)的“下降速度，较之其他种种资本资产的边际效率为慢”。

“预期货币工资将相对地稳定……就会使货币的灵活升值提高”。假若工资用“工资品”亦即用消费品的物价指数来决定(正像目前美国通用汽车公司等所订若干工资契约那样)，“其结果只是使得物价(用货币计算)剧烈变动”。正是货币工资的刚性，使得消费倾向和投资动机稍有改变时，“物价不至于有剧烈变动”(同上)。货币的供给量若是大大增加，会失去它的周转灵活性这一属性。而相对地说来，若是货币工资有高度的向下弹性，货币供给量会大大地增加。

货币的特性，主要属于这样一种性质，即它的周转灵活性高于它的保藏费。在“某种历史环境中，持有土地的特点是其灵活升值很高”，而且“土地与货币相似，其生产弹性和替换弹性都可以很低”(同上)。“土地抵押借款者所付利息，往往超过耕种该地的净收益，这是农业经济的常有现象。”(同上)“土地抵押借款高利率的竞争，能够妨碍现行投资来生产新的资本资产，从而阻碍财富的增长，恰如在现代社会中长期债务上的利率太高一样”。(同上)

凯恩斯认为，世界上积聚的资本资产还如此之少，并不是因为人们的消费倾向很高，而是因为“先前持有土地的灵活升值太大，而现在则持有货币的灵活升值太大”。这种说法显然太简单化了。灵活偏好确实会起一定作用，但同样重要的是投资需求函数随利率而上下的弹性全无，从而资本的边际效率很快被迫降到最低利率以下。因此，要在资本量早已很大、足够提供高度生活标准之际，再有任何投资动机，必先作出新的技术进步。归根到底，是技术决定了生活标准。在进步的社会中，任何技术水平所需要的投资量，都可以比较快地提供出来。关于这一点，读者可以参看约翰•穆勒在他所著《经济学原理》第四编第九章中所作的启发性的分析。

勒纳曾经指出，从凯恩斯《通论》第十七章中，确实可以得出下列很重要的结论：若是货币工资失去其刚性，则货币也将失去其重要的性质，即购买力的合理稳定。如果货币工资具有充分的向下弹性，随以俱来的通货迅速紧缩，会使货币失去它的特有属性。不断的通货紧缩将使社会经济回到物物交换状态。剧烈的通货紧缩，正像天文数字的通货膨胀一样，必将摧毁货币的主要属性。如果人们要估价所谓皮古效应(Pigou effect)的有效性，这显然是值得我们慎重考虑之点。要使货币保持它的最重要的性质，工资的刚性和合理的物价稳定是必要的。

就业通论提要

凯恩斯在本章开头说明：在经济制度之中，哪些因素是已知数，可以假定其不变。这些因素确实会发生变化，但在他的理论体系之中，并未将这些变化的影响考虑进去。最重要的不变因素是：劳动和资本设备的质量与数量、现有生产技术、竞争程度、消费者的嗜好以及决定收入分配的社会结构。

除此而外，他的体系之中剩下来的东西是自变数和依变数。自变数是社会的行为类型——那些构成凯恩斯学说基础的基本函数或关系。他在书中并没有把它们全部交代清楚，但若要把他的全部理论体系通盘加以考虑，则应把它列举如下：

1. 消费函数；

2. 投资的边际效率表；

3. 灵活偏好表；

4. 货币金融当局规定的货币数量。

所有这些自变数都以工资单位计算，而工资单位则由集体合同来决定。

最后还有依变数：

1. 国民收入以及就业量；

2. 利率。

事实上，凯恩斯把利率作为自变数(同上)。但这是错误的。他的错误渊源于下列事实：即他时常(也许是一般地)使利率完全决定于灵活偏好和货币数量。他在本章里确实把利率当做一个自变数以代两个基本函数——灵活偏好和货币数量，而这两个基本函数又被认为可以决定利率。事实上，利率是一个被决定因素，而不是一个决定因素。利率和国民收入两者，都由上列三个基本函数再加上货币数量所交互决定。

消费表的背后是心理上的消费倾向；边际效率表的背后是心理上对于资本资产未来收益的预期；而在灵活偏好表的背后则为心理上的灵活偏好态度(对于未来利率的预期)。除了这些基于行为类型和预期的自变数而外，还有由中央银行的行动决定的货币数量，它是一种机构制度上的行为类型。

因此经济制度的决定因素是(1)被假定为不变的因素以及(2)上列四种行为类型。把决定因素分成上述两类——不变因素和四种行为类型——当然或多或少出于任意武断而且全凭经验。被认为不变的因素，是那些人们认为变化极慢从而其短期变动微小不足道的因素。因此只有那些自变数或行为类型所发生的变化，才被认为能对经济制度产生主要的影响。

经济学所研究的对象是如此复杂，以致我们只能希望找出决定收入和就业的几个主要因素。这是问题的理论方面。与此有关的还有政策问题：哪些变数易于受到社会控制以促进所需的经济目标呢?

凯恩斯在本书第十八章第二节中对于收入和就业的决定因素有一简短而全面的提要。紧接着这一简要的表述，有两段值得特别注意，因为它们通常被那些认为凯恩斯把问题过于简化且使其理论工具僵化的批评家所忽视。他在这里强调了收入决定过程对于均衡本身地位的反响。他说道，所有这些决定因素都可随时改变，故在实际上事态的发展异常复杂。虽然如此，凯恩斯的几个决定因素“还是要把它们单独提出，因为如此做法，似乎比较有用，比较方便”。说实在，没有一个理论纲要能够对经济生活的全部复杂性有足够的考虑。我们必须用实际的直觉来补充和修正我们的学说，因为只有这样，我们才能“顾及更细致复杂的事实，这些复杂的事实，非一般原理所能处理”。把主要变数单独提出后，材料即不至无从着手而可以比较容易处理，以获得持平的判断。

经验告诉我们——凯恩斯认为我们很难从逻辑上学到这一点——经济制度虽有波动，但并不是非常不稳定的。的确，似乎“可以在次正常活动状态下，停留一相当时期，既无显著倾向趋于复苏，也无显著倾向趋于完全崩溃”。并没有趋于充分就业均衡的坚定倾向。持久的累积的向上或向下变动，并不是我们的正常命运。向上或向下的冲刺很快就无法支持而朝相反的方向变动。物价变动在被某种动荡(例如1950年的朝鲜战争)所引起以后，“似乎能够找到一个能够暂时相当稳定地停留下来的水平”。

这些“由经验中得来的事实，并没有逻辑上的必然性”。可是它们提醒我们，经济制度必须在若干稳定状态下运行。其中一个状态似乎是，第一，基于边际消费倾向的倍数作用不是很大。第二，实际经验到的未来收益或利率的改变，并不“与投资率的很大改变相结合”。第三，就业量的改变相当温和时，“并不伴以货币工资的很大改变”，而物价通常也是相当稳定的。第四，不论这个制度怎样“变动过度”，到相当程度以后，会自己变换其变动方向，即向相反方向变动。例如，若是投资在其长期趋向中进行得过度了，则资本的边际效率将蒙受不利影响。

回顾上述各点理由，凯恩斯认为倍数作用不很大的假定是合理的，因为“当实际收入增加时，现在所需满足的欲望，其压力就逐渐减少，而收入超过现有生活标准的差额则逐渐增加”。当收入上升时，消费量随以扩张，“但不若实际收入的全部增量之大”(同上)。凯恩斯认为这个“心理法则”是合理的，因为“假若这个法则不适用”(同上)，则我们已知的经验必将大不相同。假若它不适用，则投资量的增加将使有效需求作累积的扩张，一直达到充分就业为止。

值得注意的是，希克斯在他所著《商业循环》中持有与此正相反的论点。希克斯认定，倍数作用在加速作用的帮助下，可以大到足以使这个经济趋向于达到充分就业的顶巅。

关于第二点——虽然未来收益的改变相当大，但投资量的波动却比较温和——凯恩斯建议可从固定资本生产工业部门的供给情况中去找寻解释。高度的投资活动率将提高资本财货的生产成本，从而降低投资的边际效率。

关于第三点——工资的变动，经验告诉我们，工资率是比较有刚性的。否则失业工人之间的竞争，将使“物价水准极不稳定”。而假若货币工资上下之间极富弹性，那么充分就业不会很快就引起剧烈的通货膨胀吗?

本章结束时对于商业循环所作的简短的分析，虽未注明引证之处，但很像阿富太林的学说。凯恩斯所提出的数理经济模型，包含有自行限制的因素在内，即在充分就业达到以前，这些因素会使变动转换方向，向相反方向变动；同样，这种自行限制的因素又会使萧条不至于陷入深渊，到达某一相当深的下限，又会转换过来。

第五编　货币工资与物价

CHAPTER FIVE

第十九章　货币工资之改变

I

假使我们能够把货币工资改变时所生的影响提前讨论，倒是一件好事。盖经典学派之所以一贯认为经济体系有自动调整之性质者，就因为假想货币工资有伸缩性；货币工资一有刚性，便把经济体系失调之过推在这刚性身上。

然而我们不能这样做，因为在我们自己的理论还没有建立以前，我们不能充分讨论这个问题。货币工资之改变所生之后果非常复杂，在某种情况之下，降低货币工资确能（像经典学派设想的那样）刺激产量。我与经典学派相异之处，主要是分析上的不同，故在读者还没有了解我的方法以前，我不能够把这种相异之处说得很透彻。

据我所知，通俗解释其实很简单，不像我以下所说那样迂回曲折。此种解释只是说：若其他情况不变，当货币工资率降低时，则制成品的价格将降低，故可刺激需求，来增加产量与就业量；但产量增加而资本设备不变，则劳力的边际效率降低；当劳力的边际效率与劳工同意接受的货币工资率重复相等时，产量与就业量即不再增加。

此种解释之最粗陋形态，直接等于说：货币工资降低时，需求不受影响。现在可能还有若干经济学家认为需求确实不受影响；他们的理由是：总需求乃决定于货币数量与货币的所得流通速度——两者之乘积，当货币工资降低时，并没有显著理由，为什么货币数量会减少，或货币的所得流通速度会降低。他们甚至于会说：若工资降低，则利润必然增加。但是我想大部分经济学者会承认，当货币工资降低时，一部分劳工的购买力会降低，故总需求确实要受到若干影响；不过他们会指出，在相反方面，有一部分人的货币所得并未减少，此等人的真实需求，将因物价的下降而增大；即使在劳工方面，除非劳力的需求弹性小于一，否则当货币工资降低、就业人数增加时，劳力方面的总需求也会增加。故在新的均衡状态之下，就业人数会比以前增多——除非是在很特殊的极限情形，但是这种情况，实际上不会发生。

对于此种分析，我根本不同意。其实“分析”二字还欠妥；因为以上所说，虽然很可以代表许多经济学家的想法，但是他们很少把他们所根据的分析方法明详写下。

他们得此论证的途径，大概如下：就一业而论，则该业之产物有一需求表，表示售价与出售量之关系，又有一组供给表，表示产量与生产该量时生产者所要求的价格——两者的关系；所以有一组供给表格者，因成本的计算基础各厂不同。设其他成本不变（除非是由产量改变所引起者），则由此两种表格可得劳力的需求表，表示就业人数与工资水准的关系；该曲线在任何一点的形状，即决定劳力的需求弹性。然后以此概念，不加很大修正，转用之于工业全体，认为根据同样理由，工业全体也有一个劳力的需求表，表示就业人数与工资水准的关系。至于所谓工资，到底是货币工资或真实工资，对于论证没有关系；盖设为货币工资，则币值的改变固然必须矫正，但此不足以影响论证的要义，因为物价的改变，决不会与货币工资的改变刚成同一比例。

假使以上所说，真是他们论证所据（假使不是，我不知道他们根据什么），则此论证肯定是错的。因为要替一业建立需求表，必先假定其他工业的供需表不变，总有效需求的数量不变，故除非把总有效需求不变这个假定也搬过去，否则我们不能把仅仅适用于一业之论证转而用之于工业全体。不过假如真作如此假定，则此论证可真是答非所问。何则？因为固然大家都承认：设货币工资降低，而总有效需求仍然与以前相同，则就业人数肯定增加；但争执之点，正在当货币工资降低时，总有效需求（用货币计算）会不会仍然与以前相同？或至少总有效需求（用货币计算）的减少并不与货币工资之降低完全成比例（即若用工资单位作衡量标准，总有效需求较前增加）？假如我们不允许经典学派用类比方法，把仅仅适用于一业的结论推广之于工业全体，则该学派即完全不能回答：当货币工资降低时，就业人数会受到什么影响？因为该学派没有一种分析方法可以用来处理这个问题。据我看来，皮古教授的《失业论》，已经尽了经典学派之能事，但结果该书正好成了一个显例，说明经典学派对于何者决定实际总就业量这一个问题毫无办法。[①]

II

现在让我们用自己的分析方法来回答这个问题。我们可以分为两部分来讨论：（1）设其他情况不变，则货币工资的降低有没有直接趋向，增加就业人数？此处所谓其他情况不变者，系指消费倾向、资本的边际效率表以及利率三者，就社会全体而论，仍然与前相同。（2）货币工资的降低，对于以上三个因素是否会发生必然的或或然的影响，故有必然的或或然的趋势，可以在一特殊方向，影响就业人数？

对于第一个问题，我们已经在以上几章中下了一个否定答案。我们知道，就业人数只与有效需求量（用工资单位计算）发生关系，后者乃预期的消费与预期的投资的总和，故设消费倾向、资本之边际效率表以及利率三者不变，则有效需求亦不变更，设以上三个因素不变，而雇主们增加就业人数，则就雇主全体而论，其收益肯定少于其供给价格。

① 本章的附录将对庇古教授《失业论》予以详细批评。

降低货币工资，可以降低生产成本，故可以增加就业人数——这是一个非常粗陋的结论。要证明这个结论的谬误，我们最好先假定（这是对于这种说法最有利的假定），在开始时，雇主们的确预期：降低货币工资会降低生产成本；然后再观察事态之发展。就单独一个雇主而论，当货币工资降低时，他很可能只看到他自己生产成本的降低，而忽略了：货币工资的降低，对其产物之需求亦会发生影响；于是以为，现在增加产量可以增加利润，因此遂增加其产量。假使一般雇主都作如此预期，都如此做法，他们真会增加其利润吗？不会。除非（1）该社会的边际消费倾向等于1，故所得的增量等于消费的增量；（2）投资增加，足以弥补所得增量与消费增量的罅隙。但要投资增加，则资本的边际效率表必须比之利率相对增加。故除非边际消费倾向等于1，或货币工资的降低会使得资本的边际效率表比之利率相对增加，因之增加投资量，否则增加产量以后的收益一定使得雇主们失望，于是就业量又回到原来数目。盖设雇主们真根据其预期售价，提供就业量，则公众之所得将增加，所得既增，故其愿意储蓄之数将超过当前投资量，故雇主们必蒙受损失，且此损失之大小，正好等于两者——愿意储蓄之数与当前投资量——之差。以上所说，不论货币工资率在什么水准都是对的。固然，在一段时期中，雇主们可能自己增加其对运用资本（working capital）之投资，两者之差因而得以弥补，但此至多只能把失望来临之日延迟一些时候而已。

因此，降低货币工资并没有直接趋向，足以增加就业人数——除非该社会的边际消费倾向，或资本的边际效率表，或利率，因货币工资的降低而受到影响。故要分析降低货币工资的效果，只能追究此三因素可能受到的影响。

此种影响之最主要者，大致如下：

第一，货币工资降低时，物价会下降，故可引起若干真实所得的重新分配：（1）从工资阶级转移给边际直接成本中之其他生产元素（如果后者之报酬不减）；（2）从雇主阶级转移给利息阶级（rentires），因后者的所得乃是用货币来规定的。

这种重新分配，对于社会全体的消费倾向有什么影响呢？真实所得从工资阶级转移给其他元素，大致会降低消费倾向；至于从雇主阶级转移给利息阶级，其影响为如何，则颇成问题。设就大体而论，利息阶级在社会上比雇主阶级富裕，其生活程度又最少伸缩性，则重新分配的影响亦属不利。根据这各种考虑，其净结果如何，我们只能猜想而已。大概是趋于不利，而不是趋于有利。

第二，设我们所讨论的经济体系，并不是一个闭关体系，又设所谓货币工资之降低，又是比之国外货币工资（当两者都化成共同单位以后）相对降低，则贸易差额趋于扩大，显然对于投资有利。这里当然假定：国外之关税、进口限额等，并未改变，抵消这种好处。就英美两国而论，英国在传统上之所以较相信：降低货币工资可以增加就业量者，大概是因为美国之闭关性重，英国之闭关性小。

第三，在一个非闭关体系，降低货币工资固然可以增加贸易之顺差，但亦会使贸易之物物交换条件（terms of trade）趋于恶劣。故除了新就业者以外，原就业者之真实所得将降低。这一点大概趋于增加消费倾向。

第四，设当货币工资降低时，人们预期此种降低乃是比之未来货币工资相对降低，则（理由已见上）资本之边际效率将增加，故对于投资有利；同理，也许对于消费亦有利。反之，设货币工资之降低，引起人们预期未来货币工资还要再减，或预期此种可能性甚大，则效果正好相反。盖在这种情形下，资本之边际效率将减少，投资与消费两者都将延期。

第五，工资总支出（wages bill）的降低，再加上一般物价与一般货币所得的降低，可以减少为所得以及业务目的所需持有的现金，故在该范围以内，足以降低社会全体之灵活偏好表。若其他情况不变，则此足以降低利率，故利于投资。但利率的下降程度，亦受预期的影响，设如以上第四最后所述，人们预期工资与物价以后再会上涨，则短期利率所受影响较大，长期利率所受影响甚小。还有，设货币工资之降低引起群众不满意，以致社会上对政治前途之信任心为之削弱，则灵活偏好增强，且增强之程度，恐非从积极流通中腾出来的一点现金可以抵消。

第六，设货币工资的降低，仅限于一厂或一业，则对该厂或该业必有利。因为这个理由，故当货币工资普遍降低时，虽然其实际影响不同，但亦可能在雇主们心目中产生一种乐观情绪，从而打破因为对于资本的边际效率作过度悲观的估计，所引起的一个恶性循环；于是所有事物，又可用较正常的预期作根据，重复进行。在相反方面，设工人们对于工资普遍降低之后果，也像其雇主一样，在看法上犯同一错误，则必引起劳资纠纷，可能把此有利影响完全抵消。除此以外，因为通常而论，没有方法可以使各业之货币工资同时降低，而且降低之程度相同，故所有工人为其本身利益计，都要抵抗其本业中货币工资之降低。实际上，当雇主们设法压低货币工资时，其所遭遇的抵抗，比之当物价上涨、真实工资逐渐下降时所遭遇的抵抗，要强烈得多。

第七，反之，当货币工资降低时，雇主们之债务负担加重，这种不利影响可以部分抵消上述乐观情绪。设工资与物价降得很厉害，则雇主们之负债极重者，将濒于破产之境；假使真到这个地步，则对于投资很不利。又，若物价水准降低，则公债——因之租税——之真实负担加重，故对于工商界之信任心亦大为不利。

以上所引，当然未足以包罗在复杂的现实社会中，货币工资降低时也许会引起的所有反应，但通常最重要的反应，大概已尽于此矣。

故设我们只讨论一闭关社会，并假定真实所得之重分配，对于社会之消费倾向并无影响，即有之，亦在不利方面，则当货币工资降低时，我们所能希望其可以增加就业量者，不外两个主要途径：（1）如第四所述，因为资本的边际效率增加，故投资增加；或（2）如第五所述，利率下降。今请再就此两种可能性，作进一步讨论。

假如一般人相信：货币工资率已减至无可再减，以后工资如再有改变，一定只会增加，则对于资本之边际效率有利；最不利的情况，乃是货币工资正在逐渐下降，而且工资每降低一次，人们对此工资在未来能否不再降低便更缺乏信心。故在有效需求正在逐渐软弱之时，索性把货币工资大减，降低到一个水准，使得每个人都觉得太低，不会永远继续下去，这样做法，倒是对于加强有效需求最为有利。但是要这样做，只能出之于行政法令；故在工资决定于自由议价的经济体系中，缺少实际可能性。假使不能这样做，则在以下两者之间：（1）货币工资非常固定，一般人认为不会有大变更；（2）经济衰退时，货币工资有逐渐下降之趋势，故（例如）当失业人数增加1%时，人们即预期工资又要再减；还是前者好得多。盖设人们预期明年工资要降低2%，则其影响约略等于把明年所付利息增加2%。以上所说，只要稍加修正，亦适用于经济繁荣时期。

由此，故在当代实际习惯与实际制度之下，与其定一个政策，使得货币工资很有伸缩性，可以非常容易随失业人数之增减而改变，不如定一个政策，使得货币工资十分刚性，固定不变。以上是专就资本的边际效率这一点立论。若就利率立论，以上结论是否仍站得住呢？

故彼相信经济体系有自动调整性者，只能以其论证主力，放在当工资水准与物价水准下降时，货币需求方面所起的反应。但是据我所知，他们并没有如此做。设货币数量也是工资水准与物价水准的函数，则在这方面亦毫无希望。但设货币数量是差不多固定的，则只要货币工资的降低程度够大，货币数量（用工资单位计算）便可以无限制增加，且在所得中所占之比例亦可大为增加；后一种增加的限度，须看工资成本在边际直接成本中所占的比例如何，以及当工资单位下降时，边际直接成本中其他元素的反应如何而定。

故仅就理论而论，我们有两种方法可以影响利率，其效果完全相同：其一是降低工资，而让货币数量不变；其二是增加货币数量，而让工资水准不变。因此，降低工资与增加货币数量这两种方法作为达到充分就业之手段看，都受同样限制。上面已经举出各种理由，为什么不能仅从增加货币数量着手，使得投资增加到最适度水准；同样理由，只要在枝节上略加修改，亦适用于降低工资这一个方法。假如货币数量之增加，非常温和，则对于长期利率之影响可能不够；假如增加得很多，则又怕要动摇社会信心，因此抵消货币数量增加时之其他好处。同样，假使货币工资的降低非常温和，则也许影响不足；假使降得很多，则即使实际上行得通，亦怕要动摇信心。

因此，相信一个有伸缩性的工资政策便能继续维持充分就业者，其毫无根据正像相信仅用公开市场交易政策，不用其他方法辅助，就可以得到同一结果。我们不能由这些途径使得经济体系有自动调整性。

设每当就业量小于充分就业之时，劳工们便一致联合起来，自动降低其工资要求，使得货币数量（用工资单位计算）增加，利率下降，以便达到充分就业——假使如此，则货币管理乃以维持充分就业为目的，实施管理者是工会，而不是银行体系。

有伸缩性的工资政策，与有伸缩性的货币政策，若仅就增加货币数量（用工资单位计算）这一点而论，在理论上两者之效果固完全相同，但在其他方面，两者有天壤之别。今简述四大区别，提醒读者。

第一，除非在一个已经实行国家统治的社会之中，一纸法令便可改变工资政策，否则没有方法可以使得各级劳工之工资趋于一致的降低。要达到这个结果，只能经过一组逐渐的、零星的、不规则的改变，而且恐怕还要经过几度劳资争执以后才能完成。这种改变方法，无论从社会正义看，或从经济权宜方面看，都无可辩护；而劳资争执又是浪费的、不幸的，且在争执过程之中，议价能力最弱者比之其他工人受害较深。反之，要改变货币数量，则只要用公开市场政策或类似办法便可办到，故已在大多数政府掌握之中。人性与制度既属如此，则只有愚蠢之徒才会挑选有伸缩性的工资政策，而不挑选有伸缩性的货币政策——除非他能够指出，前者有后者所不能达到的好处。而且，假使其他情况相等，则一个较容易实施的方法当然比之一个窒碍难行的方法好。

第二，假使货币工资固定不变，则除了独占价格（决定独占价格者，不只是边际成本，还有其他因素）以外，其他物价之所以改变，主要是因为：在现有设备上增加产量，将有边际生产力递减现象发生。社会上有一部分人士，其收入是由契约用货币规定的，例如利息阶级以及公私机关中的固定薪水阶级。假使货币工资不变，则在这批人与劳工之间可以达到最大限度的、实际可行的公平办法。假使有若干主要阶级的货币收入，无论如何，总是固定不变，则从社会正义计，或从社会权宜计，最好所有生产元素的货币报酬都固定不变。有一大部分所得，既用货币规定，而且较固定，则只有不义之徒才会挑选有伸缩性的工资政策，而不挑选有伸缩性的货币政策——除非他能够指出，前者有后者所不能达到的好处。

第三，用减少工资单位这一个方法来增加货币数量，将使债务负担作比例增加，但若增加货币，而让工资单位不变，则债务负担所受的影响，正好相反。有很多种债务之负担，既然已经太重，则只有不谙世故之徒才会选择前者。

第四，假使因为要使利率逐渐下降，故工资水准必须逐渐下降，则上面已经说过，资本的边际效率将受两重不利影响，故有两重理由要暂缓投资，经济复兴亦因之迟缓。

III

故设当就业量逐渐减少时，工人们亦逐渐降低其货币工资的要求，此种政策因为对于产量不利，故通常说来，不仅不会降低恐怕还要增加真实工资。采取此种政策的主要结果，只是使得物价极不安定——也许物价要变动剧烈到一种程度，使得在一个像我们实际生活其中的经济体系之内，一切业务打算都毫无用处。故说在一个大体上是自由放任的经济体系之中，有伸缩性的工资政策是应有的、必要的附属品，这种说法刚与真理相反。只有在高度集权国家之中，政府一纸法令便可作骤然的、大量的、普遍的改变，有伸缩性的工资政策才能运用自如。我们可以想象这个政策在意、德、俄运用，但不能在英、美、法实施。

设像澳洲一样，用法令规定真实工资，则只有一个就业水准与此真实工资相应；至于实际就业人数，则在一闭关体系中须看投资量是否与该水准不悖，而在该水准与毫无就业之间剧烈变动。设投资量不多不少，刚与该水准不悖，则物价乃在不稳定均衡状态，只要投资量再少一些，物价即骤降至零；再多一些，物价即无限制突涨。要在这种经济体系中找出一个有稳定性的东西，则只能从统制货币数量着手，使得货币工资水准与货币数量配合起来，建立一个利率，而该利率与资本之边际效率之关系，又正好使投资量不多不少。要是如此，则就业水准（与法定真实工资相应之就业水准）不变，但货币工资与物价则时常急剧变动，以求投资量维持在此不多不少之数。就澳洲实际情况而论，所以未曾有此非常不稳定现象发生者，一部分当然是因为法令总不能完全达到目的；还有一部分是因为澳洲不是闭关体系，故货币工资本身是一个国际投资量——因此总投资量——的决定因素，而贸易条件对于真实工资又有重要影响。

根据这些考虑，我现在觉得：就一闭关体系而论，在权衡得失以后，最好还是维持一个稳定的一般货币工资水准（general level of money wages）；即就非闭关体系而论，假如能用变动外汇率方法与世界其他各国维持均衡，则以上结论亦适用。就个别工业而论，货币工资假如有相当伸缩性固然很好，因为可以加速工人从比较衰退的工业转移到比较繁荣的工业；但是一般货币工资水准还是越稳定越好——至少在短时期中是如此。

采取这种政策，则物价水准非常稳定——至少比在有伸缩性的工资政策之下稳定。除了独占价格以外，物价之变，在短时期中，只是因为就业人数改变，以致边际直接成本受到影响；在长时期中，只是因为设备增加，或有新技术之发明，新设备之产生，以致生产成本改变。

固然，假使就业量变动甚大，则物价水准之变动还是很大；但是我已经说过了，这种变动程度比之在伸缩性的工资政策之下要来得小。

采取刚性工资政策，则在短时期中要物价稳定，必须避免就业量之变动。但在长时期中，我们还可以在两种政策之间选择：其一是令工资稳定，而让物价随技术与设备的进步慢慢下降；其二是令物价稳定，而让工资慢慢上涨。大体而论，我主张选择后者，一部分是因为：要使得实际就业水准接近充分就业，则在未来工资会上涨这种预期之下，较容易办到，而在未来工资会下降这种预期之下，比较不容易办到。一部分是因为：逐渐减轻债务负担，对于社会有利；在衰落工业与兴旺工业之间，比较容易调整；还有，假使货币工资有温和上涨的趋势，则心理上可能会感觉到一种鼓励。不过这里并没有原理上的重要差别，故现在不必把两方面的论证详加发挥。

附录：论皮古教授之《失业论》

在《失业论》中，皮古教授使就业量定于两个基本因素，即（1）工人所要求的真实工资率（real rates of wages），以及（2）劳力之真实需求函数（real demand function for labour）的形状。该书中心部分即在讨论何者决定此函数的形状。工人所要求的，不是真实工资率，而是货币工资率，这件事实，该书并不抹杀；不过该书认为：用工资品的价格除实际货币工资率所得商数，即可作为工人所要求的真实工资率。

在该书第90页，皮古教授提出两个方程式，认为这是研究的起点。但是有几个暗中假定限制了皮古教授分析方法的应用，而这些暗中假定又在论证一开始时就混进来了，故我先得把他的处理方法一直到争执所在点为止，作一提要。

皮古教授把工业分为两类，即（1）在国内从事制造工资品，及从事制造出口品，推销于国外，以取得国外之工资品者；（2）其他工业。为方便起见，可以把此两类工业，称之为工资品工业及非工资品工业。他设想前者雇用x人，后者雇用y人；x人所产工资品之总价值，他用F（x）来表示，通常工资率则用来表示。皮古教授虽然自己不说，然而这就等于假定：边际工资成本等于边际直接成本。[①]他又假定x＋y＝φ（x），这就是说，总就业量乃工资品工业中就业量之函数。他于是说，全体劳力的真实需求弹性（elasticity of

① 边际直接成本即等于边际工资成本。这种说法当然是错误的。考此错误之来，大概是由于边际工资成本这一个名词含义不清。一种意义是：所谓边际工资成本，便是产量增加一单位时，所需增加之成本（如果除了工资成本以外，其他成本都不变）；另一种意义是：用最经济方法，利用现有设备以及其他失业元素增加产品一单位时，所需增加之成本。假使采前一义，则除增加劳力以外，我们不能再增加雇主之劳役、运用资本、或任何其他东西；我们甚至不能让资本设备因为就业量增大而多耗损一些。在这种情形之下，因为我们不让劳力成本以外的其他成本参加边际直接成本，故边际工资成本当然等于边际直接成本。然而根据如此前提得到的分析结果，几乎毫无用处，因为如此前提事实上限少会实现。在事实上，我们不会笨到一个地步，当劳力增加时，不让其他因素（除非手边无此等元素）也作适度增加。故要这个前提成立，则只能假定：除了劳力以外，其他生产元素都已经无可再增。

the real demand for labour in the aggregate），可以写做：

$Er=\phi'(x)/\phi(x)\cdot F'(x)/F''(x)$

由此弹性，并可推得劳力的真实需求函数的形状。

若仅就符号而论，则他的与我的表示方式并无重大区别。只要我们能够把皮古教授的工资品作为我的消费品，把他的“其他物品”作为我的投资品，则因，$F(x)/F'(x)$乃是（用工资单位计算）工资品工业所产产物之总值，故即等于我的CW。又，若工资品即等于消费品，则ϕ乃我所谓就业乘数k'之函数。

盖 $\triangle(x+y)=K'\triangle y$

故 $\phi'(x)=K'/(K'-1)=1+(K/K')$

因此，皮古教授所谓“全体劳力之真实需求弹性”乃是一个复合体，其中构成分子，类似于我自己所用的若干因素；盖此弹性，一部分乃定于工业上之生产情况（他用函数F表示），一部分乃定于人们对工资品之消费倾向（他用函数ϕ来表示）。以上所说，当然只限于一个特例，即边际劳力成本等于边际直接成本之情形。

要决定就业量，皮古教授就把劳力之真实需求函数与劳力之供给函数两者联合起来。他假定后者只是真实工资率之函数。不过，因为他已经假定着真实工资率乃工资品工业中所雇工人人数x之函数，故说劳力之供给只是真实工资率之函数，无疑是说：在现行真实工资率之下之劳力总供给量只是x之函数。用符号表示，则$n=\chi(x)$，其中，n代表在真实工资率$F'(x)$之下所可能有的劳力供给量。

故把所有复杂因素廓清以后，皮古教授的分析方法，乃是想从下列二方程式中，发现就业量。这两个方程式为$x+y=\phi(x)$及$n=\chi(x)$。但在这两个方程式中，倒有三个未知数。他规避此种困难之法，好像是假定$n=x+y$。

当然，这等于假定：不自愿的失业（依以上所下严格定义）并不存在，也就是说，在现行真实工资率之下所可能有的劳力供给量，事实上都已就业。于是x之值，可从φ（x）＝x（x）这一个方程式中求得之；设由此所得x之值为n_1，则y必等于x（n_1）－n，总就业量n则等于x（n_1）。

这里值得暂时停一停，考察一下，这到底是什么含义。这个含义是说：设劳力的供给函数改变（即在一特定真实工资之下，劳力之供给量较前增大），故由φ（x）＝x（x）中所得x之值现在变为n_1+d_{n1}，则非工资品之需求情况一定使得非工资品工业中的就业量增加，以保持φ（n_1+d_{n1}）x（n_1+d_{n1}）两者之相等。除了供给函数的改变以外，唯一可使总就业量改变者，乃是因为非工资劳动者（non－wage earners）之嗜好改变，多购非工资品，少购工资品。

假定n＝x＋y，当然就是假定劳力总可以自己决定其真实工资率；而假定劳力总可以自己决定其真实工资率，又无异假定：非工资品之需求情况一定会服从上述法则，换言之，无异假定利率一定会时常与资本之边际效率表相适应，使得充分就业能够保持。假使没有这种假定，则皮古教授之分析即告崩溃，提不出一个方法来决定就业量。但奇怪的是，皮古教授竟会认为，他可以不必提及因为利率或信任状态改变，而不是因为劳力之供给函数改变，所引起的投资量之改变（即非工资品工业中就业量之改变），就可以提出一个失业理论。

故该书以《失业论》命名，实在有点名不副实。该书实在并不讨论失业问题，而讨论：设劳力的供给函数不变，又设充分就业常能维持，则就业量将如何。所谓全体劳力的真实需求弹性这一个概念，其目的亦只在说明：当劳力的供给函数作一特定移动时，充分就业量将提高或降低多少。或者（也许是更好的看法），我们可以把该书看成是一种没有因果性的（non－causative）研究，所研究者乃是真实工资水准与就业水准的函数关系。但该书不能告诉我们，何者决定实际就业水准；对于不自愿失业这个问题，该书未有直接接触，即使皮古教授否认有我所谓不自愿失业这种东西的可能性，我们还是难于明了，他的分析如何可以应用。他没有讨论何者决定x与y（工资品工业中之就业量与非工资品工业中之就业量）之间的关系。这点疏忽，还是他的致命伤。

而且，他亦承认，在某种限度以内，劳工们在事实上所要求的时常不是一特定真实工资率，而是一特定货币工资率。假使承认这点，则劳力的供给函数不仅只是$F'(x)$之函数，而是$F'(x)$与工资品之货币价格两者之函数；于是他以前的分析即告崩溃，因为这里多添了一个因素，而没有多添一个方程式来解这个新未知数。用假数学方法，处理经济问题，假如要得到结果，必先假定所有函数都只含一个自变数，使得所有偏微分（partial differentials）都不存在。这种方法的危险，皮古教授之分析法提出了一个最佳例证。事后承认，实际确有其他变数存在，但并不把以前所写再改写一遍，则这种承认有什么用处？故假使在某种限度以内，劳工要求规定的是货币工资，则除非我们知道何者决定工资品的货币价格，否则即使假定$n=x+y$，还是资料不足。盖工资品的货币价格，须看总就业量的多寡而定，故要知道总就业量，则必先知道工资品的货币价格；要知道工资品的货币价格，则必须先知道总就业量。这就是我说过的，我们缺少一个方程式。然而假使我们暂时假定货币工资率有刚性，而不假定真实工资率有刚性，恐怕倒与事实很接近。例如在1924~1934这十年中，英国经济情形颇为骚扰不定，但在该十年内，货币工资之变动范围只是6%，而真实工资的变动范围却超过20%。一个理论，假使当得起称为通论，则必须不论货币工资是否固定（或不论有没有一个范围，在该范围以内货币工资固定不变），都可以适用。从事政治者固然可以说，货币工资应当有高度伸缩性；但是一个理论家在分析时，对于货币工资是否应有高度伸缩性这个问题应该毫无偏袒。一个科学的理论，不能要求事实来与其假定相符。

当皮古教授进而讨论降低货币工资的影响时，据我看来，他所用资料又很少，故又不能提出一个具体答案。开始，他批驳一种论证，这种论证是说，设边际直接成本等于边际工资成本，则当货币工资降低时，非工资劳动者的所得将与工资劳动者的所得作同比例的改变；他所持反对理由，是说这个论证，只有当就业量不变时才能成立，而就业量是否不变，正是尚待研讨之点。但在下一页，他自己亦犯相同错误：他假定“在开始时，非工资劳动者之货币所得不变”；他自己刚指出这个假定只有当就业量并非不变时才能成立，而就业量是否要变，正是尚待研讨之点。实际上，除非在研究资料中，再加上其他因素，否则不能有答案。

劳工们在事实上所要求规定的，不是一特定真实工资率，而是一特定货币工资率（只要真实工资不低于某一最低限度），承认这点，则整个分析都会受到影响。盖设承认这点，则不能同时再假定：除非真实工资提高，否则劳力供给量不会增大，而此假定又是大部分论证之基础。例如，皮古教授反对乘数理论，理由是：真实工资率既不变，换言之，充分就业既已达到，故降低真实工资不能使劳力的供给量增大。在这种假定之下，他的论证当然是对的。不过在该段中，皮古教授所批评者，乃是实际政策方面的一种方案；当英国失业人数超过200万人，就是说，有200万以上的工人愿意接受现行货币工资而工作，在这种时候，还假定只要生活费用比之货币工资稍为提高一些，就有工人要从劳力市场退出，而且退出之人数还大于200万人，如此假定，实在是离事实太远，想入非非。

我们要强调一点：皮古教授整个一本书都基于一个假定，即当生活费用比之货币工资相对增加时，不论增加得如何温和，就有一部分工人要从劳力市场上退出，而且退出之人数大于现有全部失业人数。

还有，在该段中，皮古教授没有注意到，他既认为政府投资政策不能引起“第二级”就业（secondary employment），则根据同样理由，该政策亦不能增加“第一级”就业（primary employment）。盖设工资品工业中的真实工资率不变，则除非非工资品劳动者肯减少其工资品的消费，否则就业量无论如何不能增加。理由是：在第一级就业中新雇的工人，大概会增加其工资品的消费，于是实际工资降低，于是（根据他的假定）有一部分以前在别处已经就业的工人将退出劳力市场。然而皮古教授好像认为，第一级就业确有增加之可能。第一级与第二级就业的分界线，好像也是心理上的分界线，超过该线以后，皮古教授的好常识就再敌不住他的坏理论。

因为假定不同、分析不同，故所得结论不同，下引一段可作例证："设在工人之间有自由竞争，劳力又可以完全移动，则两者（按即工人所要求的真实工资率，以及劳力之需求函数两者）之关系更简单。在此种假定之下，肯定常常有一种强烈趋势，让工资率与需求情况互相适应，使得每个人都就业；若情况稳定，则实际上每个人确都就业。言外之意是说，若在任何时间真有失业现象，则此失业完全是因为需求情况继续在改变，而摩擦阻力使得工资不能立刻作适度的调整。"这是重要的一段，皮古教授把他的观点，作了一个提要。他的结论是：失业之起，主要是因为工资政策未能与劳力的真实需求函数的变动充分调整。因此，皮古教授相信，在长时间中调整工资便可医救失业问题。[①]我的看法是：真实工资固然有个最低限度，即不能低于就业量的边际负效用，而且调整货币工资可能会影响真实工资，但主要决定真实工资者却并不是货币工资的调整，而是经济体系中的其他因素；其中有几个，特别是资本的边际效率表与利率的关系，据我了解，皮古教授没有包括在他的分析体系之中。

最后，当皮古教授讨论"失业的起因"时，他固然——像我一样——说到需求状态的变动；他把劳力的真实需求函数作为需求状态，可是他忘了，依据他的定义，前者的意义多狭窄。我们在上面已经知道，依据他的定义，所谓劳力的真实需求函数者，只定于两个因素，即（1）在一特定环境中，总就业量与工资品工业中之就业量——两者的关系（工资品工业的产物，乃全体劳力的消费之所由出）；（2）工资品工业中边际生产力的情况。但在《失业论》第五编中，"劳力之真实需求"情况的改变却占据重要地位。他把"劳力之真实需求"看做是在短时期中可以会有非常大的变动的一个因素（前引书，第五编，第六至第十二章）。他好像认为，"劳力之真实需求"

的变动，再加上工资政策不能立刻与此变动相适应，乃是商业循环的主因。读者骤看起来，这些好像都很合理，都很熟悉，因为除非读者追溯名词之定义，否则在他心目中非常容易把“劳力的真实需求之变动”与我所谓“总需求情况的变动”混为一谈。但一追溯到定义，则皮古教授之说，即绝难令人置信，盖在短期中，最不会有剧烈变动者，莫过于“劳力的真实需求”。其理如下：

依据定义，皮古教授所谓“劳力的真实需求”，只是两个因素的函数，即F（x）及φ（k），前者乃工资品工业中的生产情况，后者乃上资品工业中的就业量与总就业量的函数关系。除非是在长时期中逐渐改变，否则很不容易找出理由，为什么这两个函数会改变；至少我们没有理由，可以假定其在一个商业循环之中会有变动。F（x）只能慢慢改变，而且在生产技术逐渐进步的社会之中，只能向前进方向改变；至于φ（x），则除非工人阶级突然倾向于节俭，或说得更概括一些，除非消费倾向有突然变迁，否则是很稳定的。这样说来，则劳力之真实需求，在商业循环之中，应该几乎不变。我再重复说一遍：皮古教授没有把一个不稳定因素，即投资量之变动，包括在他的分析体系之中，而这个因素往往是就业量所以变动之基本原因。

我对皮古教授的失业理论作如此详细批评，倒并不是因为他比之经典学派其他经济学家有更多可以批评之处，而是因为据我所知，他是第一人把经典学派的失业理论精确写了出来。故我觉得，要反对经典学派之失业理论，必须以该理论之最完备、最难击破者作为批评的对象。

第二十章　就业函数

I

在第三章第一节中，我们对总供给函数$Z=\phi(N)$已经下了定义：所谓总供给函数者，乃就业量N与其相应产量的总供给价格的关系。就业函数（employment function）与总供给函数不同者，只是：（1）前者乃后者之倒函数；（2）用工资单位作计算标准。就业函数乃表示有效需求（用工资单位计算）与就业量的关系；共同目的乃在指出：设一厂、一业或工业全体面临一特定量有效需求，则该厂、该业或工业全体将提供何种就业量，方能使其产量的总供给价格正好等于该特定量有效需求。今设对一厂或一业的有效需求（以工资单位计算）为D_{wr}，在该厂或该业所引起的就业量为N_r，则就业函数可写做$N_r=F_r(D_{wr})$。或更概括一些，设我们可以假定D_{wr}，乃总有效需求D_w的唯一函数，则就业函数可写做$N_r=F_r(D_w)$。也就是说，设有效需求为D_w，则r工业中所提供的就业量将为N_r。

本章将探讨就业函数的若干性能（properties）。除了这些性能的本身兴趣以外，我们有两点理由，为什么要用就业函数来替代普通所谓供给曲线，以求与本书之方法及目的相一致。第一，“本函数只用我们已经决定选用的单位，来表达有关事实，其他在数量方面性质不明的单位，一概不用”。第二，本函数较之普通所谓供给曲线，更易处理有关全体工业或全体产量等问题（以别于在一特定环境下，单独一厂或一业所遭遇之问题）。其理如下：就一种商品而论，要替该商品做一普通所谓需求曲线，必先假定社会各分子之所得不变；若所得改变，则需求曲线必须重做。同样，要替一种商品做一普通供给曲线，必先假定工业全体的产量为若干；若工业之总产量改变，则该供给曲线亦随之而变。故当我们研讨很多工业对于总就业量的改变所起的反应时，我们所遭遇的绝不是每种工业只有一条需求曲线以及一条供给曲线。而是随我们对总就业量所作假定的不同，而有两组曲线。但若用就业函数，则欲得一适用于工业全体的函数，足以反映总就业量之改变者，实较容易办到。

今假定消费倾向不变，又假定第十八章中作为不变的其他因素亦不变；设我们所要讨论的问题，乃是当投资量改变时，就业量将因之而作何种改变。在这种假定之下，则有一个有效需求量（用工资单位计算），便有一总就业量与之相应；而且此有效需求量，亦必须依一定比例分配于消费与投资。不仅如此，因为有一个有效需求水准，便有一特定的所得分配法与之相应，故我们更可进而假定：一特定量总有效需求，其分配于各业的方法，只有一个。

由此，故若总就业量为已知，我们便可推断各业中的就业量。这就是说，若总有效需求量（用工资单位计算）为已知，我们便可知各业中之就业量，于是我们便可把一业的就业函数写做$N_r=F_r(D_w)$，这就是就业函数的第二种形式。写成这种形式有一个好处：假如我们要知道，相当于一特定量有效需求时，工业全体的就业函数是什么，则只要把各业的就业函数相加起来就行了。

II

现在我们再说到就业函数，以上我们假定：一特定量总有效需求，其分配于各业之方法只有一个。但当总支出改变时，其用以购买一业之产物者，通常说来，不会作同比例改变——一部分是因为当个人的所得提高时，其对各业产物的增购量不成同一比例；一部分是因为当各种商品的需求加大时，其价格的反应程度不同。

因此，假使我们承认，当所得增加时，此增加量的使用法不止一个，则以上所作假定——就业量仅仅随总有效需求（用工资单位计算）的改变而改变——只是一个第一接近值而已。盖当总需求增大时，看我们假定此增加量如何分配于各业，而就业量可以大不相同。例如，设需求的增加，大部分趋于就业弹性高之产物，则就业量的增加大，设趋于就业弹性低的产物，则就业量的增加小。

同样，设总需求不变，但需求转向，垂青于就业弹性较低之产物，则就业量亦会降低。

这各种考虑，在讨论短期现象时，特别重要；此处所谓短期现象，是指事先未曾逆料的需求转向，或需求数量之改变。有些物品之生产，需要时间，故要很快增加其供给，差不多不可能。若在事前没有通知，骤然把需求之增大量集中在这些物品身上，则就业弹性更低；但若早接通知，充分准备，则此类物品之就业弹性也许接近1。

我觉得生产时期（period of production）这一个概念，其主要用处就在这里。依我说法，假使必须把需求之改变，在n个时间单位以前，通知一种物品，然后该物才能提供最高的就业弹性，则该物之生产时期为n。照这种说法，则大体说来，显然消费品的生产时期最长，因为消费总是每个生产过程的最后阶段。故设有效需求的增加发动于消费的增加，则较之发动于投资之增加者，其就业弹性之最后均衡值小，而其初期之就业弹性则更小于其最后均衡值。不仅如此，设对就业弹性太低之物增加需求，则此需求增量大部分将变为雇主之所得，只有小部分变为工资劳动者以及直接成本中其他元素之所得，结果可能对于消费不利，因为雇主由所得增量中储蓄之数，大概比工资劳动者大。但两种情况之差别，亦不宜过分夸大，大部分反应还是相同的。

无论多早把未来需求的改变通知雇主，除非在每一个生产阶段都有剩余存货或剩余生产能力，否则当投资作特定量增加时，初期就业弹性之值总没有最后均衡值那么大。在另一个方面，出清剩余存货乃负投资，故对于投资增量有抵消作用。设在开始时，每一阶段都有剩余存货，则初期之就业弹性可能接近1；但在存货已经吸收完毕之后，而生产阶段上早期产物之增产量尚不能充分源源而来之前，弹性又降低；当新的均衡位置逐渐接近时，就业弹性又回涨而趋于1。当就业量增加时，利率提高，或地租元素所吸收之支出增大，则须加修正。因为这各种理由，故在动态经济体系中，物价不能完全稳定——除非是有特种机构可以使得消费倾向暂时变动，而且变动得恰到好处。但由此引起的物价不稳定，并不构成一种利润刺激，因而引起生产能力的过剩；盖此种不虞之得，只有在当时恰巧持有生产阶段上较后期产物的雇主方能取得，凡不持有此种特殊资源者无从据此不虞之得为己有。故若经济体系有变迁，物价自亦不免波动，但此种物价不稳定，亦不影响雇主们的行为，只是把意外财富送给当时之幸运儿而已（若变动的方向相反，则以上原理仍适用，但须作枝节上的修正）。我认为当代讨论稳定物价之良策者，往往忽略了这点。社会而可以变动，则物价稳定政策不会完全成功。但由此并不能说：只要物价稍为暂时不稳定，就必然引起累积的失衡。

III

上面说过，有效需求不足时，就业量亦不足；所谓就业量不足者，是指有人愿意接受比现行真实工资更低的报酬去工作，但无业可就，故当有效需求增加时，就业量亦增，但真实工资率则比现行者小，或至多相等，如此继续下去，一直到一点为止，在该点时，依照届时通行的真实工资率，已经没有可用的剩余劳力。换言之，从这点以后，除非货币工资比物价涨得更快，否则工人人数及工时都不能再增。次一个问题是：假使在这点已经达到以后，支出尚继续增加，则情况将如何？

一直到这点为止，在一特定量资本设备上增加劳工，虽然报酬逐渐递减，但劳工所肯接受的真实工资亦在递减，故两者相互抵消。在这点以后，再要增雇一人，则必须提供较高的真实工资率（即较多实物），但由增雇一人所得的产物则反较前减小。故为维持均衡计，工资与物价必须随支出作同比例的上涨，以便使“真实”情况（包括就业量与产量）仍所有与前相同。达到此种情况，则粗陋的货币数量说（把“流通速度”解释为“所得流通速度”）完全适用：盖产量不变，而物价之上涨恰与MV成比例。

但要把以上结论应用之于实际情况，则也有若干实际修正必须记在心上：

第一，至少在一个时期以内，物价的上涨也许使得雇主们一时懵懂，增加其雇用人数，超过了为获得最大利润（用自己产物计算）所需的就业量。此盖由于雇主们一向以总售价（用货币计算）之增加作为扩充生产的信号，故即使实际上这种政策已经对他们不利，他们可能还继续奉行；换言之，雇主们可能会低估其在新物价环境之下之边际使用者成本。

第二，雇主必须把一部分利润转交给固定收入者；因为这部分利润是用货币规定的，故当物价上涨时，即使产量不变，也引起所得之重分配，这种所得重分配利于雇主而不利于固定收入者，消费倾向可能因而受到影响。然而这种过程并不是在达到充分就业以后才开始的；而是在支出渐增这段时期中始终进行着。设固定收入者比雇主节俭，前者的真实所得又渐减，则为达到充分就业计，其所需货币数量的增加以及利率的降低，比之在相反假设（即雇主比固定收入者节俭）之下程度较轻。在充分就业已经达到以后，若第一种假设仍继续适用，则当物价再上涨时，利率必须提高，以防止物价的无限制上涨；又货币数量的增加比例，亦将小于支出的增加比例。若第二种假设适用，则情况相反。当固定收入者的真实所得减少时，因为此阶层逐渐变成贫乏，故也许会有一转折点，从第一个假设改为第二个假设；但这点可以在达到充分就业之前达到，也可以在之后达到。

Ⅳ

通货膨胀与通货紧缩显然不相对称：盖若把有效需求紧缩到充分就业所必需的水准以下，则就业量与物价都降低；但若把有效需求膨胀到这个水准以上，则只有物价受到影响；这一点可能令人不解。然而这种不对称，正是事实的反映：若某就业量的边际负效用大于真实工资，则劳工总可拒绝工作，使该就业量不能实现；但劳工却不能因为某就业量的边际负效用并不比真实工资大，而一定要别人提供该就业量。

第二十一章　物价论

I

经济学家们在讨论所谓价值论时，总说物价决定于供需情况；边际成本以及短期供给弹性尤其占重要地位。但当他们进入第二卷，或另成一书，讨论所谓货币与物价论时，我们恍若进了另一个世界，这些浅显的概念都不提了，代之而起的，是说决定物价者乃是货币的数量、货币的所得流通速度、流通速度与交易额之比、囤积、强迫储蓄、通货膨胀或紧缩……诸如此类；简直没有人想把这些空泛名词和以前供需弹性等观念联系起来。假使我们把人家传授给我们的东西回想一下并设法使其合理化，则在较简单的讨论中，好像是假定供给弹性必等于0，需求必与货币数量成比例；但到更复杂一些的讨论中，云里雾里，什么也不清楚，什么都可能。我们都已惯了，忽而在这样捉摸不定的东西之左，忽而又在其右，自己也不知道怎样从这一边跑到那一边，两者的联系似乎是醒与睡的关系。

以前数章，其目的之一即在避免这种双重生活，而使整个物价论重新与价值论发生密切接触。我以为把经济学分为两部分，一部分是价值论与分配论，另一部分是货币论，实在是错误的分法。我以为正确的两分法应当是：一面是关于一厂或一业的理论，研究如何把一特定量资源分配于各种用途，其报酬为如何等；另一面是适用于社会全体的产量论及就业论。假使我们所研究的只限于一业或一厂，假定就业资源的总数不变，又暂时假定他业或他厂的情况亦不变，则我们的确可以不顾货币的特性；但当我们进而讨论何者决定社会全体的产量及就业量时，我们就需要一个关于货币经济（Monetary-

Economy）的全盘理论。

或者我们还可以把界线如此划分：一面是静态均衡论（theory of stationary equilibrium），另一面是移动均衡论（theory of shifting equilibrium）；在适用后一种理论的经济体系中，对于未来的各种不同看法足以影响现在的情况。我们之所以可以做如此分法，乃是因为货币的重要性主要是从货币乃现在与未来的联系这一点产生的。我们可以先讨论：设在一经济体系中，人们对于未来的看法在各方面都是固定的、可靠的，人们亦依据正常经济动机而活动，则在均衡情况之下，资源将如何分配于各种用途。这种经济体系还可以细分为二，其一是完全不变的；其二虽有改变，但所有都在事先完全预料到。我们可以从如此简单的引论，进而讨论现实世界的各种问题；在现实世界中，则以往预期不一定实现，而今日对于未来的预期又可以影响今日的行为。当我们从前一种讨论进入第二种讨论时，货币是现在与未来的联系这一个特性就进来了。移动均衡论虽然必须以货币经济为依据，但还只是一个价值论或分配论，而不是一个单独的货币论。货币的最主要属性，既在巧妙地联系现在与未来，则我们除非利用货币，否则简直没有办法讨论：当预期改变时，当前活动所受的影响如何？即使把金银以及法偿工具取消，我们还是摆脱不了货币。只要有任何持久性资产的存在，这种资产便会有货币属性，[①]就会引起货币经济所特有的很多问题。

II

就单独一业而论，则其产物的价格水准，一部分决定于边际成本中各生产元素的价格，一部分决定于生产规模。我们没有理由，为什么这个结论不能适用于全部工业。故一般物价水准（general price level），也是一部分决定于边际成本中各生产元素的价格，一部分决定于生产规模，但因我们假

① 参阅前面第十七章。

定设备与技术不变，故生产规模就是就业量。固然，当我们讨论到社会总产量时，我们要顾到：任何一业的生产成本一部分须看他业的产量如何而定；但比此更重要，我们更要顾及的，乃是需求改变对于成本与产量两者的影响。我们有新见之处，都在需求方面——当我们所讨论的是总需求，而不是单独一种商品的需求（总需求则假定不变）。

III

假如我们把情况简化，假设边际成本中各生产元素所得之报酬以同一比例改变，换言之，都随工资单位作同比例的改变，又设设备与技术不变，则一般物价水准，一部分决定于工资单位，一部分决定于就业量。因此，改变货币数量对于物价水准的影响，乃是两种影响的总和，其一是货币数量对于工资单位的影响，其二是货币数量对于就业量的影响。为说明此种概念起见，我们再把情况简化，假定（1）所有失业资源，就生产效率而论，完全相同，可以互换；（2）边际成本中的诸生产元素，只要尚未全部就业，便不要求货币工资的增加。在这种情况之下，则只要有失业现象存在，工资单位就不会变更，生产的报酬既不递增亦不递减。因此，当货币数量增加时，若还有失业现象，则物价毫不受影响，就业量则随有效需求作同比例的增加，而有效需求之增则起于货币数量之增；但当充分就业一经达到，则随有效需求作同比例之增加者，乃是工资单位与物价。故设有失业现象时，供给有完全弹性（perfectly elastic），充分就业已经达到后，供给毫无弹性；又设有效需求之改变比例正好与货币数量之改变比例相同，则货币数量说有如下述："有失业存在时，就业量随货币数量作同比例改变；充分就业一经达到后，物价随货币数量作同比例改变。"

我们已经引进很多假定，使得情况简化，货币数量说得以成立，这算满足了历来传统；现在我们再进而讨论，实际上有何种可能的复杂因素，可以参加进来：

（1）有效需求之改变，并不与货币数量之改变正好成同一比例；

（2）资源的性能并不一致，故当就业量逐渐增加时，报酬将递减，并非不变；

（3）资源并不可以互换，故有些商品已经达到供给无弹性之境，而有些商品则尚有失业资源可供生产之用；

（4）在充分就业没有达到以前，工资单位即有上涨之趋势；

（5）边际成本中各生产要素之报酬，并不以同一比例改变。

故第一步我们必须考虑，货币数量之改变对于有效需求量之效果为如何。通常说来，有效需求的增加，一部分用在增加就业量，一部为用在提高物价水准。故实际上并不是当有失业存在时，物价不变，一达到充分就业，物价即随货币数量作同比例增加；而是当就业量增加时，物价逐渐上涨。物价理论即在分析货币数量与物价水准的关系，以便决定当货币数量改变时，物价弹性的反应如何，故必须研究以上所举五个复杂因素。

今依次论之。我们虽然一个一个讨论，但我们切不可就此以为这些因素是绝对独立的。举例来说。有效需求增加时，一部分在增加产量，一部分在提高物价，这两部分的大小，可以影响货币数量与有效需求量之间的关系。又若各生产要素所得的报酬，其改变的比例不同，则亦有这种作用。我们分析的目的，不在提出一部机器或一种盲目计算法，使我们可以得出百无一失的答案；而在使我们有一种有组织的、有次序的思维术，探索若干具体问题。我们先把这些复杂因素一个一个隔离，得出暂时结论，然后再尽我们的能力，顾到这些因素之间可能有的相互关系。思维而涉及经济方面者理应如此，用任何其他方法，来应用刻板的思维原则，都会引起错误；但没有这些原则，却又有茫然无所适从之苦。把一组经济分析用符号的假数学的方法变成公式，加以形式化，像本章第六节要做的那样，其最大弊端是在这些方法都明白假定：其所讨论的各因素绝对独立；只要这个假设不能成立，则此等方法的力量与权威便一扫而尽。在日常会谈中，我们并不一味瞎算，而知道自己在做些什么，文字代表的意义是什么，又把以后必须要加的保留、修正与调整都记在心上；但我们却不能把复杂的偏微分记在几页代数的书角，因为这几页根本假定这些偏微分不存在。近代所谓“数理”经济学，太多一部分只是杂凑，其不精确一如其开头所根据的假定；而其作者，却在神气十足但毫无用处的符号迷阵中，把现实世界中的复杂性与息息相通性置诸脑后了。

Ⅳ

第一，货币数量的改变，对于有效需求量的主要影响，是由货币数量可以左右利率这一点产生的。假使这是唯一的反应，则影响的大小，可由下列三个因素中推出：（1）灵活偏好表，此表告诉我们，利率须降低多少，然后才有人愿意来吸纳此新货币；（2）资本之边际效率表，此表告诉我们，利率降低一特定量时，投资将增加若干；以及（3）投资乘数，此数告诉我们，投资增加一特定量时，总有效需求将增加若干。

但（1）、（2）及（3）三点，一部分也和第二、第三、第四及第五几个复杂因素有关系，后者我们还没有讨论到；假使我们忘了这点，则以上分析虽然有价值，可以使我们的研究有层次，有着手处，但实在太简单——简单到欺骗程度。盖灵活偏好表本身，亦系乎所得及业务两种动机将吸纳多少新货币；而此吸纳量的多寡，又系乎有效需求增加的大小，以及此增加量的分配法：用于提高物价者若干，提高工资者若干，增加产量与就业量者若干。至于资本的边际效率表，则亦系乎当货币数量增加时，其随之而来的事态是否影响人们对于未来货币情况的预期，又当有效需求增加，所得扩大时，此新所得分配于各种消费者的方法亦足以影响投资乘数。以上种种，当然不足以包罗所有可能的交互反应，但设我们可以取得所有事实，则不难找出一组联立方程式，求出具体结果。例如，我们可以知道，当货币增加某特定量时，把所有都考虑到以后，有效需求量须增加若干，始与该特定量货币增加相符合、相均衡，而且也只有在非常例外情况之下，货币数量的增加反而引起有效需求量的减少。

有效需求量与货币数量之比，和一般所谓“货币之所得流通速度”颇相仿佛，所不同者，有效需求相当于预期的所得（即决定生产活动之所得），而非真正实现的所得；相当于毛所得，而非净所得。但“货币之所得流通速度”，也只是一个名词而已，什么也没有解释。而且我们也没有理由预期其不变，因为上面说过，决定这个速度者，乃是许多复杂而变化的因素。我以为用这样一个名词，反而把真正的因果关系蒙蔽了，一无好处，只引起混乱。

第二，上面说过（第四章第三节），报酬递减与报酬不变之别，一部分须看工人所得的酬报是否绝对与其效率成比例而定，设绝对成比例，则当就业量增加时，劳力成本（用工资单位计算）不变，但设某一级劳工所得之工资，不论各人的效率如何，都是一样的，则不论资本设备的效率如何，劳力成本总是渐增。设资本设备的效率也不一致，利用某部分设备生产时，每单位产品所需的直接成本较大，则边际直接成本的增加，除了由于劳力成本之渐增而外，还多了一个原因。

故通常来说，要在一特定设备上增加产量，供给价格必增。故不论工资单位是否改变，产量增加总连带着物价上涨。

第三在第二中，我们想到供给弹性可能不完全。设各种专业化的失业资源配合得很适当，则各该资源可以同时达到充分就业之点。但是通常来说，有些商品或劳役之产量已达到一种水准，若需求再增，该商品或劳役的供给将暂时毫无弹性；而在其他方向，则尚有大量剩余资源未曾就业。故当产量增加时，会接连产生一组“瓶颈”（bottle-necks），换一种说法，若干种商品已经毫无供给弹性，故其价格必须上涨到一种程度，使其需求转移方向。

故当产量增加时，只要每一种资源都有可用而尚未就业者，则一般物价水准大致不会上涨太多。但当产量已经增加到有“瓶颈”现象发生，则若干商品的价格将急剧上涨。

本项及第二项所谓供给弹性，一部分亦须看时间之长短而定。若时间甚长，资本设备的数量亦可改变，则供给弹性的值，在最后必定大于在初期。故当失业普遍之际，若有效需求作温和的增加，则用以提高物价者更少，主要都在增加就业量；若增加较大，而又出人意外，以致暂时引起“瓶颈”现象，则有效需求之用于提高物价者（以别于就业量），在初期要比以后大。

第四，在达到充分就业以前，工资单位即有上涨的趋势，这一点无须要多解释。若其他情况不变，则每一工人集团都因其本身工资之提高而受益，故若所有集团都要求增加工资亦自在意中；而雇主们当营业情况良好时，也愿意满足这种要求。因此，有效需求增加时，大概有一部分被工资单位之上涨趋势吸收去。

因此，充分就业固然是一个最后分界点（critical point），到达这点以后，若有效需求（用货币计算）再增，则货币工资必须随工资品价格之上涨作同比例的提高；但在这点以前，还有一组半分界点（semi-critical points），在这很多点上，有效需求增加时，货币工资也提高，只是不及工资品价格的上涨比例而已；有效需求减少时亦然。在实际经验中，并不是有效需求稍有改变，工资单位即随之而变：工资单位之变是不连续的。决定这些不连续点者，乃是工人之心理以及雇主与工会的政策。在一国际经济体系中，若一国改变其工资单位，则各国之间之工资成本便产生相对变动；在一商业循环中，即使在一闭关体系以内，工资的改变，亦使得当前工资成本与未来预期工资成本之间，发生相对变动，故这些不连续的半分界点，其实际重要性可能很大。又因在这些点上，有效需求（用货币计算）若再增，便将引起工资单位作不连续的上涨，故从某种观点看来，这些点可称之为半通货膨胀（semi－inflation），有些和以下所谓绝对通货膨胀相似，虽然相似的程度甚低；所谓绝对通货膨胀，乃是在充分就业之下，再增加有效需求时所产生的情况。又这些点之历史上的重要性亦甚大，但不容易用理论来加以概括。

第五，本章第三节开头第一句，即假定边际成本中各生产元素之报酬队同一比例改变。但事实上各种生产要素的报酬，以货币计算，其刚性程度颇不一致，当货币报酬改变时：其供给弹性亦不同。假使不如此，则我们可以说，物价水准是由两个因素决定的：工资单位与就业量。

在边际成本之中，其改变比例大致与工资单位不同，且其变动范围亦较大者，当首推边际使用者成本。设当有效需求增加时，人们一变以往预期，认为设备必须重置之日将大为提早，设有此种情况（往往有之），则在就业状况开始改善之时，边际使用者成本会急剧上涨。

从很多目的着想，假定边际直接成本中，各生产元素所得的报酬，随工资单位作同比例改变，固然是一个很有用的第一接近值；但比较好一点的办法，是将边际直接成本中各生产元素的报酬加权平均，称之为成本单位（cost unit）。成本单位可视为价值之基要标准；若各生产元素的报酬，确以同一比例改变，则工资单位亦可作此种标准。设技术与设备不变，则物价水准一部分决定于成本单位，一部分决定于生产规模，因短期间有报酬递减现象，故当产量增加时，物价水准的上涨比例大于成本单位的上涨比例。设产量已经达到一种水准，在该水准时，诸生产元素的代表单位之边际产物，仅等于各该生产元素为继续维持该产量所要求的最低（真实）报酬，则我们已达充分就业之境。

V

当有效需求再增加时，已无增加产量之作用，仅使成本单位随有效需求作同比例上涨，这种情况，可称之为真正的通货膨胀。到这点为止，货币膨胀的效果只是程度问题，在该点以前，我们找不出一点可以划一条清楚界线，宣称现在已到通货膨胀之境。因为在该点以前，货币数量每增加一次，有效需求尚能增加，故其作用，一部分在提高成本单位，一部分在增加产量。

在此分界线之两面，情况却并不对称，盖有效需求（以货币计算）若降至此界线以下，则若用成本单位计算，其数量亦减；但若有效需求（以货币计算）扩张至此界线以上，则通常来说，若仍用成本单位计算，其数量并不增加。这个结果基于一个假定：即生产元素（尤其是工人）对于其货币报酬之降低总要抵抗，但并无动机拒绝其货币报酬之增加。这个假定显然很与实际相符，盖若货币报酬之改变，并不是全面的，只限于局部，则此局部的原素将因其货币报酬之上涨而受益，之下降而招损。

反之，设当就业量小于充分就业之时，货币工资即无限制下降，则这种不对称即告消灭。然在此种情况之下，除非利率已降至无可再降，或工资已等于零，否则在充分就业以下，将无安定之点。实际上，假使在货币经济体系之中，价值而尚有任何稳定性，则我们必须要有若干元素，其货币价值即使不固定，至少很有刚性。

有一种看法，认为任何货币数量之增加都有通货膨胀性。除非我们把“通货膨胀性”一词仅仅解释为物价上涨，否则这种看法还是跳不出经典学派之基本假定，这个假定是说，生产元素之真实报酬降低时，其供给量必定减少。

VI

以上就短时期立论，主要是讨论在短时期以内，货币数量的改变对于物价之影响。在长时期中，关系是否要简单些呢？

这个问题，最好让历史下断语，不要用纯理论讨论。设在长时期中，灵活偏好状态非常有规则，则就悲观时期与乐观时期的平均值而论，在国民所得与货币数量之间大致总有某种关系存在。例如，人们愿意以国民所得之几分之几用货币保持，这个比例数在长时期中也许非常稳定；故在长时期中，假如利率大于某种心理上的最低限度，人们便不会把超过此比例数以上的国民所得用货币形式保持，闲置不用；故设除积极流动所需者以外，货币数量在国民所得中所占比例尚超过此比例数，则迟早总有一个趋势，使利率降低至此最低限度左右。利率降低，若其他情况不变，则有效需求增加；有效需求增加，则会达到一个或一个以上之半分界点，于是工资单位亦作不连续的上涨，物价亦因之受影响。若剩余货币数量在国民所得中所占比例数太低，则相反趋势发生。故在一段时期中，利率变动之净结果乃在确立一平均值，以适合国民所得与货币数量之间的稳定比数——此稳定比数基于群众心理，故迟早总会恢复原状。

这种趋势为向上时，比之为向下时，所遇阻力大致较小。但设货币数量不足甚多，历时已久，则打开困难之法，普通总是改变货币本位或货币制度，以提高货币数量，而不是压低工资单位，以致增加债务负担。故就极长时期而论，物价总是向上：因为货币较丰裕时，工资单位上涨，而货币比较稀少时，总有办法增加货币之有效数量。

19世纪以内，就每十年之平均数字而论，人口的增加、发明的迭起、新区域的开发、公众的信任心以及战事的频仍等各种因素，再加上消费倾向，好像已足建立一个资本的边际效率表，一方面使得就业的平均水准可以非常令人满意，其他方面的利率也高到一定程度，财富持有人在心理上认为可以接受。由记载中，我们知道大概有150年这么长一段时间，各主要金融中心的典型长期利率总在年息5厘左右，金边债券（gilt-edged securities）的利率亦在年息3厘与3.5厘之间；然而这种利率，在当时还不觉得太高，在此利率下的投资量，还能使平均就业量并不低得太不像样。有时工资单位调整，但是调整得更多的乃是货币本位或货币制度，其中尤以银行货币的运用最为显著。调整以后，货币数量（用工资单位计算）足够满足正常的灵活偏好，而利率又不太比上举标准利率低很多。工资单位的趋势，和平常一样，大体上是一直向上，但劳力之效率亦在增加。各种力量势均力敌，故物价非常稳定——依据索贝克（Sauerbeck）物价指数，在1820~1914年之间，若取五年平均数，则最高者亦只比最低者大50%。这个绝非偶然，论者归功于势均力敌。盖在此时期中，各雇主集团的力量强大，故工资单位的上涨不太超过生产效率之增加速度；同时金融体系既很活泼，又很保守，其所提供之平均货币数量（用工资单位计算），使得平均利率水准恰等于财富持有人在其灵活偏好势力之下，所愿意接受的最低利率。当然，平均就业量要比充分就业低很多，但也没有低到令人不能忍受，以致引起革命。

今日（未来大致亦复如此）情况则不同，资本的边际效率表，因为各种理由，要比19世纪低很多。若平均利率低得可以使平均就业量非常合理，则又低得使财富持有人认为不能接受；因此我们不容易仅仅从操纵货币数量着手，使利率降至该水准。当代问题之尖锐性与特殊性，都由此而起。假如只要货币供给量（用工资单位计算）充分，20~30年以内之平均就业量即可相当过得去，若问题只是如此，则19世纪便可以找出一条出路；若这是现在仅有的问题，换言之，假使我们所需要的，只是适度的通货贬值，则我们今日肯定可以找出一条出路。

但在当代经济体系中，到现在为止（恐怕未来亦复如此），最稳定、最不容易变更的因素是一般财富持有人所肯接受的最低利率。[①]假如要就业量

① 巴杰霍特引用的19世纪的一个谚语："约翰牛（英国）可以经受得住许多事情，但却经受不住2%的年息。"

还过得去，利率必须比19世纪的平均利率低很多，则这种利率是否仅仅操纵货币数量即可达到，颇成绝大疑问。资本的边际效率，乃借款者以预期取得之收益，但从此收益中，还须减去（1）拉拢借贷两方之费用；（2）所得税及附加税；以及（3）补偿贷款者所负风险，减剩之数，才是净收益，才可作为财富持有人牺牲其周转灵活性的代价。假使平均就业量还过得去，但此净报酬则微小不足道，则由来已久的方法可能无效。

回到我们眼前的题目：在长时期以内，国民所得与货币数量的关系决定于灵活偏好；而物价之稳定与否，须看工资单位（或说得更精确些，成本单位）的上涨，比之生产效率的增加，其速度孰快孰慢而定。

附：凯恩斯学说指南

货币工资的作用

我们在以上各章的研究中，到处提到货币工资以及有关货币工资弹性和刚性(随情况而有不同)的作用。讨论越进一步，越觉有必要对此主题作比开始时更深透的探讨，因为在研讨的初期，作为凯恩斯理论体系支柱的基本函数关系还没有充分地用公式来表达。这种探讨之所以更有必要，是因为古典学说(尤其在皮古的领导之下)继续假定工资率的流动性为这个经济制度提供自动调节的机构使之经常趋向充分就业。据说任何现行的经济失调都应归咎于工资的刚性。凯恩斯却否认这一点，虽然我们将在后面看到，他准备承认，工资和物价的跌落一旦做到，在某些情况下可能促进就业的高涨。凯恩斯认为，如果略去所有不利的短期的动态影响不论，人们在纯粹理论上可以有这样的辩解，即工资和物价的跌落所产生的货币上的后果，正同货币数量的显著增加一样。

首先还得作一些初步的考虑。例如，在任何一个特定的企业或工业中削减工资，必将对就业产生有利的影响，没有人会对此产生怀疑。理由是货币工资的这种削减会降低成本，而另一方面很少或并不会改变对该企业或该工业产品的需求。但若货币工资率全面削减那又怎样呢？难道它不会影响总需求么？这是问题的焦点。难道总需求不会随货币工资率的跌落而相应下降么？而假若如是，那么这种对于就业的影响难道不会全部被冲销么？

总需求是否会随货币工资率的跌落而按比率下降，一部分要取决于它对于非工资集团产生什么样的影响。以廉价劳动来代替其他生产要素的可能性越大，工资的跌落越会推动非工资的货币收入下降向货币工资看齐。若果然如此，其结果将驱使总需求随货币工资的跌落而按比率下降。但若假定非货币收入并不下降，还有，若由于物价下降之故，这些集团仅仅愿意维持他们从前的消费标准，那么物价的任何下跌(由于工资跌落之故)将引起非工资所得者的总货币支出按比率下降。在这种情况下，物价与总需求这两者都将随货币工资的跌落而按比率下降。

工资率、总支出和就业量是互相依存的复合体，必须把它们当做一个整体来看。人们不能认为总货币支出可以独立于工资率。我们已经知道，工资率的削减会带来货币收入和总支出按等比率的下降。皮古接受这种看法，但认为这只适用于特例，即当通过降低货币工资率来压低货币利率时，后者却因受到阻碍而不能下降。这个特例是所谓凯恩斯特例，其中对利率而言，灵活偏好表具有高度的弹性，因此把货币从交易领域腾出来放到资产领域来是不足以显著抑低利率的。

凯恩斯认为对于工资削减及其对就业量的影响这一问题来说，并没有简单的答案。他的分析是依据实用主义的，而且会引导到不可思议的境地。在某些情况下，它的影响是有利的；而在另一些情况下则是不利的。我们唯一能做的是把我们的分析运用到各种假定的情况中去。

凯恩斯在《通论》第十九章第二节中就运用他的这种分析收入与就业量变化的特殊方法来评价这个问题。因此他需要知道，工资的削减是否会改变消费倾向、边际资本效率表以及利率(正像在他处一样，他在这里也把灵活偏好表和货币数量都包括在内)。

这些表都可以随着预期的改变而经常移动。工资的削减将对预期产生怎样的影响呢？企业家将预期成本降低，他们也许会暂时忽视由于工资的全面削减而引起的总需求的下降。于是他们会扩张开工率。可是他们能否把增产的产品卖掉，还是仅仅把它们以增加的存货的形式堆积起来呢？从长期看，较大的出产量和就业量只有在总需求增加时才能维持，也就是说，只有在下列条件下才能维持：或者能支持较大的投资支出，或者消费倾向业已上升。而较大的投资支出只有在边际资本效率增加或利率下降这种情况下才能维持。工资的削减会引起这些变化吗?

第一，工资的削减可能引起收入的重新分配。工资收入的跌落可能更甚于息金收入的下降。但也会使企业家有所失而息金收入阶级有所得。其净影响是很成问题的，但权衡得失，由于工资削减的结果，收入分配可能更不平等。收入从工资收入者转移到其他集团“多半会减少消费倾向”。其结果是对总需求“多半更为不利而不是有利”。

第二，在一个并非封闭的经济中，工资削减将有利于就业，因为削减工资的国家的出口，对于那些假设并没有削减工资的其他国家来说，所处的地位更为优越。

第三，在一个并非封闭的经济中，削减工资(引起出口物价降低)将使贸易条件恶化。这会引起实际收入的下降。在较低的实际收入条件下，消费对收入的比例诚然可以上升，但这并不像凯恩斯所说的，可以证明消费倾向趋于上涨。

第四，若工资削减引起后来提高工资率的预期，则工资削减对于预期将产生有利的净影响。但若认为工资率将进一步下降，则其对预期将产生不利的影响。

第五，较低的工资将使货币交易的总量降低，从而使货币从交易领域转移到资产领域。更多的货币可使用于投机动机，这意味着我们将在“净”灵活偏好表L″上向下移动，因而利率趋于下降。假定投资需求表相当合理地随利率而伸缩，较低的利率将有利于投资。但若工资削减造成政治上的和社会上的不安，则其影响可能引起不利的商业预期，这又会引起投资需求表向下移动而净灵活偏好表则向上移动。因此，影响将随着情况的不同而变化，就纯粹理论性而言，我们会说：获得的结论不可能是肯定的。

第六，劳动心理学极其重要。劳工纠纷可以使原本有利的预期被抵消掉。每一个别集团的工人将认为拒绝削减工资对他们有利。货币工资率的削减所引起的劳工的反抗比“由于物价上涨而逐渐地、自动地降低实际工资”所引起的反抗要强烈得多。

第七，任何有利的商业预期，或多或少都将被公私债务的较大负担对投资产生的不利影响所抵消。

如果将工资削减对于就业量可能产生的不利影响搁置不论，对于凯恩斯来说，似乎很清楚的是：必须看到它在某些情况下所产生的有利影响，会对(1)资本的边际效率和(2)利率造成最有希望的结果。

假定工资早已削减，而且不会再有削减，因此任何预期的变化都是向上的。这种情况将是最有利的情况。对于商业预期最坏的情况是工资率慢慢下跌。考虑到“现代世界中的实际习惯与实际制度”，稳定的工资政策要比工资“很容易逐步”随失业的增加而下降的弹性政策，对商业预期产生的影响更为有利。

凯恩斯的结论是：“那些相信经济制度具有自动调节作用的人，必须把他们的论证力量放在下降中的工资水平与物价水平对于货币需求”产生的影响上。就理论上讲，我们可有两种方法“影响利率，其所产生的效果恰恰相同，其一是降低工资，而让货币数量不变；另一是增加货币数量，而让工资水平不变”。但并不能因此就说，工资削减之必能保证充分就业，更优于货币数量的增加所能保证的充分就业。这些都要看灵活偏好表随利率而上下的弹性以及投资需求表的利率弹性而定。如果前者富有高度的弹性而后者则极无弹性，则货币数量的增加实际上不会取得什么效果。货币数量的增加如果较温和也许感到不够，而如果增加得很多又可能动摇社会信心。如果工资率的降低比较温和或者降低得很多，也会出现同样的情形。凯恩斯在结束这一段分析时断言，弹性的工资政策并不能继续维持充分就业。“我们不能通过这些途径使经济制度具有自动调节作用”。

在理论分析上，工资政策与货币政策尽可有很多相同处，但在实施上，“两者之间有天壤之别”。只有“愚蠢之徒”才会挑选“有弹性的工资政策，而不挑选有弹性的货币政策”。

实行弹性货币政策将“使得物价极不稳定，也许物价变动剧烈到如此程度”，以致在一个像我们这样的社会中，“使一切业务上的打算都归于无效”。真正弹性的工资政策将使自由物价制度不能运行。为了能够正当地运行这样一个制度，就需要合理稳定的货币单位价值，而货币稳定的基础是工资稳定。

还必须有一言提到所谓皮古效应，凯恩斯研讨工资削减对就业量产生的可能影响时把它完全忽视掉了。他曾经考虑到工资削减会改变消费倾向的可能性。可是凯恩斯认为消费函数的移动是由于工资削减所易引起的收入分配的改变。而皮古则认为这种移动来自货币工资与物价的跌落所易引起的货币资产实在价值的增加。不利于劳工的收入再分配使得消费函数向下移动，而货币资产实在价值的增加却使消费函数向上移动。

凯恩斯是否想到过皮古效应，这并没有迹象可以证明。在《通论》出版以前，关于物价不断下跌的后果的长期争论中也只泛泛地提到它。皮古在他后来的著作中并没有对工资与物价降低的各种后果作出全面的分析，而专门集中研究“货币资产实在价值”的影响。应该找出更能权衡各个方面的看法，把各种重要的因素都考虑进去，以估量其净影响。凯恩斯的确在追求这些，但他忽视了皮古效应。人们经常提到“凯恩斯效应”(利率由于工资降低而下降)，为的是把凯恩斯效应与皮古效应作对照。但这只是从凯恩斯分析的许多股线索中单独抽出一股罢了。

我们在考虑工资降低这一问题时可以区别下面两点：(1)工资降低或小或

大，或慢或快等等过程的各种后果(动态分析)；以及(2)工资降低完毕后的影响(静态分析)。另一方面，人们还可以考虑工资降低(1)短期(或循环期)的影响以及(2)长期的影响。

现在用静态分析法来看工资降低的循环期影响。工资成本的降低一旦完毕，假定其他膨胀因素很微弱，较大的货币资产实在价值会不会提高消费函数从而保证充分就业呢？答案似乎是否定的，因为随着复苏的进展，物价开始上涨，从而货币资产的实在价值将不断下落。被认做会驱使这个经济达到充分就业的“实在资产影响”，并不是一个加强因素，倒是在商业循环的低潮转折点一旦达到以后会开始逐渐消失。要注意的是这里所作的分析是严格地按照静态分析法（高度的抽象水平)，而不是按照短期预期的动态影响进行的。它适用于像美国在1936年到1940年的那种情况，那时物价业已下跌并且稳定在较低的水平上。

如果人们从长期角度来考虑问题，皮古效应可能产生略为抬高下一次萧条的下落点的作用。因此人们可以认为每个继起的商业循环，其萧条下落的底将较上一次略为高些。可是作为达到充分就业的积极力量似乎并不能令人十分信服。

皮古效应的分析必须与下面这些老的问题结合起来进行考虑，即稳定的物价与长期趋向下落的物价两者比较起来，哪一个更为优越，因为这正是这种分析主要探讨的问题。如果物价的长期趋势趋于下落，货币资产的实在价值必将上升。这可以通过两种方式来达到，或者采取比较温和的方式，即在劳动(人-时)生产率不断提高的社会中保持货币工资不变；或则采取比较剧烈的方式，即削减工资。在长期趋向下落的物价下，货币资产的实在价值不断上涨，因此皮古效应将逐渐发生作用。息金收入阶级将受到其货币资产的实在价值上涨之实惠，但企业家将蒙受不利的影响，故权衡得失，我们难以相信：在物价经历三十年或四十年的不断下降后，消费者大众将比以前“富裕些”。而这至少有一部分原因是由于下列事实，即物价长期趋向下落对于实业利润的不利影响，比起物价水平稳定(或甚至慢慢上涨)的情况来，会使消费者大众的就业情况恶劣些。因此比较公平的说法也许是，经济学家大都为了这一或那一理由，同意宁愿有一比较稳定的物价水平而不愿见到物价长期趋于下降。最后，皮古效应的分析太轻率地假定我们肯定知道货币资产实在价值的增加怎样影响储蓄倾向。事实上我们对此所知很少。与通常所作的轻率假定相反，我们至少可以同样好像有理地提出久已熟知的说法，即一小窠储蓄的蛋增进更大的(储蓄)胃口。这种民间俗语得到“消费者调查所”所作调查研究报告的有力支持，认为在每一个较低收入阶层中只有一小部分人持有可观数量的资产。储蓄的人似乎为数极少，他们只是那种储蓄胃口随他们的流动资产积存增加而增进的人。最后，皮古效应还需从数量上加以衡量。我们需要知道货币资产是怎样分配的，以及消费者大众(假定占总人数的80%)所持有的资产数量是否大得足以发生很大的影响，假定其趋势真的朝着通常假定的方向进行。即使作为一种纯粹理论，也不能仅仅只是发现一种趋势就够了，还有必要估量这种趋势力量的强弱。

权衡得失，我们不得不说，凯恩斯对于工资削减的影响的分析是十分广博且富有启发性的。当然它并不是很完备，但它包括很多方面，它并不仅仅限于经常被提出来作为凯恩斯效应的利率方面的影响。

所以，凯恩斯效应和皮古效应这两者都反映了工资削减的货币后果。在这两种情况下，不是通过削减工资，而是通过由中央银行资助的政府赤字来有意识地扩张货币资产持有量的办法，能够更有效地达到正视的效应。在有意识地扩张货币资产的场合，较低的物价(对利润)和不断降低的物价的不利影响可以避免，而其有利的影响则更可肯定。再者，像皮古那样假定充分就业能够借助自动调节过程获得保证是一回事，而像凯恩斯那样提出积极的货币与财政扩张计划则是另外一回事。

凯恩斯的货币论与物价论

我们最好把《通论》第二十章和第二十一章放在一起来考虑。它们探讨的主题相同，即总需求的改变与物价水平的改变之间的复杂关系，或更广泛地说来货币数量的改变与物价变化之间的关系。凯恩斯不仅把他早年发展的分析工具应用于货币论和物价论，而且把他自己的分析学说与数量学说作了一个比较。

凯恩斯的分析是借助供给和需求的函数这一工具来进行的，他还认识到在供求表的不同点上这些函数的不断变化的弹性。货币数量的改变对物价施加影响的方式是通过一套复杂的相互关系来探讨的。影响的程度取决于每一点上各种函数的弹性。

货币数量的变化对于物价所造成的影响，并不像老的数量学说所讲的那样是直接的和成比例的，而是“杯已到口还会失手”。首先在货币和总需求之间有关系。然后，一方面有总需求的改变对出产量的影响，另一方面有总需求的改变对物价的影响。这里我们遇到在不同的出产量水平下的供给价格的弹性。但这还不能概括一切。还须考虑工资率的改变，是否由于需求的改变而引起，抑或是由工会的行动和集体合同自动决定。

凯恩斯的学说的注意力集中于社会的行为，这种行为是借助凯恩斯函数以及这些章节中所讨论的各种弹性来分析的。相反，货币数量学说的注意力则集中于中央银行的行为，这种行为是通过货币的数量来表达的。

凯恩斯在《通论》第二十一章一开头就抱怨经济学家把经济学分为价

值论与货币和物价论这样两个互相隔绝的部分，其间并无门窗相通。关于价值论传统的分析是研讨供给与需求的弹性。但在货币论中，供给的弹性已在较为简单的数量学说的讨论中变成零，而需求则已被认为是与货币数量成比例。可是凯恩斯要把弹性概念引入货币论中，正像在价值论中一样。因此，他关心(1)物价的弹性对于总需求改变的反应；(2)总需求的弹性对于货币数量改变的反应。这样一来，凯恩斯就把货币论和价值论整合为一个整体的学说。

把经济学分为一个工业或一个企业的理论以及适用于全体社会的产量理论和就业理论，这也许可以很有实用性。凯恩斯还建议更重要的分法，即(1)静态均衡论，(2)移动均衡论。后者包括那些影响目前情况的对未来的不断改变的看法。其中需要加入货币因素，因为“联系现在与未来最重要的一环”是货币。

移动均衡论包含“现实世界的各种问题，在现实世界中，我们以往的预期引起的往往是失望”而“关于未来的预期可以影响我们今日的行为”。这里“须将联系现在与未来的货币的特性加入我们的打算之中”。移动均衡论虽必须以货币经济为依据，但“还是一种价值论和分配论”，而不仅是一种货币论。“除非利用货币”，否则我们“甚至不能开始讨论不断变化的预期对当前活动所产生的影响”。

物价水平一般取决于(1)工资率，还须加上构成边际成本的其他要素的报酬率，(2)整个出产量的规模。由于工资率是全部要素成本中最重要的部分，又由于其他要素的报酬或多或少按同一比例随工资率而变动，我们可以说，一般物价水平(在短期内当设备与技术条件假定不变时)基本上是(1)工资率水平和(2)生产规模的函数。货币数量的改变对物价的作用(如果有作用的话)是通过这种改变对工资率和产量的影响而发生的。更完整的说法是：货币数量的改变影响总需求；而总需求的改变又按现行工资率与产量对需求改变的弹性而影响工资率与产量。因此物价水平的变动首先可以借助工资率(或者更完整地借要素成本)的变化和生产规模的变化来解释，但工资率和生产规模的变化又受需求变化的影响。

凯恩斯学说与数量学说的比较

作为对现实世界复杂性的一种初步考察，凯恩斯提出若干简化了的假定，其中一部分假定和数量学说的传统相一致。先假定只要有任何数量的失业存在，供给曲线是完全有弹性的。这意味着工人将满足于同一数量的货币工资，只要有任何数量的失业存在，而且非工资要素在不变的报酬率下也可以充分提供。在这些假定之下，产量将随总需求作同一比例的改变，而总需求又在此假定下随货币数量作同一比例的改变。充分就业一旦达到，假若供给曲线变成全无弹性的曲线，则“物价将随货币数量作同一比例的改变”。这就是货币数量学说。

然而，现实世界要比这些假定更为复杂。有效需求并不随货币数量作同一比例的改变；物价并不随总需求作同一比例的改变；边际成本将随就业量的增加而上升(对于农业来说确是如此，而且凯恩斯认为即在工业中也是如此)；在充分就业达到以前就会发生“瓶颈”(bottle necks)现象；在充分就业达到以前货币工资率就会趋于上涨；而最后，劳动以外其他要素的报酬也并不随货币工资率作同一比例的改变。如果把所有这些复杂性都考虑进去，简化了的数量学说显然是站不住脚的学说。

有效需求的增加一部分促进产量的增加，另一部分则促成物价的上涨。有效需求对货币数量的改变作出什么样的反应，这是货币与物价论首先必须回答的问题；而总需求的改变如何一部分影响出产量的变化，一部分影响物价的变化。这是货币与物价论紧接着要回答的问题。

在这里，凯恩斯对经济思想的性质有所说明。经济分析的工具，并不“提供一部机器或一种盲目的计算法，使我们得出百无一失的答案”。将

“经济分析体系公式化”的符号方法或数学方法的大毛病，是在它们“明白假定其所讨论的各个因素的严格独立性”。在“日常会谈中”，我们可以考虑必要的保留、修正和调整。数理经济学家几乎总是信赖“初始假定”，而这种初始假定对于“现实世界的复杂性和息息相关性”往往没有足够的认识。

凯恩斯在《通论》第二十一章第四节中，对于现实的货币与物价论所遭遇的复杂性，作了若干详细的考虑。凯恩斯警告读者，他自己的分析也把现实情况太简单化了，切勿受骗。只要货币数量的改变影响物价，凯恩斯的分析旨在发现主要通过这种改变对利率的影响所形成的联系。比较广泛地说，这种影响可以方便地根据灵活偏好表、投资需求表和消费倾向表(这又给我们算出投资倍数)算出。但这种分析(亦即凯恩斯的分析)虽有价值，凯恩斯却认为仍不能达到目的，因为这些函数本身又部分地决定于产量和要素成本(亦即货币工资率与其他要素的报酬)对总需求改变的弹性。例如，资本的边际效率(投资需求表)一部分决定于资本财富的成本，而这种成本又在一定程度上决定于供给的弹性。再者，货币政策可以改变关于投资展望的预期。我们还可举出类似的例证说明灵活偏好表和消费函数怎样可以被各种复杂的因素所上下移动。将所有这些函数以及各种移动情况对于它们所施的影响考虑进去以后，一定数量货币的增加，确实将有相应的并与之处于均衡状态的一定量有效需求的增加。但是存在于其中的相互关系极度复杂，而它所牵涉的分析也远非货币数量学说所能概括。

凯恩斯认为“货币的收入流通速度”这一研究方法丝毫不能说明问题。收入流通速度决定于“许多复杂而变化的因素”。凯恩斯认为这种研究方法模糊了“因果关系的真正性质”。需要解释的是有效需求的波动，而这是无法用实现的收入对货币供给之间的一个机械的比例来解释的。因果关系必须从预期以及预期的改变赖以发生作用的行为类型(基本的凯恩斯函数)中去找寻。这是因为有效需求“相当于预期的收入，这种预期推动了生产活动”。

初步的表述就到此为止。我们现在必须进而熟悉更详细的分析。凯恩斯如能将第二十章和第二十一章合为一章，也许可以改进他的表述方式。第二十章旨在讨论就业量对有效需求的关系。可是在事实上本章很快就转到出产量对总需求改变的反应的讨论。的确，凯恩斯经常假定(虽然他在引入劳动的报酬递减律时离开了这个假定)产量的改变在短期内与就业量的相应改变相结合。

不过凯恩斯在《通论》第二十章开头就讲了就业函数——就业量与有效需求的关系。整个社会经济的就业函数可以写做$N=F(D_w)$。其中需求系用工资率来衡量，故不存在因货币工资率增加而引起的有效需求(以货币计)的消散问题。至于货币工资率增加的影响，凯恩斯则把它放在后面，与总需求改变对物价水平改变的关系放在一块进行考虑。

为实用计，凯恩斯的就业函数$N=F(D_w)$与皮古的公式$N=qY/W$可以相比拟。其中，N是就业量；q是支付给工人的那部分货币收入；Y是货币收入；而W是货币工资率。皮古的公式强调下面一点，即货币收入的改变既为相应的工资率的改变所抵消，就业量即不会改变。同样，凯恩斯使就业量成为业已按工资变化矫正过的需求的函数。

全部工业的就业函数是$N=F(D_w)$。但为了知道个别工业的需求函数起见，必须知道整个经济中各种互相关联的工业的投入—产出关系(列昂节夫用的术语)。对于任何一定水平的有效需求(以工资单位计)D_w，各个个别工业将有一系列的就业函数Fr：而这些各个就业函数之和将等于总就业函数。于是$\sum F_T(D_w)=F(D_w)$；而$N=\sum N_r$。其中，N_r代表某一个别工业的就业量。

所列的弹性公式，说明的是当有效需求(业已按工资变化矫正过)增加时就业量(或在某种场合为出产量)的增加率。总就业量对总需求的弹性，可以表示为：$\frac{dN}{dD_w}\bullet\frac{D_w}{N}$。

假若需求上升时出产量却难以增加(亦即弹性接近于零)，那么D_w的每一增量将使以工资率计的边际成本与物价骤涨，因此物价的上涨将远远超过平均单位成本，而利润也将急剧增加。另一方面，若出产量的弹性接近于1，则边际成本(从而单位价格)对于工资率的比率关系来说，不至大增。因此物价与单位成本之间的差距保持不变，而每单位产量的利润也不会上涨。在这样的场合，需求的增加将使得所有生产要素实际收入也增加。

但若工业在成本递增之下运行，则不可能发生后面那种场合。凯恩斯相信边际成本曲线是U形(而不是平的，或下降到生产能力充分利用点为止)，于是假定工业在短期内事实上是在边际成本递增的情况下运行的。因此他假定物价对工资率的比率关系必将随就业的扩张而增加。这意味着实际工资必将下降。但按照古典学说，“实际工资与劳动的边际负效用恒等”，因此“设其他条件不变，实际工资如果下跌，劳动的供给也将降低”。于是按照古典学派的推论，不可能通过增加总需求来增加就业量。但若在事实上失业工人准备按现行货币工资率接受雇佣，则有可能“用增加货币支出的方法”来增加就业量。“故当货币支出增加时，物价（用工资单位计算)上涨的程度，亦即实际工资下降的程度，须由出产量的弹性决定……”

如若产量弹性低，那么物价弹性必高。两种弹性之和等于1。“依此法则，有效需求的力量一部分用在影响产量，一部分用在影响物价”。

但现在若假定用货币来计量价值，而不是用工资单位计量。于是我们得到货币物价和货币工资对有效需求(用货币计量)的弹性。于是物价弹性决定于产量弹性以及工资率弹性。由于货币数量学说认为货币与工资保持一定的关系，这种说法开始有点像货币数量学说。因此，如若产量弹性若为零而工资弹性为1，则物价将与有效需求(用货币计量)作同一比例的上涨。

但每一个工业中有效需求的改变与总需求的改变并不是总成正比。而且，产量弹性也将因工业的不同而有差异。因此，一般物价水平改变时，相对的物价也将发生变化。再者，若需求趋向于产量弹性与就业弹性较高的工业，一定量总需求的增加将引起大量的就业。同样的原因，即使总需求没有改变，需求方向的改变也可以改变就业量。

上面的有些意见似乎是常识。但是在此，它们值得加以注释，因为经常有人说，凯恩斯探讨的往往是总的情况，而不是各个工业的不同情况。本章(连同其他各章)指出并非经常是这样。凯恩斯在此强调这样一点，即就业量并不单纯是总需求改变的函数。

那种供给在短期内不可能很快地增加(虽说给以一定时期可以做到增加供给量)的工业尤其如此。在此场合，就业弹性在短期内可能很低，但在长期内则接近于1。这大都要取决于有没有剩余存货和过剩生产能力。

当没有过剩劳动可资雇佣时，支出再增加将引起物价、工资和利润的上涨。产量将无改变，而物价的上涨将“恰与MV成比例”，亦即与总需求的改变成比例。因此“通货膨胀与通货紧缩之间不相对称”。通货紧缩可以使就业量与物价都降低；而通货膨胀则只能提高物价而不能提高就业量。

一般说来，凯恩斯得出的结论是：“在一定设备上产量增加时供给价格也将随着增加。”在边际成本递增的情况下，即使货币工资率并无改变，这个一般结论也是正确的。对农产品来说，毫无疑问确实如此，但对一般工业来说，边际成本曲线可能很平坦或甚至下降直到(或接近)充分就业为止。当然情况会随不同的工业而有差异。凯恩斯确认为，即使在“大量资源过剩”的情况下，若干商品的供给将变成“毫无弹性”。他相信当需求增加时将遭遇一系列“瓶颈”，而这些商品的价格在充分就业达到以前将猛涨。

但只要存在着失业的资源，“当产量增加时，一般物价水平不会上涨太多”。需求骤然大量增加时，确实会将遭遇“瓶颈”，即使存在着普遍的失业现象。但若增加了的需求存在于较长一个时期，这些“瓶颈”中的大部分经常能够被冲破。

由于劳工集团的压力，当利润上涨时，在充分就业达到以前，货币工资率(工资单位)趋于上涨。这种工资率的改变易于中断——构成一系列“半临界点”。在这种现象发生的范围内，总需求的增加不必要地消耗于较高的物价上，而对于产量和就业量的影响相应减少。当产量增加时只要边际成本随着递增，需求增加量的某些部分一定消耗于较高的物价中。但如果货币工资率同时上升，则由于早已雇用的工人工资提高的结果，就业量将遭受不利的影响。

工资合同中的伸缩条款(escalator clauses)

凯恩斯对于工资和物价的分析，说明了这样一种政策，即把工资率与生活费指数联结起来的政策，也就是所谓的伸缩合同。有人认为这种合同若普遍应用，将使凯恩斯关于操纵总需求来增加就业的政策全归无效。他们的论点是，在这种工资合同之下，总需求的全部增量将浪费在物价和工资上涨之中，而对于就业量则不发生什么影响。但这种说法只是一半真理，因为除非总需求的每一增量按同一比率提高物价，否则工资—物价不可能按严格的比率方式螺旋形地上涨。如果总需求的每一增量确实按同一比率提高物价，则在伸缩条款之下的工资将自动地随物价而上涨，而螺旋形上涨亦将开始。但若存在着严重的失业现象，事实上在初期物价上涨较少，因此总需求增加的主要影响将为就业量的增加。物价并不猛涨的主要原因，在于在制造工业中，直到生产能力达于相当充分利用点以前，边际成本曲线比较平坦，另一方面则由于时间落后的因素在作用着。因为农产品供给无弹性，当总需求增加时，食品价格确实上涨得很快。

鉴于食品价格的上涨，故劳工合同中的伸缩条款确有将总需求增量的好些部分消耗于较高物价的影响。因此这种条款在某种程度上确有降低总需求增量创造就业量能力的作用。

凯恩斯认为如果没有伸缩条款，那么直至充分就业接近时为止，货币工资率会上涨得较少，因此他认为提高就业水平才是总需求增量的主要影响，而总需求增量对于物价的影响则较小。

当接近充分就业时，越来越多的影响用以增加物价，而越来越少的影响用以增加就业。在这一点上，弹性条款有引起通货膨胀的危险。

绝大多数国家在应用伸缩条款时，伸缩条款所引起的通货膨胀影响，比之严格应用物价一工资螺旋上升原则要小些。我们在前面已经提到，之所以如此，一部分是由于边际成本曲线比较平坦，另一部分则因为在总需求的增加与物价水平上涨之间事实上有重要的时间落后。而且在物价上涨与预定的工资增加的实施之间又有时间落后。再者，伸缩条款迄今仅应用于整个经济的一部分。此外，生产力还在不断地增加，而这除非为相应的工资增加所抵消，又会使单位成本降低。但若干集体议价合同也包括“生产力”条款，其中规定工资将自动地随生产力的实际的或推断的增加而增加。

单就生产力条款本身而论，它并不能引起通货膨胀，因为这种条款有助于保持单位成本的稳定。但当它们与生活费用伸缩条款结合起来以后，其作用足以缩小调整工资使之适合于生产力的增加时所需的时间落后差距。因此两者结合起来的影响将加强伸缩条款的通货膨胀后果。于是总需求的一部分将浪费于上涨的物价，而减弱了其对增加就业的影响。

当然，物价一工资螺旋上升可以通过严峻的管制——定量分配和物价控制——加以约束。这样，物价就不会上涨，而伸缩机构也不会运行。如果管制有效的话，虽有伸缩条款存在，螺旋上升的通货膨胀也确实可以避免，但必须以放弃自由定价机构为代价。凯恩斯主义的就业政策本身并没有包括像在正常的平时情况下的物价管制那种程序。只要伸缩条款在自由价格制度下具有能削弱扩张计划的效果，那么凯恩斯的就业政策与随生活费用伸缩的工资合同政策之间就存在着重大的矛盾。

现在让我们回到我们的主要论点。

凯恩斯承认下面的假定的确是太过简单化，即货币工资率(工资单位)足以代表“边际直接成本中各生产要素的报酬的加权平均数”。不过工资率仍然是“报酬的加权平均数”的基本成分，因此如果我们说货币工资率是“价值的重要标准”时，也不算离题太远。物价水平一部分决定于工资率，一部分则决定于生产规模。因此正像以前各章那样，凯恩斯再一次强调，“我们必须有若干要素，其货币价值即使不固定，至少很有刚性，使我们在货币制度中有一些价值的稳定性”。根据凯恩斯的说法，货币价值(亦即物价水平)能够臻于稳定主要是由于货币工资率稳定。这个结论恰恰与数量学说所达到的结论相反。

有关各函数的弹性

如果用e_p代表物价对于需求的弹性，$\frac{Ddp}{PdD}$；又让用e_o来代表产量弹性，e_w代表工资率对于需求的弹性。若需求的增加没有对产量产生生影响而使工资按等比例上涨，则产量弹性e_o=0，工资弹性e_w=1。由于产量弹性=0，物价(从而工资)将随着需求的改变成正比上涨，亦即e_p-1。

但为了与货币数量学说互相衔接起来，我们必须再引入一个弹性,即有效需求对货币数量改变的弹性，亦即e_d。我们若已知e_p和e_d，就能很容易地得到e，即物价对货币数量改变的弹性。例如，若物价对需求的弹性e_p=1／2，而需求对货币数量的弹性e_d=1／2，则物价对货币数量的弹性即c=1/4。简单说来，也就是$e=e_p \bullet e_d$。

需求对货币数量改变的弹性$e_d=\frac{MdD}{DdM}$代表的是一个极为复杂的(函数)关系，其中不仅包括与投资需求表相连的灵活偏好表，也许还包括消费对(1)利率和(2)货币资产实在价值的改变的弹性。货币数量的改变(决定于灵活偏好曲线的坡度)可引起利率的改变；而利率的改变(决定于投资需求表的坡度)

又可引起投资数量的改变，而消费也可反映上面指出的货币影响。因此，e_d代表所有凯恩斯的(函数)关系，而不仅代表“灵活性因素”。如果我们要知道货币数量的改变对总需求产生怎样的影响的话，这些关系或行为类型都是我们必须研究的。

但这仅仅是导向货币与物价论这一复杂事物的初步。在弄明白了货币数量的改变对总需求产生怎样的影响之后，第二步就要探讨总需求的改变对于一般物价水平的影响。物价弹性e_o(亦即$\frac{DdO}{OdD}$)是由两个基本弹性所组成，即e_o(亦即$\frac{DdO}{OdD}$)与e_w(亦即$\frac{DdW}{WdD}$)。

如果我们假定$e_w=0$，那么e_0单纯是e_0的补足物，因为$e_p+e_0=1$。这意味着总需求D的任何增加，都将耗用于较大的产量或较高的物价之中。

如果$e_0=0$，那么增长中的需求的全部力量将在物价按同一比例上涨之中显示出来。但若$e_0=1$，则物价全不上涨。我们在此研讨的是“决定报酬递减率的物质因素”——我们关心的是受到报酬递减影响的边际成本曲线，而不是递增的货币工资率对边际货币成本的影响。可是，如果我们假定e_w大于零，即工资或多或少随总需求的增加而上涨，则e_p之所以增加，不仅因为递减报酬所引起的边际成本的上涨，而且也因为货币工资率增加所引起的边际成本曲线的向上移动。因此，对一定量的增产，物价的上涨将较货币工资率保持不变的情况时,为高在此情况下，总需求的任何一定量增加将较多地耗用于物价上涨，而用于增加产量者较少。e_p+e_0仍等于1，但货币工资率的上升将使e_p 较大而e_0较小。若$e_d=1$，则马歇尔的k不变，而总需求(或收入)将与货币数量的改变按同一比例改变。如果需求的改变与货币供给的改变成同一比例，又若总需求的全部增量为货币工资的增加所吞没($e_d=1$和$e_w=1$)，则物价将随货币数量的改变而作同一比例的改变(亦即e=1)，正像货币数量学说所称的那样。但在通常情况下，e将小于1。可是在“逃出通货”的情况下，无论是总需求对货币数量的弹性还是货币工资对货币数量的弹性都可能很大，因此物价水平对货币数量的弹性在那些情况下都将大于1，这正如第一次世界大战后许多历史例证所显示的那样。

短期的与长期的考虑

凯恩斯着重指出这样一点，即他在《通论》第二十一章中详细研讨的复杂关系，主要考虑的是货币数量的改变对物价的短期影响。以长期观点来看，他认为也许可以找到某些比较简单的关系。

但凯恩斯认为这是一个需要从历史上来加以概括的问题，而不仅仅是纯粹性的理论问题。他认为在长期内在国民收入和货币数量之间很可能有某种关系存在。除了实际流通中所需要的货币数量而外，他认为“国民收入中人们愿意以闲置存款的形式长期持有的，也许有一个相当稳定的比例，超过此比数，如果利率大于某种心理上的最低限度，人们便不会以闲置存款形式长期持有”。“过剩货币”(亦即超过实际流通所需货币)的数量的变动，会提高或降低利率(可能降至最低限度)，而利率的这种变动又将影响有效需求的数量。“因此在一段时期中，(利率)变动的净结果将是确立一平均值，以适合国民收入与货币数量之间的稳定比数，而此稳定比数既然是基于群众心理，它迟早总会恢复。”

美国的货币对国民收入的比例在过去150年中业已上升，但增加率有变动。在1800年，货币供给量(以整数计)约为国民收入的5%，1850年为15%，1900年为50%，而在1947年则为80%。鉴于早期的收入资料不大可靠，这些数字只能大致表示一种趋向。将上升比例用长期趋势加以矫正，人们可以说是“在国民收入与货币数量之间有一稳定的比数”，但这也许不是凯恩斯要讲的原意。但如果所谓的“稳定比数”仅仅指收入对货币的比例，并非完全是善变无常和随心所欲的，则我们又回过头去讨论这个社会关于货币数量及其对有效需求的影响以及我们在本章中已经分析过的其他各种关系的行为类型了。

凯恩斯相信，上述长期变动和趋势的运行，在向上时期所受的阻碍也许比向下时期所受的阻碍要少些。

如果货币数量已经长期极度不足，那么打开困难的方法，通常总是改变货币本位或货币制度来提高货币数量，而不是压低工资单位去增加债务负担。故就极长时期而论，物价几乎总是向上。因为当货币比较丰裕时，工资单位往往上涨；而当货币比较稀少时，总会找到增加货币的有效数量的办法。

“就每十年的平均数而论，在19世纪，人口的增加、发明的迭起、新土地的开发、公众的信心以及战事的频繁，这种种因素，再加上消费倾向，似乎已经足以建立一张资本的边际效率表，使得就业的平均水平可以相当令人满意，而与之相称的利率也高到足以使财富所有者从心理上认可这种程度。”

货币制度，尤其是银行货币的发展，使得货币数量能够足以满足正常的灵活偏好，其利率很少低于头等(“金边”)证券年息3厘或3厘半以下。工资率不断上涨，但大都为生产效率的增加所平衡，以致物价有相当程度的稳定。这绝不是偶然之事。它是由于“各种力量平衡的结果，因为在此时代中，各个雇主集团力量强大，足以阻止工资单位的上涨远远超过生产效率的提高程度，同时货币制度既很活泼又很保守”，两者平衡的结果所提供的货币数量，足以建立一种利率，恰好等于财产所有主在他们的灵活偏好观点支配之下愿意接受的最低限度利率。“当然，平均就业水平比充分就业要低很多，但却没有低到令人难以忍受，以致引起革命性的变革。”

现代问题起因于下列“可能性，即可以容许相当合理的平均就业水平的平均利率，往往低到使财富所有者不能接受，因此我们很难仅仅靠操纵货币数量使利率建立在该水平”。

19世纪能够找到一条出路，这是因为在上述情况下，仅仅保证对工资水平来说，充足的货币供给量，就能达到相当的就业水平。“若这是我们现在仅有的问题……那么我们今天也一定可以找到一条出路。”

“但在我们的当代经济制度中，到现在为止(恐怕未来亦是如此)，最稳定且最不易移动的因素，乃是一般财富所有者所愿接受的最低利率。如果可以令人容忍的就业水平所需要的利率，远低于19世纪通行的平均利率，则这种水平是否仅仅靠操纵货币数量就可达到，可以说是个绝大的疑问。”

我们必须从新投资的未来收益率中减除(1)补偿风险与不定，(2)拉拢借贷双方的费用，(3)所得税这三项，才能得到所需要的净收益，以引诱财富所有者牺牲他的灵活性偏好。“如果在相当的平均就业量的情况下，这个净收益还是小到微不足道，那么由来已久的老办法也许无效。”

正因为这样，近代国家把财政政策放在主要重点的地位，而将货币政策贬低到有用而必要的仆从地位，作为为财政政策服务的一种辅助性手段。

附　录

下面的公式、定义和简要说明，可以帮助学生更容易更迅速地认清《通论》第二十一章第六节中所讨论的各种弹性。

$\ell_p = \frac{D}{p}\frac{p}{dD}$意即物价水平随着需求变化而改变的弹性，换句话也就是说，当需求增加时物价水平改变的程度。假定需求的每一增量(即dD)引起物价水平的改变为dp•若dp对现行物价水平P的关系与dD对D的关系成比例，则物价水平对需求的弹性将是l。因此如若D=30而p=10，而$\frac{dp}{dD}=\frac{1}{3}$，

则 $\frac{Ddp}{pdD}=\frac{30}{10}\bullet\frac{1}{3}=\frac{1}{1}$

两个变数之间也许是一种直线型的关系，在此场合，在一切水平的总需求上弹性都不变。然而，多半的情况是弹性是会变动的。

$\ell_O=\frac{DdO}{OdD}$ 意即产量O随着总需求D的变化而改变的弹性。

$e_d=\frac{MdD}{DdM}$•这代表货币工资率对总需求改变的弹性。

$e_d=\frac{MdD}{DdM}$这代表总需求D对货币数量M改变的弹性。

$\ell=\frac{Mdp}{pdM}$意即物价(亦即物价水平)对货币数量改变的弹性。

它把(1)需求对货币的弹性e_d，以及(2)物价对需求的弹性e_p这两者之间的鸿沟连接起来。因此$e=e_p\bullet e_d$。

第六编　通论引起的几篇短论

CHAPTER SIX

第二十二章　略论商业循环

以上各章，旨在探索在任何一时决定就业量的种种因素，设此理论而不谬，则应当可以解释商业循环现象。

设以任何一商业循环实例详加考察，则必发现其异常复杂。欲完全解释之，则以上分析中之每个因素都有用处；其尤著者，当推消费倾向、灵活偏好状态以及资本之边际效率。此三者的变动，在商业循环中各有作用。但我认为商业循环之所以可以称为循环，特别是在时间先后上及期限长短上之所以有规则性，主要是从资本的边际效率的变动上产生的。虽然当资本的边际效率改变时，经济体系中的其他重要短期因素亦随之而变，因之情况更趋于复杂、更趋严重。但我认为商业循环的主要原因，还是资本的边际效率的循环性变动。要阐述这个论点，必须把事实详加考察，篇幅需占一书，绝非一章所能胜任。以下很短的几节，只在根据以前理论，指出一条研究路线而已。

I

所谓循环运动（cyclical movement）者，是指当经济体系向上前进时，使其向上前进之力初则逐渐扩大，相互加强，继则逐渐不支，到某一点时，向下力乃代之而起，后者也是初则逐渐扩大，互相加强，达到最高发展；然后逐渐衰退，最后也让位于相反力量（即向上力）。但是我们所谓循环运动，并不只指：向上或向下趋势一经开始以后，不会在同一方向一直继续下去，最后物极必反；我们还指：向上与向下运动在时间先后及期限长短二点，都有非常明显的规则性。

要充分解释商业循环，则还有一个特征，不容忽略——这就是恐慌（crisis）现象。换一种说法，我们要解释：为什么从向上趋势变为向下趋势时，转变得很剧烈；但从向下趋势变为向上趋势时，却通常来说，并无尖锐转折点。

设投资量变动，而消费倾向不变，则就业量必起变动。但决定投资量的因素，异常复杂，故硬说投资本身的一切变动，或资本之边际效率的一切变动，都有循环性，亦太不近情。变动特例之一，即由农业变动所引起的商业循环，将于本章以下另一节中分开讨论。虽然如此，我还认为在19世纪环境之中，就工业上典型的商业循环而论，我们的确有理由相信，资本的边际效率的变动确有循环性。理由本身并不生疏，也常常被人用来解释商业循环。此处只是把这些理由和以上理论联系起来。

II

我所要说的，最好从经济繁荣（boom）的后期，“恐慌”之来临说起。上面说过，资本的边际效率，不仅关乎现有资本品的多寡及其当前生产成本的大小，亦须看现在人们对于资本品的未来收益作何预期而定。故若为持久性资产，则在决定新投资的多寡时，人们对于未来的预期如何影响颇大，亦自在意中。但预期的基础十分脆弱，其物证亦变幻不可靠，故预期常有骤然而剧烈的变化。

向来对于“恐慌”的解释，都侧重在利率上涨方面；利率之所以上涨，则因商业及投机两方面对于货币的需求增加。这个因素，固然有时可使事态严重化，偶尔也引起恐慌，但是我认为，一个典型的（时常是最普通的）恐慌，其起因往往不是利率上涨，而是资本的边际效率突然崩溃。

繁荣后期的特征，乃一般人对资本品的未来收益作乐观的预期，故即使资本品逐渐增多，其生产成本逐渐加大，或利率上涨，俱不足阻遏投资增加。但在有组织的投资市场上，大部分购买者都茫然不知所购为何物，投机者所注意者，亦不在对资本资产之未来收益作合理的估计，而在推测市场情绪在最近未来将有什么变动，故在乐观过度，购买过多的市场，当失望来临时，来势骤而奇烈[①]。不仅如此，资本之边际效率宣告崩溃时，人们对于未来的看法，亦随之而变为黯淡，不放心，于是灵活偏好大增，利率乃上涨。资本的边际效率崩溃时，常连带着利率上涨，这一点可以使得投资量减退得很厉害；但是事态之重心，仍在资本之边际效率之崩溃——特别是以前被人十分垂青的资本品。至于灵活偏好，则除了由于业务增加或投机增加所引起者以外，必须在资本之边际效率崩溃以后方才增加。

因为如此，所以经济衰退（slump）很难对付。以后，降低利率对于经济复苏（recovery）会大有帮助，而且可能是后者的必要条件；但在现在，资本的边际效率可能崩溃到一种程度，以致在实际可行范围以内，利率无论如何降低，都不足使经济复苏。假使仅仅降低利率，已是有效补救办法，则不必经过很长一段时间便能复苏，而且复苏之道，多少已在金融当局直接控制之下。然而事实往往并不如此。要使资本的边际效率复苏并不容易，而且决定资本的边际效率者乃是不受控制、无法管理的市场心理。用平常话来说，在个人主义的资本主义经济体系中，信任心最难操纵，极不容易恢复。银行家与工商界一向重视经济衰退之这一面，实在是对的；而经济学家反而不重视，因为后者过分相信“纯货币的”补救办法。

这就到了我的论点。要解释商业循环中之时间因素，要解释为什么一定要经过某种长短的一段时间以后，才会开始复苏，必先追索在何种势力之下，资本之边际效率才会复苏。有两重理由（其一是从持久性资产之寿命，以及某时代中人口之增加速度——这两者之关系产生的，其二是从过剩存货

①以上说过（第十二章），私人投资者很少直接负责做新投资，但直接负责的雇主，即使自己看得很明白，也往往不能不迎合市场的看法，因为这种做法有利可图。

之保藏费产生的），使得向下运动之期限，有某种长短，不是这次是一年，下次是十年而是颇呈规则性，总在三年至五年之间变动。

现在再回到恐慌时情况。只要经济繁荣还继续着，则很多新投资之当前收益总不太坏。幻灭感之起，或由于人们对于未来收益之可靠性突然发生怀疑；或由于新产的持久品数量始终增加，故当前收益有下降之象。假使人们认为当前生产成本要比以后高，则又多了一个理由，为什么资本的边际效率要下降。怀疑心一经开始，传播十分迅速，故在经济衰退之始，也许有很多资本品，其边际效率变成微小不足道，甚至是负数。经过一段时间以后，因为使用、腐蚀或折旧等原因，资本品又显得稀少，于是边际效率又提高。这段时间的长短，可能是一时代（epoch）资本品的平均寿命之函数，而且这函数关系很稳定。设时代之特征改变，则标准的时间间隔亦随之而变。例如设从人口渐增时期进入人口渐减时期，则衰退时期将延长。由上所述，我们已经可以知道，为什么衰退时期的长短和持久性资产的寿命，以及某时代人口的正常增加速率——两者有具体关系。

第二个稳定的时间因素，起于过剩存货的保藏费；因为有保藏费，故必须把过剩存货在某一时期内吸收完毕，这个时期既不甚短，亦不甚长。恐慌以后，新投资骤然停止，也许半制成品有很多过剩存货要堆积下来。这些存货的保藏费很少会小于每年10%，故其价格必须下降，使其产量缩减，以便在3~5年之内把此存货吸收完毕。吸收存货等于负投资，故在此吸收过程中，就业量更受打击，要等吸收完毕以后，就业量才会有明显改善。

还有，在向下时期中，产量缩小，运用资本必然跟着减少，这又是一项负投资，而且也许很大；衰退一经开始，这一项严重加强了下坡趋势。在一个典型的经济衰退中，在最初期，存货的投资也许增加，可以帮助抵消运用资本方面的负投资；在下一期，也许在短时间内，在存货及运用资本两方面都有负投资；最低点过去以后。存货方面大概还是负投资，但运用资本方面已有重投资，两者互相抵消一部分；最后等到经济复苏已经进行了相当时期，则两者同时都利于投资。要有这样一种背景，才可以考察：当持久品的投资量变动时，到底额外产生些什么结果。设持久品方面的投资减退，以致发动了一个循环性变动，则在这个循环尚未完成其一部分路程以前，此种投资颇难复苏。

不幸得很，若资本的边际效率降得很厉害，则消费倾向也受到不利影响。盖前者引起证券市场上证券市价的剧烈下降，彼对证券投资发生积极兴趣者，特别是用借来款项从事投资者，当然因证券市价的下落而有颓丧之感。此等人在决定其消费多寡时，恐怕受所得的大小的影响小，受其投资价值的涨落的影响大。在今日美国，公众的“证券意识”（stock－minded）甚强，证券市价上涨几乎是消费倾向好转的必要条件。这种环境，当然加强资本之边际效率降低时所产生的不利影响，但迄今注意及此者极鲜。

复苏一经开始，其力量如何生长加强，当不难明了。但在经济衰退期间，一时固定资本及原料存货都嫌过剩，运用资本又在缩减，故资本之边际效率表可能低到一定程度，以致在实际可能范围以内，无论利率如何降低；总无法使新投资量还令人满意。就今日情况而论，市场的组织如斯，市场所受的影响又如彼，故市场上对于资本之边际效率之估计可能有绝大变动，绝非变动利率所能抵消。不仅如此，资本之边际效率降低时，证券市场亦趋下游，于是在我们最需要消费倾向扩大之时，消费倾向反而缩减。在自由放任情况之下，除非投资市场心理有彻底改变，否则没有办法避免就业量的剧烈变动；然而我们没有理由，可以预料会有这种彻底改变。所以我的结论是：我们不能把决定当前投资量之职责放在私人手中。

III

以上分析好像和一种看法相同：有人以为经济繁荣的特征乃是投资过度，要避免以后发生经济衰退，唯一可能办法是在避免此种投资过度；我们固然不能用低利率来防止经济衰退，但是我们可以用高利率来避免经济极度繁荣。根据以上分析，这种看法亦不无理由。

但从以上得出这样结论，那是误解我的分析，而且，照我的想法，还犯了很严重的错误。“投资过度”（over－investment）一词，实在含义不明，既可指预期收益必不能实现的投资，或在失业严重时无法从事的投资；又可指一种情况，其中每一种资本品都已相当丰富，故即使在充分就业情况之下，也没有任何新投资，可以在该投资品的寿命中，其收益超过其重置成本。严格说来，只有后一种状态，才可称为投资过度——意思是指：投资若再增加，那完全是浪费资源。但即使采取此种解释，即使这种投资过度乃是经济繁荣期间正常特征之一，补救之道，也不在提高利率，因为提高利率，可能要阻挠若干有用的投资，又会降低消费倾向；而在采取严峻步骤，例如重新分配所得或其他办法，刺激消费倾向。

但是据我分析，只有采取前一种解释，才能说经济繁荣的特征乃是投资过度。我认为在典型情况之下，并不是资本已丰富到一种程度，若再多一些，社会全体便无法加以合理运用，而是从事投资时的环境既不稳定，又不能持久，因而投资时所作预期决不能实现。

当然，在繁荣时期，可能——甚至是不免——有人会眼花缭乱，于是有某些资本资产确实生产得过多，其中有一部分不论用什么标准来判断都是浪费资源。这种情况，即使不在繁荣时期，有时也会发生。这可以说是投资方向错误（misdirected investment）。然而在此之上，繁荣时期的一个重要特征乃是有很多投资，在充分就业情况之下，实在只能产生年息2厘，但在人们预期之中，以为可以产生年息6厘，便贸然根据此错误预期而下手。一旦真相大白时，代之而起者，乃是过度悲观，于是有很多投资在充分就业之下，实在可以产生年息2厘，但在人们预期之中，以为不仅不能生息，还要赔本，结果是新投资崩溃，产生失业状况，于是在充分就业情况之下，原来可以产生年息2厘的投资，现在真是不能生息，还要赔本。我们所处之境，正好像是闹着房荒，但现有房子，却又没有人住得起。

故要挽救经济繁荣，其道不在提高利率，而在降低利率，后者也许可使繁荣延长下去。补救商业循环的良方，不在取消繁荣，使我们永远处于半衰退状态；而在取消衰退，使我们永远处于准繁荣情况。

经济繁荣之后，必然继之以经济衰退者，是由利率及预期状态两者凑合起来的：若预期完全准确，则利率已经太高，与充分就业不相容；但预期不准确，故利率虽高，而实际上不发生阻挠作用。用冷静目光看，利率已经极高，但过度乐观还能战胜利率，这种境界就是经济繁荣。

除了战时，我很怀疑在最近经验之中，我们有没有过一个经济繁荣强烈到一种程度，引起了充分就业。美国在1928—1929年就业量固然很可满意，但除了少数高度专业化的工人集团以外，我看不出有劳力不足之象；“瓶颈”固然有几个，但总产量还可以扩充。假使所谓投资过度是指住宅之标准已经高到一定程度，数量已经丰富到一定程度，在充分就业情况之下，每个人已经可各得所需，而房屋在其寿命中所产收益也仅足抵过其重置成本，不能产生利息；又指运输、公用事业及农业改良等方面的投资，已经达到一点，若再要增加，则其未来收益简直不足补偿其重置成本；假使是这种解释，则美国在1929年还没有投资过度，反之，说当时美国有此种投资过度倒是荒谬。当时实情，性质完全不同。在以往五年内，新投资总量确实绝大，故若用冷静目光观察，则再要增加投资，其未来收益必急剧下降。若有先见之明，则资本的边际效率已降到前所未有的低潮，故除非压低长期利率至极低水准，或避免方向错误被人过分热衷的投资，否则“繁荣”再继续下去，基础就不健全了。当时事实刚相反：利率之高，已足阻遏新投资，只有在投机冲动之下，过分热衷之嫌特别大的那些方面，投资还继续进行；若把利率提高到足以克服这种投机冲动，则又把所有合理的新投资都阻遏住了。故若大量新投资已经继续了一些时日，于是想用提高利率办法来挽救由此所产生的情况，其愚拙和因为要医病所以把病人医死实不相上下。

国富如英美，假定消费倾向和现在一样，又设似充分就业状态能够延续一段时间，则新投资量很可能会大到一定程度，最后达到了充分投资（full investment）之境。所谓充分投资者，是指不论哪一类持久品，假如再增加一些，则其收益之总和，根据合理计算，不会超过其重置成本。而且，此种情况也许在非常短时期内（例如25年或更短）就可达到。请不要因为我曾说过，如此意义的充分投资状态在过去昙花一现都不曾有过，就以为我否认有这种可能性。

更进一步，即使我们假设，在当代经济繁荣时期，的确曾暂时达到充分投资或投资过度（依照上述定义）之境，我们还是不能把提高利率作为适当补救法。假使真有这种情况，那么那些把病根归之于消费不足者将理直气壮，振振有词了。真正的补救办法，是用种种方法，例如所得之重分配等来增加消费倾向，使得一个比较小的投资量就可维持某特定就业水准。

Ⅳ

有好几派学说从种种不同观点出发，都认为当代社会之所以有就业不足的长期趋势者，是因为消费不足，换言之，是因为社会习惯以及财富分配使得消费倾向不免太低；这里不妨对这种学说说几句话。

在现有情况之下（或至少是在不久以前的情况之下），投资量是没有计划的、没有统制的，受资本的边际效率以及长期利率两者支配。前者决定于私人判断，作此判断者，或茫无所知，或从事投机，因此资本的边际效率变幻多端；后者则有基于成规的最低水准，不能（或很少）再低。在这种情况之下，用这种学说作为实际施政的指南无疑是对的；因为除此以外，没有别的方法可以把平均就业量提高到更满意的水准。假使事实上不大可能增加投资量，则除了增加消费以外，没有别的方法可以达到较高就业水准。

就实际政策而论，我和这些学派不同之处只有一点：我觉得他们不免太着重于增加消费，而在现在这个时候增加投资，对于社会还有很多好处。就理论而论，他们可批评之处乃在他们忽视：增加产量之道不止一个，而有两个。即使我们决定最好让资本慢慢增加，集中力量来增加消费，我们也应当放开目光，把其他办法仔细考虑以后，再作此决定。我自己认为，增加资本数量，使得资本不再有稀少性，对于社会有大有好处。然而这个只是一个实际判断。不是理论上非如此不可。

我也承认，最聪明的办法还是双管齐下。一方面设法由社会来统制投资量，让资本的边际效率逐渐下降，同时用种种政策来增加消费倾向。现在消费倾向之下，无论用什么方法来操纵投资，恐怕充分就业还是非常难维持，因此两策可以同时并用：增加投资，同时提高消费。投资既经增加，则即使在目前消费倾向之下，消费亦必提高，以与此投资增加相符合；所谓提高消费，不是仅仅指此，而是还要提高一层。

用整数举一个例。设今日之平均产量比之充分就业情况下所可能有的产量，要低15%，又设在今日平均产量之中，10%乃代表净投资，90%乃消费，更设在现在消费倾向之下，若要达到充分就业，则净投资必须增加50%，于是在充分就业之下，产量由100增为115，消费由90增为100，净投资由10增为15。所谓双管齐下者，是指我们也许可以修改消费倾向，使得在充分就业之下，消费由90增为103，净投资由10增为12。

V

还有一派思想，认为要解决商业循环，既不在增加消费，亦不在增加投资，而在减少求职人数，换言之，把现有就业量重新分配一下，就业量或产量则不增。

我觉得这种计划还嫌太早——比之增加消费计划，还嫌过早。将来可能有一天，那时每人会权衡增加闲暇（leisure）或增加所得的利弊得失；但就目前情形而论，好像绝大多数人都愿意选择所得增加，不选择闲暇增加。我看不出有什么充分理由可以强迫这些人多享受一些清闲。

VI

真有点奇怪，居然有一派思想认为要解决商业循环，最好是提高利率，防患于未然，在初期就把经济繁荣遏制住了。唯一可为这种政策辩护者，乃是罗伯森之说；他实际上假定着充分就业是不能达到的一种理想，我们至多只能希望达到一个就业水准，比现在要稳定很多，平均起来比现在稍为高些。

假使在统制投资或消费倾向方面，想不出多大办法，又假定现有状态大体上会继续下去，那么采取一种银行政策，其所定利率之高，足以阻遏最过火的乐观主义者，使得经济繁荣在萌芽时期即遭铲除，这样是否反而好些，倒颇可商讨。经济衰退时期，因为预期不能实现，可能引起很多损失与浪费，假使阻遏在先，也许有用投资（useful investment）的平均水准倒反而要高些。根据其自己假定，这个看法是否正确，很难断言；因为这是事实判断问题，而所据资料却不够充分。这种看法可能忽略了一点：即使投资方向事后证明为完全错误，但由此引起的消费增加对社会还是有利的，故即使是这种投资也比毫无投资好。还有，假使遇到美国1929年那样的经济繁荣，手中所有武器又只是当时联邦准备制度所有的那几种，则即使让最贤明的金融当局来统制，也会感到棘手；其权限中所有办法，无论用哪一项，结果都差不多，无论如何，我认为这种看法太失败命定论（defeatist），危险而不必要；太默认现存经济体系中的缺点，不努力设法补救。

只要就业水准显著超过（例如）前10年之平均水准，便即刻提高利率来加以抑制，这是一种严酷的看法。但为这种看法辩护者，除了以上所举罗伯森之说外，大抵头脑不清，言出无据。例如有人以为在繁荣时期，投资会超过储蓄；提高利率，一方面可以抑制投资，一方面可以刺激储蓄，故可恢复均衡。此说假定储蓄与投资可以不相等，故在未对此二名词下特殊定义之前，此说没有意义。又有人说，投资增加时，储蓄固然也随之而增，但这种储蓄增加是要不得的，不公平的，因为物价也往往随之而增。若依此说，则现有产量及就业量作任何向上改变时，都可皆议。物价上涨的主要原因不在投资之增，而是因为在短时期以内，生产上有报酬递减现象，或当产量增加时，成本单位（用货币计算）有上涨趋势，故供给价格时常随产量之增而增。设短时期的供给价格为常数，则物价当然不涨，但当投资增加时，储蓄还是随之而增，储蓄之增，乃起于产量之增，物价上涨只是产量增加之副产物而已；而且即使储蓄不增，但消费倾向加大，物价还是要上涨。物价之低，只是因为产量低。没有人有合法的既得权利，可以压低产量：以便低价购买。

又有人说，假使因为货币数量增加，利率降低，所以投资增加，那么这种投资增加是要不得的。然而先前利率并无什么特别优点，非保留不可，新货币也不能强人接受。利率既降，交易量既大。则灵活偏好自亦增加，故增发新市满足之；持此新市者，也是自愿存钱，不愿低利出贷。更有人说，经济繁荣的特征乃是资本消费（大概是指负的净投资），换言之，乃是过度的消费倾向。除非是把商业循环现象和战后欧洲币制崩溃时发生的通货逃避现象混为一谈，否则事实完全相反。而且，即使此说是对的，那么要医治投资不足，降低利率还是要比提高利率更合理些。总之，我对这些思想完全不能了解——除非是加一个暗中假定，即总产量不能改变。但一个理论而假定产量不能变更，当然不大能用来解释商业循环。

Ⅶ

早期研究商业循环者，特别是杰文斯（Jevons），想从起于天时的农业变动中，而不从工业现象中找出商业循环的解释。从以上理论看来，从这条路线来研究这个问题，倒是异常合理。即在今日，农产品存量的多寡，还是一年与他年之间投资量所以不同的重要原因之一。在杰文斯写作时代，这个原因的重要性大概一定超过其他一切因素；他所搜集的统计资料，大部分比其写作时期更早，故特别如此。

杰文斯以为商业循环之起，主要是由于农作物的收获量不定。其说可转述如下：设某年五谷丰稔，则本年产物的移作以下数年之用者（即积谷）亦常增加。此积谷增加量的售价乃农家本年之所得，农家亦视之为所得。但社会其他各阶层的支出却并不因此积谷量的增大而减少，盖此增加量的售价出自储蓄。换言之，积谷量的增加乃本年投资量的增加。即使物价下降甚大，此说仍能成立。同理，设某年为歉收，则将动用积谷作本年度的消费，于是有一部分的消费支出并不构成农民本年度的所得。换言之，积谷的减少乃本年投资的减少。故设其他方面的投资不变，则在两年之间，一年积谷增加甚多，另一年积谷减少甚多，此两年的总投资量可以相差极大。在以农立国之邦，积谷增减这一个原因，较之任何可以引起投资量变动的其他原因，都有压倒之势。故若向上转换点常为丰年，向下转折点常为歉岁，自亦不足为奇。至于是否有物理上的原因使得丰年与歉岁成为有规则性的循环，当然是另一问题，不在此处讨论之列。

晚近又有若干学说，以为利于工商者，倒不是丰稔，而是歉岁。理由是，若五谷歉收，则或者工人们肯接受较低的真实报酬而工作，或者购买力方面有重分配而利于消费。不必说，我以上所说，用农作物丰歉现象来解释商业循环，指的并不是这些学说。

但在近代，农业变动这一个原因，其重要性大为减少。理由有二：第一，农产物在总产量中所占比例要比以前小得多；第二，自从农产品发展为世界市场以后，世界各国的丰歉可以互抵，故全世界农作物产量之变动之百分比，比之一国的变动之百分比要小许多。但在以往，各国大致都依靠本国作物，故除了战事以外，农产品存积量的增减要算是引起投资变动之最大原因。

即使在今日，要决定投资量的大小，还得密切注意农矿产原料的存积量有什么变化。进入经济衰退以后，所以一时不易复苏者，我认为主要原因乃在衰退期间存货逐渐由过多减至正常——减少存货是有紧缩作用的。经济繁荣崩溃以后，一时存货累积起来，故崩溃速度不太峻急；燃眉之急固解，但也不是没有代价：以后复兴之速度也因之迟缓。有时存货必先降低得非常彻底，然后经济才有复苏之象。盖若存货方面没有负投资，则若在其他方面作某种数量之投资，或许已足产生向上运动；但若负投资仍继续发生，则该投资量也许颇嫌不足。

美国实行“新政”的初期，可作好例。当罗斯福总统开始其大量举债支出时，各种货物——特别是农产品——的存货都很大。“新政”的一部分，即在用缩减生产等方法竭力设法减少存货。把存货量减至正常水准是一个必要步骤，必须忍痛为之，但在减少过程中，则在其他方面作举债支出的功效亦大为削减；必须把这个过程完成以后，经济复苏才走上康庄大道。

最近美国经验又可说明一点：制成品与半制成品两者的存货数量的变动，可以在商业循环的主要运动中引起次要波动。制造商为预测数月以后之消费量，从而调整其今日的生产规模；但计算时总不免稍有错误，普通大概是估计过高，一旦发现错误时，则在短时期内生产量又低于消费量，让过多存货逐渐吸收完毕。这种步伐上一时抢前，一时落后，其对于投资量之影响，在统计完备之国如美国者，很可以在统计资料上显示出来。

第二十三章　略论重商主义、禁止高利贷法、加印货币以及诸消费不足说

I

约莫有两百年光景，经济理论家和实行家都深信不疑：贸易顺差对于一国有特别好处，贸易逆差则有严重危险，假使后者引起贵金属外流，则危险更大。但在晚近一百年内，意见却很分歧，很多国家内，很多政治家和实行家还忠于旧说；英国虽是相反意见之发源地，即在英国，政治家和实行家的效忠旧说者还占一半。反之，差不多所有经济理论家都认为替这种事情担心，完全是杞人忧天之举，目光太短浅；国际贸易之机构会自动调整，凡设法干涉此种机构者，不仅徒劳无功，还使本国贫乏，盖国际分工之利将由此丧失。我们可以遵照传统称旧说为重商主义（Mercantilism），称新说为自由贸易（Free Trade），但此二名词都有广、狭二义，读者须参照上下文解释之。

通常来说，近代经济学家不仅认为国际分工之利，足以超过实行重商主义办法所可能取得的好处，而且认为重商主义理论，是彻头彻尾的头脑不清。

举一个例：马歇尔[①]提到重商主义时，总不能算是毫无同情，但他从未尊重重商主义者的最中心理论，甚至没有提到过他们论证中的真理成分。至

①参阅马歇尔：《工业与贸易》（Industry and Trade），附录4；《货币、信用与商业》（Money,Credit and Commerce）；《经济学原理》（Principles of Ecomomics ），附录1。

于这些真理成分是什么，我在以下再讨论[①]。同样，在当代论战中，经济学家赞成的自由贸易者，虽然在鼓励幼稚工业、改善贸易条件等方面，肯对重商主义者做理论上的让步，然而这些无关宏旨。本世纪开头25年内，关于财政政策有很多论争。在此论争之中，据我所知，没有一个经济学家肯承认：保护政策也许可以增加国内就业量。用我自己写的东西，作为例证，想是最公允的了。在1923年那年，我还是经典学派之忠实信徒，服膺旧说，对于这个问题，曾经毫无保留他说过："假使有一件东西，保护政策束手无策的，那就是医治失业赞成保护政策之理由甚多，其中有若干，因为基于可能得到的、但可能性不大的各种利益，故无法作简单答复。但若保护主义者认为保护政策可以医救失业，则保护主义之谬误，可说是到了最荒唐最赤裸裸的地步。[②]"当时关于早期重商主义理论，也没有好书可读，所以追随先辈，相信重商主义只是一派胡说。经典学说之支配力，真是达到了无孔不入，绝对压倒的优势地位！

II

让我先用自己的话，说出（我现在认为）重商主义学说里面含有的科学真理成分，然后再拿来和重商主义者实际所用论证相比较。当然，实行重商主义所能取得的好处，只限于一国，不会泽及全世界。

当一国国富正在急剧增加时，则在自由放任情况之下，此种愉快状态，可因从事新投资的动机不足而告中断。设决定消费倾向的社会政治环境以及国民特性都不变，则根据前述理由，若要国家继续进步，此种投资引诱必须

① 他对于重商主义者之看法，都归纳在《原理》第1版中："在英德二国，对于中古时代之论列货币与国富之关系者，曾经作了很多研究，大体说来、我们最好说，他们因为对于货币之功用缺乏清楚了解，所以思想不清；倒不是因为故作假定，认为要增加国富，只能从增加该国贵金属之数量着手，所以误入歧途。"

②《民族与图书周刊》（The Nation and the Athenaeum），1923年11月24日。

充分。投资引诱可来自对内投资，又可来自对外投资（后者包括贵金属之累积）；两者构成总投资。设总投资量之多寡，完全由利润动机决定，则国内的投资机会，在长时期内，定于国内利率的高低，而对外投资的多寡，必须看贸易顺差之大小而定。故设在一社会之内，国家不能直接从事投资，则政府在经济方面，关切国内利率以及国际贸易差额两者，自颇合理。

今设工资单位非常稳定，不会自动作大量改变（这个条件差不多总是满足的），又设灵活偏好状态，就短期变动的平均数而论，亦很稳定，更设银行所遵守之成规也不大变更，则利率之高低，须看国内有多少贵金属（用工资单位计算），可以用来满足社会的灵活偏好。在一时代内，既无大量国际借贷，又极少可能在国外购置产业，则贵金属数量之是增是减主要须看贸易是顺差或逆差而定。

故在当时，政府当局关切贸易顺差实在是一箭双雕，而且也只有这个办法。当时当局既不能直接控制利率，又不能直接操纵国内投资之其他引诱，则增加顺差，乃是政府可以增加国外投资的唯一直接办法；同时，若贸易为顺差，则贵金属内流，故又是政府可以降低国内利率、增加国内投资动机的唯一间接办法。

然而这种政策的成败就亦受两种限制，不可忽视。若国内利率降低，投资量增加，以致就业量冲破若干分界线，工资单位上涨，则国内成本增加，对于国际贸易差额开始有不利影响。故增加顺差之努力，以后会物极必反，而归失败。其次，若国内利率下降，比之他处利率为低，以致刺激对外贷款，超过顺差额，则可以引起贵金属外流，于是情况一变，前功尽弃。国家越大，其国际地位越重要，则受此两种限制的危险性亦越大；盖设每年贵金属之产量非常小，则一国有贵金属内流，即他国有贵金属外流，故设重商主义政策推行过度，则不利影响之由来，不仅起于国内之成本上涨、利率下降，亦起于国外之成本下降、利率上涨。

一国的国际贸易，可以因为贵金属太多、工资单位上涨而遭毁灭，则有

15世纪下半叶及16世纪之西班牙经济史，可供参证。20世纪内，英国在战前的经验则可以说明：若对外贷款以及在国外购置产业过分方便，则往往使得国内利率不能下降，于是充分就业不能实现。若一国的灵活偏好太强，以致即使贵金属长期大量内流都不足使利率下降、真实财富增加，故该国常在贫乏状态，此种实例则在印度有。

虽然如此，设有一社会，其工资单位、决定消费倾向的国民特性以及灵活偏好三者都非常稳定，其货币制度又以贵金属为基础，在货币数量与贵金属数量之间常保持一固定关系，则政府当局为维持繁荣起见，必须密切注意贸易差额。若贸易为顺差，又不太大，则颇有鼓励作用；若为逆差，则可能很快就会产生顽固的经济衰退。

但并不是限制进口愈严，则国际贸易的顺差愈大。早期重商主义者颇重视这点，因此时常反对贸易限制，他们觉得，若把目光放远些，则贸易限制是会不利于顺差的。在19世纪中叶英国所处的特殊环境中，实行自由贸易恐怕是最足促进当时英国之贸易顺差，就当代经验而论，战后欧洲各国都设法限制贸易，增加顺差，而结果适得其反。

因为这各种理由，所以读者决不可轻易下结论，认为我将主张何种实际政策。贸易限制，除非有特殊理由可以为之辩护，否则通常来说，的确颇可非议。国际分工之利，经典学派虽然过分夸大，但到底是真的，很可观的。而且，一国由贸易顺差得到的好处往往就是他国蒙受的损失（重商主义者很明了这点），故特别应当自己克制，避免过火，不要使得一国之贵金属数量超过公平合理的限度；况且假使这种政策推行过火，会引起毫无意义的国际竞争，大家争取顺差，结果大家受损。最后，实行贸易限制政策也不一定能达到预期效果，因为有私人利益、行政无能以及事情本身的困难等等原因，结果可能和原意背道而驰。

因此，我的批评的要旨是说我以前师承而且拿来教人的自由放任学说，其理论基础不够充分；我所反对的学说，是说利率与就业量会自动调整到最适度水准，故关切贸易差额乃是浪费时间。倒是我们经济学界同仁犯了冒冒失失之病，把几百年来执政者尽力追求的东西当做是庸人自扰。

在这种错误理论的影响之下，伦敦金融界逐渐设计了一个坏到无以复加的办法来维持均衡：那就是一面严格维持外汇率，一面让银行利率涨落。这样一来，国内利率就无法再和充分就业不悖。因为事实上不能不顾到国际支付差额，于是设计了一个办法来管理；这个办法，不仅不保护国内利率，反而把国内利率牺牲在盲目势力之下。晚近伦敦银行界得了很多教训，我们希望从此以后，英国不再蹈以往覆辙：因为要保护其国际支付差额，所以提高利率，引起国内失业。

经典学派理论，在解释单独一个厂商的行为以及解释雇用一特定量资源所得产物的分配方法方面自有其贡献，不可抹杀。在这几方面，不利用这套思想方法，根本无法澄清思路。请不要因为我说他们忽略了前人学说中的有价值部分，就以为我否认这点。但政治家所关切者，乃是整个经济体系，如何使该体系中的全部资源达到最适度就业。在这方面，16、17世纪的经济思想，倒获得了处世智慧之一鳞一爪，而李嘉图之不切实际的抽象思维，反而把此一鳞一爪先遗忘，后抹杀。重商主义者从禁止高利贷，维持国内货币数量、防止工资单位上涨等数方面，竭力设法压低利率；若国内货币数量，因为不可避免的贵金属外流、工资单位上涨等原因，过形不足，则不惜诉诸货币贬值以恢复之。这各种都表示重商主义者的智慧。

III

可能有人会说，早期的从事经济思想者只是偶然获得了些处世智慧，并不太了解背后的理论基础，因此我们须把他们的理由，以及他们的建议，都作一番简短检讨。这件事情现在容易办到，因为现在有海克雪尔（Heckscher）教授的大著《重商主义》，把两个世纪之经济思想提纲挈领写了出来，供经济学上一般读者之参考。以下所引，主要皆录自该书。

第一，重商主义者从来没有以为利率会自动调整，达到适宜水准；反之，他们反复申述，利率太高乃是抑制财富扩张之主要障碍；他们甚而至于知道，利率乃定于灵活偏好以及货币数量。他们所关切者，乃是一方面降低灵活偏好，一方面增加货币数量；其中有几人还明白说出，他们之所以要设法增加货币数量，乃是因为要降低利率。海克雪尔教授把重商主义者这一方面学说，总结如下：

在某种限度以内，重商主义者敏锐之士在这方面所采立场和在其他方面一样，十分明朗。在他们看来，货币是——用现在术语——一个生产要素，与土地处于同等地位；他们有时把货币看做是“人为的”财富，以别于“天然的”财富。利息乃是租用货币的代价，性质一如地租。在此时期内，重商主义者探讨决定利率高低的客观理由者日众，他们总认为货币数量决定利率。这方面材料特别多，此处只选了几个典型例子，来说明这个观念如何根深蒂固，历时甚久，还颠扑不破。

在17世纪20年代的早期，关于货币政策以及东印度贸易引起了一场论战，但论战两方面的领袖对于这一点，意见完全一致。杰拉德•梅林斯（Gerard Malynes）说：“货币充沛可以减少高利贷”，又举出详细理由，维护这句话（《商法》以及《维持自由贸易》，1622）。其劲敌爱德华•弥赛尔顿（Edward Misselden）也说，“医治高利贷之法，也许是让货币充塞”（《自由贸易或使贸易兴旺之道》，同年）。半世纪以后，重要作家之中有蔡尔特（Child）其人者，乃东印度公司的万能领袖，又最善为该公司辩护。他竭力要求由国家制定最高利率；他又讨论（1668），假使荷兰人把钱从英国提出去，则对于法定最高利率将发生什么影响。他觉得要对付这个威胁，最好用债券作为通货，随便转让，因为这样一来，则“至少有一半我国所用现款，将因此而得弥补”。还有一个作家叫配第（Petty），是超然于党派之争的，他也和别人一样认为利率之所以由1分降至6厘，乃是因为货币数量增加（《政治算术》，1676），他觉得若一国铸币太多，则放款取利乃是适当补救办法（《货币略论》，1682）。

这种想法当然不限于英国，几年之后（1701和1706年），法国商人和政治家都不满意于当时利率之高，都归罪于货币稀少；他们想从增加货币流通量，设法降低利率。洛克（Locke）大概是第一人，把货币数量与利率之关系用抽象语句表达出来。这见于他和配第之论争之中。配第主张由法律来限定一最高利率，他加以反对，认为其不切合实际，一如规定最高地租然；他说："货币会从利息方面，每年产生所得；在此方面，货币的自然价值（利率），乃定于当时在一国流通的货币总量，以及该国的贸易总值"。洛克解释，货币有两种价值：（1）使用价值，其大小由利率定之，在这方面，货币的性质与土地相同，不过一种所得称为地祖，另一种所得称为利息而已；（2）交换价值，在这方面，货币的性质与商品相同，故货币的交换价值，乃决定于货币的多寡，以及商品的多寡；与利率无关。故洛克是两种货币数量说之鼻祖，第一，他认为利率乃决定于货币数量（顾及流通速度）以及贸易总值（total value of trade）之比；第二，他认为货币的交换价值，乃决定于货币数量以及市场上商品总量（total volume of goods）之比。但他一只脚伸在重商主义世界，一只脚伸在经典学派世界[①]，对于两种比例的关系，弄不清楚；而且他完全忽略了，灵活偏好状态亦有变动可能。但他竭力说明，降低利率，对于物价水准并不发生直接影响，"只有当利率的改变，引起货币或商品的进口或出口，以致商品与货币的比例与前不相同时，物价才会受到影响"。换言之，设利率的降低，引起现金出口或产量增加，则物价将改变。然而（我认为）他从来没有进一步作真正的综合工作。[②]

---

① 再稍微晚一些，休谟（Hume）把一只半脚伸入经典学派世界来了。休谟是经济学家中第一人，着重均衡位置，而轻忽趋向均衡之过渡状态；但他还不失为一重商主义者，他还知道，实际上我们总生存在过渡状态之中。他说："只有在取得货币以后，物价上涨之前，这一段时间内，金银之增加才利于工业……货币数量之多寡，与一国之国内幸福丝毫无关紧要。假使可能的话，执政者应当使货币数量继续增加方是良策。

② 重商主义者看法，以为利息就是货币利息，我现在认为毫无疑义是对的。然而这种看法却完全被人遗忘了；所以海克雪尔教授以经典学派经济学家身份，在叙完洛克之理论以后，加了这样一个按语："假使所谓利息真是贷款之代价、那么洛克之论证是无法反驳的：然而利率并非如此，所以他的论证完全不相干"（前引书，第2卷）。

在重商主义者心目中，非常容易分辨利率与资本之边际效率之不同，这一点可从洛克引自《与友人谈高利贷的一封信》一段文字窥见之：“高利息使商业解体。利息既高于商业利润，于是富商停业，放款取利；小商人乃破产”。福特雷（Fortrey）在《英国的利益和改良》（England's Interest and Improvement）一书中也认为降低利率，可以增进国富；而且他强调这点：

重商主义者也没有忽略，假使灵活偏好太强，把内流的贵金属都囤积起来，则利率受不到好处。也有人因为要增加国家威力，主张由国家囤积金银；但别人率直反对这种政策。

例如施勒特（Schrotter），他用重商主义者常用的论证，认为假使国家大增窖藏，则流动中之货币将搜括殆尽，其结果不堪设想……他又认为，在寺院中窖藏金银和贵金属出超，两者性质完全相同，而后者他认为是坏得无以复加的东西。戴芬南（Davenant）解释东方国家之所以非常贫困（当时人都相信东方国家所积金银，要比世界任何其他国家大），是因为金银在国库停留不动。假如由国家来囤积金银，至多是瑕瑜互见，还时常危险甚大；那么私人囤积金银，自然应当避之唯恐不及了。重商主义者之攻击私人囤积金银者，不计其数，简直没有人独持异议。①

第二，重商主义者知道物贱之病，也知道过度竞争可以不利于一国之贸易条件。例如梅林斯说《商法》（1662）：“不要因为要增加贸易，所以比别人削价出售，以致害及本国：盖贸易并不因物贱而增，物之所以贱，乃是因为货币稀少，物之需求不大；反之，倒是货币充足，物之需求加大②，物价上涨时，贸易倒扩大。”海克雪尔教授把这一股重商主义思想总结如下：

①海克雪尔：《重商主义》，第2卷。

②海克雪尔：《重商主义》，第2卷。

在150年以内，这个观点一再提出，提出这个观点者，都说：假如一国之货币，较他国稀少，则该国一定“卖价便宜，买价昂贵”……这种态度，在《公共福利的谈话》（Discourse of the Commonm Weal）一书初版中，即在16世纪中叶时已经明显了。海尔斯（Hales）曾经说过：“只要外国人肯买我们的东西，我们为什么要把自己的东西价格定得很低，而让他们把他们的东西（其中有我们要向他们购买的）价格提高呢？假使他们出售自己东西索要高价，从我们处买进东西时出低价，那不是他们得利，我们损失吗？不是他们致富，我们变贫吗？我宁可采取现行办法，他们抬价时，我们也抬价。当然有人因此受损，但受损人数要比采取别种办法少。”

几十年以后（1581），该书校订者对此点完全赞同。17世纪内，这种态度一再出现，并无大改。例如梅林斯相信，这种不幸情况的产生，是因为外国人把英汇定得太低——这是他最担心的事情。……以后这个观念仍继续出现。在《哲言》（Verbum Sapienti）一书中（1665年作，1691年出版），配第相信，“要等到我们有的货币，不论是在绝对方面或相对方面，都超过任何一邻邦所有者时”，我们才能停下来，不再努力增加货币数量。从上引书着手写作以至出版这一时期中，考克（Coke）说过，“只要我们所有金银比邻邦多，则即使减少到现有量之1/5，我亦不在乎”（1675年）。①

第三，重商主义者又是创始人，认为“怕货”（fear of goods）以及货币稀少乃失业之原因；两个世纪以后，经典学派斥之为荒谬。

用失业现象作为禁止进口的理由，其最早实例之一，见于1426年意大利的佛罗伦斯……英国在此方面之立法，至少可追溯至1455年。……1466年的法国法令，虽然建立了里昂之丝织工业，而且以后非常有名，倒不太饶兴味，因为并未揭橥抵制外货；但该法令亦曾提及：成千成万的失业男女，可能由此而获得工作。可见这种论据，当时如何风行了……最初对此问题（其余社会经济问题亦然）作热烈讨论者乃是英国，约在16世纪中叶或更早些，在亨利第八以及爱德华第六两个朝代。这里只能提些书名，著作年代大概不会晚于1530—1540年；其中有两种，大概出于克来蒙特•阿姆斯特朗（ClementArmstrong）手笔……依他的说法，则“洋货每年进口，充塞英国市场，不仅引起货币稀少，而且破坏了手工业，于是有很多平民，无从谋生，不得不闲散，从事乞食、偷窃”。

据我所知，重商主义者对这种情况的典型的讨论，当推1621年英国下议院关于货币稀少问题的辩论为最佳实例。当时很不景气，布匹出口业尤然。国会中声望最高的议员之一，爱德文•桑迪斯（Edwin Sandys）爵士，把当时情况描写得很清楚；他说农工差不多到处受到打击，布机停而不织，因为国内货币不足；农民被迫违约，“倒不是因为——感谢上帝——土地出产不足，而是因为货币缺乏”。于是发动了详细调查，到底货币到哪里去了，为什么这样奇缺。凡有以贵金属出口的嫌者，或虽未以贵金属出口，但其在国内的活动，足以使贵金属消失者，都受到许多攻击。重商主义者也意识到，他们的政策，用海克雪尔教授说法，有“一箭双雕”之妙，“一方面可以出清过剩物资，解除失业；他方面又可增加货币数量”，压低利率。

重商主义者从实际经验中得到很多观念；我们在研究这很多观念之后，不能不感觉到，在人类史上，储蓄倾向总有强于投资引诱的长期趋势。投资引诱的薄弱，总是各时代经济问题的枢纽。今日此种引诱之所以薄弱，主要原因，恐怕是现在资本数量累积得太多了；但在以前，则各种风险因素，可能较更重要。但结果是一样的。私人可以从节约消费，增加其个人财富，但要国富增加。则必须雇主真雇用工人，从事制造持久性资产，然而私人的储蓄意愿，总大于雇主所感觉到的投资引诱。

第四，重商主义者很清楚，他们的政策是有国家主义色彩的，而且可以引起战争。他们承认，他们所追求的乃是国家的利益以及国力的相对增加。

重商主义者接受国际货币制度下必然产生的后果，而漠然无动于衷，这点固然可以批评；但当代也有头脑不清之徒，主张采取国际金本位制，对于国际借贷则来自由放任政策，相信只有此种政策最足以促进和平。两相比较，还是重商主义者的现实态度要高明得多。

盖设在一经济体系之内，有货币契约以及风俗习惯的存在，可以历时甚久而轻易不变，又设该体系之国内货币流通量以及国内利率，主要都由国际支付差额来决定（如战前英国情况），则除了争取出超，由邻国方面输入币材（贵金属）以外，当局实在没有正统的办法来抵制失业问题。历史上还没有想出一个办法，比国际金（以前为银）本位更有效，使得各国利益冲突。

盖在国际金本位之下，一国的国内繁荣与一国争取市场以及争取贵金属之成绩有直接关系。设幸而金银的新供给相当丰富，则此种争夺稍减。财富日增，边际消费倾向渐减，则此中冲突愈尖锐、猛烈。正统经济学家，逻辑既有毛病，其常识又不足纠正其逻辑，于是一错到底，糟不可言。有若干国家，在暗中摸索，想求出一条出路，使得国内利率自主，乃抛弃其在金本位之下的各种义务，正统经济学家就说：要有一般的经济复苏，第一步先得恢复以前这些桎梏。

实在刚相反。采取利率自主政策，不受国际关系支配，又采取一全国投资计划，使得国内就业量达到最合适的水准，这倒是利己利人之道。各国都同时采取这种政策，然后国际间的经济健康以及经济力量（用国内就业量或国际贸易量来衡量）才能恢复。

Ⅳ

重商主义者感觉到问题的存在，但其分析尚不能解决之；经典学派则根本忽视此问题，盖根据经典学派的前提，此问题不能存在，于是经典理论所得结论与常识所得结论之间显有裂痕。经典学派之卓异成就，即在能克服常人所相信的东西，而同时自己却是错的。海克雪尔教授说：

假使从十字军东征一直到18世纪，常人对于货币以及市材金属的基本态度始终不变，则此种观念之根深蒂固可见一般。18世纪以后，这种观念还继续存在，不过不到“怕货”那种程度而已……除了自由放任这一段时期以外，各时代都没有能摆脱这种观念。自由放任学说那样卓尔不群，坚韧不拔，亦不过把常人信念暂时克服一下。

在货币经济之下，“怕货”是常人最自然的态度，要对自由放任学说有绝对信仰，才能摆脱这种态度。但自由贸易主义对很多明显因素否认其存在，故当自由放任学说不能再维系其旧日信徒之人心时，亦必遭常人唾弃。

我记得波拿•劳（Bonar Law）在经济学家面前，又恼又怒，因为他们不肯承认非常明显的事实，他真百思不得其解。我们可以把经典学派经济学说的势力，比之于某种宗教——恐怕是比宗教力量还强，因为要常人否认明显的事实，比之要常人相信一个虚无缥缈的东西要困难得多。

V

我们现在要讨论一种相关的但不相同的学说。几千几百年以来，社会上开明舆论都认为这种学说很明显，无可怀疑，但经典学派则斥之为幼稚，故值得旧事重提，加以尊敬。我指的是一种学说，认为利率不会自动调整到一种水准，最适合于社会利益；反之，利率常有太高的趋势，故贤明当局应该用法令、习惯甚至于道义制裁加以抑制。

经济法令之见之于记载者，防止高利贷办法要算是最早之一了。灵活偏好过度，以致摧毁投资引诱、阻碍财富生长，这种弊端在上古以及中古时代已经非常显著；因为当时有各种生活上的风险，一方面降低资本的边际效率，他方面增加灵活偏好。故设在一社会之中，人人都觉得不安全，则除非该社会用尽种种方法抑制利率，否则利率总是太高，投资引诱不会充分。

我以前接受他人之说，觉得中古时代教会对于利率问题的态度根本荒谬；中古时代很多巧妙讨论，分辨贷款报酬与投资报酬的不同，只是些诡辩，想从谬论之中找出一条实际出路而已。我现在再翻阅这些讨论，觉得他们倒着实下了一番工夫，把经典学派混为一谈的东西分辨清楚：那就是利率和资本的边际效率。我现在觉得，经院学派的讨论，目的乃在找出一种方策，提高资本之边际效率表，同时用法令、风俗习惯以及道义制裁等压低利率。

亚当•斯密对于禁止高利贷法，态度也还温和。他知道，个人的储蓄不一定用之于投资，也可以用之于放债。他赞成利率低些，因为这样可以使储蓄用之于新投资的机会多些，用之于放债的机会少些。因为这些理由，所以他主张把高利贷法作温和的运用。边沁对这点严加攻击。边沁的主要批评是说亚当•斯密不愧苏格兰人，过分谨慎，对于“创办人”不免太严厉了一点：若规定最高利率，则凡负担正当的、对于社会有利的风险者，其所得报酬将太少。边沁所谓创办人（Projectors），范围很广，“凡以追求财富（或任何其他对象）为目的，拟获得财富的资助，设法寻求新发明途径者，皆属之；……此等人真是以进步改良为职志。规定最高利率，则此等人最受打击……总之，凡人类聪明睿智之运用，须赖财富之资助者，皆遭阻遏”。当然，假如法令可以妨碍人民负担正当风险，则应当加以抗议。边沁继续说：“在这种情况之下，深于世故之上不再抉择创办计划之优劣，因为他根本不想创办什么。”

边沁所说，是否是亚当•斯密之原意，倒颇成问题，难道边沁是用19世纪口吻（虽然该文作于1787年），向18世纪说话吗？因为除非是在投资引诱最强的时代，否则不会看不到：在理论上，投资引诱可能不足。

VI

这里不妨提一个很离奇的、被人过分忽略了的先知——西尔维•盖赛尔（Silvio Gesell，1862—1930）。在他的著作中，的确有若干真知灼见之处，可惜仅是昙花一现，未能直达问题的核心。在战后几年，他的信徒拼命把他的著作寄给我，但是因为他的论证明显有缺点，故我当时未能发现其著作的长处。等到我用自己的方法得到自己的结论以后，才发现其著作的重要性——大概未经彻底分析的直觉都会遭遇同一命运。在当时，我和其他学院经济学家一样，把他非常有独到之见的各种努力看做是一个怪人的异想天开。我想本书读者知道盖赛尔的重要性者大概不多，故我多给他一些篇幅。

盖赛尔，德国人，经商于南美阿根廷，事业上非常成功。80年代的经济恐慌，阿根廷尤其严重，因此引起他研究货币问题。他的第一本著作，称为《币制改革为走向社会国家之桥》（Die Reformation im M ünzwesen als Brücke zum sozialen Staat），1891在布宜诺斯艾利斯出版；就在这一年同一地点，他发表了他对于货币的基本观念，书名为《事物精华》（Nervus Rerum）。此后一直到他退休，又出了很多书和小册子。1906年他退休到瑞士，此时家道已非常殷厚，不必为谋生操心，晚年致力于人生最快乐的两种事情：著作和农业实验。

他的大著的第一部分，是1906年在瑞士日内瓦出版的，书名称为《全部劳动产物权之实现》（Die verwirklichung des Rechtes auf dem vollen Arbeitsertrag）；第二部分1911年在柏林出版，书名为《利息新论》（Die neue Lehre vom Zins）。合订本在大战时期（1916年）在柏林瑞士两地同时出版，生前一共发行了6版，书名称为《经由自由土地和自由货币达到的自然经济秩序》（Dienatürliche Wirtschaftsordnung durch Freiland und Freigeld），英译本称为《自然经济秩序》（The Natural Economic Order）。

1919年4月盖赛尔加入在位甚短之巴威里亚苏维埃内阁，当财政部长，以后受到军法审判。生前最后十年，他在柏林瑞士两地做宣传工作，取亨利•治（Henry George）之地位而代之，吸引了一批具有宗教热诚的信徒，被尊为一种教义的先知；信徒之分布于世界各地者，达数千人。1923年，德瑞自由土地自由货币协会以及其他各国的类似组织，在瑞士巴塞尔城举行第一次国际大会。从他1930年作古以后，像他这类学说所能引起的特殊热诚，又转移到其他先知身上；据我看来，后者没有像他那样出色。布希（Büchi）博士是英国这种运动的领袖，但其文献又好像从美国德克萨斯州圣安东尼欧地方分发出来。该运动的主力是现在美国。在学院经济学家之中，费雪（Irving Fisher）教授是唯一认识其价值者。

他的信徒把他装饰得像一个先知，但盖赛尔的主要著作还是用冷静的、科学的语句写出来的，但全书不免充满了对于社会正义感的热诚与崇奉，好像（也许有人会觉得）与科学家的身份不合。他从亨利•乔治继承下来的一部分，固然是该运动所以发生力量的主要源泉，但倒完全是次要的，没有多大兴趣。全书的目的是在建立一个反马克思的社会主义，又是对于自由放任学说的一种反动。他根据的理论基础和马克思不同。第一，他否认经典学派的前提，而马克思是接受的；第二，他主张解除妨碍竞争的桎梏，而不主张取消竞争。我相信后世之可得自盖赛尔者，要比可得自马克思者多。读者一读英译本《自然经济秩序》（The Natural Economic Order）序言，即可领略盖赛尔的德行。我想，要回答马克思主义，还得从该序文所指示的路线中去探索。

盖赛尔在货币与利息论方面的特殊贡献乃是：第一，他把利率和资本的边际效率分别得非常明白；他说利率限制了真实资本的扩张速度。第二，他指出利率完全是个货币现象；货币利率之所以重要，是因为货币有个特征，即货币持有人所负担的保藏费微小不足道；凡财富的有保藏费者，其所以亦能产生受益者，乃是因为货币有收益，货币定下了一个标准。他用各时代中利率的相当稳定作为佐证，说明利率绝不是决定于纯物质因素，因为后者从一时代到另一时代所经历的变迁比之利率的变迁不知要大多少。用我的术语来说：利率系于心理因素，心理因素不大变更，故利率非常稳定；至于变动很大的资本之边际效率表，其所决定者，不是利率，而是在一特定利率之下真实资本的扩张速率。

但盖赛尔氏学说有个大缺点。他指出，因为有货币利率存在，所以出贷商品也能取得收益。他利用罗宾逊•克鲁索和另一陌生人的假想的对话说明这点——这段是经济学上最佳寓言之一。但他在举出理由，说明货币利率与其他商品利率不同，不能是负数以后，却忘了作进一步说明，为什么货币利率一定是正数；他亦没有解释，为什么决定货币利率的高低者，并不是（像经典学派所说那样）生产资本上收益的大小。这是因为他不知道灵活偏好这个观念；因此他只建立了半个利率论。

因为他的理论不完备，所以他的著作并没有受到学术界注意。但是他已经根据自己理论提出实际建议。他所提方案也许无法推行，但倒不失为对症下药。他说，货币利率限制了真实资本的扩张，如果把这个限制去掉，则在近世，真实资本即将很快扩张，在非常短的时期以内，利率恐怕要降到零点，方才合适。因此第一件要紧事情，就是降低货币利率；他认为要降低货币利率，只要让货币和其他不能产生收益的商品一样，有保藏费用。于是他想出了著名的“加印”货币（“stamped”money）这个方案；他由是而得名，费雪教授对之亦很加赞许。依此方案，则流通钞券（当然必须包括几种银行货币在内）像保险单一样，必须每月加贴印花，方能保持其价值。印花在邮局出售，至于印花费用，自然可以斟酌情况定之。依我的理论，应当先确定何种新投资量，方与充分就业不悖，然后求出该投资量的资本之边际效率，印花费用的多寡须约略等于货币利率（不计印花费用在内）与该资本的边际效率之差数。盖赛尔自己提议，应该每周贴0.1%，每年贴5.2%。在现在情况之下，这个数目好像太高，但正确数目到底是多少，只能由尝试与错误中得来；而且也必须时常更动，不能一成不变的。

加印货币背后所代表的思想，倒是健全的。而且可能真可以找出方法，把这个办法小规模付诸实施。但是还有很多困难，盖赛尔没有设法解决。其中之一，盖赛尔并没有想到，货币并不是唯一有灵活升值之物，他物亦有之，只是程度之差而已；货币之所以重要，乃是因为货币的灵活升值，要比任何其他东西大一些。故设用加贴印花办法，去掉流通钞券的灵活升值，则一大串替代品将代之而起，例如银行货币、即期债务、外币、宝石、金银等等。我在上面说过，以前可能有过一段时期，大家都想持有土地，不管土地的收益如何，因之把利率抬高。但在盖塞尔的体系中，这种可能性将会由于土地国有化而消失。

Ⅶ

以上所论种种学说，大致都针对有效需求之一个构成分子之不足而发——投资引诱之不足。然而把失业之病归咎于另一个构成分子的不足者，即归咎于消费倾向的不足者，亦由来久矣。后一种对于当代经济病症的解释，在16、17两世纪尚不占重要地位，晚近始渐得势；但此种解释，亦不为经典学派所赞同。

对于消费不足的指责，在重商主义思想中虽然只占非常次要地位，但海克雪尔教授也举出许多例子，说明“奢侈有利，节俭有弊，也是一个根深蒂固的信念。节俭之所以被认为失业的原因有二：第一，众信若某量货币不作交易之用，则真实所得即将作同量的减少；第二，众信所谓储蓄，乃是把货币从流通过程中抽提出来”。1598年，拉斐玛斯（Laffemas）在《置国家于繁华的金银财富》（Les Trésors et richesses Pour mettre I ’Estaten Splendeur）一书中，对反对使用法国丝织品者，大加非难，理由是：凡购买法国奢侈品者都为穷人谋生计；彼吝啬守财之徒倒使穷人贫困以死。

1662年，配第为“穷奢极侈，建造凯旋门等等”辩护，说这些费用还是要流回酿酒师、面包师、裁缝、鞋匠等等的钱袋中去的。福特雷亦曾为服饰丽都辩护。施勒特（1686年）不赞成节约消费，希望服饰等等还要多讲究一些。

巴邦（Barbon）在1690年说过：“挥霍这个缺点，对于个人虽然不利，对于商业倒不然……贪得这个缺点，则对于个人与商业都不利。”1695年加莱（Cary）说：如果每个人都多花一些，则每个人之所得都要大些，“而且每个人都可以生活得舒服一些”。

巴邦氏的思想，经贝尔纳德•孟迪维尔（Bernard Mandeville）《蜜蜂之寓言》一书的渲染，大为流行。该书在人文科学史上以声名狼藉著称，1723年，英国米德尔塞克斯州的大陪审官们曾宣判该书为败类。据说，只有一个人曾经为该书说过一句好话，那就是约翰逊（Johnson）博士。博士说：该书没有使他觉得大惑不解；倒使他对于现实世界开了眼界。该书的邪僻可由斯蒂芬（Leslie Stephen）《本国人名辞典》对该书之提要中窥见之：

孟迪维尔该书，大惹众怒。该书用巧妙的似是而非之论，发扬一种含有讥刺性的道德观，引人入胜——其说以为增加经济繁荣者，乃消费而非储蓄；此说亦可列为迄今尚未绝迹之经济邪说之一。他从两点出发：第一，他接受遁世者的看法，认为人类的欲望大致是坏的，故会产生“私德不良”；第二，他又接受一般人的看法，认为财富乃“公众之福”，从这两点，他非常容易推出：有文明，即有恶习——《蜜蜂之寓言》是一首寓言诗，内容是说有一个非常繁荣的社会，忽然其中公民都决定放弃奢侈生活，国家也削减军备，大家都致力储蓄，结果却弄得一团糟。因为大家都崇尚节俭，于是奢侈品无人过问，原有的奢侈品，如衣饰、车马、宫室之类，或变卖偿债，或任其荒芜。结果是土地、宫室等的价格大跌，依供给奢侈品为生者无法谋生；又因各业都有人满之患，亦无法改行。由此所得教训是：仅仅是美德，不能使国家兴盛；彼欲恢复古之黄金时代者，于致力于俭朴时，也要顾及平民生计。

因为在私人家庭之中，处处节俭打算，从事储蓄，确实是致富之道，于是有人想，不论国家得天之厚薄，如果每个人都实行以上这个方法，则国家也可以致富。例如有人以为，如果每个英国人都择其邻居之节俭者而从之，则英国人比现在还要富。我认为这是错的。孟迪维尔下结论说：反之，使国家兴盛快乐之道，厥惟给予每人以就业机会。为实现以上目标，政府应当第一，提倡各种制造、技艺、手工业，凡人类才智所能及者，皆予提倡；第二，奖励农渔二业，普及各部分，使土地也像人一样出力。要靠这种政策，国家才能伟大幸福；用一些琐碎规章，来限制奢侈，提倡节约，是于事无补的。金银的价值可以任其涨落，盖社会享受之多寡，乃系于土地之出产以及人民之劳作，此两者联合起来，乃是可靠的、真正的无穷的宝藏，巴西之金，玻利维亚之银，安足道哉。

这种邪僻之说，无怪乎两世纪以来，受到道学先生及经济学家之一致抨击，这两种人自己有一套严肃学说，认为除了国家和个人都实行极度节俭，极度经济以外，别无良策；因为有这种学说，他们自觉胜人一筹。代配第氏之“穷奢极侈，建造凯旋门等等”而起者，乃是格拉斯顿（Gladstone）之锱铢必计的国家财政，国家“无力举办”医院、广场、高贵建筑，甚至不肯出钱保存历史古迹，更勿论提倡音乐戏剧矣；这些只能让私人慈善事业来举办，或让浪费成性者来慷慨解囊。

经过一世纪以后，孟迪维尔之说方又在上流社会重新出现。马尔萨斯晚年正式用有效需求的不足这个观念来解释失业现象。拙著《论马尔萨斯》一文中，已有详细论列，此处只就该文所引各段，最足代表氏之思想者，择录一二：

“世界各处，差不多都有大量生产力搁置不用，我对这种现象的解释，是说实际所得产物的分配方法有欠恰当，以致继续生产的动机不够充分……我认为假如人们想积财，而且想积得非常快，则不生产的消费必大形减少，于是生产动机乃大受妨碍，而财富的扩张亦在时机未成熟时即遭阻遏……但设努力积财的企图，可以在劳工与利润之间划下一条鸿沟，以致未来积财的动机与能力几全遭破坏；而日增的人口，亦无法就业谋生，则我们还能够说，这种积财的企图，或储蓄太多，对于国家无害吗？

“问题是：设生产增加，而地主及资本家之不生产的消费不成适当比例，以致资本停滞，随后又引起劳力的需求停滞，我们能够说，这种情形对于国家无害吗？如果地主及资本家的不生产的消费，自始即与社会过剩物资作适度配合，故生产动机继续不断，对于劳力的需求，既未过度扩张在先，亦无骤然缩减于后，这种情况，不是比前种情况更快乐，更富裕吗？假使如此，那么我们怎么可以晚，节俭可能对于生产者不利，但对于国家不会不利呢？又怎能够说，在生产动机消失之时，增加地主和资本家之不生产的消费，无论如何，总不是适当对策呢？①

“亚当•斯密说过：资本由节俭而增，凡生活节俭者，都是公众之恩人，又说财富是否增加，必须看生产是否超过消费。这些命题大概都很对，无可怀疑……但也明显不能无限制都对。若储蓄过度，亦足摧毁生产动机。如果每个人都吃最简单的食物，穿最朴素的衣服，住最简陋的房屋，则决不会再有别种食物、衣服及房屋的存在……这两个极端都很明显，因此在二极端之间必须有一点，在该点时，若把生产能力以及消费意志两者都计算在内，则财富的增加受到最大鼓励。但恐政治经济学尚不能确定此点在何处。

“聪明睿智之士所作议论多矣；余所见者，则以萨伊氏之说，立论最不健全。又最与事实相径庭。萨伊氏说，用掉或毁掉一件物品，就等于堵塞一条出路。此说是从商品与商品的关系立论，而不从商品与消费者的关系立论。我倒要问，假使除了面包和水以外，所有消费都停止半年，则商品的需求将变成什么情况会商品山积，但何处是出路？何处是庞大市场？”

但是李嘉图对于马尔萨斯所说充耳不闻。等到约翰•斯图亚特•穆勒讨论其工资基金说时，这场论战又呈最后的回光返照。穆勒氏是在这场论战中熏陶出来的，他的工资基金说在驳斥马尔萨斯晚期思想方面颇占重要地位。继穆勒而起者，不接受氏之工资基金说，却忘了穆勒之所以能推翻马尔萨斯全赖此说。此后这个问题便不成为论战对象，亦不在经济学论列之中，倒不是这个问题已经解决，而是经济学家大家不提。凯恩克劳斯（Cairncross）

① 1821年7月6日，马尔萨斯给李嘉图的信。

先生最近想从较次要的维多利亚时代作家之中，寻求这个问题的遗迹[1]，所得较预期可得者尚少。消费不足之说一直蛰伏着，到1889年，又在霍布森（J. A. Hobson）及穆莫里（A. F. Mummery）二氏合著之《工业生理学》（The Physiology of Industry）一书中出现。50年以来，霍布森以百折不挠的勇气与热诚著书攻击正统学派，然而没有用。该书是第一册，也是最重要的一册，今日已经完全被人遗忘。但在一种意义上说，该书的出版，在经济思想史上是划时代的。[2]

该书是和穆莫里合著的。霍布森氏叙述该书之缘起如下：

“在80年代中期，我的异端经济学说逐渐形成。亨利•乔治的攻击土地价值，种种社会主义团体之暴露劳工阶级之被压迫情形，以及两位鲍斯（Booth）先生的发表伦敦的贫困状态，这些在我的情感上都留下非常深印象，然而都不足破坏我对于经济学的信心。我对于经济学信心的发生动摇，可以说是偶然引起的。我在爱克塞特（Exeter）城一个中学教书时，认识一位商人，名字叫穆莫里，此人在当时以及以后，都以爬山著称。他发现了一条新路，可以上马脱红峰（Matterhorn），不幸在1895年爬喜马拉雅山南加帕罢峰（NangaParbat）时殒命。当然，我和他交往，不在这方面。此人在智力方面，也像爬山那样登峰造极，总是自辟途径，做事不顾一切权威。他和我辩论储蓄过度这个问题，他认为储蓄过度，是商业不景气时，劳资两者就业不足的原因。有许多时候，我用正统经济学上一切武器，想来驳倒他的论据；但最后他说服了我，于是我们二人从事著书，发扬储蓄过度论，书名称为《工业生理学》，于1889年出版。这是我公开踏上异端之路的第一步，当时完全不知道此事后果的重大。那时我刚刚辞去中学职务，开始新的事业，

---

①《维多利亚女王时代的人与投资》（The Victorians and Investment），载于《经济史》（Economic History），1936年。

②罗伯森（I. M. Robertson）：《储蓄之谬误》（The Fallacy of Saving）一书，于1892年出版，亦拥护穆莫里及霍布森两人之异端说。但该书之价值及意义均不大，因为完全缺乏《工业生理学》一书所具有的透彻的直觉。

在大学课程普及部当讲师，担任经济学与文学。第一次使我大吃一惊的，是伦敦大学课程普及委员会不让我再教经济学，因为有一位经济学教授出面干涉；此人读了我的书，觉得该书的荒谬，和要证明地球是方的那种企图不相上下。本来么，一点一滴的储蓄，都会用来增加资本结构，增加工资基金，然则储蓄的有用数量怎么会有限度？储蓄既是工业进步的源泉，则阻遏储蓄就是阻遏工业进步，故理智健全的经济学家，对于储蓄可以过度之说不能不深恨而痛嫉之。①以后又经历了一件事情，使我自己觉得好像犯了什么罪。我虽然不能在伦敦教经济学，但牛津大学课程普及运动要自由容忍一些，还允许我任教，让我下乡演讲，不过限制我只讲关于劳工阶级生活之实际问题。当时有个慈善事业协会，正在计划一套系统演讲，专门讲经济题材，请我担任一门。我已经表示愿意接受，但是突然，也不加解释，聘约撤回。然而在那时，我还没有自己觉察：因为我怀疑无限制节俭的美德，所以罪无可道。”

在这本早年著作中，霍布森及其合著人对于经典经济学的批评，要比霍布森氏晚年著作中来得直截了当些。因为这个理由，又因为该书是他第一次把他的理论表达出来，故我专从该书引录，指出这两位作家的批评与直觉多么有道理、多么有价值。二人在该书序言中，说明他们所攻击的结论是些什么性质：

“储蓄不仅使个人致富，也使社会致富；消费不仅使个人变穷，也使社会变穷。这句话是等于说，爱钱是一切经济福利的源泉，不仅使节俭者本人致富，而且可以提高工资，让失业者有业可就，恩泽普及各方。从报纸到最新经济学巨著，从教堂讲坛到国会议院，这句话说了又说，一再申述。现在要对这句话发生疑问，简直是像读犯神圣。然而一直到李嘉图出版其著作时为止，有识之士以及大部分经济思想家都否认这种学说，其最后之所以被人接受，只是因为没法驳倒工资基金说。现在工资基金说已告崩溃，而这种学说还巍然独存，这个道理只是因为作此说者声望太高了。经济学批评家只敢攻击这个学说之枝枝节节，不敢碰这个学说的主要结论。现在我们想指出：

第一，这些结论不能成立；第二，储蓄习惯可能行之过度；第三，若行之过度，则社会变穷，工人失业，工资降低，整个工商界变成阴暗惨淡，这就是所谓不景气。”

生产的目的乃是为消费者谋效用与便利。从处理原料起，一直到商品到消费者手上变成效用与便利时止，生产过程是连续不断的。资本的唯一用处即在帮助生产这些效用与便利，则所用资本的多寡，自然随每日或每周效用与便利的消费量的改变而改变。储蓄一方面增加现有资本总量，同时在他方面又减少效用与便利的消费量，故若储蓄习惯行的过度，则累积下来的资本数量将超过实际需要数量，于是发展为一般的生产过剩。上引最后这句话，好像是霍布森氏错误之所由起。他认为，假使储蓄过度，则真正累积下来的资本会超过实际所需数量。假使真是如此，倒不过只是预测错误所产生的一点次要祸害；主要祸害乃是：若充分就业情况之下储蓄倾向大于实际所需资本数量，则除非预测有错误，否则充分就业就不能实现。但是一两页以后，霍布森把问题的一半说得十分精确透彻，不过他还没有注意到，利率的改变以及商业信任状态之改变可能产生些什么影响，他好像假定这两个因素不变：

“因此我们可下结论，自亚当•斯密以来，经济学说所根据的基础——每年的产量乃决定于该年可用的天然元素、资本以及劳力三者的总数量，实在是错误的。反之，这三者的总数量只规定了产量之最高限度；产量当然不能超过此限度，但若因为储蓄过度，以致供给过多，影响生产、则产量可以——而且真是——比此最高限度低很多。换言之，在现代工业社会之中，在正常情况之下，是消费限制生产，而不是生产限制消费。[①]”

最后，霍布森也注意到，他这种学说与正统学派用来维护自由贸易的种种论据是否正确大有关系：

① 霍布森、穆莫里合著：《工业生理学》。

“正统经济学家常用自由贸易提种种论据，斥责美国以及其他实行保护主义国家为白痴，不懂生意经。现在不能再作这种斥责了，因为这种种论据，都是建筑在‘供给不能过度’这个假定上的。”

霍布森在该书所用论据当然不能称为完备，但这是第一次明白说出：资本之来，不是由于储蓄倾向，而是由于需求。需求则又来自现在的和未来的消费。

底下一段引文，是杂凑起来的，可以窥见霍布森氏思路的一斑：

“设一社会的商品消费量在未来不会增加，则在现在增加该社会的资本必无利可图。储蓄与资本每增加一次，而且增加后不再减退，则最近未来的消费量必须作相应的增加，当我说未来消费时，所谓未来，并不是指10年、20年或50年以后；而是指离现在很近的那个未来。假使因为节俭和谨慎动机加强，故人们在现在多储蓄一点，则他们必须得肯在未来多消费一些。在生产过程的任何一点，合乎经济原则可以利用的资本数量，以提供当前消费量所必需者为限。很明显，我一人的节俭，并不影响社会全体的节俭；而只决定此全体节俭之中的某一部分到底由我行之，还是由别人行之。我们以后要指出，社会上一部分人实行节俭，可以迫令别人入不敷出。大部分现代经济学家都否认消费有不足的可能，我们能够找出一种经济力量可以引起社会犯此毛病吗？假使可以找得出来，则商业机构可以提供有效的阻遏吗？以下要指出，第一，在每一个高度组织化的工业社会之中，总有一种力量在推动，使得节俭过度；第二，一般认为商业机构所能提供的阻遏之道，或者完全不发生作用，或者不足以防止严重后果。李嘉图用来答复马尔萨斯以及蔡尔莫斯（Chalmers）二人之论证者，其词甚简，但后之经济学家，似乎都接受其说，认为充分。李嘉图说：“用以购买产物者，总不外产物和劳役两者，货币只是交易媒介而已；故当生产增加时，购买能力以及消费能力亦即随之作相应的增加，故无生产过度之可能。”（李嘉图：《经济学原理》）。

霍布森与穆莫里二人，知道利息只是使用货币的代价而已。[①]他们也非常知道，反对者会说："利率（或利润）会下降到一定程度，足以遏制储蓄，恢复生产与消费之间的正常关系。"[②]二人于作答时，指出："假如利润下降而可以引诱人民少储蓄一些，则致此之道，不外二途：或者引诱人民多消费一些，或者引诱他们少生产一些。"至于第一途，二氏认为当利润下降时，社会的总所得亦减少，"我们没有理由可以说：当平均所得正在下降的时候，因为节俭可以得到的报偿也在减少，所以人民会增加其消费量"；至于第二途，二氏说，"我们决不否认，若供给过度，利润下降，则生产将受阻遏；反之，承认有这种阻遏之存在，乃是我们论据的重心所在"。但是二人之说未臻完备，主要是因为二人没有一个自己的利率理论，故霍布森（特别在他以后著作中）不免对于消费不足可以引起投资过度（意指无利可图之投资）这一点，过分重视，而未能说明，若消费倾向非常薄弱，则可以引起失业，因为一个非常薄弱的消费倾向，需要但得不到充分的新投资量以资补救。固然，有时因为有过度乐观之误，故此种大小之新投资量也不是完全没有，但是能常说来，因为利率定了一个标准，而利润低于利率，故此种投资量根本不会发生。

大战以后，消费不足之说纷至沓来，其中以道格拉斯（Douglas）少校之说最出名。当然，道格拉斯少校之说之所以得势，大部分还是因为正统学派对于他所作致命批评无法作答。但在另一方面、他的详细诊断，特别是所谓A＋B定理，有很多只是故弄玄虚。若道格拉斯少校之B项，只包括雇主所提出之折旧准备金，而现在尚未作添置修葺之用者，则尚言之成理。即使作如此解，我们还得要顾到：其他方面的新投资，以及消费支出的增加，可以与此种折旧准备金相抵消。道格拉斯少校比正统学派较胜一筹者，乃是他至少没有完全遗忘当代经济体系的主要问题；但是他不能和孟迪维尔、马尔萨

---

①霍布森、穆莫里合著：《工业生理学》。

②同上书。

斯、盖赛尔、霍布森等相提并论——他在勇敢的异端军中，大致是一名小兵，不是少校。后面这几个人，宁愿依凭直觉，对真理作一知半解的窥测，而不肯信任逻辑，知过不改；夫逻辑易事也，推理固清楚矣，固前后一致矣，无奈所根据的假设，却建立在与事实不符的假设前提之上。

第二十四章　结语：略论《通论》可以引起的社会哲学

I

我们生存其中的经济社会，其明显缺点乃在不能提供充分就业，以及财富与所得的分配有欠公平合理。上述理论，对于第一种缺点的关系很显而易见，但对于第二种缺点，在非常重要的两方面，也很有关系。

自从19世纪末叶以来，所得税、超额所得税、遗产税等直接税，在去除财富与所得的绝大差异方面已有长足进步，尤以英国为然。很多人都愿意这种办法再推进一步，但是因为有两种顾虑，不免投鼠忌器：一部分固然是怕故意规避之风将由此而炽，而且负担风险的动机亦将大形削弱；但是主要顾虑还是因为人们相信：资本的生长乃系于个人储蓄动机之强弱；大部分资本的增加乃从富人过剩所得中储蓄而来。我所提出的论据并不影响第一种顾虑，但对于第二种顾虑，我们应持何种态度，却大有修改余地。我们知道，在达到充分就业这点以前，资本的生长并不系于消费倾向之低，反之，反因其低而遭遏制；只有在充分就业情况之下，消费倾向之低才利于资本生长。而且，经验告诉我们，在现行情况之下，各公私机关用偿债基金等方式所作储蓄已经绰有余裕，故若现在采取步骤重新分配所得，以提高消费倾向，则对于资本的生长大概是有利无弊。

现在还很流行着一种信念，认为遗产税可以使得一国的资本财富减少，这正可以说明公众对于这些问题还模糊不清，缺乏正确了解。今设国家以遗产税税收作经常支出之用，因之降低或豁免所得税及消费税，则在此种财政政策之下，高额遗产税固然有增加社会消费倾向的功效，但是因为当消费倾向作永久增加时，在一般情况之下（即除去充分就业情形），投资引诱也同时增加，故普通所作推断适与真理相反。

因之我们可以得到结论：在当代情况之下，财富之生长不仅不取决于富人的节约（像普通所想象的那样），反之，恐反遭此种节约的阻挠。故主张社会上应该有财富之绝大不均者，其主要理由之一已经不成立了。我并不是说，再没有别种理由可以在某种情况之下，为某种程度的财富不均辩护，而不受上述理论的影响；但是我们的理论，确实去掉了以往所以不敢大胆行动之最重要理由。我们对于遗产税的态度，特别受到影响，因为有若干理由可以替所得不均辩护者，却不能为遗产不均辩护。

就我本人而论，我相信的确有社会的以及心理的理由，可以替财富与所得之不均辩护，可是不均得像今日那样厉害，那就无法辩护了。人类有很多有价值的活动，必须要有发财这个动机、私有财产这个环境，才能充分收效。而且，人类有很多危险性格，也因为有发财机会的存在而导入较无害之途；如果没有这条发泄之道，这些危险性格可能会爆发为残暴、不顾一切唯个人权势是图以及他种自大狂。我们宁可让一个人做他银行存款的暴君，不要让他做他同胞公民的暴君；固然，有人说，前者是后者的手段，但至少有时前者也可以替代后者。不过要鼓励这些活动，要满足这些性格，赌注不必像今日这样大。即使把赌注减少很多，只要做此游戏者都习惯于小赌，还是一样可以达到目的。我们不要把改变人性和管理人性混为一谈。在一理想社会之中，人们可以因为教育、感召、环境等关系，根本对于赌注不发生兴趣，但若一般人或社会上很大一部分人对于发财欲有强烈嗜好，则让人在规则与限制之下做此发财之戏，恐不失为聪明睿智的政治家作风。

II

但是从我们的论证之中，还可以得出第二个、重要性更大的推论，和财富不均的前途有关——这个论证便是我们的利率论。到现在为止，一般人之所以认为有维持非常高利率的必要者，乃是因为觉得非如此，储蓄之诱惑力将不够充分。但是我们在上面说过了，有效储蓄的数量乃定于投资数量，而在充分就业限度以内，鼓励投资者乃是低利率。故我们最好参照资本之边际效率表，把利率降低到一点，可以达到充分就业。

毫无疑义，用此标准定出来的利率，一定要比现行者低很多。当资本数量逐渐增加时，资本的边际效率表要下降，就我们对后者臆测所及，则为或多或少继续维持充分就业计，利率大概须以坚定步伐，续趋下游——除非是社会全体（包括国家在内）之消费倾向会有很大改变。

我相信资本的需求是有严格限度的；意思是说，资本数量不难增加到一点，使其边际效率降至很低。这并不是说，使用资本品可以几乎不出代价；而是说，从资本品得到的收益，除了抵补折旧折陈以外，所余下的一点，只是负担风险、行使技巧与判断等功能所必需的代价而已。总之，持久性资产在其整个寿命中所产生的总收益，也像寿命极短的商品一样，只足抵补劳力成本再加上一些风险成本、一些技巧与监督之代价。

这种情况，跟某种程度的个人主义可以很不冲突，但坐收利息这个阶级（rentiers）确实会慢慢自然死亡，资本家也渐渐不能再利用资本的稀少性扩大其压迫力量。在今日情况之下，利息与地租的性质相同，并不是真正牺牲的代价。资本所有主之所以能取得利息，乃是因为资本稀少，正好像地主之所以能取得地租，乃是因为土地稀少。但土地稀少还有其真正理由，而资本稀少则毫无。在长时期中，资本稀少的必要理由并不存在。此处所谓必要理由者，是指一种真正牺牲，若没有利息做报酬，将没有人肯负担这种牺牲。例如，假如资本数量尚未十分丰富，而私人的消费倾向又欲将充分就业下之全部所得皆作消费之用，丝毫不做净储蓄，则资本稀少确实有了真正理由。但即使是这种情况，还可以由国家来举办集体储蓄，维持储蓄于一定水准，让资本扩大到一点，不再有稀少性。

故我认为，资本主义体系中的有坐收利息阶级，乃是一种过渡时期现象，其任务完毕时即将消灭。坐收利息阶级一经消灭，资本主义便将大为改观。我的主张还有一很大好处：坐收利息阶级以及毫无用处的投资者的自然死亡，并不是骤然的，而只是把最近在英国已经可以看到的现象慢慢延长下去而已，故不需要革命。故在实际施政时，不妨确立两种目标：第一，增加资本数量，使得资本不再有稀少性，毫无功能的投资者从此不能再坐收利益。第二，建立一个直接税体系，使得理财家、雇主以及诸如此类人物的智慧、决策、行政技能等，在合理报酬之下为社会服务。这些人对于本行都十分有兴趣，故即使报酬比现在低许多，还肯继续服务。以上两种目标并没有窒碍难行之处。

至于在何种范围以内，国家（公共意志之代表人）应当设法增加并补充投资引诱；在何种范围以内，应当鼓励一般人的消费倾向，同时又可在一两个世纪以内使得资本不再有稀少价值，那只能由经验来决定。也许，当利率下降时，消费倾向非常容易加强，故在充分就业情况之下，资本的累积速率亦不比现在大。假使如此，则对大额所得以及大额遗产课以更重之税，也许有可以非难之处，即循此政策达到充分就业时，资本的累积速率要比现在小很多。请不要以为我不承认有这种结果的可能性，或不承认这种结果和其或然率。在这些问题上，预断普通人在不同环境之中会有何种反应，不免失之轻率。不过，要是不难接近充分就业，同时资本的累积速率又比现在大一些，虽然大得不多，则至少解决了当代一个重要问题。至于在何种范围以内，用何种方法，可以要求本时代人士多节约一些，以便为后人造充分投资之境，同时又与情理不悖，那是另外一个问题，需要另行决定。

III

在其他几个方面，以上这个理论的含意倒是相当保守的。固然。有几件事情，现在操之于私人之手者将由国家集中管理；但是还有很多活动不受影响。国家必须用改变租税体系、限定利率以及其他方法指导消费倾向。还有，仅仅依赖银行政策对利率的影响，好像还不足以达到最适度的投资量，故我觉得，要达到离充分就业不远之境，其唯一办法，乃是把投资这件事情由社会来综揽；但这也不是毫无妥协折中余地，还有很多办法，可以让国家的权威的私人之策动力量互相合作。除此之外，好像没有强烈理由要实行国家社会主义，把社会上大部分经济生活包罗在政府权限以内。要紧的倒不是生产工具国有；只要国家能够决定（1）资源之用于增加生产工具者，其总额应为若干；（2）持有此种资源者，其基本报酬应为若干，则国家已尽其职责。而且，实行社会化的种种必要步骤，也可以慢慢逐渐引进，不必打断社会上的一般传统。

我们对于经典学派理论的批评，倒不在发现其分析有什么逻辑错误，而在指出该理论所根据的几个暗中假定很少或从未能满足，故不能用该理论来解决实际问题。但设实行管理以后，总产量与充分就业下的产量相差不远，则从这点开始，经典学派理论还是对的。今设产量为已知，换言之，设决定产量多寡的力量，不在经典学派思想体系之内，则经典学派所作分析，例如私人为追求自己利益将决定生产何物，用何种方法（即何种生产要素之配合比例）生产，如何将最后产物的价值分配于各生产元素等等，仍无可非议。又，我们对于节俭这个问题，虽然看法不同，但对于现代经典学派所说，在完全竞争以及不完全竞争两种情况之下，公益与私利两者平行不悖的程度如何，也没有什么非议。故除了消费倾向与投资引诱两者，必须由中央统制，以便两者互相配合适应以外，实在没有理由要使经济生活比以前更社会化。

把这点说得更具体一些：就已就业的生产要素而论，我觉得没有理由可以说，现行经济体系有把生产要素做绝大不当使用之处。当然，预测不免有错误，然而这在中央统制计划之下也是免不了的。假使有1000万人愿意而且可以工作，其中900万人得到了工作，我们没有证据可以说，这900万人的劳力有使用不当之处。我们对于现行经济制度不满者，倒不是这900万人应该去做别的事情，而是其余100万人也应该有事可作。现行制度的缺点，不在实际就业者的工作方向，而在实际就业者的数量。

因此我同意盖赛尔之说，认为要补充经典学派理论的缺点，不再把“曼彻斯特体系”（Manchester system）一笔抹杀，而在指出须有何种环境，然后经济力量的自由运用才能把生产潜力充分发挥出来。当然，为确保充分就业所必须有的中央统制，已经把传统的政府机能扩充了很多。近代经典学派亦曾唤起注意，在几种情况之下，不能让经济力量自由运用，须由政府来约束或指导；但是还有很大一片园地可以由私人负责，由私人策动。在这个园地以内，个人主义的传统优点还是继续存在。

让我们停一停，温习一下这些优点是什么。一部分当然是效率高——这是管理不集中以及追求自己利益的好处。决策不集中以及个人负责对于效率的好处，恐怕比19世纪所设想者还要大；而当代之不屑乞助于利己动机，亦嫌过火。除此以外，假使能够把弊端去掉，则个人主义乃是个人自由的最佳保障，意思是指，在个人主义之下，个人可以行使选择权的范围要比在任何其他经济体系之下扩大很多。同时，个人主义又是使生活丰富不趋单调的最佳保障，因为生活之所以能够丰富不单调，就从广大的个人选择范围而来；而集权国家的最大损失也就在丧失了这种多方面的、不单调的生活。若生活有多方面，则既可维持传统，取法古人；又可凭一己想象，自辟途径，增加现在生活的色泽。生活方式既得力于传统、想象、实验三者，自然最易改善。

因为要使消费倾向与投资引诱两者互相适应，故政府机能不能不扩大，这从19世纪政论家看来，或从当代美国理财家看来，恐怕要认为是对于个人主义的极大侵犯。然而我为之辩护，认为这是唯一切实办法，可以避免现行经济形态的全部毁灭；又是必要条件，可以让私人策动力有适当运用。

盖设有效需求不足，则不仅资源的浪费，乃公众不能忍受之耻辱，而且假使私人企业家想运用这些资源，亦必遭遇重重失败危机。企业这一种赌博有很多空门，如果赌徒们有这种精力，存着希望，把所有纸牌都玩遍，则赌徒全体的总结果是输的。到现在为止，世界上财富的增加量，总小于个人正储蓄（positive individual savings）的总数，两者之所以相差；就是因为有人虽然有胆量，有策动力，但运气不是非常好，技巧不是非常高明，所以亏了本；亏本之数正好等于两者之差数。但若有效需求很充分，则技巧和运气两者，只要有中等水平就够了。

今日的极权国家似乎解决了失业问题，但牺牲了效率与自由。有一点非常确定：世界上不能再长久容忍失业现象，而在我看来，除了简短的兴奋期间以外，失业现象是和今日的资本主义式的个人主义有不解之缘的。不过把问题作正确分析以后，也许可以医治了疾病，同时保留了效率与自由。

Ⅳ

我偶尔提到过，这种新体系可能比旧体系更利于和平。这一点值得更复申述，加以强调。战争有各种原因，独裁者之流觉得非常容易利用人民好勇斗狠之心从事战争；而且从独裁者看来，战争是——至少在预期中是如此——一件快乐兴奋事情。但是好勇斗狠之心，只能使独裁者较易鼓动群众热情，除此以外，还有经济原因，即人口压力以及互相争夺市场等。这第二种因素在19世纪战事中大概处于支配地位，未来还可能如此，故宜在此处一加论列。

我在前一章中指出，假如采取19世纪下半期的正统办法，对内自由放任，对外实行金本位，则除了互相争夺市场以外，政府实在别无良策可以减轻国内的经济苦痛。因为在该种体系之下，凡可以解决长期的、或时断时续的就业量不足现象的各种办法都不能用；除了一个，那就是改善国际往来账上的贸易差额。

故经济学家虽然一向颂赞盛行于世的国际体系，认为既可享受国际分工的利益，又可以调和各国利益，但在此种体系之中实在隐伏着不睦势力。有一些政治家相信，假使一个富有且古老的国家不注意于争夺市场，则其繁荣即将衰退。这些人倒是有常识，对于事情有正确了解。不过假使各国能用国内政策提供充分就业，又能在人口趋势方面维持均衡，则实在不至于有重大经济力量使得各国利害冲突。在这种情况之下，还有正当的国际分工以及国际借贷的余地，但是已没有迫切动机，要竭力向外推销本国商品，或拒绝接受外国商品——当前作此行为的目的，倒不是因为必须要维持收支相抵。

而在故意使收支不相抵，造成有利于自己的贸易差额。国际贸易的性质也将与今不同：国际贸易不再是一种铤而走险的办法，因为要维持国内就业量，所以不能不限制进口，竭力向国外推销本国商品。这种办法即使成功，也不过把失业问题转嫁给邻邦，使得邻邦的情况恶化而已。不，国际贸易将不再是这样，而是在互利条件之下，各国自己情愿不加阻挠地把商品与劳役互相交换。

V

希望此种思想实现，是否只是空想呢？此种思想会不会深入人心，形成社会演变的原动力呢？这种思想所要压制的利益，是否比所要效劳的利益，更显明而强有力呢？

我不想在这里提出答案。至于应当采取何种实际办法才能把这些思想逐渐实施，即使提纲挈领指示，也须另成专书。不过假使这种思想是对的（作者本人必须有此假定，才能着手著作），那么我敢预言，说这种思想在未来不会有多大力量肯定是错误的。在现在这个时候，通常人们都渴望有一个更基本的诊断，容易接受，而且只要说得入情入理，非常热心要试试。即使撇开这种当代情绪不谈，经济学家以及政治哲学家的思想，其力量之大，总出乎常人意料。事实上统治世界者，就只是这些思想而已。很多实行家自以为不受任何学理的影响，却往往当了某个已故经济学家的奴隶。狂人执政，自以为得天启示，实则其狂想之来，乃得自若干年以前的某个学人。我很确信，既得利益的势力未免被人过分夸大，实在远不如思想的逐渐侵蚀力之大。这当然不是在立刻，而是在经过一段时间以后；理由是，在经济哲学以及政治哲学这方面，一个人到了25岁或30岁以后，很少再会接受新说，故公务员、政客甚至鼓动家应用于当前时局的各种理论往往不是最近的。然而早些晚些，不论是好是坏，危险的倒不是既得权益，而是思想。

附：凯恩斯学说指南

商业循环

在本章，凯恩斯提出这样的观点，即循环“主要是从资本的边际效率的变动上产生的”。而资本的边际效率又决定于下面这两样事物：(1)投资于新资本财货所获得的一系列未来年收益(亦即$R_1+R_2+\cdots+R_n$)以及(2)资本财货的成本(亦即C_R)。因此，投资率的变动主要是由于R系列和CR的改变。

让我们试着将凯恩斯的这种观点与高斯太•卡塞尔关于循环的观点作一下对照。按照卡塞尔的看法，投资率的循环变动是由于资本财货的成本CR以及利率i的变动。至于未来收益(亦即R系列)，他认为是相当稳定的，因为他倾向于这样的看法，即投资机会是没有限制的。他相信，在繁荣发展之时，由于供给曲线成U形以及劳工的日益短缺(从农村区域的移民来源逐渐耗竭了)，固定资本财货的成本日益上升。另一方面，由于对固定资本财货的需求增长，利率也将趋向上涨。在较高的利率下，尽管未来收益比较稳定，正当固定资本财货的成本上升的同时，新投资财货的资本还元价值必将下跌。而投资是新投资财货的价值与成本之间的差距的函数。按照卡塞尔的看法，正是这种缩小的差距，引起繁荣终了时投资的下降。

凯恩斯的分析也同意卡塞尔关于C_R变动这一看法。有时候他也同意这样的看法，即利率上涨“固然可使事态严重化，偶尔也许会引起危机”。但他认为这不是典型的形式。他认为主要的和典型的控制因素是未来收益——R系列的变动。这与C_R真的变动结合在一起，决定了资本边际效率的涨落。R系列——从固定资本财货获得的未来收益——的突然下落是资本边际效率下降的主要原因，虽说成本的上涨也构成一部分因素。因此凯恩斯这样解释危机的出现，“它主要不在利率的上涨，而是资本边际效率的突然崩溃”。

未来收益(亦即R系列)的预期，一部分取决于于资本财货比其他生产要素丰裕的程度，另一部分则由企业家的悲观或乐观情绪所决定。在繁荣趋向终了之时，过度的乐观情绪也许会强烈到足以抵消(1)由于固定资本财货“日益丰裕”而使边际报酬递减的趋势(2)资本财货成本的上升(3)利率i的上涨。过度乐观的市场所冲破了对于“资本资产未来收益”的合理估计。

凯恩斯说，资本边际效率的变动并不一定具有循环性。但是他认为，我们“确有某些理由”相信，为什么“在19世纪的环境之中，资本边际效率的变动确实有循环性”。

资本边际效率的变动有循环性的理由如下：当繁荣进展之时，“人们对于未来收益的可靠性突然发生怀疑”，这是由于“新生产的耐用品存货不断增加”，因而现行收益(亦即R1)有下降之象。同时新资本财货的现行成本上升。于是对资本财货未来收益的现行乐观估计，逐渐为幻灭心理所代替。资本边际效率r或预期的报酬率超过成本的崩溃，“促成灵活偏好的骤增”。这引起利率的上涨，因而使情势严重化。可是发动的因素则为资本边际效率的下降。r崩溃以后灵活偏好增加。此外，r的下降也可能使得消费函数向下移动，对于那些在行情下落的证券市场中蒙受损失的人们来说尤其如此。

因此，预期的“报酬超过成本率”(菲歇尔)或资本边际效率(凯恩斯)的循环变动，是基于以下两点：(1)在大繁荣时期随着资本财货数量的净增加逐渐产生一种资本饱和的状态，因而未来收益(R系列)不可避免地下降，以及

(2)新资本财货成本的增长。但是资本边际效率的循环动荡，由于“商业世界不受控制而且不听命令的心理”而要比各种事实所证明的更加剧烈。因此凯恩斯支持马歇尔强调信任心的作用的见解，他认为经济学家经常低估信任心的作用，而“银行家和工商家一向重视它的看法是对的”。

信任心的恢复需要时间，这与“支配资本边际效率的复苏的各种势力”有关。这里可以找到循环的时间因素或典型持久期的解释。预期一部分在于悲观和乐观情绪的善变无常的浪潮，但同时也基于并非单纯出于虚构幻想的真正事实。在信任心复苏开始前必须经历的时间，一部分决定于这个经济的常态增长率的大小，一部分要看资本财货的寿命。耐用性资产的寿命越短，萧条(的时间)也越短。同样的，增长率越快，萧条(的时间)也越短。

再者，在存货方面，萧条的持久期受“过剩存货的保藏费的影响”。投资、收入和销售额的下降，引起不需要的存货的积贮，其保藏费“很少会小于每年10%”。如此高的保藏费足以加速清算过程。

投资于“在制品”与出产量必然成正比。在向下的第一阶段，存货数量增加(并非有意的投资)，而在制品下降。在第二阶段，负投资同时出现于存货与在制品。在产量复苏的第一阶段，存货可能仍然充斥，因此存货的继续负投资可以或多或少抵消在制品的增加。最后，当扩张进展之时，对这两种因素都很有利——企业家增加他们的存货数量(有意的投资)，而在制品则随产量的增长而增加。

当实在资本数量的增长已经达到它的适当水平时(投资繁荣期的终了)，也许还需要一个时期才能进行少量的进一步投资。在这种情况下，资本饱和点已经达到，但不一定达到超设备能力点。投资多半仍在奋力进行，因而我们可能遭遇投资过度的情况。

不过，投资过度可以有下面两种意义：(1)由继起的失业而造成的失望的预期；(2)真正的“充分投资”，亦即纵使在充分就业之下，报酬超过成本率等于零的情况。在凯恩斯看来，严格地说以往只有在前一种意义上才实际发生过投资过度。而且，繁荣的幻想多半会引起错误的投资，这显然是资源的浪费。

凯恩斯考虑到了这样的问题，即在繁荣期间提高利率是否是商业循环的恰当对策。他同意，如果无法制定根本改革的方案，实行有伸缩性的利率政策也许聊胜于无，但他对此并不十分肯定。他极力主张，我们所需要的政策不在消除经济周期循环，而在使繁荣期间达到的高度就业的措施至少能永久化。他认为，在最近经验中，我们还不曾有过任何一个繁荣“强烈到如此程度，足以引起充分就业”。人为维持的低利率将有助于较高就业水平的永久化。在正确的预期状态中，以往历次繁荣期间的利率对充分就业来说，事实上已经太高了。但在繁荣期间“过度乐观打败了利率，如果冷静地看待这种利率，它已经是过高了”。

可是凯恩斯认为：如果实施了极低的长期利率政策，那么1929年的繁荣可能在健全的基础上多多少少会无限期地继续维持下去，在这一点上，他肯定是错误的。也许他的原意只在说，这一繁荣可能延长。但考虑到普通股票的收益特别低，因而极容易以很有利的条件获得货币这一点，较低的利率能否使繁荣延长到任何可观的期限是很可疑的。

凯恩斯在本章结束时关于杰文斯对于商业循环的贡献的讨论很有创见。按照杰文斯的看法，商业循环起因于雨量多寡的循环所造成的收获量的变动。凯恩斯认为，当杰文斯写作的时候，他的解释是像异常有理的。那时候，农产品数量的变动必然是引起投资率改变的主要因素。当收获量丰稔时，中间商人和仓储行号对积谷方面作了大量的投资。农民把收获一卖给这些商号，农民的收入立即增加，因此对这些积存产品的投资会提高总收入。然而，当年成歉收时，积存的产品很少，因此对这些积存产品的投资只能为农民创造很少的收入。

关键点在于对农产品的投资能创造新收入，如同对固定资本财货的投资一样。存货投资是总投资的一个重要部分，并在循环中起着重要的作用。但对于农产积存产品的投资，现在已经不如以往重要。

对原料和半成品、成品的存货投资，通常是由预期销售量会增加和物价会上涨而引起的有计划地积储存货而导致的结果。可是更常见的是，它是由于销售量的意外下降而引起的并非有意的积存的结果。而有时候，它是由于收获丰稔而造成的无可避免的积存过度的结果。直到1870年前后为止，也许后者所起的作用才是主要的或甚至是支配的。

凯恩斯对于商业循环讨论的要旨可以概括如下：

(1) 循环主要包括投资率的变动。

(2) 投资率的变动主要是因为资本边际效率的变动。

(3) 利率的变动有时确实起了重要的作用，但更为典型的是，由资本边际效率的变动而引起的灵活偏好表的改变，加强并且补充了这个主要因素(亦即r的改变)。

(4) 资本边际效率r的变动是由于(a)资本财货未来收益(R系列)的改变以及(b)资本财货重置成本C_R的改变。资本财货成本的变动是由于一定时间产生的投资率的改变，换句话说，是由于繁荣期间对于资本财货工业的极大压力。成本的变动只是主要的原始因素(即新资本财货未来收益的变动)的次要的和补充的因素。

(5) 在繁荣趋向终了之际，资本未来收益的下降的原因首先在于资本财货的逐渐丰裕(因而边际生产率下降)。这是一个客观因素，这又可引起悲观预期(心理因素)的浪潮，因此转折点一旦过去，预期的收益通常要低于从冷静看待的各种事实证明为合理之点。

(6) 当缺乏更全盘的措施(例如财政政策)时，变动的利率可用作稳定循环的手段。可是凯恩斯宁愿维持低利率，并与其他那些旨在管制循环的更剧烈的措施相结合。

（7）甚至繁荣时期的投资水平，也已经在产生充分就业上遭到典型的失败。因此，为了要达到持久的充分就业，这是不够的，甚至还不足以使繁荣继续下去。因此，凯恩斯不相信遏止繁荣是一种健全的政策。他对于那种断言萧条是繁荣的变态的必然后果的分析并未留有深刻印象。任何可能存在的变态都可逐渐为持久的充分就业方案所克服。仅仅依靠提高利率来遏止繁荣的方法“属于那种为了医治疾病而不惜把病人杀死的医治方法”。

凯恩斯并没有探讨有意识的持久的充分就业方案所包含的通货膨胀的可能的含意。还有一种更困难的问题，战争以及战后重置存货繁荣所引起的失调和变态，凯恩斯也没有探讨。我们可以肯定地说，凯恩斯在本章中所想到的是和平时期的正常情况，而不是战时与战后繁荣时期的过度充分就业情况。

略论早期经济思潮与社会哲学

凯恩斯这两章写得极其出色而且非常耐人寻味。在这里，凯恩斯让自己任性所之。许多人会说他把谨慎小心抛之脑后而任由他的幻想不负责任地遨游太空。可是经过细心的研读仍可发现这样的事实，即尽管把他的风筝放得很高，但至少在很多时间内他仍旧是脚踏实地的。他写作的时候，世界还是和平时代，因此人们尽可白日做梦，思索乌托邦的情况。可是事物也已改变了。

凯恩斯理论体系的一切要旨在以前各章中已经阐述，作为结尾的两章并没有对我们最感兴趣的分析武器加上什么重要的东西。但是除了他的天马行空的幻想而外，从侧面探索他的一般思想体系也可以窥见某些异彩。

重商主义和货币的作用

凯恩斯论重商主义这一节，使我们又回到《货币论》的成见——货币的作用问题上来。《通论》比起《货币论》来，有把货币置于比较次要地位的效果。可是第二十三章在某种程度上似乎回复到他从前对货币重要性的狂信。重商主义者由于他们重视货币而受到赞扬。在他们看来，国内投资受到国内利率的控制，而国内利率又受到货币数量的控制。他们认为，贸易平衡应该是经济政策主要关心的问题，因为若无国内黄金的生产，贸易平衡就不能控制一国的货币供给。这一切都意味着凯恩斯又恢复到早年的观点。

在凯恩斯从重商主义者(以海克雪尔为基础)那里引来的许多引语中，似乎可以看出他是无条件地赞许纯粹的货币利率论。这里以及他处，他对于他自己的理论体系也不是诚实公允的，因为他的整个理论体系，肯定并不纯粹是(或主要是)货币的理论。在凯恩斯的整个理论体系中，利率的决定因素不只是货币数量和灵活偏好，而且还有投资需求表和消费函数。凯恩斯在这里也许要比他处更会引起人们的这样一种批评，即他满足于原始的和无法辩护的货币利息学说。

凯恩斯在这两章的某些地方对于大问题作了若干有趣的简短评论。例如，凯恩斯在前面提到，一切人类历史显示(正像我们希望从关于人类本性的知识中看到的那样)，货币工资在长期内有上涨的趋势。不断上涨的工资、继续增长的生产力和不断增长的劳动力，定会或多或少地引起对更多的货币的需要。“因此，除了社会进步和人口增长的因素之外”，因为工资单位在长期内有增加的趋势，“货币数量还有逐渐增加的迫切需要”。

凯恩斯相信，在重商主义文献中所遇到的问题和实际经验，指出这样的结论，“即在人类全部历史上，一向有储蓄倾向强于投资引诱的长期趋势”。他还进一步提出，投资引诱之所以薄弱，在现代也许是由于资本财货的现有积累太多；而在重商主义时代，其主要原因也许由于那时各种风险太大。他又提到“财富日增而边际消费倾向递减”。

在这里，关于凯恩斯的申述，我们必须要加以注意两点：(1)资本数量的大量积累本身驱使投资机会减少；(2)长期消费倾向趋于下降。

关于前者必须注意，任何一个国家进一步投资的机会的多寡，一部分取决于于与现有技术和该国领土广漠、资源丰富有关的早已建立的资本积累的程度，一部分有赖于科技进步的展望，而另一部分则由人口的增长来决定。正如凯恩斯所说的，资本的大量积累确实是一个重要而有关的因素，但只是各种因素中的一种。1800年之际，英国只拥有若干原始工具；而到19世纪末它已积累了大量的固定资本，因此，19世纪的英国是“投资引诱最强盛时代”的一例。至于长期消费倾向，我自己的看法始终是这样：可以合理地假定，它在长时期内是稳定的，正如库兹涅茨的资料所指出的那样。

凯恩斯称许重商主义者所具有而为后来经济学家所忽视了的实际智慧的片断。“李嘉图的不切实际的抽象思维”，引起了“经济学所得结论与常识所得结论之间的分裂”。

凯恩斯在《通论》第二十三章末尾对于孟迪维尔、马尔萨斯和霍布森诸人关于储蓄、消费和投资的分析的优劣强弱作了评价。这些看法无需在此加以评论，只要说一说这样的一点就够了：由于《通论》所发展起来的理论体系，现在有可能对这些作家的优劣点加以评价，而这在以前是不可能做到的。人们只要把1936年以前和1936年以后讨论这些作家的文献对照一下，就可以看到这些先驱者的著作与凯恩斯所建立的理论结构对比起来，是多么的欠缺啊！

私有企业、福利国家与社会主义

凯恩斯在第二十四章中继续讨论他在第二十三章所提出的问题，并且特别提到《通论》的更大的社会含义。凯恩斯的分析会不会导致社会主义，或是它是不是拯救资本主义和个人主义的手段？它会不会导致贸易的无政府状态，或更自由的贸易？“充分就业”是不是目标，或是“充分投资”是不是目标？主要依靠降低利率？还是依靠提高消费函数或是扩大公共投资和私人投资的范围呢？

这些问题足以说明《通论》为什么会引起那么多的反对意见。凯恩斯攻击了占优势的正统学说，攻击了关于实际政策的习惯教条，还攻击了认为可以依赖自动调节过程的学说。凯恩斯指出，现代经济的特殊过失是它不能够提供充分就业以及财富和收入的分配不均。

凯恩斯说，他的分析所导出的关于旨在改善目前收入不均现象的措施(例如租税)的效果的结论，正好与正统派经济学所达到的结论相反。较大的平等会提高消费函数；而消费倾向的增加将有助于增加投资引诱。可是作为他的信念的一部分，他说他相信确有“社会的和心理的理由，可以替收入与财富的显著不均辩护”，虽然不均的程度不应该大到像1936年存在的那样。

同样地，凯恩斯认为他的分析所导出的关于资本形成的结论，与古典学说所达到的结论，也正好相反。根据古典学派的理论，高的储蓄倾向是高的资本形成的源泉；而高的储蓄量则被认为可以通过下列途径来促进，即：(1)低的消费倾向，(2)高利率。而在凯恩斯看来，真正的事实恰恰相反：高水平的投资可用低利率和高的消费倾向来促进。当然，这两种结论之所以有如此差别的基本原因必须从下列事实中去找寻，即古典学派所想到的是充分就业的情况，而凯恩斯所考虑的则是就业不足的情况。

凯恩斯公开指出，高度累进的租税制度可以使纳税后的纯报酬率降低，而这即使在利率低的时候，也足以引起投资水平的降低。“请不要以为我不承认有这种结果的可能性，或甚至不承认有这种结论的或然性。”因此，高度累进的租税可能产生阻碍最适当数量资本形成的结果。这里正像经济学经常碰到的那样，人们会陷于这样一种两难的境地，即高度累进的租税由于它们促进收入的更大均等而有利于提高消费水平，但是它们会产生阻碍投资的结果。

凯恩斯极力支持这样的看法：假设消费函数没有剧烈的变动，继续保持充分就业的方案，会提供如此高的资本形成率，约在一代以内，资本的边际效率将被抑降到零点(即资本存量将继续增加，直到充分投资的条件到达为止)。产生这种可能的结局的必要条件如下：(1)有相当弹性的边际效率表(2)该表中的向上移动较小(即由于技术发展和人口增长速度缓慢，因而投资出路不足)。

与他经常表示的对积极的企业精神的美德(有别于消极的节约美德)的信

念相一致，凯恩斯大为赞扬企业家的智慧、决策和执行的技能，同时得意地预见到食利者阶级的慢慢死去。

凯恩斯确立了他对个人创业和私有企业的信念。他反对国家社会主义制度。但是他认为国家的作用必须大大增加。“国家必须用改订租税体制、规定利率、也许还用其他办法来对消费倾向施以指导性的影响。”他认为单靠降低利率的银行政策不能为充分就业提供足够的投资量。必须有公共投资(但凯恩斯对此并未详细研讨)。混合性质的公司(即公共当局与私人创业相结合)早已在许多国家里起了重要的作用，这种企业可以加以扩大。国家对于房屋投资的控制——低租费公共房屋、出租、保险和保证业务——也已成为所有先进国家的典型政策。国家保证适当的公私投资的行动，连同旨在提高消费倾向的租税政策——这些措施似乎可望行之有效。“要紧的倒不是把生产工具归国家所有”。我们所需要的是“调整消费倾向和投资引诱两者之间的关系”。他认为，比起过去，目前并没有使经济生活社会化的更多需要。

一旦达到持久的充分就业，古典学说依旧有效。当充分就业时，价格制度可望经济和智慧地指导生产资源走向正轨。我们所遭受的困难，并不来自就业弄错方向而是由于就业不足。我们可以信赖“经济力量的自由运行”会使我们的生产要素获得有效的运用。为了支持凯恩斯的论点，人们可以引证：美国经济自1941年以来在提高总需求水平的鼓励下所表现出的令人惊奇的生产力和效率。

凯恩斯对个人主义和自由企业的好处的感受是深刻地——自私自利心理的运用、个人自由的保障、自由的发挥个人选择以及这些制度所鼓励的多种多样的生活。凯恩斯的确说过，他之所以辩护扩大政府职能(旨在“调整消费倾向使其适合于投资引诱”)的主张，是因为把它作为“避免现行经济形态毁灭的唯一切实办法”，并用以促进“个人创业精神的顺利运行”。这个世界不能继续容忍失业现象。我们所需要的是“正确的分析……来医治疾病，同时保留效率和自由”。

难道凯恩斯不再是凯恩斯主义者了吗？

近来时常有人认为，凯恩斯关于政策方面的观点在他的晚年业已大为改变，其实在很大程度上已经回到古典学说的论点。当然，假使凯恩斯再活一二十年，他的理论上的和政策上的观念会沿着新的路线发展下去，这是非常可能的事。他的思想意向并不是静止不变的。但若说他的观念将回到旧的概念，那是很成问题的。除了往往是互相矛盾的或至少是不可靠的道听途说而外，在他死后，在1946年6月号的《经济学杂志》中刊载了一篇令人感兴趣的论文。这篇论文讨论的虽然是美国的收支平衡，但也提出了有关自动调节力量的作用以及政府干涉作用这些较大的问题。

我曾仔细地研读了这篇论文，我并不支持这样一种说法，即这篇论文指出了凯恩斯根本思想的改变，更不用说有人偶然提到的所谓“反悔前言”了。凯恩斯经常强调经济生活中自动调节力量的重要作用。其实，这不可能不是如此，因为这种国家干涉主义(主要关于货币与财政政策)如同他所主张的那样，其目的是为了影响总需求；若超出这个范围，则自动调节力量仍被认为是应当加以控制的。

如果我们“能够建立一个尽可能符合于充分就业的总产量，那么从这点以后，古典学说还是有效的。凯恩斯决不是极权主义政治的主张者。他在《通论》中宣称：他的学说的“含意是相当保守的”。没有“显明的理由要实行一种国家社会主义制度，把全社会的绝大部分经济生活都包罗在国家权限以内”。再者，他认为“就已在使用中的生产要素而论，没有理由可以说，现行经济制度有严重误用生产要素之处”。“还留有大片园地可供私人创业和私人负责的事业去活动。在这个园地以内，个人主义的传统优点仍可发挥”。他详细列举的这些优点是“效率”、“分权化”和“追求私利的活动”。“对乞助于自私自利动机的反感可能过火了”。个人主义是“个人自由的最好保障”。个人主义也是“生活的多样化的最好保障”，生活若不能多样化而趋于单调，这是“单一性的或极权主义的国家里一切损失中最大的一种损失”。个人主义“保持了各种传统，这些传统体现了历代以来最安全和最成功的选择”。个人主义既是“经验、传统和想象三者的女仆，也是改善未来生活最有力的工具”。“今日的极权国家制度似乎要牺牲效率与自由来作为解决失业问题的代价”。

我们必须记住一点，这些词句并非引自著者死后发表的论文，而是引自1936年出版的《通论》。假设这些词句是在1946年写的，很多人马上就会作出这样的结论，即凯恩斯已经“反悔”了。在1946年的论文中他说了类似的话，但是肯定并没有替个人主义或自动调节力量作出比我上面所引证的更多的辩护。这篇最后遗著中最有力的词句如下：

“在长期内，更根本的力量可能发挥作用，如果进行得顺利的话，将使经济趋向于均衡……我想要(这并不是第一次)提醒当代经济学家，即古典学派的教训中包含着某种具有巨大意义的永久真理，这些真理我们今天很容易忽视，因为我们把这些永久真理与假若不作重大修正，我们现在不能接受的其他原则结合在一起了。这些真理事物里面有：运行中的深藏的暗流、我们可以称之为自然力量或甚至驱使经济达到平衡的看不见的手。如果不是这样的话，我们甚至不能像过去许多年代那样运行得如此之好……我的意见必须不被人们所误解。我并不认为古典学派药剂的本身可以治病，或者我们能够依靠它。我们需要更快速有效而更少痛苦的救助，其中汇率变动和全盘的输入管制是最最重要的……布里顿森林会议与华盛顿提案连在一起来看，其巨大优点是，它们把必要的权宜策略的应用与全盘的长期原则结合起来了。正是因为这个原因，我在参议院发表演说时声称：‘这里是应用我们从现代经验和现代分析中所学到的东西来补充而不是抹杀亚当•斯密的智慧的尝试。’”

这些话中并没有任何甚至可说接近对《通论》反悔的词句。我们已经看到，《通论》中确实包含同样的辩护个人主义以及在充分就业的经济结构中自动调节力量的重要性的说法。

由于这篇遗作专门探讨的是国际事务，尤其是讨论凯恩斯费了许多力量来完成的英美两国共同努力把多边贸易恢复到最大限度的问题，我们必须对那种硬说凯恩斯晚年思想沿此特殊路线有所改变的谈论有所说明。1941年在华盛顿与伦敦两地和凯恩斯讨论货币与金融问题时，发现他对于多边贸易的态度正在发生显著的变化。可是这种变化与他的经济哲学的任何根本改变无关，而倒是和实际政策中似乎行得通的和有现实意义的问题有关系。到1941年底，凯恩斯终于相信，可以依靠美国在国际经济与财政金融事务中起积极的作用，并值得冒险实施旨在促进多边贸易的英美合作方案。20年代美国的孤立主义关税政策已为赫尔的贸易协定和罗斯福总统的租借法案所代替。凯恩斯从前深感与美国经济联系起来的危险。他目睹20年代投机性的和狂热的国外投资，紧接着对贷款的迅速收缩、繁荣和1929年的“破产”及其在国际上的反响。处在这样的世界中，凯恩斯才坚信英国最好还是沿着“英镑区域”和“支付协定”的路线来管理它的收支平衡，而不去在一个容易受到剧烈而看来无法控制的变动的多边贸易世界市场里冒着玩弄自发力量的危险。

但到1941年底，凯恩斯相信可以借英美两国的合作来奠定新的基础，并在此基础上建立一个新的多边贸易世界——或者至少这件事是值得冒险去一试的。在1941年秋天的某一次私人谈话中，我向他迫切陈说基于先进工业国家的高度就业水平以及较落后地区的开发计划的多边贸易的重要性时，他立刻回答道：“好吧！在那种基础上我们都应当赞助多边贸易。”

以上所引声明很难称之为反悔。早在1936年，凯恩斯在《通论》中就写道：

“不过假使各国能用国内政策为该国提供充分就业……则就不至于有会与各邻国发生利害关系冲突的重大经济力量……国际贸易不再像现在那样，成为铤而走险的办法，即为了维持国内就业量，竭力向国外市场强行推销，同时限制向外的购买……而是在互利条件之下，各国自己情愿不加阻挠进行商品与劳务的相互交换。”

凯恩斯又在《经济学杂志》1946年6月号的一篇论文中加以重申了这种观点。多边贸易的世界是值得人们努力以赴的。但美国方面若没有积极参与国际合作，它也不可能运行。但是他这样声称：

“从《考虑召开关于贸易与就业的国际会议的建议书》中体现出的美国执政当局的现时的心情和我断定为也是美国人民的心情中，人们有权得出某些临时性的安慰。我们在这里看到的是代表美国提出的真诚且彻底的建议，它公开指向创造一种制度，使古典学派的药剂能够收效。”

关于凯恩斯对30年代美国的态度(我在上面已经提到过)，可以注意的是他在这里提到的“这种宏大的客观的研究方法，这是几年以前我们应把它当做提出一种令人无法相信的改善事物计划的诺言”。

这里并没有能够表明在他的根本经济思想方面有任何改变的迹象：发生变动的是他对于美国在国际经济事务中的作用的看法。根据美国政府官方的方案，他认为多边贸易世界是可以成功地达到的。但若这种方案被放弃，或由于其他理由最终归于失败，那么“我们以及每一位别人，都将尝试某种不同的东西”。

凯恩斯在结束语中很坦白地提出了这样的问题，即他的建议是否“已经充分地在支配政治社会进化的原动力中扎根”。他并没有装做已知道答案。可是他提出这样的信念，即完全撇开两次大战期间破坏性的经验所产生的大胆冒险情绪不谈，“经济学家和政治哲学家的观念，其力量，往往大于普通人所了解的程度”。他认为，比起“观念的逐渐侵蚀”，既得利益的力量已被过分夸大了。归根到底，“无论是好是坏，危险的”是观念，而不是既得利益。

充分就业过度

时间自1936年以来流逝得很快。如果凯恩斯当时知道历史会如此迅速地展开的话，他也许会以另一种短论来结束他这本书。第二次世界大战，以资源消耗于军事用途的百分比而论，其规模之大，迄今从未有人梦想到过；战后巨大的重置存货和重新建设的繁荣：冷战极其迫切的国防预算；各国工党政府提出的福利要求；这一切都使就业不足的可能性暂告结束。大多数国家的问题毋宁说是充分就业过度。在英国、斯堪的纳维亚各国、荷兰和其他国家，政府都大大地扩张了它们对于经济生活的控制。可是，充分就业主要是大战和战后发展的结果，而不是有意识的政策所造成的。诚然，始终存在着这样的恐惧，即对延期需求的补偿金和庞大的军费以及美国的援外预算总有一天会消失，使主要工业国家陷入萧条的深渊。但欧洲的工党和社会党政府无论如何都有不惜一切代价来维持充分就业并提高消费标准的坚定决心。

直到1952年，主要工业(例如纺织业)需求的减退，才引发英国人士的严重关切。总需求依旧很高，但是失业点到处开始出现。这并不是凯恩斯所观察到的那种问题，其严重的程度也的确不能与全盘需求不足的一般问题相比拟。但无论如何这是一个麻烦的问题。若是想单靠扩张总需求来消除局部失业，其结果只会引起通货膨胀。诚然，维持适当的而不是过度的总需求，再佐以旨在重行安置劳工(给以交通运输津贴并在新就业场所供给住屋)的重新训练和熟思的方案，肯定能解决很多问题。但人类的天性是“安土重迁”，是去支援衰落的工业，而不是去担任促进劳工移动的艰巨任务。

对于大多数先进的民主国家来说，充分就业成为解决了的政策，可能要比凯恩斯认为的要来得快，或者的确要比如果没有战争及其后果的话来得快。政治家们不再为失业问题所烦恼，却到处遭遇通货膨胀的压力，以及在充分就业模式内怎样维持有伸缩性的经济制度的棘手工作。

不过，凯恩斯的批评家也许已经把充分就业社会中通货膨胀和工资管制的危险性夸大化了。美国1946~1947年的物价膨胀是战争的产物，而不是承平时代充分就业的试金石。从1948年1月到1948年12月，美国尽管没有物价与工资管制，确实享有没有通货膨胀的充分就业。1948年1月份批发物价水平为166，而1948年12月只为162，全年平均批发物价水平为165；同年1月份失业人数只有206.5万人，而12月份则为194.1万人，或为全部劳动力的3.1%。当卑弗里季在其所著《自由社会中的充分就业》一书中提出只有3%的失业人数时，有嘲笑这一数字为空想的数字的一般倾向。现在事实上大家都同意，对于像美国这样一个拥有高额季节失业和急剧的区际调节的国家来说，要达到只有3%失业人数的目标，远比像英国这样的小而密集又有同一祖先的国家来得困难。可是，美国在1948年时确实维持这一目标，既无物价膨胀，也没有物价和工资的管制。在1949年以及1950年上半年，由于失业人数增加到5.5%的比例，通货膨胀的压力诚然放松了。但就是这样，它也大大低于某些强调充分就业社会中工资与物价膨胀的危险的经济学家所提出的安全界限。而且，在1951年2月到1953年1月这两年时间中，失业人数平均低于3%，而批发物价则从116.5(新指数)跌落到109.7。

如果凯恩斯还活着，我们可以肯定他将以一种批判的态度来重新考虑他的全部思想体系。他的思想并非静止不动的。他经常跑在前面，探讨新的观念，抛弃旧的观念，即使后者是他自己的。他尤其把注意力转向充分就业社会中的实际问题。他自己就曾说过，这需要“另一卷不同性质的专著……来指出(哪怕是提纲挈领地)要想使这些思想逐渐实现，究竟应当采取什么样的实际措施”。

图书在版编目（CIP）数据

就业、利息和货币通论：阿尔文·汉森导读版 /（英）凯恩斯（Keynes, J.），（美）汉森（Hansen, A.）著；宇琦译．—长沙：湖南文艺出版社，2011.6
书名原文：The General Theory of Employment Intertst and Money
ISBN 978-7-5404-4887-5

Ⅰ．①就…　Ⅱ．①凯…　②汉…　③宇…　Ⅲ．①凯恩斯主义
Ⅳ．①F091.348
中国版本图书馆 CIP 数据核字（2011）第 058597 号

上架建议：经济理论

就业、利息和货币通论

作　　者：（英）凯恩斯 -（Keynes, J.）（美）汉森（Hansen, A.）
译　　者：宇　琦
出 版 人：刘清华
责任编辑：丁丽丹　刘诗哲
监　　制：伍　志
特约编辑：于向勇
版式设计：小　类
封面设计：柏拉图创意机构
出版发行：湖南文艺出版社
（长沙市雨花区东二环一段 508 号　邮编：410014）
网　　址：www.hnwy.net
印　　刷：三河市中晟雅豪印务有限公司
经　　销：新华书店
开　　本：720×1040　1/16
字　　数：570 千字
印　　张：26.5
版　　次：2011 年 6 月第 1 版
印　　次：2019 年 1 0 月第 2 次印刷
书　　号：ISBN 978-7-5404-4887-5
定　　价：48.00 元